Fundamentos da Arquitetura de Software

Uma abordagem de engenharia

Mark Richards e
Neal Ford

Rio de Janeiro, 2024

Fundamentos da Arquitetura de Software

Copyright © **2024** ALTA BOOKS.
Copyright © **2020** Mark Richards, Neal Ford.
ISBN: 978-85-508-1985-3

Authorized Portuguese translation of the English edition of Fundamentals of Software Architecture ISBN 9781492043454 © 2020 Mark Richards, Neal Ford. This translation is published and sold by permission of O'Reilly Media, Inc., which owns or controls all rights to publish and sell the same. PORTUGUESE language edition published by Grupo Editorial Alta Books Ltda., Copyright © 2024 by STARLIN ALTA EDITORA E CONSULTORIA LTDA.

Impresso no Brasil — 1ª Edição, 2024 — Edição revisada conforme o Acordo Ortográfico da Língua Portuguesa de 2009.

Dados Internacionais de Catalogação na Publicação (CIP) de acordo com ISBD

R514f   Richards, Mark
          Fundamentos da Arquitetura de Software: Uma abordagem de engenharia / Mark Richards, Neal Ford ; traduzido por Eveline Machado. - Rio de Janeiro : Alta Books, 2024.
          416 p. : il. ; 15,7cm x 23cm.

          Tradução de: Fundamentals of Software Architecture
          Inclui índice e apêndice.
          ISBN: 978-85-508-1985-3

          1. Ciência da Computação. 2. Arquitetura de Software. I. Ford, Neal. II. Machado, Eveline. III. Título.

2024-113   CDD 004
                                                          CDU 004

Elaborado por Odilio Hilario Moreira Junior — CRB-8/9949

Índice para catálogo sistemático:
1. Ciência da Computação 004
2. Ciência da Computação 004

Todos os direitos estão reservados e protegidos por Lei. Nenhuma parte deste livro, sem autorização prévia por escrito da editora, poderá ser reproduzida ou transmitida. A violação dos Direitos Autorais é crime estabelecido na Lei nº 9.610/98 e com punição de acordo com o artigo 184 do Código Penal.

O conteúdo desta obra fora formulado exclusivamente pelo(s) autor(es).

Marcas Registradas: Todos os termos mencionados e reconhecidos como Marca Registrada e/ou Comercial são de responsabilidade de seus proprietários. A editora informa não estar associada a nenhum produto e/ou fornecedor apresentado no livro.

Material de apoio e erratas: Se parte integrante da obra e/ou por real necessidade, no site da editora o leitor encontrará os materiais de apoio (download), errata e/ou quaisquer outros conteúdos aplicáveis à obra. Acesse o site www.altabooks.com.br e procure pelo título do livro desejado para ter acesso ao conteúdo..

Suporte Técnico: A obra é comercializada na forma em que está, sem direito a suporte técnico ou orientação pessoal/exclusiva ao leitor.

A editora não se responsabiliza pela manutenção, atualização e idioma dos sites, programas, materiais complementares ou similares referidos pelos autores nesta obra.

Produção Editorial: Grupo Editorial Alta Books
Diretor Editorial: Anderson Vieira
Vendas Governamentais: Cristiane Mutús
Gerência Comercial: Claudio Lima
Gerência Marketing: Andréa Guatiello

Assistente Editorial: Isabella Gibara
Tradução: Eveline Machado
Copidesque: Rafael Surgek
Revisão: Renan Amorim; André Cavanha
Diagramação: Joyce Matos
Revisão Técnica: Jhonatan Pereira
(Desenvolvedor de Software)

Rua Viúva Cláudio, 291 — Bairro Industrial do Jacaré
CEP: 20.970-031 — Rio de Janeiro (RJ)
Tels.: (21) 3278-8069 / 3278-8419
www.altabooks.com.br — altabooks@altabooks.com.br
Ouvidoria: ouvidoria@altabooks.com.br

Editora afiliada à:

Elogios para
Fundamentos da Arquitetura de Software

Neal e Mark não são apenas excelentes arquitetos de software, também são professores excepcionais. Com o livro *Fundamentos da arquitetura de software*, eles conseguiram condensar o amplo tópico da arquitetura em um trabalho conciso que reflete décadas de experiência. Se você é novo na função ou pratica a arquitetura por anos, este livro o ajudará a ser melhor no seu trabalho. Só gostaria que ele tivesse sido escrito antes na minha carreira.
— *Nathaniel Schutta, arquiteto como serviço, ntschutta.io*

Mark e Neal se propuseram a alcançar uma meta formidável: elucidar os muitos fundamentos em camadas requeridos para se destacar na arquitetura de software, e eles cumpriram essa missão. O campo da arquitetura de software se desenvolve continuamente e a função requer uma amplitude e profundidade assustadoras de conhecimento e habilidades. Este livro servirá como um guia para muitos em suas jornadas no domínio da arquitetura de software.
— *Rebecca J. Parsons, CTO, ThoughtWorks*

Mark e Neal realmente capturaram as recomendações do mundo real dos especialistas em tecnologia para orientarem a excelência da arquitetura. Eles conseguiram isso identificando as características comuns da arquitetura e as concessões necessárias para gerar o sucesso.
— *Cassie Shum, diretora técnica, ThoughtWorks*

Sumário

Prefácio: Invalidando Axiomas xiii

1. Introdução 1
   Definindo Arquitetura de Software 3
   Expectativas de um Arquiteto 7
      Tomar Decisões de Arquitetura 8
      Analisar Continuamente a Arquitetura 8
      Manter-se Atualizado com as Últimas Tendências 9
      Assegurar a Conformidade com as Decisões 9
      Exposição e Experiência Diversificadas 10
      Ter Conhecimento sobre o Domínio do Negócio 10
      Ter Habilidades Interpessoais 11
      Entender e Lidar Bem com Questões Políticas 11
   Interseção da Arquitetura e... 13
      Práticas da Engenharia 14
      Operações/DevOps 18
      Processo 18
      Dados 19
   Leis da Arquitetura de Software 20

Parte I. Fundamentos

2. Pensamento Arquitetônico 23
   Arquitetura Versus Design 23
   Amplitude Técnica 25
   Analisando os Trade-offs 30
   Entendendo as Motivações Comerciais 34
   Equilibrando Arquitetura e Codificação 34

v

3. Modularidade 37
Definição   38
Medindo a Modularidade   40
   Coesão   40
   Acoplamento   44
   Abstração, Instabilidade e Distância da Sequência Principal   45
   Distância da Sequência Principal   46
   Conascência   49
   Unificando as Métricas de Acoplamento e Conascência   53
De Módulos a Componentes   54

4. Definição das Características da Arquitetura 55
Características da Arquitetura Listadas (em Parte)   58
   Características Operacionais da Arquitetura   58
   Características Estruturais da Arquitetura   59
   Características Transversais da Arquitetura   59
Trade-offs e Arquitetura Menos Pior   64

5. Identificando as Características da Arquitetura 65
Extraindo Características da Arquitetura das
Preocupações do Domínio   65
Extraindo Características da Arquitetura dos Requisitos   68
Estudo de Caso: Silicon Sandwiches   69
   Características Explícitas   70
   Características Implícitas   74

6. Medindo e Controlando as Características da Arquitetura 77
Medindo as Características da Arquitetura   77
   Medidas Operacionais   78
   Medidas Estruturais   79
   Medidas do Processo   82
Governança e Funções de Aptidão   82
   Governando as Características da Arquitetura   83
   Funções de Aptidão   83

7. Escopo das Características da Arquitetura 91
Acoplamento e Conascência   92
Quanta Arquitetural e Granularidade   92
   Estudo de Caso: Going, Going, Gone   95

8. Pensamento Baseado em Componentes 101
Escopo do Componente 101
Função do Arquiteto 103
   Particionamento da Arquitetura 104
   Estudo de Caso: Silicon Sandwiches: Particionamento 108
Função do Desenvolvedor 110
Fluxo de Identificação dos Componentes 111
   Identificando os Componentes Iniciais 111
   Atribuir Requisitos aos Componentes 112
   Analisar Funções e Responsabilidades 112
   Analisar as Características da Arquitetura 112
   Reestruturar os Componentes 112
Granularidade do Componente 113
Design do Componente 113
   Descobrindo os Componentes 113
Estudo de Caso: Going, Going, Gone: Descobrindo os Componentes 116
Quantum da Arquitetura Revisitado: Escolhendo Entre Arquiteturas Monolíticas Versus Distribuídas 119

Parte II. Estilos de Arquitetura

9. Fundamentos... 123
Padrões Fundamentais 123
   A Grande Bola de Lama 124
   Arquitetura Unitária 125
   Cliente/Servidor 126
Arquiteturas Monolíticas Versus Distribuídas 128
   Falácia 1: A Rede É Confiável 129
   Falácia 2: A Latência É Zero 129
   Falácia 3: A Largura de Banda É Infinita 130
   Falácia 4: A Rede É Segura 132
   Falácia 5: A Topologia Nunca Muda 132
   Falácia 6: Existe Apenas Um Administrador 133
   Falácia 7: O Custo do Transporte É Zero 134
   Falácia 8: A Rede É Homogênea 134
   Outras Considerações Distribuídas 135

10. Estilo de Arquitetura em Camadas 137
Topologia 137
Camadas de Isolamento 139
Adicionando Camadas 141
Outras Considerações 142
Por que Usar Esse Estilo de Arquitetura 143
Classificações das Características da Arquitetura 144

11. Estilo de Arquitetura Pipeline 147
Topologia 147
   Canais 148
   Filtros 148
Exemplo 149
Classificações das Características da Arquitetura 151

12. Estilo de Arquitetura Microkernel 153
Topologia 153
   Sistema Central 154
   Componentes de Plug-in 157
Registro 161
Contratos 162
Exemplos e Casos de Uso 163
Classificações das Características da Arquitetura 164

13. Estilo de Arquitetura Baseada em Serviços 167
Topologia 167
Variantes da Topologia 169
Design do Serviço e Granularidade 171
Particionamento do Banco de Dados 173
Arquitetura de Exemplo 176
Classificações das Características da Arquitetura 178
Quando Usar Esse Estilo de Arquitetura 181

14. Estilo de Arquitetura Orientada a Eventos 183
Topologia 184
Topologia do broker 184
Topologia do Mediador 190
Capacidades Assíncronas 200

Tratamento de Erro	201
Evitando a Perda de Dados	205
Capacidades de Transmissão	207
Requisição-Resposta	208
Escolhendo Entre Modelo Baseado em Requisição e Orientado a eventos	211
Arquiteturas Híbridas Orientadas a Eventos	212
Classificações das Características da Arquitetura	213

15. Estilo de Arquitetura Baseada em Espaço 217

Topologia Geral	218
Unidade de Processamento	219
Middleware Virtualizado	220
Data Pumps	225
Gravações de Dados	227
Leituras de Dados	228
Colisões de Dados	230
Implementações na Nuvem Versus Locais	233
Cache Replicado Versus Distribuído	234
Observações sobre o Near-Cache	236
Exemplos de Implementação	237
Sistema de Ingressos para Concertos	238
Sistema de Leilão Online	238
Classificações das Características da Arquitetura	239

16. Arquitetura Orientada a Serviços e Baseada em Orquestração 241

História e Filosofia	241
Topologia	242
Taxonomia	243
Serviços do Negócio	243
Serviços Corporativos	243
Serviços do Aplicativo	244
Serviços da Infraestrutura	244
Mecanismo de Orquestração	244
Fluxo das Mensagens	245
Reutilização... e Acoplamento	245
Classificações das Características da Arquitetura	248

17. Arquitetura de Microsserviços 251
História 251
Topologia 252
Distribuída 253
Contexto Delimitado 254
   Granularidade 254
   Isolamento dos Dados 255
Camada da API 256
Reutilização Operacional 256
Front-ends 259
Comunicação 260
   Coreografia e Orquestração 262
   Transações e Sagas 265
Classificações das Características da Arquitetura 268
Referências Adicionais 270

18. Escolhendo o Estilo de Arquitetura Certo 271
A Mudança de "Moda" na Arquitetura 271
Critérios de Decisão 273
Estudo de Caso Monolítico: Silicon Sandwiches 275
   Monolítico Modular 276
   Microkernel 277
Estudo de Caso Distribuído: Going, Going, Gone 278

Parte III. Técnicas e Habilidades Sociais

19. Decisões da Arquitetura 285
Antipadrões da Decisão de Arquitetura 285
   Antipadrão Cobertura dos Ativos 286
   Antipadrão Feitiço do Tempo 286
   Antipadrão Arquitetura Baseada em E-mail 287
Significante para a Arquitetura 288
Registros de Decisão da Arquitetura 289
   Estrutura Básica 290
   Armazenando ADRs 296
   ADRs como Documentação 298
   Usando ADRs para Padrões 298
   Exemplo 299

20. Analisando o Risco da Arquitetura ... 301

Matriz de Risco — 301
Avaliações do Risco — 302
Risk Storming — 306
   Identificação — 308
   Consenso — 308
Análise de Risco da História com a Metodologia Ágil — 313
Exemplos de Risk Storming — 313
   Disponibilidade — 315
   Elasticidade — 317
   Segurança — 319

21. Diagramando e Apresentando a Arquitetura ... 321

Diagramando — 322
   Ferramentas — 322
   Padrões da Diagramação: UML, C4 e ArchiMate — 324
   Diretrizes do Diagrama — 325
Apresentação — 327
   Manipulando o Tempo — 328
   Construções Incrementais — 328
   Infodecks Versus Apresentações — 331
   Os Slides São Metade da História — 331
   Invisibilidade — 331

22. Tornando as Equipes Eficientes ... 333

Limites da Equipe — 333
Personalidades do Arquiteto — 334
   Controlador — 335
   Arquiteto Folgado — 336
   Arquiteto Eficiente — 338
Quanto Controle? — 339
Sinais de Aviso da Equipe — 343
Utilizando Checklists — 346
   Checklist da Completude de código do desenvolvedor — 348
   Checklist dos Testes Unitários e Funcionais — 350
   Checklist de Release do Software — 350
Dando Orientação — 351
Resumo — 354

23. Habilidades de Negociação e Liderança 355

Negociação e Facilitação   355
    Negociando com os Acionistas da Empresa   356
    Negociando com Outros Arquitetos   358
    Negociando com os Desenvolvedores   360
Arquiteto de Software como um Líder   362
    Os 4 Cs da Arquitetura   362
    Seja Pragmático, Mas Visionário   364
    Liderando as Equipes Dando o Exemplo   366
Integração com a Equipe de Desenvolvimento   370
Resumo   374

24. Desenvolvendo uma Trajetória Profissional 375

Regra dos 20 Minutos   375
Desenvolvendo um Radar Pessoal   377
    Radar da Tecnologia da ThoughtWorks   377
    Partes de Visualização Open Source   381
Usando a Rede Social   381
Conselhos de Despedida   383

Apêndice: Perguntas de Autoavaliação 385

Índice 395

Prefácio: Invalidando Axiomas

Axioma

Afirmação ou proposição vista como estabelecida, aceita ou verdade evidente.

Os matemáticos criam teorias com base em axiomas, suposições para coisas verdadeiras e indiscutíveis. Os arquitetos de software também criam teorias sobre axiomas, mas o mundo do software é, bem, *mais suave* do que a matemática: coisas fundamentais continuam a mudar com rapidez, inclusive os axiomas nos quais baseamos nossas teorias.

O ecossistema de desenvolvimento de software existe em um estado constante de equilíbrio dinâmico: embora exista em um estado equilibrado em determinado momento, ele apresenta um comportamento *dinâmico* em longo prazo. Um excelente exemplo moderno da natureza desse ecossistema segue a ascensão da conteinerização e das mudanças concomitantes: ferramentas como o Kubernetes não existiam há uma década, mas agora há conferências de software completas para atender seus usuários. O ecossistema de softwares muda de forma caótica: uma pequena mudança causa outra pequena mudança; quando isso se repete centenas de vezes, cria-se um novo ecossistema.

Os arquitetos têm uma responsabilidade importante: questionarem as suposições e os axiomas que sobraram das épocas anteriores. Muitos livros sobre arquitetura de software foram escritos em uma época que mal lembra o mundo atual. De fato, os autores acreditam que devemos questionar os axiomas fundamentais com regularidade, sob a luz de práticas de engenharia aprimoradas, ecossistemas operacionais e processos de desenvolvimento de software, tudo que compõe o equilíbrio confuso e dinâmico em que arquitetos e desenvolvedores trabalham todo dia.

Ao longo do tempo, observadores cuidadosos da arquitetura de software testemunharam uma evolução das capacidades. Iniciando com as práticas de engenharia da Programação Extrema (Extreme Programming), continuando com a Entrega Contínua, a revolução DevOps, os microsserviços, a conteinerização e, agora, os recursos baseados em nuvem, todas essas inovações levaram a novas capacidades e trade-offs. Conforme as capacidades foram mudando, as perspectivas dos arquitetos acompanharam no setor. Por muitos anos, a definição irônica da arquitetura de software era "aquilo que é difícil de mudar depois". Depois, apareceu o estilo da arquitetura de microsserviços, em que a *mudança* é um aspecto de design por excelência.

Cada nova era requer novas práticas, ferramentas, medidas, padrões e muitas outras mudanças. Este livro examina a arquitetura de software sob uma luz moderna, considerando todas as inovações da última década, junto a algumas métricas novas e medidas adequadas às novas estruturas e perspectivas de hoje.

O subtítulo do nosso livro é "Uma abordagem de engenharia". Há tempos os desenvolvedores queriam mudar o desenvolvimento de software de um *ofício*, em que artesãos habilidosos podem criar trabalhos únicos, para uma disciplina de *engenharia*, que implica uma análise de repetição, rigor e eficiência. Embora a engenharia de software ainda fique atrás de outros tipos de disciplinas de engenharia em muitas ordens de grandeza (para ser justo, software é uma disciplina muito jovem comparada com outros tipos de engenharia), os arquitetos fizeram grandes melhorias, que serão examinadas nesta obra. Em particular, as práticas modernas de engenharia ágil permitiram um grande progresso nos sistemas que os arquitetos projetam.

Também vemos a questão da *análise de trade-off*, com uma importância crítica. Como desenvolvedor de software, é fácil se apaixonar por uma tecnologia ou uma abordagem em particular. Mas os arquitetos sempre devem avaliar com seriedade os lados bom, ruim e feio de cada escolha e, de fato, nada no mundo real oferece escolhas binárias convenientes; tudo é uma concessão (trade-off). Dada essa perspectiva pragmática, tentamos eliminar os julgamentos de valor sobre a tecnologia e focamos em analisar as concessões para dar a nossos leitores uma visão analítica nas escolhas da tecnologia.

Este livro não transformará ninguém em um arquiteto de software da noite para o dia, pois esse é um campo cheio de nuances e facetas. Queremos dar aos arquitetos existentes e emergentes uma boa visão geral e moderna da arquitetura de software e dos seus muitos aspectos, desde a estrutura até as habilidades sociais. Embora este livro cubra padrões bem conhecidos, adotamos uma abordagem nova, apoiada nas lições aprendidas, nas ferramentas, nas práticas de engenharia e em outras informações. Adotamos muitos axiomas existentes nessa arquitetura e os repensamos sob a luz do ecossistema atual e arquiteturas de design, levando em conta o cenário moderno.

Convenções Usadas Neste Livro

As convenções tipográficas a seguir são usadas neste livro:

Itálico
Indica termos novos, URLs, e-mails, nomes de arquivo e extensões de arquivo.

`Fonte monoespaçada`
Usada para a listagem de programas e, dentro dos parágrafos, para referenciar elementos do programa, como nomes de variáveis ou de funções, bancos de dados, tipos de dados, variáveis de ambiente, declarações e palavras-chave.

`Fonte monoespaçada em negrito`
Exibe comandos ou outro texto que deve ser digitado da mesma forma pelo usuário.

`Fonte monoespaçada em itálico`
Mostra o texto que deve ser substituído pelos valores fornecidos pelo usuário ou valores determinados pelo contexto.

Este elemento significa dica ou sugestão.

Usando Exemplos de Código

O material complementar (exemplos de código, exercícios etc.) está disponível para download em *http://fundamentalsofsoftwarearchitecture.com* (conteúdo em inglês).

Este livro existe para ajudá-lo a fazer seu trabalho. Em geral, se o código de exemplo for oferecido com o livro, talvez você o use em seus programas e documentação. Não é preciso entrar em contato e pedir permissão, a menos que esteja reproduzindo uma grande parte do código. Por exemplo, escrever um programa que usa várias partes de código deste livro não requer permissão. Vender ou distribuir exemplos dos livros da Alta Books requer permissão. Responder a uma pergunta citando este livro ou o código de exemplo não requer permissão. Incorporar uma grande quantidade do código de exemplo deste livro na documentação do seu produto, sim.

Agradecemos, mas não exigimos que você use citações ou referências. Uma referência geralmente inclui o autor, o título, o editor e a data de publicação. Por exemplo "Richards, Mark; Ford, Neal. *Fundamentos da Arquitetura de Software*, Rio de Janeiro: Alta Books, 2024".

Se você acha que seu uso dos exemplos de código excede a utilização justa ou a permissão dada acima, entre em contato em *permissions@oreilly.com* (conteúdo em inglês).

Agradecimentos

Mark e Neal gostariam de agradecer a todos que participaram das aulas, dos workshops, das conferências, das reuniões de grupos de usuários, assim como a todos que viram as versões deste material e deram um feedback valioso. Também gostaríamos de agradecer à equipe editorial, que tornou a experiência de escrever um livro a menos problemática possível. Gostaríamos de agradecer a Jay Zimmerman, diretor da "No Stuff Just Fluff", por criar uma série de conferências que permite o crescimento e a divulgação de um bom conteúdo técnico, e a todos os outros palestrantes cujo feedback e ombros amigos apreciamos. Também agradecemos a alguns oásis aleatórios de sanidade mental e grupos de ideias, com nomes do tipo Pasty Geeks e Hacker B&B.

Agradecimentos de Mark Richards

Além dos agradecimentos anteriores, gostaria de agradecer à minha adorável esposa, Rebecca. Assumindo tudo em casa e sacrificando a oportunidade de trabalhar em seu próprio livro, ela me permitiu fazer serviços de consultoria extras, falar em mais conferências e cursos de treinamento, tendo a oportunidade de praticar e aprimorar o material deste livro. Você é a melhor.

Agradecimentos de Neal Ford

Neal gostaria de agradecer à sua família estendida, a ThoughtWorks, coletivamente, e a Rebecca Parsons e Marting Fowler de forma individual. A ThoughtWorks é um grupo extraordinário que consegue produzir valor para clientes mantendo um olho aguçado sobre como as coisas funcionam de modo que possamos melhorá-las, e deu suporte para este livro de inúmeros modos e continua a desenvolver funcionários que desafiam e inspiram todo dia. Neal gostaria também de agradecer ao barzinho do bairro pelas escapadas regulares na rotina. Enfim, Neal agradece à sua esposa, Candy, cuja tolerância pela escrita do livro e pelas conferências aparentemente não tem limites. Por décadas ela me mantém com os pés no chão e com sanidade suficiente para funcionar, e espero que seja assim por outras décadas, sendo o amor da minha vida.

CAPÍTULO 1
Introdução

A função de "arquiteto de software" aparece no topo de várias listas das melhores profissões no mundo. No entanto, quando os leitores veem *outras* profissões nessas listas (como profissional de enfermagem ou gerente financeiro), há uma trajetória profissional clara para eles. Por que não existe uma trajetória para os arquitetos de software?

Primeiro, o setor não tem uma boa definição própria para arquitetura de software. Quando damos aulas de nível básico, os alunos costumam pedir uma definição concisa do que faz um arquiteto de software e nos recusamos categoricamente a fazer isso, e não somos os únicos. No famoso documento técnico "Who Needs an Architect?", Martin Fowler ficou conhecido por se recusar a definir a função, remetendo à famosa citação:

> Arquitetura é sobre algo importante... seja lá o que for.
> — Ralph Johnson

Quando pressionados, criamos o mapa mental mostrado na Figura 1-1, que lamentavelmente está incompleto, mas é um indicativo do escopo da arquitetura de software. De fato, daremos nossa definição concisa de arquitetura de software.

Segundo, como o mapa mental mostra, a função do arquiteto de software incorpora uma enorme quantidade e domínio de responsabilidade que continua a se expandir. Há uma década, os arquitetos de software lidavam apenas com os aspectos puramente técnicos da arquitetura, como modularidade, componentes e padrões. Desde então, devido aos novos estilos de arquitetura que aproveitam uma faixa maior de capacidades (como microsserviços), a função do arquiteto de software foi ampliada. Cobrimos as diversas interseções da arquitetura e do resto da organização na seção "Interseção da Arquitetura e...".

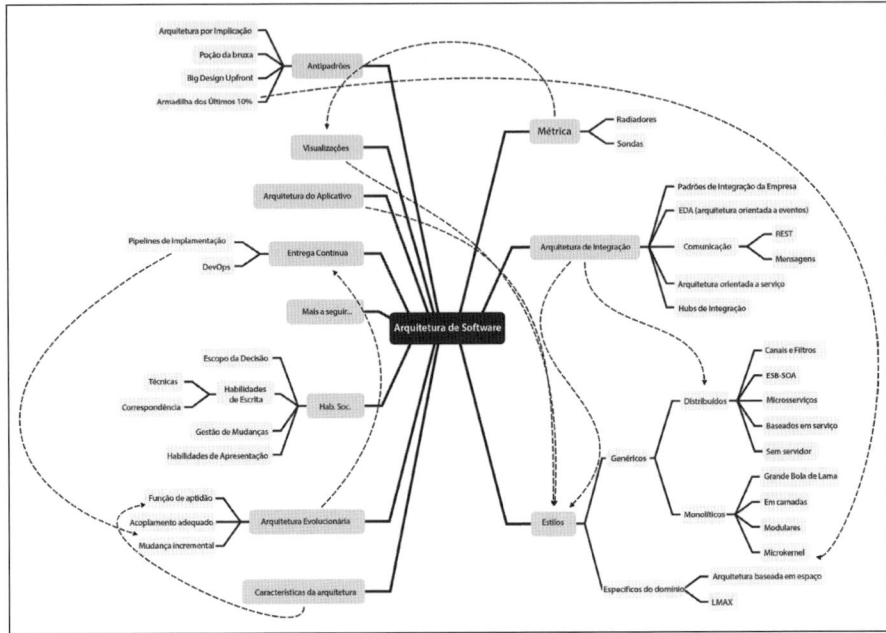

Figura 1-1. As responsabilidades de um arquiteto de software incluem habilidades técnicas, sociais, consciência operacional e muitas outras

Terceiro, o arquiteto de software é um alvo sempre móvel por causa da evolução rápida do ecossistema de desenvolvimento de software. Qualquer definição dada hoje ficará irremediavelmente desatualizada em poucos anos. A definição na Wikipédia de arquitetura de software fornece uma visão geral razoável, mas muitas afirmações estão desatualizadas, como "Arquitetura de software significa fazer escolhas estruturais fundamentais cuja mudança custa caro após a implementação". Todavia, os arquitetos projetaram estilos arquiteturais modernos, como microsserviços, com a ideia de desenvolvimento incremental; mudanças estruturais nos microsserviços agora não custam caro. Claro, essa capacidade implica decisões difíceis envolvendo preocupações, como o acoplamento. Muitos livros sobre arquitetura de software a tratam como um problema estático; assim que resolvida, pode ser tranquilamente ignorada. Porém, neste livro reconhecemos a natureza dinâmica inerente da arquitetura de software, inclusive a definição em si.

Quarto, grande parte do material sobre arquitetura de software tem apenas relevância histórica. Os leitores da página da Wikipédia não deixarão de notar o conjunto desconcertante de siglas e referências cruzadas para um universo inteiro de conhecimento. Contudo, muitas dessas siglas representam tentativas desatualizadas ou fracassadas. Até as soluções que eram perfeitamente válidas poucos anos atrás podem não funcionar agora porque o contexto mudou. A história da arquitetura de software está repleta de coisas que os arquitetos tentaram e perceberam os efeitos colaterais prejudiciais. Tratamos de muitas dessas lições neste livro.

Atualmente, por que escrever um livro sobre os fundamentos da arquitetura de software? O escopo dessa arquitetura não é a única parte do mundo de desenvolvimento que muda constantemente. Novas tecnologias, técnicas, capacidades… na verdade, é mais fácil achar coisas que não mudaram na última década do que listar todas as mudanças. Os arquitetos de software devem tomar decisões dentro desse ecossistema em constante mudança. Como tudo muda, inclusive os fundamentos sobre os quais tomamos decisões, os arquitetos devem reexaminar alguns axiomas centrais que embasaram os primeiros textos sobre arquitetura de software. Por exemplo, os primeiros livros sobre essa arquitetura não levam em conta o impacto do DevOps porque ele não existia quando foram escritos.

Ao estudar arquitetura, os leitores devem ter em mente que, como nas artes, ela só pode ser compreendida no contexto. Muitas decisões que os arquitetos tomaram foram baseadas nas realidades do ambiente em que se encontravam. Por exemplo, um dos maiores objetivos da arquitetura no final do século XX incluía fazer o uso mais eficiente dos recursos compartilhados, pois toda a infraestrutura na época era cara e comercial: sistemas operacionais, servidores de aplicações, servidores de bancos de dados etc. Imagine passar por um datacenter de 2002 e dizer para o chefe de operações: "Oi, tenho uma ótima ideia para um estilo revolucionário de arquitetura: cada serviço acontece em seu próprio maquinário isolado, com seu próprio banco de dados dedicado (descrevendo o que agora conhecemos como microsserviços). Então, isso significa que precisarei de cinquenta licenças para o Windows, outras trinta licenças para os servidores de aplicação e, pelo menos, cinquenta licenças para os servidores de banco de dados." Em 2002, tentar construir uma arquitetura como microsserviços teria um custo impeditivo. Todavia, com o advento do open source nos anos seguintes, junto às práticas de engenharia atualizadas via revolução DevOps, foi possível construir uma arquitetura como a descrita. Os leitores devem lembrar que todas as arquiteturas são um produto de seu contexto.

Definindo Arquitetura de Software

O setor inteiro se esforçou para definir "arquitetura de software" com precisão. Alguns arquitetos se referem a ela como o *blueprint* do sistema, já outros a definem como *roadmap* para desenvolver um sistema. O problema com essas definições comuns é entender o que há de fato em um blueprint ou em um roadmap. Por exemplo, o que é verificado quando um arquiteto *analisa* uma arquitetura?

A Figura 1-2 mostra um modo de pensar a arquitetura de software. Nessa definição, a arquitetura consiste na *estrutura* do sistema (as linhas pretas grossas que dão suporte à arquitetura), combinada com as *características da arquitetura* ("atributos") que o sistema deve alicerçar, as *decisões da arquitetura*, e por fim, os *princípios de design*.

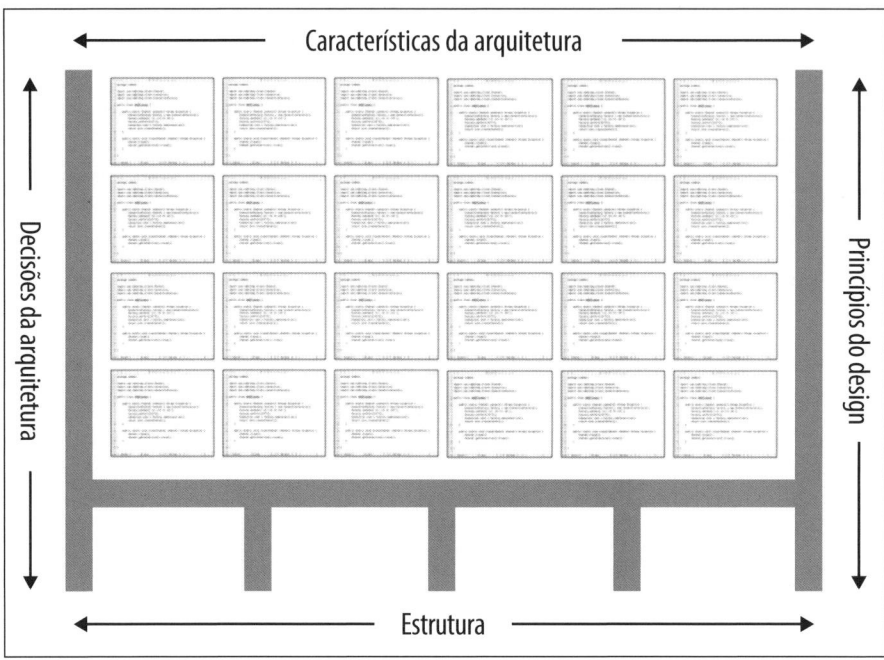

Figura 1-2. Arquitetura consiste na estrutura combinada com as características da arquitetura (atributos), as decisões da arquitetura e os princípios do design

A *estrutura* do sistema, como mostrada na Figura 1-3, se refere ao estilo (ou estilos) de arquitetura no qual o sistema está sendo implementado (como microsserviços, camadas ou microkernel). Descrever uma arquitetura unicamente pela estrutura não exibe essa arquitetura em sua totalidade. Por exemplo, suponha que se peça a um arquiteto para que descreva uma arquitetura, e ele responde: "É uma arquitetura de microsserviços." Nesse caso, o arquiteto fala apenas da *estrutura* do sistema, não da *arquitetura* do sistema. O conhecimento das características da arquitetura, das decisões da arquitetura e dos princípios do design também é necessário para entender bem a arquitetura do sistema.

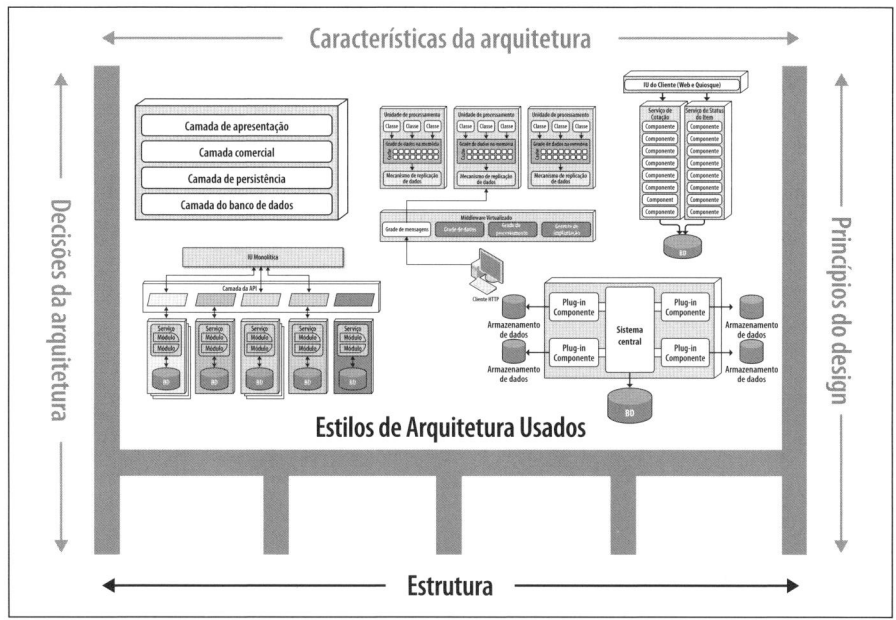

Figura 1-3. Estrutura se refere aos estilos de arquitetura usados no sistema

As características da arquitetura são outra dimensão da definição da arquitetura de software (veja a Figura 1-4). As características definem os critérios de sucesso de um sistema, em geral ortogonal quanto à funcionalidade. Note que todas as características listadas não requerem conhecimento da funcionalidade do sistema, embora sejam necessárias para ele funcionar corretamente. Essas características são tão importantes que dedicamos vários capítulos neste livro para entendê-las e defini-las.

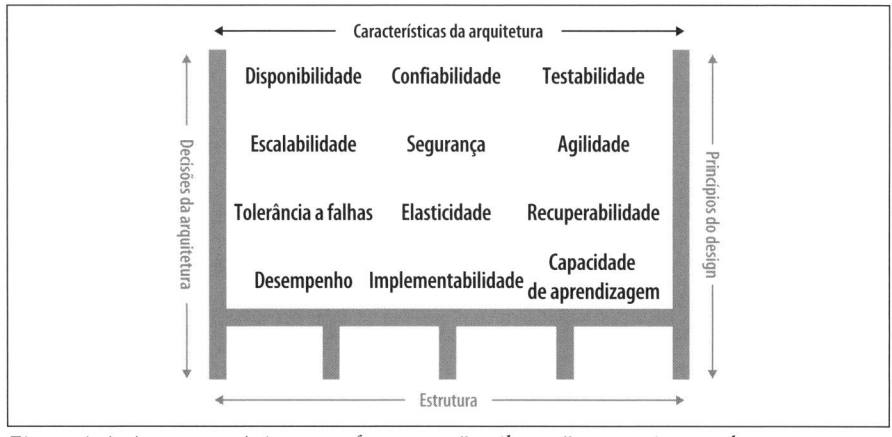

Figura 1-4. As características se referem aos "atributos" que o sistema deve suportar

O próximo fator que define a arquitetura de software são as *decisões da arquitetura*. Essas decisões definem as regras de como um sistema deve ser construído. Por exemplo, um arquiteto pode tomar uma decisão de arquitetura em que apenas as camadas comerciais e de serviços em uma arquitetura em camadas possam acessar o banco de dados (veja a Figura 1-5), impedindo a camada de apresentação de fazer chamados diretos no banco de dados. As decisões da arquitetura formam os limites do sistema e orientam as equipes de desenvolvimento sobre o que é ou não permitido.

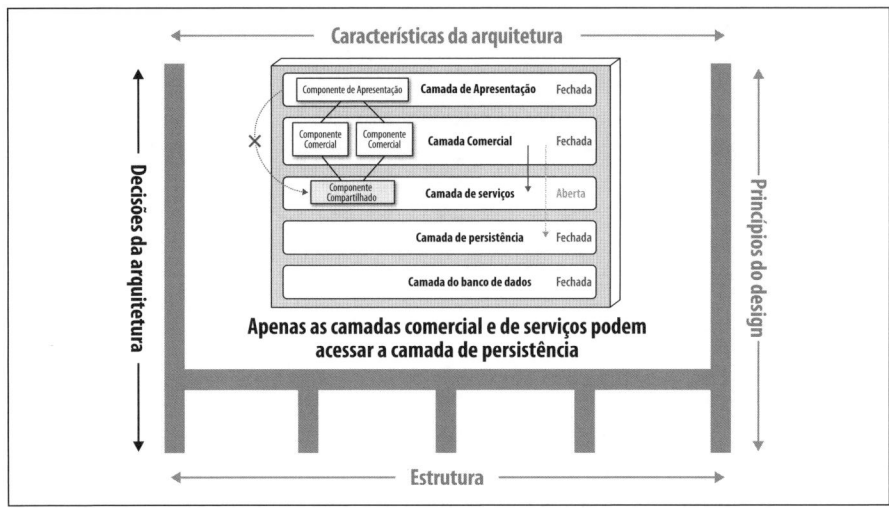

Figura 1-5. Decisões da arquitetura são regras para construir sistemas

Se certa decisão da arquitetura não pode ser implementada em uma parte do sistema devido a alguma condição ou outra restrição, essa decisão (ou regra) pode ser derrubada com algo chamado *variância*. A maioria das organizações tem modelos de variância usados por um Conselho de Revisão de Arquitetura (ARB — sigla em inglês para Architecture Review Board) ou pelo arquiteto-chefe. Esses modelos formalizam o processo de buscar uma variância para certo padrão ou decisão de arquitetura. Uma exceção para determinada decisão de arquitetura é analisada pelo ARB (ou arquiteto-chefe se não existe um ARB), sendo aprovada ou negada com base em justificativas e concessões.

O último fator na definição de arquitetura são os *princípios do design*. Tal princípio difere de uma decisão da arquitetura no sentido de que um princípio do design é uma *diretriz*, não uma *regra* rígida. Por exemplo, o princípio do design mostrado na Figura 1-6 estabelece que as equipes de desenvolvimento devem utilizar a mensageria assíncrona entre os serviços em uma arquitetura de microsserviços para aumentar o desempenho. Uma decisão (regra) da arquitetura nunca consegue abranger todas as condições e opções para a comunicação entre os serviços, portanto um princípio do design pode ser usado para orientar o método preferido (nesse caso, a mensageria assíncrona) e permitir que o desenvolvedor escolha um protocolo de comunicação mais adequado (como REST ou gRPC), dada uma circunstância específica.

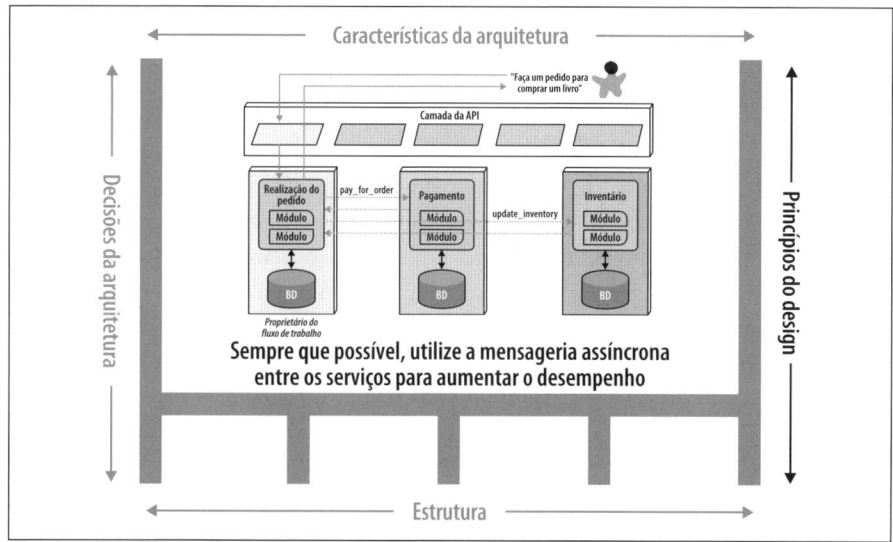

Figura 1-6. Princípios do design são diretrizes para construir sistemas

Expectativas de um Arquiteto

Definir o papel de um arquiteto de software se mostra tão difícil quanto definir a arquitetura de software. Pode variar desde um programador especializado até definir a direção técnica estratégica para a empresa. Em vez de perder tempo com a busca inútil de definir a função, recomendamos focar as *expectativas* de um arquiteto.

Existem oito expectativas principais para um arquiteto de software, independentemente de qualquer função, cargo ou descrição do trabalho:

- Tomar decisões de arquitetura
- Analisar continuamente a arquitetura
- Manter-se atualizado com as últimas tendências
- Assegurar a conformidade com as decisões
- Exposição e experiência diversificadas
- Ter conhecimento sobre o domínio do negócio

- Ter habilidades interpessoais
- Entender e lidar bem com questões políticas

O primeiro segredo para a eficiência e o sucesso na função de arquiteto de software depende de compreender e praticar cada uma dessas expectativas.

Tomar Decisões de Arquitetura

Um arquiteto deve estabelecer as decisões da arquitetura e os princípios do design usados para orientar as decisões de tecnologia dentro da equipe, do departamento ou em toda a empresa.

Orientação é a palavra de ordem nessa primeira expectativa. Um arquiteto deve *orientar*, não *especificar* as escolhas da tecnologia. Por exemplo, um arquiteto pode tomar a decisão de usar React.js para um desenvolvimento front-end. Nesse caso, ele está tomando uma decisão técnica, não uma decisão arquitetural ou um princípio do design que ajudará a equipe de desenvolvimento a fazer escolhas. Um arquiteto deve instruir as equipes de desenvolvimento para usarem um *framework reativo para o desenvolvimento web front-end*, orientando a equipe ao fazer a escolha entre Angular, Elm, React.js, Vue ou qualquer outro framework web reativo.

É difícil orientar as escolhas da tecnologia com decisões da arquitetura e princípios do design. O segredo para tomar decisões arquiteturais eficientes é perguntar se a decisão da arquitetura está ajudando a *orientar* as equipes ao fazerem a escolha técnica certa ou se a decisão *faz* a escolha técnica por elas. Dito isso, por vezes um arquiteto talvez precise tomar decisões de tecnologia específicas para preservar uma característica da arquitetura em particular, como escalabilidade, desempenho ou disponibilidade. Nesse caso, ainda seria considerada uma decisão de arquitetura, mesmo que especifique uma tecnologia em particular. Em geral, os arquitetos se esforçam para encontrar a linha certa, portanto o Capítulo 19 é totalmente sobre decisões da arquitetura.

Analisar Continuamente a Arquitetura

Um arquiteto deve analisar continuamente a arquitetura e o ambiente de tecnologia atual, para então recomendar soluções de melhorias.

Essa expectativa de um arquiteto se refere à *vitalidade da arquitetura*, que avalia se uma arquitetura é viável *hoje* tendo sido definida há três anos ou mais, dadas as mudanças no negócio e na tecnologia. Conforme nossa experiência, poucos arquitetos focam suas energias em analisar continuamente as arquiteturas existentes. Como resultado, a maioria deles enfrenta elementos de decadência estrutural, o que ocorre quando os desenvolvedores fazem mudanças no código ou no design que impactam as características arquiteturais requeridas, como desempenho, disponibilidade e escalabilidade.

Outros aspectos esquecidos dessa expectativa que os arquitetos costumam negligenciar são os ambientes de teste e lançamento. A agilidade na modificação do código tem benefícios óbvios, mas se as equipes precisam de semanas para testar as mudanças e meses para lançar, então os arquitetos não conseguem ter agilidade na arquitetura em geral.

Um arquiteto deve analisar integralmente as mudanças na tecnologia e os domínios do problema para determinar a robustez da arquitetura. Embora essa consideração apareça raramente em um anúncio de empregos, os arquitetos devem atender a essa expectativa para manter os aplicações relevantes.

Manter-se Atualizado com as Últimas Tendências

Um arquiteto deve ficar atualizado com as últimas tendências da tecnologia e do setor.

Os desenvolvedores devem ficar atualizados com as últimas tecnologias usadas diariamente para manterem a si mesmos (e seu trabalho!) relevantes. Um arquiteto tem um requisito ainda mais crítico de se manter atual com as últimas tendências técnicas e do setor. As decisões que um arquiteto toma tendem a ser de longo prazo e difíceis de mudar. Entender e seguir as principais tendências contribui para que ele se prepare para o futuro e tome a decisão certa.

Seguir as tendências e se manter atualizado com elas é difícil, sobretudo para um arquiteto de software. No Capítulo 24, examinaremos as várias técnicas e recursos sobre como fazer isso.

Assegurar a Conformidade com as Decisões

Um arquiteto deve assegurar a conformidade com as decisões de arquitetura e os princípios de design.

Assegurar a conformidade significa que o arquiteto verifica continuamente se as equipes de desenvolvimento seguem as decisões da arquitetura e os princípios do design definidos, documentados e comunicados por ele. Considere o cenário em que um arquiteto toma a decisão de restringir o acesso ao banco de dados em uma arquitetura de camadas apenas para as camadas de negócio e serviços (e não para camada de apresentação). Isso significa que a camada de apresentação deverá passar por todas as camadas da arquitetura para fazer até o mais simples chamado do banco de dados. Um desenvolvedor da interface do usuário poderá discordar dessa decisão e acessar o banco de dados (ou a camada de persistência) diretamente por motivos de desempenho. Contudo, o arquiteto tomou essa decisão de arquitetura por um motivo específico: controlar as mudanças. Fechando as camadas, as mudanças no banco de dados podem ser feitas sem impactar a camada de apresentação. Por não assegurar a conformidade com as decisões da arquitetura, esse tipo de violação pode acontecer, a arquitetura não atenderá às características requeridas (atributos) e a aplicação ou o sistema não funcionará como esperado.

No Capítulo 6, veremos mais sobre como medir a conformidade usando funções de adequação e ferramentas automatizadas.

Exposição e Experiência Diversificadas

Um arquiteto deve se expor a tecnologias, estruturas, plataformas e ambientes múltiplos e diversificados.

Essa expectativa não significa que um arquiteto deve ser especialista em toda estrutura, plataforma e linguagem, mas deve estar familiarizado pelo menos com várias tecnologias. A maioria dos ambientes atuais é heterogênea e, no mínimo, um arquiteto deve saber como se comunicar com vários sistemas e serviços, não importando a linguagem, a plataforma e a tecnologia nas quais esses sistemas ou serviços estão escritos.

Um dos melhores modos de dominar essa expectativa é o arquiteto aumentar sua zona de conforto. Focar apenas uma tecnologia ou plataforma é um porto seguro. Um arquiteto de software eficiente deve ser agressivo ao buscar oportunidades para ter experiência em várias linguagens, plataformas e tecnologias. Uma boa maneira de dominar a expectativa é se concentrar na amplitude técnica, não na profundidade técnica. Amplitude técnica inclui o que você sabe, mas não com detalhes, combinado com o que você sabe muito. Por exemplo, é muito melhor que o arquiteto esteja familiarizado com dez produtos de cache diferentes e com os prós e contras associados a cada um do que ser especialista em apenas um deles.

Ter Conhecimento sobre o Domínio do Negócio

Um arquiteto deve ter certo nível de especialização no domínio do negócio.

Os arquitetos de software eficientes entendem não apenas de tecnologia, mas do domínio do negócio no espaço do problema. Sem conhecimento do domínio do negócio, fica difícil entender o problema comercial, as metas e os requisitos, complicando planejar uma arquitetura eficiente para atender aos requisitos da empresa. Imagine ser arquiteto em uma grande instituição financeira e não entender os termos financeiros comuns, como índice direcional médio, contratos aleatórios, aumento das taxas ou mesmo dívida não prioritária. Sem esse conhecimento, um arquiteto não consegue se comunicar com os stakeholders e com os usuários do negócio, perdendo rápido a credibilidade.

Os arquitetos mais bem-sucedidos que conhecemos são aqueles com conhecimento técnico amplo e prático, além de um bom conhecimento de certo domínio. Tais arquitetos de software conseguem se comunicar bem com os executivos da diretoria e com os usuários comerciais, usando o conhecimento do domínio e uma linguagem que stakeholders conhecem e entendem. Isso acaba gerando uma grande confiança de que o arquiteto de software sabe o que está fazendo e tem competência para criar uma arquitetura eficiente e correta.

Ter Habilidades Interpessoais

Um arquiteto deve ter habilidades interpessoais excepcionais, inclusive trabalho em equipe, facilitação e liderança.

Ter habilidades excepcionais de liderança e interpessoais é uma expectativa difícil para a maioria dos desenvolvedores e dos arquitetos. Como técnicos, os desenvolvedores e arquitetos gostam de resolver problemas técnicos, não problemas com pessoas. Contudo, segundo a famosa frase de Gerald Weinberg: "Não importa o que dizem, sempre é um problema com pessoas." Um arquiteto não deve apenas dar uma orientação técnica para a equipe, mas também liderar as equipes de desenvolvimento na implementação da arquitetura. As habilidades de liderança são, pelo menos, metade do que é preciso para se tornar um arquiteto de software eficiente, não importa a função ou o cargo dele.

O setor está repleto de arquitetos de software, todos competindo por um número limitado de posições na arquitetura. Ter grandes habilidades de liderança e interpessoais é uma boa maneira de um arquiteto se diferenciar dos outros, de se destacar na multidão. Conhecemos muitos arquitetos de software que são excelentes técnicos, mas arquitetos ineficientes devido à incapacidade de liderar equipes, treinar e aconselhar desenvolvedores e de comunicar com eficiência ideias, decisões e princípios da arquitetura. Nem é preciso dizer que tais arquitetos têm dificuldades de manter uma posição ou um trabalho.

Entender e Lidar Bem com Questões Políticas

Um arquiteto deve entender o clima político da empresa e conseguir lidar bem com ele.

Pode parecer bem estranho falar sobre negociação e lidar com política corporativa em um livro sobre arquitetura de software. Para mostrar como as habilidades de negociação são importantes e necessárias, considere o cenário em que um desenvolvedor toma a decisão de utilizar uma estratégia padrão para reduzir a complexidade ciclomática geral de certa parte de um código complexo. Quem se importa com isso? Uma pessoa pode aplaudir o desenvolvedor por usar tal padrão, mas em quase todos os casos o desenvolvedor não precisa buscar aprovação para tal decisão.

Agora considere o cenário em que um arquiteto, responsável por um grande sistema de gerenciamento das relações com o cliente, tem problemas para controlar o acesso ao banco de dados a partir de outros sistemas, assegurar certos dados do cliente e fazer qualquer mudança no esquema do banco de dados porque muitos outros sistemas estão usando o banco de dados CRM. Assim, o arquiteto toma a decisão de criar o que é chamado de *silos de aplicação*, em que cada banco de dados da aplicação é acessível apenas a partir da aplicação que possui esse banco de dados. Tomar essa decisão dará ao arquiteto mais segurança e controle sobre os dados do cliente e sobre as mudanças. Porém, diferentemente do cenário do desenvolvedor anterior, essa decisão também será questionada por quase todos na empresa (com a possível exceção da equipe de aplicação CRM, claro). Outras aplicações precisam dos dados de gerenciamento de clientes. Se essas aplicações não conseguem mais acessar diretamente o banco de dados, agora devem pedir ao sistema CRM para obter os dados, requerendo chamadas de acesso remotas via REST, SOAP ou algum outro protocolo de acesso remoto.

O ponto principal é que *quase toda decisão que um arquiteto toma será questionada*. As decisões da arquitetura serão questionadas pelos proprietários do produto, pelos gerentes do projeto e pelos acionistas da empresa devido ao aumento de custos ou esforço (tempo) envolvido. Essas decisões também serão questionadas por desenvolvedores que sentem que a abordagem deles é melhor. Em qualquer caso, o arquiteto deve se envolver na política da empresa e aplicar habilidades básicas de negociação para ter a maioria das decisões aprovada. Isso pode ser muito frustrante para um arquiteto de software, pois grande parte das decisões tomadas como desenvolvedor não requeria aprovação nem análise. Os aspectos da programação, como estrutura do código, design de classes, escolha do padrão de projeto e, por vezes, até a escolha da linguagem, fazem parte da arte de programar. Porém, um arquiteto, agora finalmente capaz de conseguir tomar decisões amplas e importantes, deve justificar e lutar por quase cada uma dessas decisões. Habilidades de negociação, como as de liderança, são tão essenciais e necessárias que dedicamos um capítulo inteiro no livro para entendê-las (veja o Capítulo 23).

Interseção da Arquitetura e...

O escopo da arquitetura de software aumentou na última década para incluir cada vez mais responsabilidade e perspectiva. Há uma década, a relação típica entre arquitetura e operações era contratual e formal, com muita burocracia. A maioria das empresas, tentando evitar a complexidade de hospedar suas próprias operações, muitas vezes as terceirizava, com obrigações contratuais para acordos de serviços, como tempo de atividade, escala, responsividade e muitas outras características importantes da arquitetura. Agora, as arquiteturas como microsserviços utilizam livremente preocupações exclusivamente operacionais antes. Por exemplo, a escala elástica antes era complicada de incorporar nas arquiteturas (veja o Capítulo 15), enquanto os microsserviços lidavam com menos problemas via ligação entre arquitetos e DevOps.

> ### História: Pets.com e Por que Temos uma Escala Elástica
>
> A história do desenvolvimento de software tem lições enriquecedoras, boas e ruins. Pressupomos que as capacidades atuais (como a escala elástica) só apareceram um dia por causa de algum desenvolvedor inteligente, mas essas ideias normalmente nascem com lições difíceis. A Pets.com representa um primeiro exemplo de lições difíceis aprendidas. Ela apareceu no início da internet, esperando se tornar a Amazon.com de artigos para pets. Por sorte, ela tinha um departamento de marketing brilhante, que inventou um mascote interessante: um boneco de meia com microfone dizendo coisas irreverentes. Ele se tornou um superstar, aparecendo em público nos desfiles e nos eventos esportivos nacionais.
>
> Infelizmente a gestão da Pets.com aparentemente gastou muito dinheiro com o mascote, não com a infraestrutura. Quando os pedidos começaram a entrar, o pessoal não estava preparado. O site era lento, as transações se perdiam, as entregas atrasavam etc. ... obviamente, o pior cenário possível. Na verdade, foi tão ruim que a empresa logo fechou após uma correria de Natal desastrosa, vendendo apenas o único ativo valioso que restou (o mascote) para um concorrente.
>
> Do que a empresa precisava era de uma escala elástica: a capacidade de gerar mais instâncias de recursos, quando necessário. Os provedores de nuvem oferecem esse recurso como uma commodity, mas, no início da

> internet, as empresas tinham que gerenciar sua própria infraestrutura e muitos foram vítimas de um fenômeno nunca ouvido antes: sucesso demais pode acabar com o negócio. A Pets.com e outras histórias terríveis parecidas levaram os engenheiros a desenvolver as estruturas das quais os arquitetos desfrutam atualmente.

As próximas seções detalham as interseções mais recentes entre a função do arquiteto e as outras partes de uma organização, destacando as novas capacidades e as responsabilidades deles.

Práticas da Engenharia

Por tradição, a arquitetura de software foi separada do processo de desenvolvimento usado para criar o software. Dezenas de metodologias populares existem para criar um software, inclusive a Waterfall e muitos tipos de metodologia ágil (como Scrum, Programação Extrema, Lean e Crystal), que não impactam muito a arquitetura de software.

Contudo, nos últimos anos, os avanços da engenharia têm impulsionado as preocupações do processo na arquitetura de software. É bom separar o *processo* de desenvolvimento de software das *práticas de engenharia*. Com *processo*, referimo-nos a como as equipes são formadas e gerenciadas, como as reuniões são feitas e o fluxo de trabalho da organização; isso se refere à mecânica de como as pessoas se organizam e interagem. Já as práticas de *engenharia* de software se referem às práticas independentes do processo que têm um benefício ilustrado e repetido. Por exemplo, a integração contínua é uma prática de engenharia comprovada que não conta com um processo em particular.

> ### O Caminho da Programação Extrema até a Entrega Contínua
>
> As origens da Programação Extrema (XP) mostram bem a diferença entre processo e engenharia. No início dos anos 1990, um grupo de desenvolvedores de software experientes, liderado por Kent Beck, começou a questionar dezenas de diferentes processos de desenvolvimento populares na época. Segundo a experiência deles, parecia que nenhum deles tinha criado bons resultados repetidamente. Um dos fundadores da XP dizia que escolher um dos processos existentes "era tão garantido para o sucesso do projeto quanto jogar uma moeda". Eles decidiram repensar como criar um software e iniciaram o projeto XP em março de 1996. Para fundamentar o processo, eles rejeitaram a sabedoria convencional e

focaram as *práticas* que levaram ao sucesso do projeto no passado, mas ao extremo. O raciocínio era que eles viam uma correlação nos projetos anteriores entre mais testes e maior qualidade. Assim, a abordagem XP para testar foi praticada ao extremo: fazer o desenvolvimento do teste primeiro, assegurando que todo o código fosse testado antes de entrar na base de código.

A XP se concentrou em outros processos ágeis populares que compartilhavam perspectivas semelhantes, mas era uma das poucas metodologias que incluíam práticas de engenharia, como automação, teste, integração contínua e outras técnicas concretas baseadas na experiência. Os esforços para continuar avançando o lado de engenharia do desenvolvimento do software continuaram com o livro *Continuous Delivery* (sem publicação no Brasil), uma versão atualizada de muitas práticas XP, e deram frutos no movimento DevOps. Em muitos pontos, a revolução DevOps ocorreu quando os profissionais de operações adotaram as práticas de engenharia originalmente defendidas pela XP: automação, teste, uma fonte de verdade declarada e outras.

Damos muito suporte a esses avanços, que formam as etapas de incremento que acabarão por formar a graduação do desenvolvimento de software como uma disciplina de engenharia adequada.

É importante focar as práticas de engenharia. Primeiro, o desenvolvimento de software não tem muitos recursos das disciplinas de engenharia mais maduras. Por exemplo, os engenheiros civis conseguem prever uma mudança estrutural com muito mais precisão do que os aspectos igualmente importantes da estrutura do software. Segundo, um dos calcanhares de Aquiles do desenvolvimento de software é a estimativa, ou seja: quanto tempo, quantos recursos, quanto dinheiro? Parte dessa dificuldade reside nas práticas de contabilidade antiquadas que não conseguem incluir a natureza exploratória desse desenvolvimento, mas outra parte é porque somos ruins com estimativas por tradição, pelo menos por causa das *incógnitas desconhecidas*.

> ... como sabemos, existem conhecimentos conhecidos; existem coisas que sabemos que sabemos. Também sabemos que existem incógnitas conhecidas, ou seja, sabemos que existem coisas que não sabemos. Mas também existem as incógnitas desconhecidas, aquelas que não sabemos que não sabemos.
>
> — Ex-secretário de Defesa dos EUA, Donald Rumsfeld

As incógnitas desconhecidas são o inimigo dos sistemas de software. Muitos projetos começam com uma lista de *incógnitas conhecidas*: coisas que os desenvolvedores devem aprender sobre o domínio e a tecnologia que eles sabem que virão. Porém os projetos também são vítimas das *incógnitas desconhecidas*: coisas que ninguém sabia que apareceriam, embora tenham aparecido inesperadamente. Por isso os esforços de software do tipo "Grande Design no Início" sofrem: os arquitetos não conseguem se planejar para as incógnitas desconhecidas. Para citar Mark (um de seus autores):

> Todas as arquiteturas se tornam iterativas por causa das *incógnitas desconhecidas*. A metodologia ágil apenas reconhece isso e age mais cedo.

Assim, embora o processo seja, em grande parte, separado da arquitetura, um processo iterativo fica melhor na natureza da arquitetura de software. As equipes que tentam criar um sistema moderno, como microsserviços, usando um processo antiquado, como Waterfall, terão muito atrito com um processo antiquado que ignora a realidade de como o software é montado.

Em geral, o arquiteto também é o responsável técnico nos projetos, portanto determina as práticas de engenharia que a equipe usa. Assim como os arquitetos devem considerar com cuidado o domínio do problema antes de escolher uma arquitetura, eles também devem assegurar que o estilo da arquitetura e as práticas de engenharia formem uma malha simbiótica. Por exemplo, uma arquitetura de microsserviços pressupõe um provisionamento automatizado de máquinas, teste e implementação automáticos e muitas outras suposições. Tentar criar uma dessas arquiteturas com um grupo de profissionais de operações antiquado, processos manuais e pouco teste gera um atrito enorme e desafios para o sucesso. Como os diferentes domínios do problema se prestam a certos estilos de arquitetura, as práticas de engenharia têm o mesmo tipo de relação simbiótica.

A evolução do pensamento de Programação Extrema para Entrega Contínua segue. Os avanços recentes nas práticas de engenharia permitem novas capacidades na arquitetura. O livro mais recente de Neal, *Building Evolutionary Architecture* (sem publicação no Brasil), destaca novos modos de pensar a interseção das práticas de engenharia e arquitetura, permitindo uma melhor automação da governança da arquitetura. Embora o livro não seja resumido aqui, ele fornece uma importante nomenclatura nova e um modo de pensar sobre as características da arquitetura que impregnarão grande parte do resto deste livro. O livro de Neal apresenta técnicas para criar arquiteturas que mudam com elegância ao longo do tempo. No Capítulo 4, descrevemos a arquitetura como a combinação de requisitos e preocupações adicionais, como mostrado na Figura 1-7.

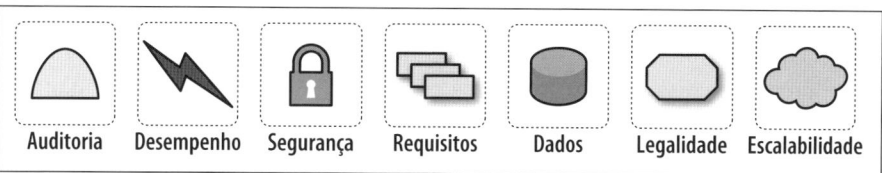

Figura 1-7. A arquitetura para um sistema de software consiste em requisitos e em todas as outras características da arquitetura

Como mostra qualquer experiência no mundo do desenvolvimento de software, nada permanece estático. Assim, os arquitetos podem planejar um sistema para atender certos critérios, mas esse design deve sobreviver à implementação (como os arquitetos conseguem assegurar que o design seja implementado corretamente) e à mudança inevitável orientada pelo ecossistema de desenvolvimento de software. Do que precisamos é de uma *arquitetura evolutiva*.

O livro *Building Evolutionary Architecture* introduz o conceito de usar funções de adequação para proteger (e gerir) as características da arquitetura conforme ocorre uma mudança ao longo do tempo. O conceito vem da computação evolutiva. Ao planejar um algoritmo genético, os desenvolvedores têm várias técnicas para modificar a solução, desenvolvendo novas soluções de modo iterativo. Ao planejar tal algoritmo para um objetivo específico, os desenvolvedores devem medir o resultado para ver se ele está mais próximo ou distante de uma solução ideal; essa medida é uma função de adequação. Por exemplo, se os desenvolvedores projetaram um algoritmo genético para resolver o problema do caixeiro-viajante (cujo objetivo é a menor rota entre várias cidades), a função de adequação analisaria o caminho percorrido.

O livro *Building Evolutionary Architecture* reforça a ideia de criar *funções de adequação arquiteturais*: uma avaliação objetiva da integridade de algumas características da arquitetura. Essa avaliação pode incluir diversos mecanismos, como métrica, testes unitários, monitores e engenharia do caos. Por exemplo, um arquiteto pode identificar o tempo de carregamento da página como uma característica importante da arquitetura. Para permitir que o sistema mude sem diminuir o desempenho, a arquitetura cria uma função de adequação como um teste que mede o tempo de carregamento de cada página, então faz o teste como parte da integração contínua do projeto. Assim, os arquitetos sempre conhecem o status das partes críticas da arquitetura porque têm um mecanismo de verificação na forma de funções de adequação para cada parte.

Não detalharemos muito as funções de adequação aqui. Porém destacaremos as oportunidades e os exemplos da abordagem onde forem aplicáveis. Note a correlação entre a frequência com que as funções de adequação são executadas e o feedback dado. Você verá que adotar práticas de engenharia ágil, como a integração contínua, o provisionamento de máquina automatizado e práticas semelhantes, facilita criar arquiteturas resilientes, além de mostrar o quanto a arquitetura se torna interligada com as práticas de engenharia.

Operações/DevOps

A interseção recente e mais óbvia entre a arquitetura e os campos afins ocorreu com o advento do DevOps, orientado pelo repensar dos axiomas da arquitetura. Por muitos anos, várias empresas consideraram as operações como uma função separada do desenvolvimento de software; muitas vezes, elas terceirizavam as operações como uma medida para economizar custos. Muitas arquiteturas planejadas durante os anos 1990 e 2000 pressupunham que os arquitetos não podiam controlar as operações e foram criadas de modo defensivo em torno dessa restrição (para ter um bom exemplo, veja Arquitetura Baseada em Espaços, no Capítulo 15).

Contudo, há alguns anos, diversas empresas começaram a experimentar novas formas de arquitetura que combinam muitas questões operacionais com a arquitetura. Por exemplo, nas arquiteturas mais antigas, como SOA baseado em ESB, a arquitetura era planejada para lidar com a escala elástica, complicando muito o processo. Basicamente, os arquitetos eram forçados a planejar de modo defensivo em torno dos limites introduzidos por causa da economia de custos das operações terceirizadas. Desse modo, eles criavam arquiteturas que podiam lidar com a escala, o desempenho, a elasticidade e muitas outras capacidades internamente. O efeito colateral desse design era uma arquitetura muito mais complexa.

Os criadores do estilo microsserviços da arquitetura perceberam que as operações lidam melhor com essas questões operacionais. Criando uma ligação entre arquitetura e operações, os arquitetos conseguem simplificar o design e contar com os profissionais de operações para coisas com as quais lidam melhor. Assim, perceber uma apropriação indevida dos recursos levou a uma complexidade imprevista, e os arquitetos e os profissionais de operações se juntaram para criar microsserviços, cujos detalhes são vistos no Capítulo 17.

Processo

Outro axioma é que a arquitetura de software é, em grande parte, ortogonal no processo de desenvolvimento de software; o modo como você cria o software (*processo*) tem pouco impacto na arquitetura dele (*estrutura*). Dessa maneira, embora o processo de desenvolvimento de software que uma equipe usa tenha impacto na estrutura do software (em especial nas práticas da engenharia), historicamente ela tem sido considerada como separada na maior parte. A maioria dos livros sobre arquitetura de software ignora o processo de desenvolvimento de software, fazendo suposições capciosas sobre coisas como previsibilidade. Contudo, o processo pelo qual as pessoas desenvolvem o software tem impacto em muitas facetas da arquitetura de software. Por exemplo, muitas pessoas nas últimas décadas adotaram metodologias de desenvolvimento ágil devido à natureza do software. Os arquitetos de projetos ágeis podem realizar o desenvolvimento iterativo e, portanto, um ciclo de feedback mais rápido para as decisões. Isso, por sua vez, permite que os arquitetos sejam mais agressivos sobre a experimentação e outros conhecimentos que contam com o feedback.

Como observa a citação anterior de Mark, toda arquitetura se torna iterativa; é só uma questão de tempo. Para esse fim, vamos pressupor por completo a linha de base das metodologias ágeis e destacar as exceções onde forem adequadas. Por exemplo, ainda é comum que muitas arquiteturas monolíticas usem processos mais antigos por causa da idade, da política ou de outros fatores atenuantes não relacionados ao software.

Um aspecto crítico da arquitetura em que as metodologias ágeis se destacam é a reestruturação. Muitas vezes, as equipes acham que precisam migrar sua arquitetura de um padrão para outro. Por exemplo, uma equipe iniciou com uma arquitetura monolítica porque era fácil e rápida de inicializar, mas agora ela precisa passar para uma arquitetura mais moderna. As metodologias ágeis suportam melhor essas mudanças do que os processos muito planejados devido ao feedback contínuo e ao encorajamento de técnicas como o Padrão de Estrangulamento (Strangler) e a alternância de recursos.

Dados

Uma grande porcentagem de desenvolvimento sério de aplicações inclui o armazenamento externo de dados, muitas vezes na forma de um banco de dados relacional (ou, cada vez mais, o NoSQL). Porém muitos livros sobre arquitetura de software incluem apenas um leve tratamento desse importante aspecto da arquitetura. Códigos e dados têm uma relação simbiótica: um não é útil sem o outro.

Os administradores de bancos de dados costumam trabalhar lado a lado com arquitetos para criar uma arquitetura de dados para sistemas complexos, analisando como as relações e a reutilização afetarão um portfólio de aplicações. Não entraremos nesse nível de especialização neste livro. Ao mesmo tempo, não deixaremos de ver a existência e a dependência do armazenamento externo. Em particular, quando falarmos sobre os aspectos operacionais da arquitetura e do *quantum arquitetural* (veja "Quanta Arquitetural e Granularidade", no Capítulo 7), incluiremos questões externas importantes, como os bancos de dados.

Leis da Arquitetura de Software

Embora o escopo da arquitetura de software seja surpreendentemente amplo, existem elementos unificadores. Os autores aprenderam fundamentalmente a *Primeira Lei da Arquitetura de Software* sempre se encontrando com ela:

> Tudo na arquitetura de software é uma concessão.
> — Primeira Lei da Arquitetura de Software

Nada existe em um espectro bonito e claro para os arquitetos de software. Toda decisão deve levar muitos fatores opostos em conta.

> Se um arquiteto pensa que descobriu algo que *não é* uma concessão, muito provavelmente ele ainda não a *identificou*.
> — Corolário 1

Definimos arquitetura de software em termos além da plataforma estrutural, incorporando princípios, características etc. A arquitetura é mais ampla do que apenas a combinação dos elementos estruturais, refletida em nossa *Segunda Lei da Arquitetura de Software*:

> O *porquê* é mais importante do que o *como*.
> — Segunda Lei da Arquitetura de Software

Os autores descobriram a importância dessa perspectiva quando tentaram manter os resultados dos exercícios feitos pelos alunos durante um workshop quando criaram soluções de arquitetura. Como os exercícios eram cronometrados, os únicos artefatos que mantivemos eram os diagramas que representam a topologia, ou seja, capturamos *como* eles resolviam o problema, mas não *por que* a equipe fez determinadas escolhas. Um arquiteto pode ver um sistema existente que ele não conhece e determinar como a estrutura da arquitetura funciona, mas fará um esforço para explicar por que certas escolhas foram feitas e não outras.

Neste livro destacamos *por que* os arquitetos tomam certas decisões junto a concessões. Também destacamos boas técnicas para capturar importantes decisões em "Registros de Decisão da Arquitetura", no Capítulo 19.

PARTE I
Fundamentos

Para entender os trade-offs importantes na arquitetura, os desenvolvedores devem compreender alguns conceitos básicos e componentes relacionados à terminologia, à modularidade, ao acoplamento e à conascência.

CAPÍTULO 2
Pensamento Arquitetônico

Um arquiteto pensa de modo diferente de um desenvolvedor, assim como um meteorologista vê as nuvens de modo diferente de um artista. Isso se chama *pensamento arquitetônico*. Infelizmente, muitos arquitetos acreditam que o pensamento arquitetônico se resume simplesmente a "pensar na arquitetura".

Pensamento arquitetônico é muito mais do que isso. É ver as coisas com os olhos da arquitetura ou do ponto de vista arquitetural. Pensar como arquiteto envolve quatro aspectos principais. Primeiro, é entender a diferença entre arquitetura e design, saber como colaborar com as equipes de desenvolvimento para a arquitetura funcionar. Segundo, é ter uma grande variedade de conhecimento técnico e ainda manter certo nível de profundidade técnica, permitindo que o arquiteto veja soluções e possibilidades que os outros não veem. Terceiro, é entender, analisar e reconciliar os trade-offs entre várias soluções e tecnologias. Por fim, é entender a importância das motivações comerciais e como elas se traduzem em preocupações arquitetônicas.

Neste capítulo, exploraremos esses quatro aspectos de pensar como arquiteto e veremos as coisas com os olhos da arquitetura.

Arquitetura Versus Design

A diferença entre arquitetura e design muitas vezes é confusa. Onde a arquitetura termina e começa o design? Quais responsabilidades um arquiteto tem versus um desenvolvedor? Pensar como arquiteto é saber a diferença entre arquitetura e design, ver como os dois se integram para formar soluções para problemas comerciais e técnicos.

Veja a Figura 2-1, que mostra as responsabilidades tradicionais que um arquiteto tem, em comparação com as de um desenvolvedor. Como mostrado no diagrama, um arquiteto é responsável por coisas como analisar os requisitos comerciais para extrair e definir as características da arquitetura (os "atributos"), selecionar quais padrões e estilos da arquitetura se encaixariam no domínio do problema e criar componentes (blocos de construção do sistema). Então os artefatos criados a partir dessas atividades são passados para a equipe de desenvolvimento, responsável por criar diagramas de classes para cada componente, criar telas de interface do usuário e desenvolver e testar o código-fonte.

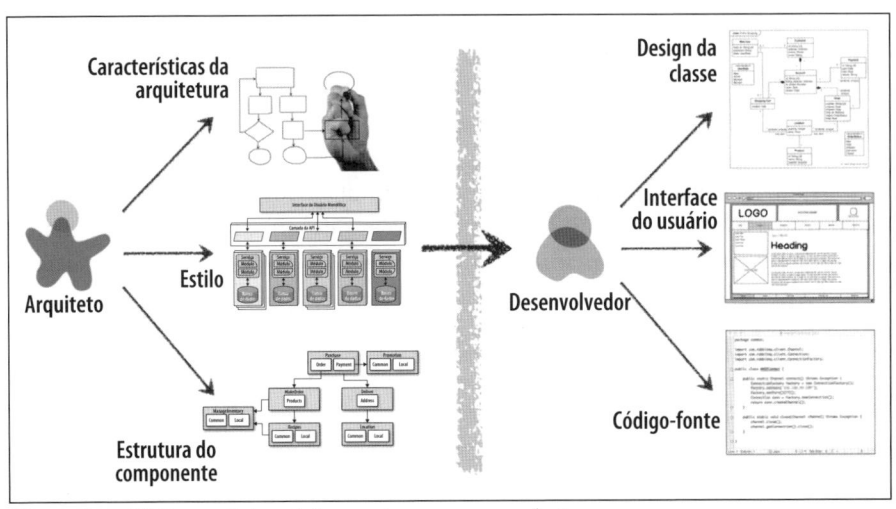

Figura 2-1: Visão tradicional da arquitetura versus design

Existem vários problemas com o modelo de responsabilidade tradicional mostrado na Figura 2-1. Na verdade, essa ilustração mostra exatamente por que a arquitetura raramente funciona. Especificamente, é a seta unidimensional passando por barreiras virtuais e físicas, separando a arquitetura do desenvolvedor, que causa todos os problemas associados à arquitetura. As decisões que o arquiteto toma às vezes não funcionam para as equipes de desenvolvimento, e as decisões que as equipes de desenvolvimento tomam, e que mudam a arquitetura, raramente voltam para o arquiteto. Nesse modelo, o arquiteto está desconectado das equipes de desenvolvimento e, como tal, a arquitetura raramente fornece o que foi criada para fazer originalmente.

Para fazer a arquitetura funcionar, as barreiras físicas e virtuais que existem entre arquitetos e desenvolvedores devem ser quebradas, assim formando uma relação bidirecional forte entre arquitetos e equipes de desenvolvimento. O arquiteto e o desenvolvedor devem estar na mesma equipe virtual para isso dar certo, como representado na Figura 2-2. Não só esse modelo facilita uma forte comunicação bidirecional entre a arquitetura e o desenvolvimento, como também permite que o arquiteto forneça mentoria e treinamento para os desenvolvedores na equipe.

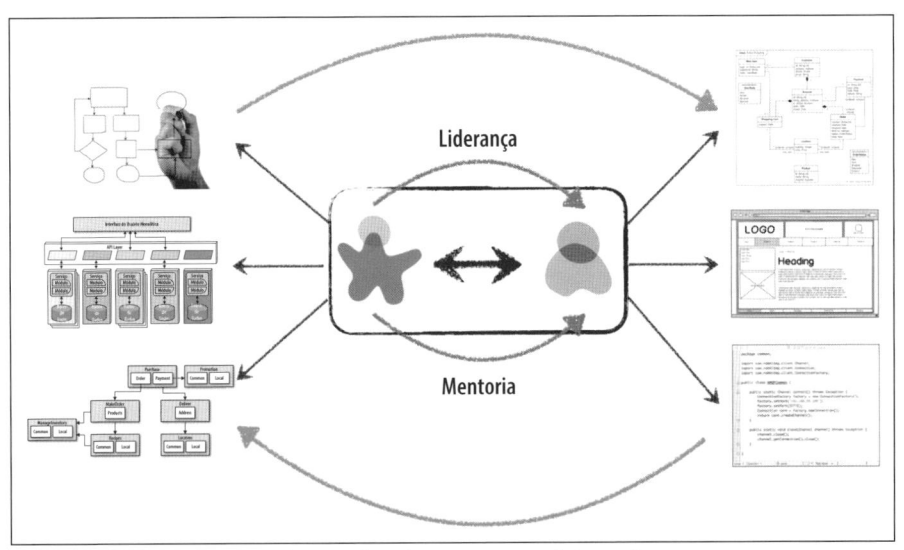

Figura 2-2. Fazendo a arquitetura funcionar com a colaboração

Diferentemente das antigas abordagens em cascata para a arquitetura de software estática e rígida, a arquitetura dos sistemas atuais muda e evolui a cada iteração ou fase de um projeto. Uma estreita colaboração entre o arquiteto e a equipe de desenvolvimento é essencial para o sucesso de qualquer projeto de software. Assim, em que momento a arquitetura termina e o design se inicia? Isso não acontece. Ambos fazem parte do ciclo de vida dentro de um projeto de software e sempre devem ficar em sincronia para terem êxito.

Amplitude Técnica

O escopo dos detalhes técnicos difere entre desenvolvedores e arquitetos. Diferentemente de um desenvolvedor, que deve ter bastante *profundidade técnica* para realizar seu trabalho, um arquiteto de software deve ter uma grande *amplitude técnica* para pensar como arquiteto e ver as coisas de um ponto de vista da arquitetura. Isso é mostrado pela pirâmide de conhecimento na Figura 2-3, que encapsula todo o conhecimento técnico no mundo. Assim, o tipo de informação que um técnico deve valorizar difere nos estágios da carreira.

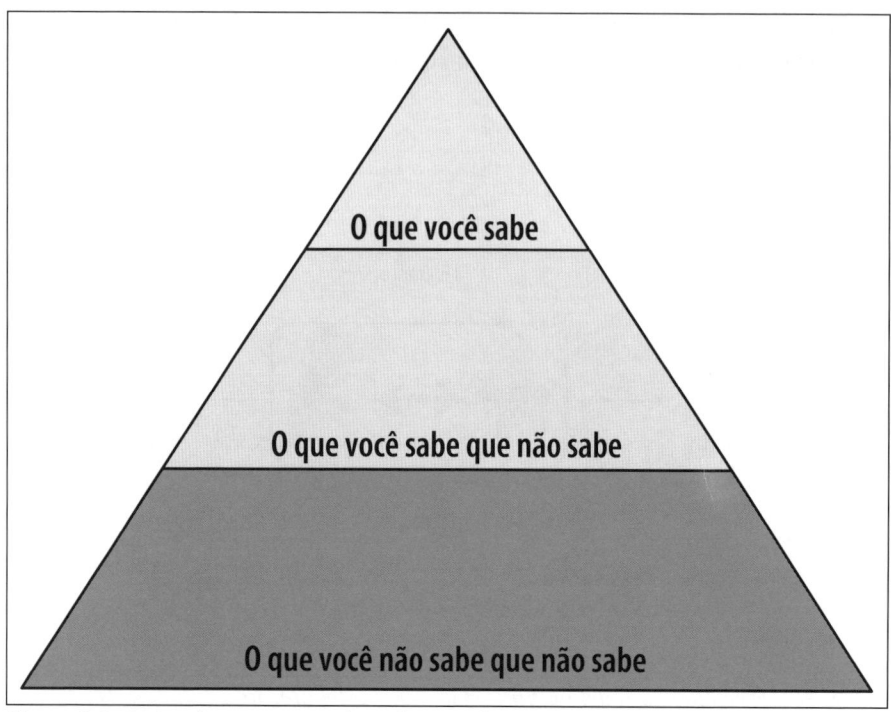

Figura 2-3. Pirâmide representando todo o conhecimento

Como mostrado na Figura 2-3, qualquer indivíduo pode particionar seu conhecimento em três seções: *o que você sabe, o que você sabe que não sabe* e *o que você não sabe que não sabe*.

O que você sabe inclui as tecnologias, os frameworks, as linguagens e as ferramentas que um técnico usa diariamente para realizar seu trabalho, como conhecer a linguagem Java como um programador Java. *O que você sabe que não sabe* inclui o que um técnico sabe um pouco e ouviu falar, mas tem pouca ou nenhuma especialização nela. A maioria dos técnicos *ouviu* falar sobre Clojure e sabe que é uma linguagem de programação baseada no Lisp, mas eles não conseguem codificar na linguagem. *O que você não sabe que não sabe* é a maior parte da pirâmide de conhecimento e inclui as inúmeras tecnologias, ferramentas, estruturas e linguagens que seriam a solução perfeita para um problema que o técnico tenta resolver, mas ele nem sabe que essas coisas existem.

O início de carreira de um desenvolvedor foca expandir o topo da pirâmide, para acumular experiência e especialização. É o foco ideal no início, pois os desenvolvedores precisam ter mais perspectiva, conhecimento prático e experiência. Expandir o topo acaba expandindo a seção do meio; conforme os desenvolvedores encontram mais tecnologias e artefatos afins, isso aumenta seu estoque *do que você sabe que não sabe*.

Na Figura 2-4, expandir o topo da pirâmide é benéfico porque a especialização é valorizada. Contudo, *o que você sabe* também é a *coisa que deve manter*; nada é estático no mundo dos softwares. Se um desenvolvedor se torna especialista em Ruby on Rails, essa especialização não durará se ele ignorar o Ruby on Rails por um ou dois anos. As coisas no topo da pirâmide requerem investimento de tempo para que a especialização persista. Por fim, o tamanho do topo da pirâmide de um indivíduo é sua *profundidade técnica*.

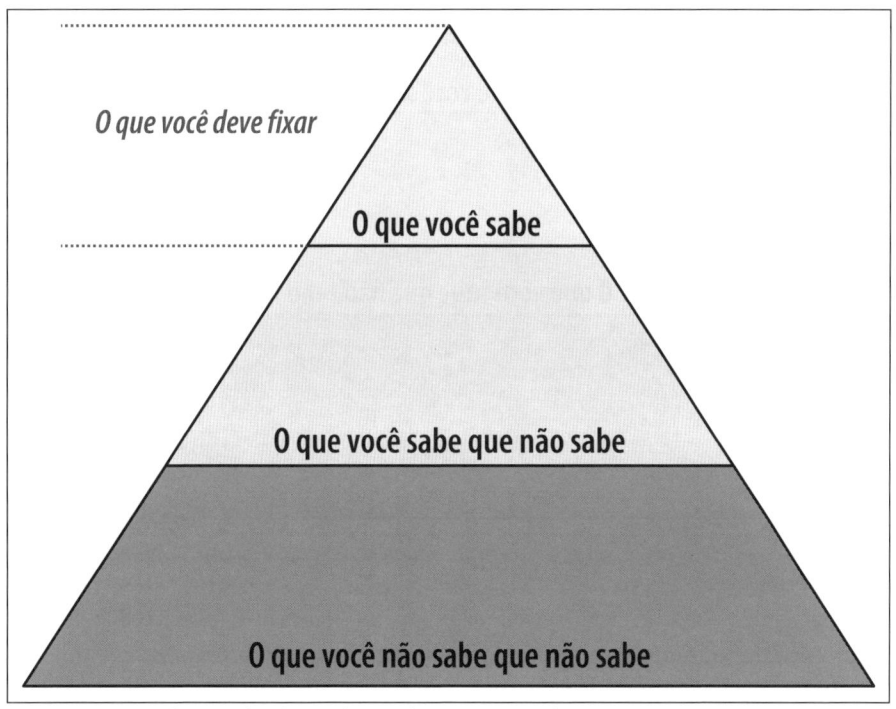

Figura 2-4. Os desenvolvedores devem fixar a especialização para mantê-la

Porém, a natureza do conhecimento muda quando os desenvolvedores fazem a transição para a função de arquiteto. Uma grande parte do valor de um arquiteto é o *amplo* conhecimento da tecnologia e como usá-la para resolver problemas específicos. Por exemplo, como arquiteto, é mais vantajoso saber que existem cinco soluções para certo problema do que ter especialização em apenas uma. As partes mais importantes da pirâmide para os arquitetos são o topo e o meio; a *amplitude* técnica de um arquiteto é representada pela porção da parte central que invade a parte inferior, como mostrado na Figura 2-5.

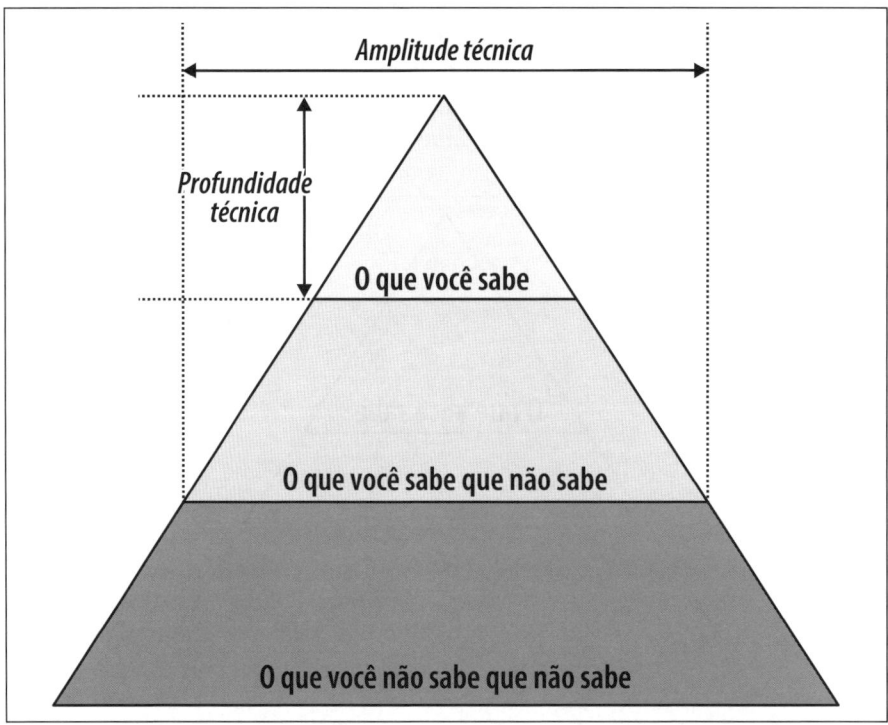

Figura 2-5. O que alguém sabe é a profundidade técnica e o quanto alguém sabe é a amplitude técnica

Como arquiteto, *amplitude* é mais importante do que *profundidade*. Como os arquitetos devem tomar decisões que combinam capacidades com restrições técnicas, um grande conhecimento de variadas soluções é valioso. Assim, para um arquiteto, o curso de ação inteligente seria sacrificar uma especialização duramente conquistada e usar esse tempo para ampliar seu portfólio, como mostrado na Figura 2-6. Como visto no diagrama, algumas áreas de especialização permanecerão, provavelmente nas áreas da tecnologia particularmente agradáveis; já outras atrofiam de forma útil.

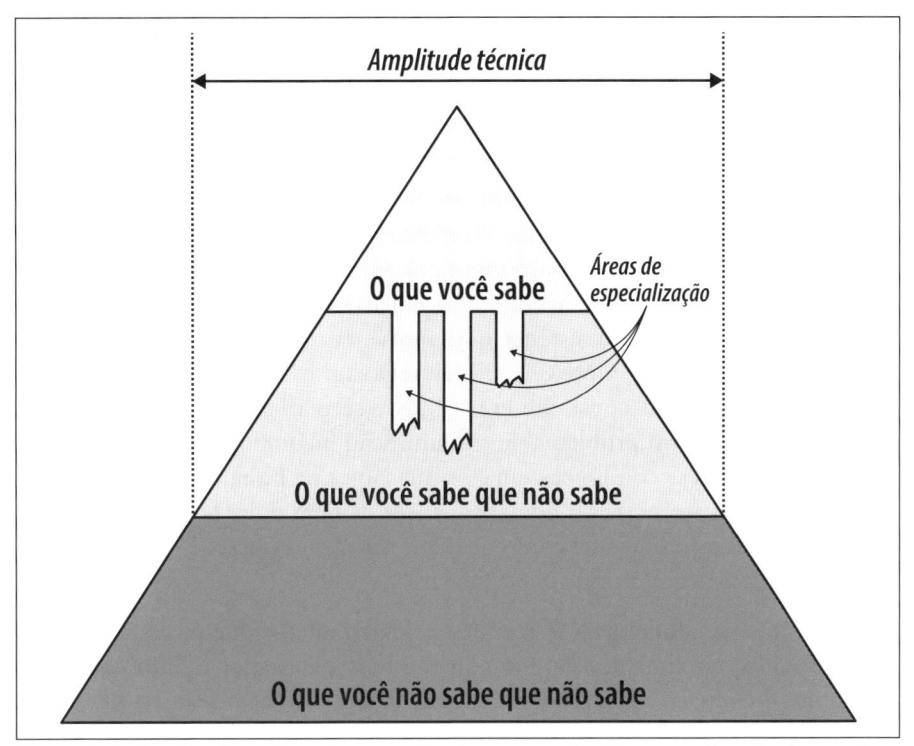

Figura 2-6. Amplitude melhorada e aprofundamento reduzido para a função de arquiteto

Nossa pirâmide do conhecimento mostra como a função do *arquiteto* é fundamentalmente diferente se comparada com um *desenvolvedor*. Os desenvolvedores passam suas carreiras inteiras aprimorando a especialização, e fazer a transição para a função de arquiteto significa mudar essa perspectiva, o que muitos indivíduos acham difícil. Por sua vez, isso leva a duas disfunções comuns: primeiro, um arquiteto tenta manter a especialização de várias áreas, sem sucesso em nenhuma delas e se martirizando no processo. Segundo, isso se manifesta como uma *especialização obsoleta*, a sensação errada de que suas informações desatualizadas ainda são inovadoras. Vemos isso com frequência em grandes empresas em que os desenvolvedores que a fundaram e passaram para as funções de liderança ainda tomam decisões de tecnologia usando critérios antigos (veja "Antipadrão do Homem das Cavernas Congelado").

Os arquitetos devem focar a amplitude técnica para que tenham uma aljava maior a partir da qual tiram suas flechas. Os desenvolvedores que fazem a transição para a função de arquiteto talvez precisem mudar o modo como veem a aquisição de conhecimento. Equilibrar seu portfólio de conhecimento em relação à profundidade versus amplitude é algo que todo desenvolvedor deve considerar durante sua carreira.

> ### Antipadrão do Homem das Cavernas Congelado
>
> Um antipadrão comportamental comumente observado na natureza, o *Antipadrão do Homem das Cavernas Congelado* (ou *Frozen Caveman Anti-Pattern*), descreve um arquiteto que sempre regressa à sua preocupação irracional de cada arquitetura. Por exemplo, um dos colegas de Neal trabalhou em um sistema que apresentava uma arquitetura centralizada. Todavia, sempre que eles entregavam o design aos arquitetos clientes, a pergunta constante era: "Mas e se perdemos a Itália?" Vários anos antes, um problema de comunicação incomum tinha impedido que as matrizes se comunicassem com suas lojas na Itália, causando uma grande inconveniência. Embora as chances de uma nova ocorrência fossem extremamente pequenas, os arquitetos ficaram obcecados com essa característica arquitetural em particular.
>
> Em geral, esse antipadrão se manifesta nos arquitetos que se deram mal no passado com uma decisão ruim ou ocorrência inesperada. Embora seja importante uma avaliação dos riscos, ela deve ser também realista. Entender a diferença entre um risco técnico genuíno e percebido faz parte do processo de aprendizado contínuo para os arquitetos. Pensar como um arquiteto requer superar essas ideias e experiências do "homem da caverna congelado", vendo outras soluções e fazendo perguntas mais relevantes.

Analisando os Trade-offs

Pensar como arquiteto é ver os trade-offs em toda solução, técnica ou outra, e analisá-las para determinar qual é a melhor solução. Citando Mark (um de seus autores):

> Arquitetura é o que você não consegue pesquisar com o Google.

Tudo na arquitetura é um trade-off, sendo por isso que a famosa resposta para toda pergunta de arquitetura no universo é "depende". Embora muitas pessoas fiquem cada vez mais chateadas com a resposta, infelizmente é a verdade. Você não pode pesquisar com o Google a resposta para saber se o REST ou a mensageria seria melhor, se os microserviços são o estilo certo de arquitetura, pois *depende*. Depende do ambiente de implementação, das motivações comerciais, da cultura da empresa, dos orçamentos, dos intervalos de tempo, das habilidades do desenvolvedor e dezenas de outros fatores. O ambiente, a situação e o problema de uma pessoa é diferente, sendo por isso que a arquitetura é tão difícil. Citando Neal (o outro autor):

Não existe resposta certa nem errada na arquitetura, apenas trade-offs.

Por exemplo, considere um sistema de leilão de itens, como mostrado na Figura 2-7, em que alguém dá um lance para um item leiloado.

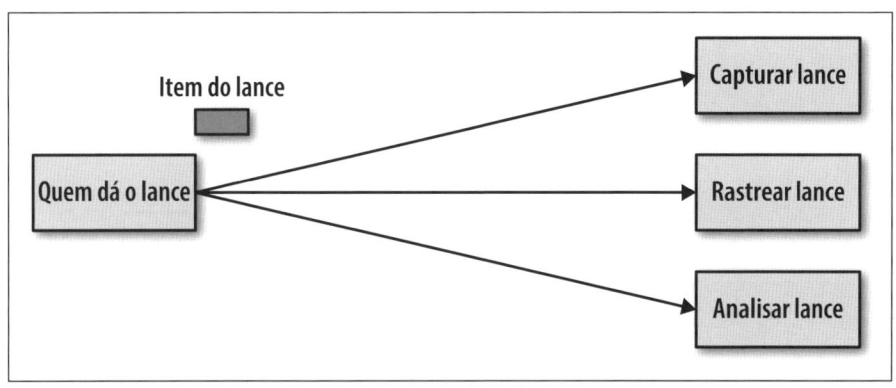

Figura 2-7. Exemplo de trade-off do sistema de leilão: filas ou tópicos?

O serviço Quem dá o lance gera um lance a partir do proponente, então envia a quantia do lance para os serviços Capturar lance, Rastrear lance e Analisar lance. Isso poderia ser feito usando filas de mensageria de ponto a ponto ou com um tópico em uma mensageria para publicar e assinar. Qual o arquiteto deveria usar? Não é possível pesquisar a resposta no Google. O pensamento arquitetural requer que o arquiteto analise os trade-offs a cada opção e selecione a melhor, dada a situação específica.

As duas opções de mensageria para o sistema de leilão de itens são mostradas nas Figuras 2-8 e 2-9, com a Figura 2-8 mostrando o uso de um tópico em um modelo de mensageria para publicar e assinar e a Figura 2-9 ilustrando o uso de filas em um modelo de mensageria de ponto a ponto.

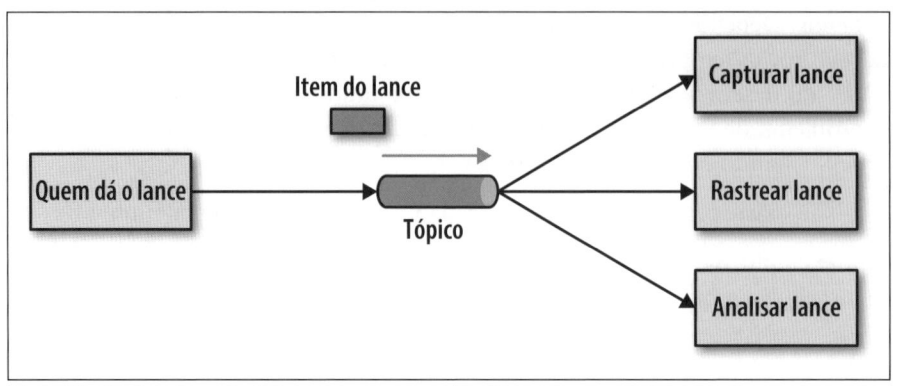

Figura 2-8. Uso de um tópico para a comunicação entre os serviços

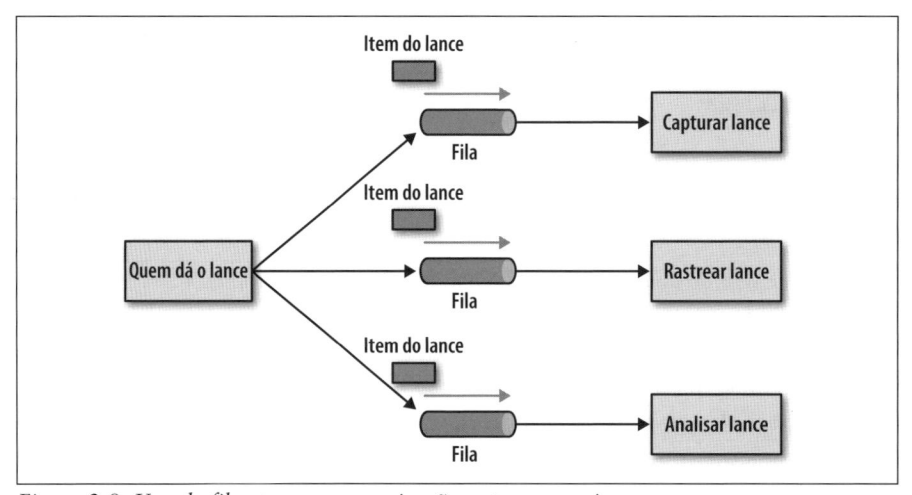

Figura 2-9. Uso de filas para a comunicação entre os serviços

A clara vantagem (e aparentemente a solução óbvia) para o problema na Figura 2-8 é a *extensabilidade arquitetural*. O serviço Quem dá o lance requer apenas uma conexão com um tópico, diferentemente da solução de fila na Figura 2-9, em que Quem dá o lance precisa conectar três filas diferentes. Se um novo serviço chamado Histórico dos lances fosse adicionado ao sistema devido à exigência de fornecer a cada proponente um histórico de todos os lances feitos em cada leilão, nenhuma mudança seria necessária no sistema existente. Quando o novo serviço Histórico dos lances é criado, é possível simplesmente assinar o tópico que já contém as informações do lance. Porém, na opção de fila mostrada na Figura 2-9, uma nova fila seria necessária para o serviço Histórico dos lances, e Quem dá o lance precisaria ser modificado para acrescentar uma conexão extra à nova fila. O ponto aqui é que usar filas requer uma mudança significativa no sistema ao adicionar a nova funcionalidade de lances; já na abordagem de tópicos, nenhuma mudança é necessária na infraestrutura existente. E mais, note que Quem dá o lance está mais desacoplado da opção de tópico; Quem dá o lance não sabe como as informações do lance serão usadas ou por quais serviços. Na opção de fila, Quem dá o lance sabe exatamente como as informações do lance são usadas (e por quem), estando assim mais acoplado ao sistema.

Com essa análise, fica claro que a abordagem de tópico usando o modelo de mensageria para publicar e assinar é a escolha óbvia e melhor. Contudo, para citar Rich Hickey, o criador da linguagem de programação Clojure:

> Os programadores conhecem os benefícios de tudo e os trade-offs de nada. Os arquitetos precisam entender ambos.

Pensar de modo arquitetural é ver os benefícios de certa solução, mas também analisar os lados negativos, ou os trade-offs, associados a uma solução. Continuando com o exemplo do sistema de leilão, um arquiteto de software analisaria os lados negativos da solução de tópico. Ao analisar as diferenças, primeiro observe na Figura 2-8 que, com um tópico, *qualquer pessoa* pode acessar os dados do lance, o que introduz um possível problema com o acesso e a segurança dos dados. No modelo de fila mostrado na Figura 2-9, os dados enviados para fila só podem ser acessados pelo consumidor específico que recebe a mensageria. Se um serviço nocivo colocasse uma escuta na fila, os lances não seriam recebidos pelo serviço correspondente e uma notificação seria enviada imediatamente sobre a perda de dados (assim uma possível brecha na segurança), ou seja, é muito fácil grampear um tópico, mas não uma fila.

Além da questão da segurança, a solução de tópico na Figura 2-8 apenas dá suporte a contratos homogêneos. Todos os serviços que recebem os dados do lance devem aceitar o mesmo contrato e conjunto de dados do lance. Na opção de fila na Figura 2-9, cada consumidor pode ter seu próprio contrato específico para os dados necessários. Por exemplo, suponha que o novo serviço Histórico dos lances requeira o valor pedido atual junto com o lance, mas nenhum serviço precisa dessa informação. Nesse caso, o contrato precisaria ser modificado, impactando todos os outros serviços que usam esses dados. No modelo de fila, seria um canal separado, daí um contrato separado que não impactasse nenhum outro serviço.

Outra desvantagem do modelo de tópico mostrado na Figura 2-8 é que ele não dá suporte ao monitoramento do número de mensagens no tópico e, assim, às capacidades de autodimensionamento. Porém, com a opção de fila na Figura 2-9, cada fila pode ser monitorada individualmente e o balanceamento de carga programático aplicado a cada consumidor do lance para que cada um possa ter uma independência escalada automaticamente entre si. Note que esse trade-off é específico da tecnologia em que o Protocolo Avançado de Enfileiramento de Mensagens (AMQP) pode suportar o equilíbrio da carga programática e o monitoramento por causa da separação entre uma troca (o que aquele que dá o lance envia) e uma fila (o que o consumidor ouve).

Dada essa análise de trade-off, qual seria a melhor opção? E a resposta? Depende! O Quadro 2-1 resume os três trade-offs.

Quadro 2-1 Trade-offs dos tópicos

Vantagens do tópico	Desvantagens do tópico
Extensabilidade arquitetural	Acesso a dados e preocupações com a segurança dos dados
Desacoplamento do serviço	Nenhum contrato heterogêneo
	Monitoramento e escalabilidade programática

A questão aqui é que *tudo* na arquitetura de software tem um trade-off: escolher entre uma vantagem e uma desvantagem. Pensar como arquiteto é analisar esses trade-offs, então perguntar "qual é mais importante: extensão ou segurança?" A decisão entre as diferentes soluções sempre dependerá das motivações comerciais, do ambiente e de muitos outros fatores.

Entendendo as Motivações Comerciais

Pensar como arquiteto é entender as motivações comerciais requeridas para o sucesso do sistema e a tradução desses requisitos em características da arquitetura (como escalabilidade, desempenho e disponibilidade). É uma tarefa desafiadora que requer que o arquiteto tenha certo nível de conhecimento do domínio comercial e relações saudáveis e de colaboração com os principais acionistas da empresa. Dedicamos vários capítulos no livro sobre esse tópico específico. No Capítulo 4, definimos diversas características da arquitetura. No Capítulo 5, descrevemos modos de identificar e qualificar as características da arquitetura. E no Capítulo 6, descrevemos como medir cada uma dessas características para assegurar que as necessidades comerciais do sistema sejam atendidas.

Equilibrando Arquitetura e Codificação

Uma das tarefas difíceis que um arquiteto enfrenta é como equilibrar codificação e arquitetura de software. Acreditamos sinceramente que todo arquiteto deve codificar e conseguir manter certo nível de profundidade técnica (veja "Amplitude Técnica"). Embora possa parecer uma tarefa fácil, por vezes é bem difícil de realizar.

A primeira dica para buscar um equilíbrio entre codificação e ser um arquiteto de software é evitar a armadilha do gargalo. Ela ocorre quando o arquiteto assume a propriedade do código no caminho crítico de um projeto (em geral o código do framework subjacente) e se torna um gargalo para a equipe. Isso acontece porque o arquiteto não é desenvolvedor em tempo integral, portanto deve equilibrar entre a função de desenvolvedor (escrever e testar o código-fonte) e de arquiteto (desenhar diagramas, participar de reuniões e, bem, participar de mais reuniões).

Um modo de evitar a armadilha do gargalo como um arquiteto de software eficiente é delegar o caminho crítico e o código do framework para outras pessoas na equipe de desenvolvimento, então concentrar-se em codificar uma parte da funcionalidade de negócios (um serviço ou uma tela) de uma a três iterações à frente. Fazer isso resulta em três coisas positivas. Primeiro, o arquiteto ganha experiência prática ao escrever um código para produção, não sendo mais um gargalo na equipe. Segundo, o caminho crítico e o código do framework são distribuídos para a equipe de desenvolvimento (onde ela pertence), dando-lhes a propriedade e uma melhor compreensão das partes mais difíceis do sistema. Terceiro, e talvez o mais importante, o arquiteto escreve o mesmo código-fonte relacionado ao negócio que a equipe de desenvolvimento, portanto consegue identificar melhor com a equipe em termos do problema que eles podem ter nos processos, nos procedimentos e no ambiente de desenvolvimento.

Contudo, suponha que o arquiteto não consiga desenvolver o código com a equipe de desenvolvimento. Como um arquiteto de software ainda continua sendo útil e mantém algum nível de profundidade técnica? Existem quatro modos básicos para um arquiteto ainda continuar útil no trabalho sem ter que "praticar a codificação em casa" (embora recomendemos praticá-la em casa também).

O primeiro modo é frequentemente fazer prova de conceitos, ou POCs. Essa prática não só requer que o arquiteto escreva o código-fonte, como também ajuda a validar uma decisão de arquitetura levando em conta os detalhes da implementação. Por exemplo, se um arquiteto fica travado tentando tomar uma decisão entre duas soluções de cache, uma maneira eficiente de ajudar a tomar essa decisão é desenvolver um exemplo funcional em cada produto de cache e comparar os resultados. Isso permite que ele veja em primeira mão os detalhes da implementação e quanto esforço é requerido para desenvolver uma solução completa. Também permite que o arquiteto compare melhor as características da arquitetura, como escalabilidade, desempenho ou tolerância geral a falhas das diferentes soluções de cache.

Nosso conselho ao fazer o trabalho da prova de conceito é que, sempre que possível, o arquiteto deve escrever o melhor código para produção que puder.

Recomendamos essa prática por dois motivos. Primeiro, com muita frequência, um código da prova de conceito descartável vai para o repositório de código-fonte e se torna a arquitetura de referência ou exemplo orientador para os outros seguirem. A última coisa que um arquiteto desejaria é que seu código descartável e incorreto fosse uma representação de seu trabalho típico. O segundo motivo é que, escrevendo um código da prova de conceito com qualidade de produção, o arquiteto pratica escrever um código de qualidade e bem estruturado, em vez de desenvolver continuamente práticas de codificação ruins.

Outro jeito de um arquiteto conseguir se manter útil é resolver algumas histórias com déficits técnicos ou histórias de arquitetura, liberando a equipe de desenvolvimento para trabalhar nas histórias de usuário funcionalmente críticas. Essas histórias costumam ter baixa prioridade, portanto se um arquiteto não tiver a chance de concluir uma história de déficit técnico ou de arquitetura dentro de certa iteração, não é o fim do mundo e geralmente não afeta o sucesso da iteração.

Do mesmo modo, trabalhar nas correções de erros dentro de uma iteração é outro modo de se manter útil codificando enquanto ajuda também a equipe de desenvolvimento. Embora definitivamente não glamorosa, essa técnica permite ao arquiteto identificar onde os problemas e os pontos fracos podem estar na base de código e possivelmente na arquitetura.

Aproveitando a automação criando ferramentas simples de linha de comando e analisadores para auxiliar a equipe de desenvolvimento em suas tarefas diárias é outra ótima maneira de manter as habilidades de codificação úteis enquanto torna a equipe mais eficiente. Procure as tarefas repetitivas que a equipe de desenvolvimento realiza e automatize o processo. A equipe ficará grata pela automação. Alguns exemplos são validadores de código-fonte automatizados para ajudar a verificar padrões de codificação específicos não encontrados em outros testes de lint, listas de verificação automatizadas e tarefas repetitivas de refatoração de código manual.

A automação pode vir na forma de análise arquitetural e funções de adequação para assegurar a viabilidade e a conformidade da arquitetura. Por exemplo, um arquiteto pode escrever código Java em ArchUnit na plataforma Java para automatizar a conformidade arquitetural ou escrever funções de adequação personalizadas para assegurar a conformidade arquitetural, conseguindo uma experiência prática. Falamos sobre essas técnicas no Capítulo 6.

Uma técnica final para permanecer útil como arquiteto é fazer revisões de código frequentes. Embora o arquiteto não esteja escrevendo código de fato, pelo menos está *envolvido* no código-fonte. E mais, fazer revisões de código tem o benefício extra de conseguir assegurar a conformidade com o arquiteto e buscar oportunidades de mentoria e treinamento na equipe.

CAPÍTULO 3
Modularidade

Primeiro, queremos esclarecer alguns termos comuns usados e abusados nas discussões sobre arquitetura que circundam a modularidade, dando definições para usar no livro.

> Noventa e cinco por cento das palavras [sobre arquitetura de software] são usadas enaltecendo os benefícios da "modularidade" e poucas, se algumas, tratam de como alcançá-la.
> — Glenford J. Myers (1978)

Diferentes plataformas oferecem diferentes mecanismos de reutilização para o código, mas todas dão suporte a algum modo de agrupar o código afim em *módulos*. Embora esse conceito seja universal na arquitetura de software, mostrou-se difícil de definir. Uma simples pesquisa de internet gera dezenas de definições, sem consistência (e algumas contradições). Como você pode ver na citação de Myers, não é um problema novo. Contudo, como não existe nenhuma definição reconhecida, devemos entrar na briga e dar nossas próprias definições para termos consistência no livro.

Entender a modularidade e suas muitas versões na plataforma de desenvolvimento escolhida é essencial para os arquitetos. Muitas ferramentas que temos para analisar a arquitetura (como métrica, funções de adequação e visualizações) contam com esses conceitos de modularidade. Modularidade é um princípio organizacional. Se um arquiteto planeja um sistema sem prestar atenção em como as peças se conectam, acaba criando um sistema com muitas dificuldades. Para usar uma analogia da física, os sistemas de software modelam sistemas complexos, que levam à entropia (ou desordem). Energia deve ser adicionada ao sistema físico para preservar a ordem. O mesmo ocorre nos sistemas de software: os arquitetos devem sempre gastar energia para assegurar uma boa solidez estrutural, o que não acontecerá por acaso.

Preservar uma boa modularidade exemplifica nossa definição de uma característica *implícita* da arquitetura: na realidade, nenhum projeto apresenta um requisito que pede ao arquiteto para assegurar uma boa distinção modular e comunicação, embora as bases de um código sustentável requeiram ordem e consistência.

Definição

O dicionário define *módulo* como "cada conjunto de partes padronizadas ou unidades independentes que podem ser usadas para construir uma estrutura mais complexa". Usamos a *modularidade* para descrever um agrupamento lógico de código afim, que poderia ser um grupo de classes em uma linguagem orientada a objetos para a modularidade (`package` em Java, `namespace` em .NET etc.). Em geral, os desenvolvedores usam os módulos como um modo de agrupar o código afim. Por exemplo, o pacote `com.mycompany.customer` em Java deve conter coisas relacionadas a clientes.

Atualmente as linguagens apresentam uma grande variedade de mecanismos de pacote, dificultando a tarefa do desenvolvedor de escolher entre eles. Por exemplo, em muitas linguagens modernas, os desenvolvedores podem definir o comportamento em funções/métodos, classes ou pacotes/namespaces, cada um com visibilidade e regras de escopo diferentes. Outras linguagens complicam ainda mais adicionando construções de programação como o protocolo de metaobjeto para fornecer aos desenvolvedores ainda mais mecanismos de extensão.

Os arquitetos devem estar cientes de como os desenvolvedores empacotam as coisas porque isso resulta em importantes implicações na arquitetura. Por exemplo, se vários pacotes são bem acoplados, reutilizar o código de um deles para o trabalho relacionado fica mais difícil.

> ### Reutilização Modular Antes das Classes
>
> Os desenvolvedores anteriores às linguagens orientadas a objetos podem se confundir por que existem muitos esquemas de separação diferentes. Grande parte do motivo tem relação com a compatibilidade anterior, não do código, mas de como os desenvolvedores pensam sobre as coisas. Em março de 1968, Edsger Dijkstra publicou uma carta na revista *Communications of the ACM* intitulada "Go To Statement Considered Harmful". Ele criticava o uso comum da declaração `GOTO` normal nas linguagens de programação na época, permitindo um salto não linear dentro do código, dificultando o raciocínio e a depuração.

> Esse documento ajudou a iniciar a era das linguagens de programação *estruturadas*, exemplificadas por Pascal e C, o que encorajou um pensamento mais profundo sobre como as coisas se encaixam. Rapidamente, os desenvolvedores perceberam que a maioria das linguagens não tinha um bom modo de agrupar coisas afins de maneira lógica. Assim, a era curta das linguagens *modulares* nasceu, como Modula (a próxima linguagem de Niklaus Wirth, criador do Pascal) e Ada. Essas linguagens tinham a construção de programação como um *módulo*, muito parecido com o que pensamos sobre pacotes ou namespaces hoje (mas sem as classes).
>
> A era da programação modular durou pouco. As linguagens orientadas a objeto se tornaram populares porque ofereciam novos modos de encapsular e reutilizar o código. E mais, os designers da linguagem perceberam a utilidade dos módulos, retendo-os na forma de pacotes, namespaces etc. Existem muitos recursos de compatibilidade estranhos nas linguagens para dar suporte a esses diferentes paradigmas. Por exemplo, o Java suporta paradigmas modular (via pacotes e inicialização no nível do pacote usando inicializadores estáticos), orientado a objetos e funcional, com cada estilo de programação tendo regras e particularidades de escopo próprias.

Para as discussões sobre arquitetura, usamos modularidade como um termo geral para indicar um grupo de código relacionado: classes, funções ou qualquer agrupamento. Isso não implica uma separação física, apenas lógica; a diferença por vezes é importante. Por exemplo, amontoar um grande número de classes em um aplicação monolítica pode fazer sentido de um ponto de vista da conveniência. Contudo, na hora de reestruturar a arquitetura, o acoplamento encorajado por um particionamento flexível se torna um impedimento para dividir o monolítico em partes. Assim, é bom conversar sobre modularidade como um conceito diferente da separação física forçada ou implicada por determinada plataforma.

Vale a pena notar o conceito geral de *namespace*, separado da implementação técnica na plataforma .NET. Os desenvolvedores costumam precisar de nomes totalmente qualificados e certeiros para os ativos de software para separar os diferentes ativos (componentes, classes etc.) entre si. O exemplo mais óbvio que as pessoas usam todos os dias é a internet: identificadores únicos e globais ligados a endereços IP. A maioria das linguagens tem algum mecanismo de modularidade que duplica como um namespace organiza as coisas: variáveis, funções e/ou métodos. Por vezes, a estrutura do módulo é refletida fisicamente. Por exemplo, o Java requer que a estrutura do pacote reflita a estrutura do diretório dos arquivos de classe físicos.

> ### Uma Linguagem Sem Conflitos de Nome: Java 1.0
>
> Os designers originais do Java tinham muita experiência em lidar com conflitos de nome e choques nas várias plataformas de programação na época. O design original do Java usava um truque inteligente para evitar a possibilidade de ambiguidade entre duas classes com o mesmo nome. Por exemplo, e se o domínio do problema incluísse um catálogo *ordem* e uma instalação *ordem*: ambos com o nome *ordem*, mas com conotações (e classes) muito diferentes. A solução em Java foi criar o mecanismo de namespace `package`, junto com a exigência de que a estrutura de diretório física deveria corresponder ao nome do pacote. Como os nomes de arquivo não permitirão o mesmo arquivo nomeado residindo no mesmo diretório, eles utilizarão os recursos inerentes do sistema operacional para evitar a possibilidade de ambiguidade. Assim, `classpath` original em Java continha apenas diretórios, não permitindo a possibilidade de conflitos de nomenclatura.
>
> Porém, como os designers da linguagem descobriram, forçar todo projeto a ter uma estrutura de diretório totalmente formada era complicado, sobretudo quando os projetos ficam maiores. E mais, criar ativos reutilizáveis era difícil: frameworks e bibliotecas devem ser "expandidos" na estrutura de diretórios. Na segunda versão maior do Java (1.2, chamada Java 2), os designers adicionaram o mecanismo `jar` permitindo que um arquivo de armazenamento agisse como uma estrutura de diretório em um caminho da classe. Na década seguinte, os desenvolvedores Java se esforçaram para deixar `classpath` bem certa, como uma combinação de diretórios e arquivos JAR. E claro, a intenção original foi cancelada: agora, dois arquivos JAR podiam criar nomes em conflito no caminho da classe, levando a várias histórias de briga ao depurar os carregadores de classe.

Medindo a Modularidade

Dada a importância da modularidade para arquitetos, eles precisam de ferramentas para entendê-la. Por sorte, os pesquisadores criaram várias métricas independentes da linguagem para ajudar os arquitetos a entenderem a modularidade. Focamos três conceitos principais: *coesão*, *acoplamento* e *conascência*.

Coesão

Coesão se refere até que ponto as partes de um módulo devem estar contidas no mesmo módulo, ou seja, é uma medida da relação das partes entre si. O ideal é que um módulo coeso seja aquele em que todas as partes devem ser empacotadas juntas, porque dividi-las em partes menores exigiria acoplar as partes via chamadas entre os módulos para conseguir resultados úteis.

> Tentar dividir um módulo coeso apenas resultaria em maior acoplamento e menor legibilidade.
> — Larry Constantine

Cientistas da computação definiram muitas medidas de coesão, listadas aqui da melhor para a pior:

Coesão funcional
Toda parte do módulo está relacionada com a outra, e o módulo contém tudo que é essencial para funcionar.

Coesão sequencial
Dois módulos interagem, em que um produz dados que se tornam a entrada do outro.

Coesão comunicacional
Dois módulos formam uma cadeia de comunicação, em que cada um opera nas informações e/ou contribui com alguma saída. Por exemplo, adicionar um registro ao banco de dados e gerar um e-mail com base nessa informação.

Coesão procedural
Dois módulos devem executar o código em determinada ordem.

Coesão temporal
Os módulos se relacionam com base em dependências do tempo. Por exemplo, muitos sistemas têm uma lista de coisas aparentemente não relacionadas que devem começar na inicialização do sistema; essas diferentes tarefas são coesivas temporariamente.

Coesão lógica
Os dados nos módulos são relacionados logicamente, mas não funcionalmente. Por exemplo, considere um módulo que converte as informações a partir de texto, objetos serializados ou fluxos. As operações estão relacionadas, mas as funções são bem diferentes. Um exemplo comum desse tipo de coesão existe em praticamente todo projeto Java na forma do pacote `StringUtils`: um grupo de métodos estáticos que operam em `String`, mas não são relacionados em outra situação.

Coesão coincidental
Os elementos em um módulo não estão relacionados, a não ser no mesmo arquivo de origem; isso representa a forma de coesão mais negativa.

Apesar de haver sete variantes listadas, a coesão é uma métrica menos precisa do que o *acoplamento*. Em geral, o grau de coesão de certo módulo é uma decisão do arquiteto em particular. Por exemplo, veja esta definição de módulo:

Customer Maintenance

- add customer
- update customer
- get customer
- notify customer
- get customer orders
- cancel customer orders

Caso as duas últimas entradas residissem nesse módulo ou se o desenvolvedor criasse dois módulos separados, como:

Customer Maintenance

- add customer
- update customer
- get customer
- notify customer

Order Maintenance

- get customer orders
- cancel customer orders

Qual seria a estrutura correta? Como sempre, depende:

- Elas são as duas únicas operações para Order Maintenance? Em caso afirmativo, pode fazer sentido reduzir essas opções para Customer Maintenance.
- Customer Maintenance deve aumentar muito mais, encorajando que os desenvolvedores procurem oportunidades para extrair o comportamento?
- Order Maintenance requer tanto conhecimento das informações Customer que separar os dois módulos exigiria um alto grau de acoplamento para que fosse funcional? Isso tem relação com a citação de Larry Constantine.

Essas perguntas representam a análise de trade-off no centro do trabalho de um arquiteto de software.

O incrível é que, com a subjetividade da coesão, os cientistas da computação desenvolveram uma boa métrica estrutural para determiná-la (ou, mais especificamente, a falta dela). Um conjunto muito conhecido se chama conjunto de Métricas para Programas Orientado a Objetos de Chidamber e Kemerer (CK), e foi desenvolvido pelos autores homônimos para medir certos aspectos dos sistemas de software orientados a objetos. O conjunto inclui muitas métricas de código comuns, como complexidade ciclomática (veja "Complexidade Ciclomática", no Capítulo 6) e várias métricas de acoplamento importantes examinadas em "Acoplamento".

A métrica LCOM (Falta de Coesão em Métodos) de Chidamber e Kemerer mede a coesão estrutural de um módulo, em geral um componente. A versão inicial aparece na Equação 3-1.

Equação 3-1. LCOM, versão 1

$$LCOM = \begin{cases} |P| - |Q|, & \text{if } |P| > |Q| \\ 0, & \text{do contrário} \end{cases}$$

P aumenta em um para qualquer método que não acessa certo campo compartilhado e Q diminui em um para os métodos que têm um campo compartilhado. Os autores simpatizam com as pessoas que não entendem essa fórmula. Pior, aos poucos ela ficou mais elaborada ao longo do tempo. A segunda variação, introduzida em 1996 (daí *LCOM96b*), aparece na Equação 3-2.

Equação 3-2. LCOM 96b

$$LCOM\,96b = \frac{1}{a} \sum_{j=1}^{a} \frac{m - \mu(Aj)}{m}$$

Não nos daremos ao trabalho de elucidar as variáveis e os operadores na Equação 3-2, porque a seguinte explicação escrita é mais clara. Basicamente, a métrica LCOM mostra o acoplamento ocasional nas classes. Veja uma definição melhor de LCOM:

LCOM
  A soma dos conjuntos de métodos não compartilhados via campos compartilhados

Considere uma classe com os campos privados a e b. Muitos métodos acessam apenas a e outros acessam apenas b. A *soma* dos conjuntos de métodos não compartilhados via campos compartilhados (a e b) é alta; portanto, essa classe exibe uma alta pontuação LCOM, indicando que pontua alto na *falta de coesão nos métodos*. Considere as três classes mostradas na Figura 3-1.

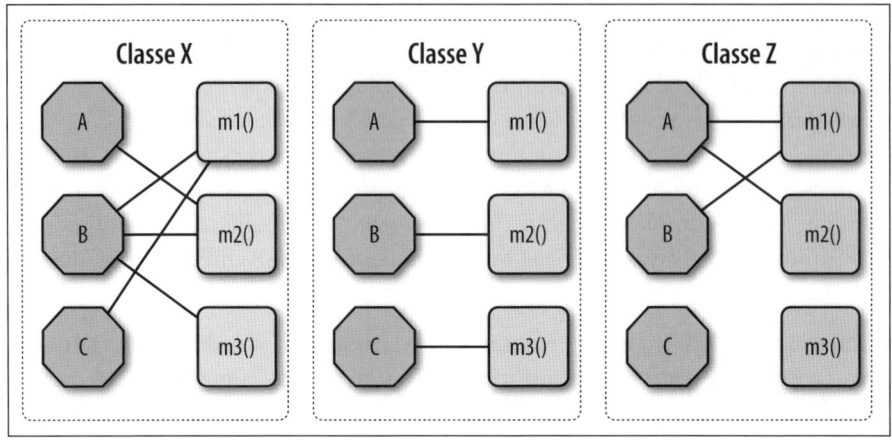

Figura 3-1. Ilustração da métrica LCOM, em que os campos são octógonos e os métodos são quadrados

Na Figura 3-1, os campos aparecem como letras simples e os métodos como blocos. Na Classe X, a pontuação LCOM é baixa, indicando uma boa coesão estrutural. Porém, a Classe Y não tem coesão; cada par de campo/método na Classe Y poderia aparecer em sua própria classe sem afetar o comportamento. A Classe Z apresenta uma coesão mista, em que os desenvolvedores podem refatorar a última combinação de campo/método em sua própria classe.

A métrica LCOM é útil para arquitetos que analisam bases de código para ir de um estilo arquitetural para outro. Uma das dores de cabeça comuns ao mover arquiteturas são as classes utilitárias compartilhadas. Usar a métrica LCOM pode ajudar os arquitetos a encontrar as classes que são acopladas acidentalmente e nunca deveriam estar em uma classe para começar.

Muitas métricas de software têm deficiências graves, e a LCOM não é exceção. Tudo que essa métrica pode encontrar é uma falta de coesão *estrutural*; ela não tem um modo de determinar logicamente se certas partes se encaixam. Isso reflete nossa Segunda Lei da Arquitetura de Software: preferir *por que* acima de *como*.

Acoplamento

Por sorte, temos ferramentas melhores para analisar o acoplamento nas bases de código, fundamentados em parte na teoria dos grafos: como as chamadas e os retornos do método formam um grafo de chamadas, uma análise baseada na matemática se torna possível. Em 1979, Edward Yourdon e Larry Constantine publicaram o livro *Structured Design: Fundamentals of a Discipline of Computer Program and Systems Design* (sem publicação no Brasil), definindo muitos conceitos centrais, inclusive as métricas dos acoplamentos *aferente* e *eferente*. O acoplamento *aferente* mede o número de conexões de *entrada* para um artefato do código (componente, classe, função etc.). O acoplamento *eferente* mede as conexões de *saída* para outros artefatos do código. Praticamente para toda plataforma existem ferramentas que permitem aos arquitetos analisarem as características de acoplamento do código para ajudar a reestruturar, migrar ou entender uma base de código.

> ## Por que Nomes Parecidos para as Métricas de Acoplamento?
> Por que duas métricas críticas no mundo da arquitetura que representam conceitos opostos nomeiam basicamente a mesma coisa, mas diferem apenas em vogais muito parecidas? Esses termos vêm do *Structured Design*, de Yourdon e Constantine. Utilizando conceitos da matemática, eles inventaram os termos de acoplamentos aferente e eferente agora comuns, que deveriam ser chamados de acoplamento de entrada e saída. Contudo, como os autores originais gostam da simetria matemática, não da clareza, os desenvolvedores propuseram vários mnemônicos para ajudar: *a* aparece antes de *e* no alfabeto, correspondendo a *entrar* vir antes de *sair*, ou a observação de que a letra *e* em eferente corresponde à letra inicial em *externo*, correspondendo às conexões enviadas.

Abstração, Instabilidade e Distância da Sequência Principal

Embora o valor bruto do acoplamento de componentes tenha valor para os arquitetos, várias outras métricas derivadas permitem uma avaliação mais profunda. Essas métricas foram criadas por Robert Martin para um livro de C++, mas são amplamente aplicáveis a outras linguagens orientadas a objeto.

Abstração é a proporção de artefatos abstratos (classes, interfaces abstratas etc.) para artefatos concretos (implementação). Representa uma medida da abstração versus implementação. Por exemplo, considere uma base de código sem abstrações, apenas uma função enorme de código (como em um método `main()`). No outro lado está uma base de código com muitas abstrações, dificultando que os desenvolvedores entendam como as coisas se conectam (por exemplo, leva um tempo para os desenvolvedores descobrirem o que fazer com `AbstractSingletonProxyFactoryBean`).

A fórmula para a abstração aparece na Equação 3-3.

Equação 3-3. Abstração

$$A = \frac{\sum m^a}{\sum m^c}$$

Na equação, m^a representa os elementos *abstratos* (interfaces ou classes abstratas) com o módulo e m^c representa os elementos *concretos* (classes não abstratas). Essa métrica procura o mesmo critério. O modo mais fácil de visualizar essa métrica: considere um aplicação com 5 mil linhas de código, todas em um método `main()`. O numerador da abstração é 1, já o denominador é 5 mil, gerando uma abstração de quase 0. Assim, a métrica mede a proporção de abstrações em seu código.

Os arquitetos calculam a *abstração* avaliando a proporção da soma dos artefatos abstratos para a soma dos concretos.

Outra métrica derivada, a *instabilidade*, é definida como a proporção do acoplamento eferente para a soma dos acoplamentos eferente e aferente, mostrado na Equação 3-4.

Equação 3-4. Instabilidade

$$I = \frac{C^e}{C^e + C^a}$$

Na equação, c^e representa o acoplamento *eferente* (ou de saída) e c^a representa o acoplamento *aferente* (ou de entrada).

A métrica *instabilidade* determina a volatilidade de uma base de código. Uma base que mostra altos graus de instabilidade se rompe com mais facilidade quando alterada por causa do alto acoplamento. Por exemplo, se uma classe chama muitas outras classes para delegar trabalho, a classe que chama mostra alta susceptibilidade de ruptura se um ou mais métodos chamados mudam.

Distância da Sequência Principal

Uma das métricas mais globais que os arquitetos têm para a estrutura da arquitetura é a *distância da sequência principal*, uma métrica derivada com base na *instabilidade* e na *abstração*, mostrada na Equação 3-5.

Equação 3-5. Distância da sequência principal

$$D = |A + I - 1|$$

Na equação, A = *abstração* e I = *instabilidade*.

Observe que *abstração* e *instabilidade* são frações cujos resultados sempre ficarão entre 0 e 1 (exceto nos casos extremos de abstração que não seriam práticos). Assim, ao fazer o gráfico da relação, vemos a Figura 3-2.

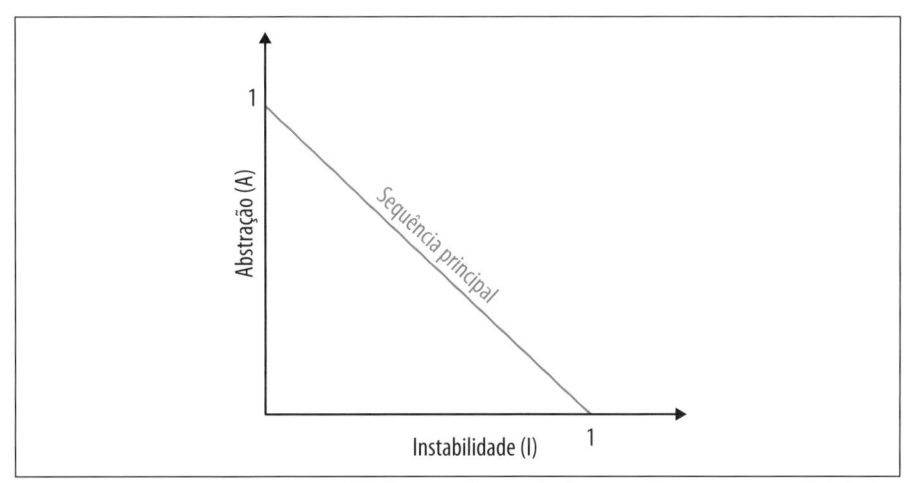

Figura 3-2. A sequência principal define a relação ideal entre abstração e instabilidade

A métrica *distância* imagina uma relação ideal entre abstração e instabilidade; as classes que ficam perto da linha idealizada mostram uma combinação saudável dessas duas preocupações concorrentes. Por exemplo, fazer o gráfico de certa classe permite que os desenvolvedores calculem a métrica *distância da sequência principal*, mostrada na Figura 3-3.

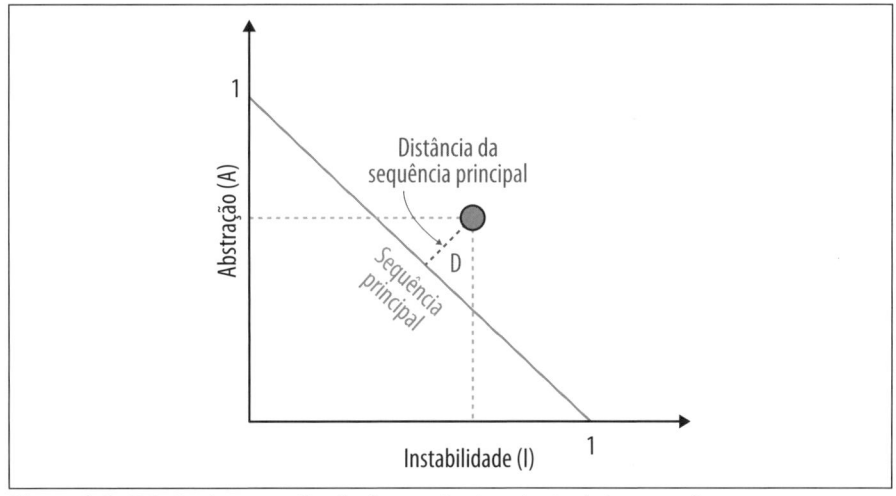

Figura 3-3. Distância normalizada da sequência principal de certa classe

Na Figura 3-3, os desenvolvedores criam o gráfico da classe candidata, então medem a distância a partir da linha idealizada. Quanto mais perto da linha, mais equilibrada é a classe. As classes que ficam muito longe, no canto superior direito, entram no que os arquitetos chamam de *zona de inutilidade*: o código que é abstrato demais fica difícil de usar. Por outro lado, o código que fica no canto inferior esquerdo entra na *zona de sofrimento*: o código com implementação demais e sem abstração suficiente se torna frágil e difícil de manter, tal como mostrado na Figura 3-4.

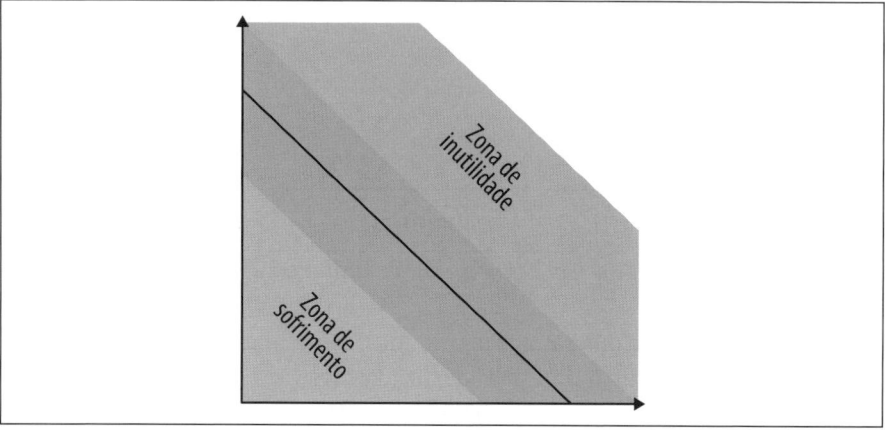

Figura 3-4. Zonas de inutilidade e de sofrimento

Existem ferramentas em muitas plataformas que fornecem essas medidas e que ajudam os arquitetos ao analisarem as bases de código por causa da falta de familiaridade, migração ou avaliação do déficit técnico.

> ### Limites das Métricas
>
> Embora o setor tenha poucas métricas no nível do código que forneçam informações valiosas para as bases de código, nossas ferramentas são extremamente diretas em comparação com as ferramentas de análise de outras disciplinas da engenharia. Até as métricas derivadas diretamente da estrutura de código requerem interpretação. Por exemplo, a complexidade ciclomática (veja "Complexidade Ciclomática") mede a complexidade nas bases de código, mas não consegue diferenciar a complexidade essencial (porque o problema subjacente é complexo) e a complexidade *acidental* (o código é mais complexo do que deveria ser). Praticamente todas as métricas no nível do código requerem interpretação, mas ainda é útil estabelecer linhas de base para métricas críticas, como a complexidade ciclomática, para que os arquitetos possam avaliar qual tipo é exibido. Explicamos como configurar tais testes em "Governança e Funções de Adequação", Capítulo 6.

Observe que o livro de Edward Yourdon e Larry Constantine antes mencionado (*Structured Design: Fundamentals of a Discipline of Computer Program and Systems Design*) é anterior à popularidade das linguagens orientadas a objetos, focando as construções de programação estruturada, como funções (não métodos). Também definiu outros tipos de acoplamento que não cobrimos aqui porque foram superados pela *conascência*.

Conascência

Em 1996, Meilir Page-Jones publicou o livro *What Every Programmer Should Know About Object-Oriented Design* (sem publicação no Brasil), aprimorando as métricas dos acoplamentos aferente e eferente, reformulando-as nas linguagens orientadas a objeto com um conceito chamado *conascência*. Veja como ele definiu o termo:

> Dois componentes são conascentes se uma mudança em um requer que o outro seja modificado para manter a correção geral do sistema.
> — Meilir Page-Jones

Ele desenvolveu dois tipos de conascência: *estática* e *dinâmica*.

Conascência estática

Conascência estática se refere ao acoplamento no nível do código-fonte (em oposição ao acoplamento durante a execução, tratado em "Conascência dinâmica"); é um aprimoramento dos acoplamentos aferente e eferente definidos por *Structured Design*, ou seja, os arquitetos veem os seguintes tipos de conascência estática como o *grau* no qual algo está acoplado, de modo aferente ou eferente:

Conascência de Nome (CoN)
Múltiplos componentes devem concordar com o nome de uma entidade.

Os nomes dos métodos representam o modo mais comum de como as bases de código são acopladas e a mais desejável, sobretudo à luz das ferramentas de refatoração modernas que tornam comuns as mudanças de nome em todo o sistema.

Conascência de Tipo (CoT)
Múltiplos componentes devem concordar com o tipo de uma entidade.

Esse tipo de conascência se refere à facilidade comum em muitas linguagens com tipos estáticos de limitar variáveis e parâmetros a tipos específicos. Contudo, essa capacidade não é um recurso da linguagem puro, pois algumas linguagens com tipos dinâmicos oferecem tipos seletivos, a saber Clojure e Clojure Spec.

Conascência de Significado (CoM) ou Conascência de Convenção (CoC)
Múltiplos componentes devem concordar com o significado de certos valores.

O caso óbvio mais comum para esse tipo de conascência nas bases de código são os números codificados especificamente, em vez de constantes. Por exemplo, é comum em algumas linguagens pensar em definir int TRUE = 1; int FALSE = 0 em algum lugar. Imagine os problemas se alguém mudasse esses valores.

Conascência de Posição (CoP)
Múltiplos componentes devem concordar com a ordem dos valores.

É um problema nos valores do parâmetro para as chamadas do método e da função, mesmo nas linguagens que apresentam tipos estáticos. Por exemplo, se um desenvolvedor criasse um método void updateSeat(String name, String seatLocation) e o chamasse com os valores updateSeat("14D", "Ford, N"), a semântica não estaria correta, mesmo que os tipos estivessem.

Conascência de Algoritmo (CoA)
Múltiplos componentes devem concordar com certo algoritmo.

Um caso comum para esse tipo de conascência ocorre quando um desenvolvedor define um algoritmo de hash de segurança que deve ser executado no servidor e no cliente, produzindo resultados idênticos para autenticar o usuário. É óbvio que isso representa uma alta forma de acoplamento; se um algoritmo mudar algum detalhe, o handshake não funcionará mais.

Conascência dinâmica

O outro tipo que Page-Jones definiu foi a *conascência dinâmica*, que analisa as chamadas durante a execução. Veja a seguir uma descrição dos diferentes tipos de conascência dinâmica:

Conascência de Execução (CoE)
A ordem da execução dos múltiplos componentes é importante.

Considere este código:

```
email = new Email();
email.setRecipient("foo@example.com");
email.setSender("me@me.com");
email.send();
email.setSubject("whoops");
```

Ele não funcionará corretamente porque certas propriedades devem ser definidas na ordem.

Conascência de Tempo (CoT)
　O tempo de execução dos múltiplos componentes é importante.

　O caso comum desse tipo de conascência é uma condição race causada por dois threads em execução ao mesmo tempo, afetando o resultado da operação em conjunto.

Conascência de Valores (CoV)
　Ocorre quando diversos valores se relacionam e devem mudar juntos.

　Considere o caso em que um desenvolvedor definiu um retângulo como quatro pontos, representando os vértices. Para manter a integridade da estrutura de dados, o desenvolvedor não pode mudar aleatoriamente um dos pontos sem considerar o impacto nos outros.

　O caso mais comum e problemático envolve transações, em especial nos sistemas distribuídos. Quando um arquiteto planeja um sistema com bancos de dados separados, embora precise atualizar um único valor em todos os bancos de dados, todos os valores devem mudar juntos ou não mudar.

Conascência de Identidade (CoI)
　Ocorre quando vários componentes devem referenciar a mesma entidade.

O exemplo comum desse tipo de conascência envolve dois componentes independentes que devem compartilhar e atualizar uma estrutura de dados comum, como uma fila distribuída.

Será mais difícil para os arquitetos determinar a conascência dinâmica porque não temos ferramentas para analisar as chamadas durante a execução de modo tão eficiente como quando analisamos o grafo de chamadas.

Propriedades da conascência

A conascência é uma ferramenta de análise para arquitetos e desenvolvedores, e algumas propriedades dela ajudam os desenvolvedores a usarem-na com sabedoria. Veja a seguir uma descrição de cada propriedade da conascência:

Força
　Os arquitetos determinam a *força* da conascência pela facilidade com a qual um desenvolvedor consegue refatorar esse tipo de acoplamento; diferentes tipos de conascência são claramente mais desejáveis, como mostrado na Figura 3-5. Arquitetos e desenvolvedores podem melhorar as características do acoplamento de sua base de código refatorando os melhores tipos de conascência.

Modularidade | **51**

Os arquitetos devem preferir a conascência estática à dinâmica porque podem determiná-la com uma simples análise do código-fonte, e ferramentas modernas tornam fácil melhorar a conascência estática. Por exemplo, considere o caso da *conascência de significado*, em que os desenvolvedores podem melhorar refatorando na *conascência de nome* criando uma constante nomeada, em vez de um valor mágico.

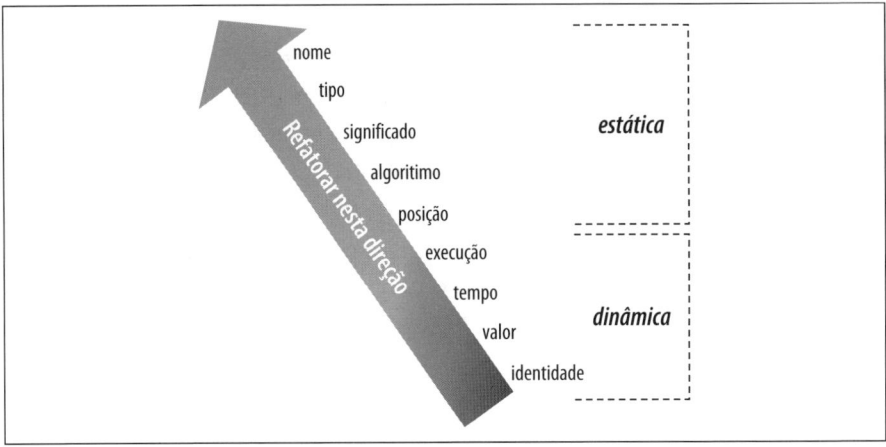

Figura 3-5. A força na conascência fornece um bom guia de refatoração

Localização

A *localização* da conascência mede a proximidade dos módulos entre si na base de código. O código proximal (no mesmo módulo), em geral, tem mais formas e formas mais altas de conascência do que um código separado (em módulos ou bases de código separadas), ou seja, as formas da conascência que indicam um baixo acoplamento quando separadas são boas quando mais próximas. Por exemplo, se duas classes no mesmo componente tiverem conascência de significado, isso será menos perigoso para a base do código do que se dois componentes tiverem a mesma forma de conascência.

Os desenvolvedores devem considerar a força e a localização juntas. As formas mais fortes de conascência encontradas no mesmo módulo representam menos "cheiro de código ruim" do que a mesma conascência afastada.

Grau

O *grau* da conascência se relaciona ao tamanho de seu impacto. Tem impacto em poucas ou muitas classes? Graus menores de conascência prejudicam menos as bases de código, isto é, ter uma alta conascência dinâmica não é terrível se você tem apenas alguns módulos. Contudo, as bases de código tendem a aumentar, tornando maior um pequeno problema.

Page-Jones apresenta três diretrizes para usar a conascência e melhorar a modularidade dos sistemas:

1. Minimize a conascência em geral dividindo o sistema em elementos encapsulados
2. Minimize qualquer conascência restante que cruze os limites do encapsulamento
3. Maximize a conascência dentro dos limites do encapsulamento

Jim Weirich, famoso inovador da arquitetura de software, popularizou de novo o conceito de conascência e dá dois ótimos conselhos:

Regra do Grau: converta as formas fortes de conascência em formas mais fracas

Regra da Localização: conforme a distância entre os elementos de software aumenta, use formas mais fracas de conascência

Unificando as Métricas de Acoplamento e Conascência

Até então, vimos acoplamento e conascência, medidas de diferentes épocas e com objetivos variados. Porém, do ponto de vista do arquiteto, essas duas visões se sobrepõem. O que Page-Jones identifica como conascência estática representa graus de acoplamento de entrada ou saída. A programação estruturada apenas se interessa pela entrada ou pela saída, já a conascência vê como as coisas são acopladas.

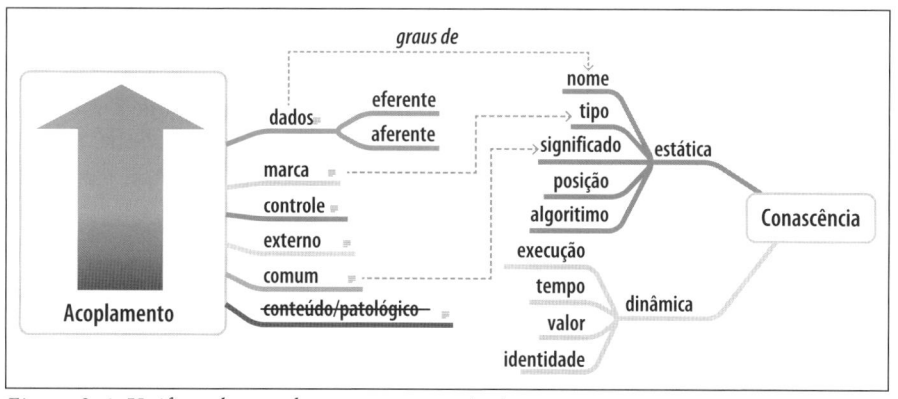

Figura 3-6. Unificando acoplamento e conascência

Para ajudar a visualizar a sobreposição nos conceitos, considere a Figura 3-6. Os conceitos de acoplamento da programação estruturada aparecem à esquerda, já as características da conascência ficam à direita. O que a programação estruturada chamou de *acoplamento de dados* (chamadas do método), a conascência aconselha sobre como esse acoplamento deve se manifestar. A programação estruturada realmente não lidou com as áreas cobertas pela conascência dinâmica; encapsulamos esse conceito rapidamente em "Quanta Arquitetural e Granularidade".

Problemas com a conascência dos anos 1990

Existem vários problemas para os arquitetos ao aplicarem essas métricas úteis para analisar e projetar sistemas. Primeiro, essas medidas veem os detalhes em um nível baixo do código, focando a qualidade e a limpeza do código, em vez da estrutura necessariamente arquitetural. Os arquitetos tendem a cuidar mais de *como* os módulos estão acoplados, não do *grau* de acoplamento. Por exemplo, um arquiteto cuida da comunicação síncrona versus assíncrona e não se importa muito com como ela é implementada.

O segundo problema com a conascência está no fato de que ela realmente não lida com uma decisão fundamental que muitos arquitetos modernos devem tomar: comunicação síncrona ou assíncrona nas arquiteturas distribuídas como microsserviços? Fazendo referência à Primeira Lei da Arquitetura de Software, tudo é um trade-off. Após discutirmos sobre o escopo das características da arquitetura no Capítulo 7, apresentaremos novos modos de pensar sobre a conascência moderna.

De Módulos a Componentes

Usamos o termo *módulo* como um nome genérico para um grupo de código afim. Contudo, a maioria das plataformas tem suporte para alguma forma de *componente*, um dos principais blocos de construção para os arquitetos de software. O conceito e a análise correspondente da separação lógica ou física existem desde o início da ciência da computação. Contudo, com todo texto e raciocínio sobre componentes e separação, desenvolvedores e arquitetos ainda lutam para conseguirem bons resultados.

Examinaremos como derivar os componentes dos domínios de problema no Capítulo 8, mas devemos primeiro debater sobre outro aspecto fundamental da arquitetura de software: as características da arquitetura e seu escopo.

CAPÍTULO 4
Definição das Características da Arquitetura

Uma empresa decide resolver certo problema com um software, então monta uma lista de requisitos para o sistema. Existem muitas técnicas para o exercício de reunir os requisitos, em geral definidas pelo processo de desenvolvimento do software usado pela equipe. Mas o arquiteto deve considerar muitos outros fatores ao planejar uma solução de software, como mostrado na Figura 4-1.

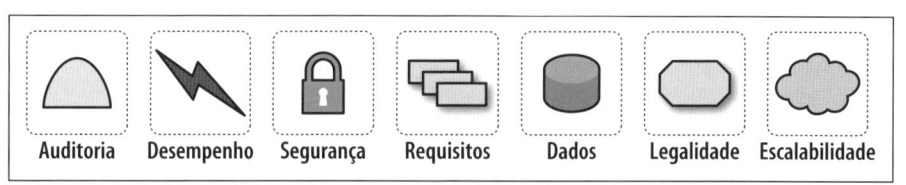

| Auditoria | Desempenho | Segurança | Requisitos | Dados | Legalidade | Escalabilidade |

Figura 4-1. Uma solução de software consiste nos requisitos do domínio e nas características da arquitetura

Os arquitetos podem colaborar definindo os requisitos do domínio ou do negócio, mas uma responsabilidade principal envolve definir, descobrir e analisar todas as coisas que o software deve fazer que não estão diretamente relacionadas à funcionalidade do domínio: as *características da arquitetura*.

O que diferencia a arquitetura de software da codificação e do design? Muitas coisas, inclusive a função que os arquitetos têm ao definir as características da arquitetura, os aspectos importantes do sistema independentes do domínio do problema. Muitas organizações descrevem esses recursos do software com vários termos, inclusive *requisitos não funcionais*, mas não gostamos dele porque é depreciativo. Os arquitetos criaram o termo para diferenciar as características da arquitetura dos *requisitos funcionais*, mas nomear algo como *não funcional* tem um impacto negativo do ponto de vista da linguagem: como as equipes são convencidas a prestar muita atenção em algo "não funcional"? Outro termo popular é *atributos da qualidade*, que não gostamos porque implica uma avaliação da qualidade posterior, em vez do design. Preferimos *características da arquitetura* porque descreve as preocupações críticas com o sucesso da arquitetura, portanto o sistema inteiro, sem descontar a importância.

Uma característica da arquitetura atende a três critérios:

- Especifica uma consideração de design fora do domínio
- Influencia algum aspecto estrutural de design
- É essencial ou importante para o sucesso da aplicação

Essas partes interligadas de nossa definição são mostradas na Figura 4-2.

Figura 4-2. Os recursos diferenciais das características da arquitetura

A definição na Figura 4-2 consiste nos três componentes listados, além de alguns modificadores:

Especifica uma consideração de design fora do domínio
　　Ao planejar uma aplicação, os requisitos especificam o que ele deve fazer; as características da arquitetura especificam os critérios operacionais e de design para o sucesso, como implementar os requisitos e por que certas escolhas foram feitas. Por exemplo, uma característica comum e importante da arquitetura especifica certo nível de desempenho para a aplicação, que normalmente não aparece em um documento de requisitos. Ainda mais pertinente: nenhum documento de requisito determina "impedir o déficit técnico", mas é uma consideração de design comum para arquitetos e desenvolvedores. Explicamos bem essa distinção entre as características explícita e implícita em "Extraindo as Características da Arquitetura das Preocupações do Domínio", Capítulo 5.

Influencia um aspecto estrutural do design
A principal razão para os arquitetos tentarem descrever as características da arquitetura nos projetos envolve as considerações do design: a característica da arquitetura requer uma consideração estrutural especial para ter sucesso? Por exemplo, *segurança* é uma preocupação real em todo projeto e todos os sistemas devem seguir uma linha de precauções durante o design e a codificação. Contudo, chega ao nível da característica da arquitetura quando o arquiteto precisa projetar algo especial. Veja dois casos relacionados ao pagamento em um sistema de exemplo:

Processador de pagamentos terceirizado
Se um ponto de integração lida com os detalhes do pagamento, então a arquitetura não deve requerer considerações estruturais especiais. O design deve incorporar uma limpeza padrão de segurança, como criptografia e hash, mas não requerer uma estrutura especial.

Processamento de pagamentos na aplicação
Se a aplicação sendo projetado deve lidar com o processamento de pagamentos, talvez a arquitetura planeje um módulo, um componente ou um serviço específico para essa finalidade, isolando estruturalmente as questões críticas da segurança. Agora, a característica da arquitetura tem um impacto na arquitetura e no design.

Claro, até esses dois critérios não são suficientes em muitos casos para determinar isso: incidentes de segurança anteriores, a natureza da integração com terceiros e muitos outros critérios podem estar presentes nessa decisão. E mais, mostra algumas considerações que os arquitetos devem fazer ao determinar como projetar certas capacidades.

Essencial ou importante para o sucesso da aplicação
As aplicações *podem* dar suporte a uma quantidade enorme de características da arquitetura... mas não deveriam. O suporte de cada característica da arquitetura adiciona complexidade ao design. Assim, um trabalho crítico dos arquitetos é escolher menos características da arquitetura, ao invés do máximo possível.

Subdividimos mais as características da arquitetura em implícitas versus explícitas. As implícitas raramente aparecem nos requisitos, embora sejam necessárias para o sucesso do projeto. Por exemplo, disponibilidade, confiabilidade e segurança embasam todas as aplicações, embora raramente sejam especificadas nos documentos do design. Os arquitetos devem usar seu conhecimento do domínio do problema para revelar essas características da arquitetura durante a fase de análise. Por exemplo, uma trading pode não precisar especificar uma baixa latência em todo sistema, embora os arquitetos nesse domínio do problema saibam como isso é essencial. As características explícitas da arquitetura aparecem nos documentos de requisitos ou em outras instruções específicas.

Na Figura 4-2, é intencional a escolha do triângulo: cada elemento da definição dá suporte aos outros, que por sua vez dá suporte ao design geral do sistema. O divisor de águas criado pelo triângulo mostra o fato de que essas características da arquitetura costumam interagir entre si, levando ao uso generalizado do termo *trade-off* entre os arquitetos.

Características da Arquitetura Listadas (em Parte)

As características da arquitetura existem em um amplo espectro do sistema de software, variando desde as características do código de baixo nível, como modularidade, até questões operacionais sofisticadas, como escalabilidade e elasticidade. Não existe um padrão universal real, apesar das tentativas de codificar alguns no passado. Pelo contrário, cada organização cria sua própria interpretação desses termos. E mais, como o ecossistema de softwares muda muito rápido, novos conceitos, termos, medidas e verificações sempre aparecem, dando novas oportunidades para definições das características da arquitetura.

Apesar do volume e da escala, os arquitetos normalmente separam essas característica em grandes categorias. As seções a seguir descrevem algumas, com alguns exemplos.

Características Operacionais da Arquitetura

As características operacionais da arquitetura envolvem capacidades como desempenho, escalabilidade, elasticidade, disponibilidade e confiabilidade. O Quadro 4-1 lista algumas delas.

Quadro 4-1. Características operacionais comuns da arquitetura

Termo	Definição
Disponibilidade	Por quanto tempo o sistema precisa ficar disponível (se for 24/7, é preciso ter etapas para permitir que o sistema fique ativo rápido no caso de qualquer falha).
Continuidade	Capacidade de recuperação de desastres.
Desempenho	Inclui teste de estresse, análise de pico, análise da frequência das funções usadas, capacidade requerida e tempos de resposta. Por vezes, a aceitação do desempenho requer um exercício próprio, levando meses para concluir.
Recuperabilidade	Requisitos de continuidade do negócio (por exemplo, no caso de desastres, com que rapidez o sistema precisa ficar online de novo?). Isso afetará a estratégia de backup e os requisitos para o hardware duplicado.

Termo	Definição
Confiabilidade/ segurança	Avalia se o sistema precisa ser à prova de falhas ou se tem uma missão crítica no modo como afeta a vida das pessoas. Se ele falha, custará muito dinheiro para a empresa?
Robustez	A capacidade de lidar com condições de erro e limites durante a execução, caso a conexão de internet caia ou se há falta de energia ou falha no hardware.
Escalabilidade	A capacidade de o sistema rodar e operar quando o número de usuários ou requisições aumenta.

As características operacionais da arquitetura têm uma sopreposição significativa com as preocupações de operações e DevOps, formando a interseção dessas questões em muitos projetos de software.

Características Estruturais da Arquitetura

Os arquitetos devem se preocupar com a estrutura do código. Em muitos casos, o arquiteto tem uma responsabilidade única ou compartilhada pelas questões de qualidade do código, como boa modularidade, acoplamento controlado entre os componentes, código legível e muitas outras avaliações internas da qualidade. O Quadro 4-2 lista algumas características estruturais da arquitetura.

Quadro 4-2. Características estruturais da arquitetura

Termo	Definição
Configuração	A capacidade dos usuários finais de mudar com facilidade os aspectos de configuração do software (com interfaces úteis).
Extensão	Como é importante ligar as novas partes da funcionalidade.
Instabilidade	Facilidade de instalação do sistema em todas as plataformas necessárias.
Aproveitamento/ reutilização	Capacidade de aproveitar os componentes comuns em vários produtos.
Localização	Suporte para vários idiomas nas telas de entrada/consulta nos campos de dados; nos relatórios, requisitos de caracteres multibytes e unidades de medidas ou moedas.
Manutenção	Quão facilmente aplica as alterações e melhora o sistema?
Portabilidade	O sistema precisa rodar em mais de uma plataforma? (Por exemplo, o front-end precisa rodar no Oracle e no banco de dados SAP?)
Suporte	De qual nível de suporte técnico a aplicação precisa? Qual nível de registro e outras facilidades são requeridos para depurar os erros no sistema?
Atualização	A capacidade de atualizar com facilidade/rapidez uma versão prévia dessa aplicação/solução para uma versão mais nova nos servidores e nos clientes.

Características Transversais da Arquitetura

Embora muitas características da arquitetura se classifiquem em categorias fáceis de reconhecer, muitas estão fora ou desafiam a categorização, formando importantes restrições de design e considerações. O Quadro 4-3 descreve algumas.

Quadro 4-3. Características Transversais da Arquitetura

Termo	Definição
Acessibilidade	Acesso a todos os usuários, inclusive com deficiências, como daltonismo e perda auditiva.
Armazenamento	Os dados precisarão ser armazenados ou excluídos após um período de tempo? (Por exemplo, as contas do cliente serão excluídas após três meses ou marcadas como obsoletas e armazenadas em um banco de dados secundário para futuro acesso.)
Autenticação	Requisitos de segurança para assegurar que os usuários são quem dizem ser.
Autorização	Requisitos de segurança para assegurar que os usuários possam acessar apenas certas funções na aplicação (por caso de uso, subsistema, página web, regra comercial, nível do campo etc.).
Legalidade	Com quais restrições legais o sistema opera (proteção de dados, Sarbanes Oxley, GDPR etc.)? Quais direitos de reserva a empresa requer? Alguma regulação no modo como a aplicação será criada ou implantada?
Privacidade	A capacidade de ocultar as transações dos funcionários internos da empresa (transações criptografadas para que até os DBAs e os arquitetos de rede não possam vê-las).
Segurança	Os dados precisam ser criptografados no banco de dados? Criptografados para a comunicação de rede entre os sistemas internos? Qual tipo de autenticação precisa existir para o acesso remoto do usuário?
Suporte	De qual nível de suporte técnico a aplicação precisa? Qual nível de registro e outras facilidades são necessários para depurar os erros no sistema?
Usabilidade/ viabilidade	O nível de treinamento requerido para os usuários atingirem seus objetivos com a aplicação/ solução. Os requisitos de utilização precisam ser tratados com a mesma seriedade de qualquer outra questão arquitetural.

Qualquer lista de características da arquitetura será necessariamente incompleta; qualquer software pode inventar características importantes com base em fatores únicos (veja "Como na Itália" para ter um exemplo).

> ### Como na Itália
>
> Uma das colegas de Neal conta uma história sobre a natureza única das características da arquitetura. Ela trabalhou para um cliente cuja missão requeria uma arquitetura centralizada. Contudo, para cada design proposto, a primeira pergunta do cliente era "Mas o que acontece se perdemos a Itália?" Anos atrás, devido a uma interrupção da comunicação anormal, a matriz perdeu contato com as filiais italianas e foi traumático para a organização. Assim, uma exigência severa de todas as futuras arquiteturas insistia no que a equipe acabou chamando de *Como na Itália (Italy-ility)*, que todos sabiam significar uma combinação única de disponibilidade, recuperabilidade e resiliência.

E mais, muitos termos anteriores são imprecisos e ambíguos, às vezes por causa de uma nuança sutil ou falta de definições objetivas. Por exemplo, *interoperabi-*

lidade e *compatibilidade* podem parecer equivalentes, o que será verdade para alguns sistemas. Porém, diferem porque *interoperabilidade* implica a facilidade de integração com outros sistemas, que por sua vez implica em APIs publicadas e documentadas. Já a *compatibilidade* se preocupa mais com os padrões do setor e do domínio. Outro exemplo é o *aprendizado*. Uma definição seria a facilidade de os usuários aprenderem a usar o software e outra seria o nível no qual o sistema pode aprender automaticamente sobre seu ambiente para se tornar autoconfigurado ou auto-otimizado usando algoritmos de aprendizado de máquina.

Muitas definições se sobrepõem. Por exemplo, considere a disponibilidade e a confiabilidade, que parecem se sobrepor em quase todos os casos. Considere ainda os protocolos de internet UDP e TCP. O UDP está disponível no IP, mas não é confiável: os pacotes podem chegar fora de ordem, e o destinatário pode ter que pedir novamente os pacotes que faltam.

Não existe uma lista completa de padrões. A Organização Internacional para Padronização (ISO) publica uma lista organizada por capacidades, sobrepondo muitas que listamos, mas estabelecendo principalmente uma lista de categorias incompleta. Veja a seguir algumas definições ISO:

Eficiência do desempenho
Medida do desempenho relativo à quantidade de recursos usados sob condições conhecidas. Isso inclui o *comportamento temporal* (medida da resposta, tempos de processamento e/ou taxas de transferência), *utilização do recurso* (quantidades e tipos de recursos usados) e *capacidade* (o grau no qual os limites máximos estabelecidas são excedidos).

Compatibilidade
O grau no qual um produto, um sistema ou um componente pode trocar informações com outros produtos, sistemas ou componentes e/ou realizar suas funções requeridas compartilhando o mesmo ambiente de hardware ou software. Inclui a *coexistência* (pode realizar suas funções requeridas com eficiência compartilhando um ambiente em comum e recursos com outros produtos) e *interoperabilidade* (o grau no qual dois ou mais sistemas podem trocar e utilizar informações).

Usabilidade
Os usuários podem usar o sistema com eficiência e satisfação com sua finalidade pretendida. Inclui o *reconhecimento da adequação* (os usuários podem reconhecer se o software é adequado para suas necessidades), *aprendizado* (com que facilidade os usuários podem aprender a usar o software), *proteção contra erros do usuário* (proteção contra usuários que cometem

erros) e *acessibilidade* (disponibilizar o software para pessoas com a maior variedade de características e capacidades).

Confiabilidade

O grau no qual um sistema funciona sob condições específicas por certo período de tempo. Essa característica inclui subcategorias como *maturidade* (o software atende às necessidades de confiabilidade em uma operação normal), *disponibilidade* (o software é operacional e acessível), *tolerância a falhas* (o software opera como o pretendido, apesar de falhas no hardware ou no software) e *recuperabilidade* (o software pode se recuperar da falha recuperando qualquer dado afetado e restabelecendo o estado desejado do sistema).

Segurança

O grau no qual o software protege as informações e os dados para que as pessoas, os produtos ou os sistemas tenham o grau de acesso dos dados adequado a seus tipos e níveis de autorização. Essas características incluem *confidencialidade* (os dados são acessíveis apenas por pessoas autorizadas), *integridade* (o software impede o acesso não autorizado ou a modificação do software ou dos dados), *não repúdio* (as ações ou os eventos podem comprovar que ocorreram), *responsabilização* (as ações de um usuário podem ser rastreadas) e *autenticidade* (comprovar a identidade de um usuário).

Manutenibilidade

Representa o grau da eficiência com a qual os desenvolvedores podem modificar o software para melhorá-lo, corrigi-lo ou adaptá-lo às mudanças no ambiente e/ou nos requisitos. Essa característica inclui *modularidade* (o grau no qual o software é composto por componentes distintos), *reusabilidade* (o grau no qual os desenvolvedores podem usar um recurso em mais de um sistema ou ao criar outros recursos), *análise* (com que facilidade os desenvolvedores podem coletar métricas concretas sobre o software), *modificação* (o grau no qual os desenvolvedores podem modificar o software sem introduzir defeitos ou diminuir a qualidade do produto existente) e *testabilidade* (com que facilidade os desenvolvedores e outras pessoas podem testar o software).

Portabilidade

O grau no qual os desenvolvedores podem transferir um sistema, um produto ou um componente de um hardware, um software ou outro ambiente operacional ou de uso para outro. Essa característica inclui as características secundárias de *adaptação* (os desenvolvedores podem adaptar com eficiência o software para um hardware, um software diferente ou em desenvolvimento ou outros ambientes operacionais ou de uso), *instabilidade* (o software pode ser instalado e/ou desinstalado em um ambiente específico) e *substituição* (com que facilidade os desenvolvedores podem substituir a funcionalidade por outro software).

O último item na lista ISO lida com os aspectos funcionais do software, que não acreditamos pertencer à lista:

Adequação funcional
Essa característica representa o grau no qual um produto ou um sistema fornece funções que atendem as necessidades declaradas e implícitas quando usado sob certas condições. A característica é composta pelas seguintes características secundárias:

Totalidade funcional
O grau no qual o conjunto de funções cobre todas as tarefas especificadas e objetivos do usuário.

Correção funcional
O grau no qual um produto ou um sistema fornece resultados corretos com o grau de precisão necessário.

Adequação funcional
O grau no qual as funções facilitam a realização de tarefas e objetivos específicos. Não são as características da arquitetura, mas os requisitos motivacionais para criar o software. Isso mostra como evoluiu o pensamento sobre a relação entre as características da arquitetura e o domínio do problema. Vemos essa evolução no Capítulo 7.

As Muitas Ambiguidades na Arquitetura do Software

Uma frustração constante entre os arquitetos é a falta de definições claras de muitas coisas essenciais, inclusive da atividade da arquitetura do software em si! Isso leva as empresas a definirem seus próprios termos para coisas comuns, confundindo todo o setor porque os arquitetos usam termos obscuros ou, pior ainda, usam os mesmos termos para significados muito diferentes. Por mais que queiramos, não podemos impor uma nomenclatura padrão no mundo do desenvolvimento de software. Contudo, seguimos e recomendamos a orientação do design orientado a domínio (DDD) para estabelecer e usar uma linguagem universal entre os colegas de trabalho para ajudar a ter menos equívocos com os termos.

Trade-offs e Arquitetura Menos Pior

As aplicações suportam apenas algumas características da arquitetura que listamos por vários motivos. Primeiro, cada característica com suporte requer um esforço de design e, talvez, um suporte estrutural. Segundo, o maior problema está no fato de que cada característica costuma ter um impacto nas outras. Por exemplo, se um arquiteto deseja melhorar a *segurança*, é quase certo que terá um impacto negativo no *desempenho*: a aplicação deve aplicar mais criptografia em tempo real, indireção para ocultar segredos e outras atividades que diminuem potencialmente o desempenho.

Uma metáfora ajudará a mostrar a interconectividade. Aparentemente, os pilotos sempre tentam aprender a pilotar helicópteros porque ele requer um controle para cada mão e pé, e mudar um deles impacta os outros. Assim, pilotar um helicóptero é um exercício de equilíbrio, que descreve bem o processo de trade-off ao escolher as características da arquitetura. Para cada característica em que o arquiteto projeta um suporte, possivelmente teremos uma complicação do design em geral.

Assim, raramente os arquitetos encontram uma situação em que conseguem projetar um sistema e maximizar toda característica da arquitetura. Muitas vezes, as decisões se resumem às compensações entre várias questões em conflito.

Nunca mire na *melhor* arquitetura, mas na arquitetura *menos pior*.

Características excessivas da arquitetura levam a soluções genéricas que tentam resolver todo problema de negócio e essas arquiteturas raramente funcionam porque fica difícil de lidar com o design.

Isso sugere que os arquitetos devem projetar a arquitetura como sendo a mais iterativa possível. Se você conseguir fazer mudanças na arquitetura com mais facilidade, poderá se estressar menos descobrindo a coisa correta e exata na primeira tentativa. Uma das lições mais importantes do desenvolvimento ágil de software é o valor da iteração; isso vale para todos os níveis de desenvolvimento do software, inclusive a arquitetura.

CAPÍTULO 5
Identificando as Características da Arquitetura

Identificar as características que movem a arquitetura é um dos primeiros passos para criar uma arquitetura ou determinar a validade de uma existente. Identificar as características ("-ilidades") corretas da arquitetura para certo problema ou aplicação requer que um arquiteto não entenda apenas o domínio do problema, mas também colabore com stakeholders para determinar o que é realmente importante da perspectiva do domínio.

Um arquiteto descobre as características da arquitetura pelo menos de três modos extraindo das preocupações, dos requisitos e do conhecimento implícito do domínio. Anteriormente, examinamos características implícitas e trataremos de outras duas aqui.

Extraindo Características da Arquitetura das Preocupações do Domínio

Um arquiteto deve conseguir traduzir as preocupações do domínio para identificar as características certas da arquitetura. Por exemplo, a escalabilidade é a preocupação mais importante ou é a tolerância a falhas, segurança ou desempenho? Talvez o sistema requeira as quatro características combinadas. Entender os principais objetivos e a situação do domínio permite a um arquiteto traduzir essas preocupações do domínio em "atributos", que então formam a base para decisões de arquitetura corretas e justificáveis.

Uma dica ao colaborar com os stakeholders do domínio para definir as características da arquitetura orientadoras é trabalhar muito para manter a menor lista final possível. Um antipadrão comum na arquitetura envolve tentar planejar uma *arquitetura genérica*, com suporte para *todas* as características da arquitetura. Cada característica que a arquitetura suporta complica o design geral do sistema; dar suporte a características demais leva a uma complexidade cada vez maior antes de os arquitetos e os desenvolvedores começarem a lidar com o domínio do problema, a motivação original para escrever o software. Não fique muito obcecado com a quantidade de características, mas tenha motivação para manter o design simples.

> ## Estudo de Caso: Vasa
>
> A história original das características da arquitetura especificadas em excesso, que acabou encerrando um projeto, deve ser o Vasa. Foi um navio de guerra sueco construído entre 1626 e 1628 por um rei que queria a embarcação mais impressionante criada. Até aquela época, as embarcações eram transportes de tropas ou navios de artilharia; o Vasa seria os dois! A maioria das embarcações tinha um deque, o Vasa tinha dois! Todos os canhões tinham duas vezes o tamanho em comparação com embarcações parecidas. Apesar de certo temor dos construtores especialistas (que não podiam dizer "não" para o rei Adolfo), eles finalizaram o navio. Na comemoração, a embarcação navegou no porto e disparou uma salva de canhão pela lateral. Infelizmente, como era muito pesada, virou e afundou na baía. No início do século XX, equipes de salvamento resgataram a embarcação, que agora está em um museu em Estocolmo.

Muitos arquitetos e stakeholders do domínio querem priorizar a lista final das características da arquitetura que a aplicação ou o sistema deve usar. Embora seja muito desejável, na maioria dos casos é um disparate e não só será uma perda de tempo, como também gerará uma frustração e desacordos desnecessários com os principais stakeholders. É raro que todos eles concordem com a prioridade de cada característica. Uma abordagem melhor é pedir que eles selecionem as três características mais importantes na lista final (em qualquer ordem). Não apenas é muito mais fácil para chegar ao consenso, como também favorece debates sobre o que é mais importante e ajuda o arquiteto a analisar as concessões ao tomar decisões vitais da arquitetura.

A maioria das características da arquitetura vem de ouvir os principais stakeholders do domínio e colabor com eles para determinar o que é importante da perspectiva do domínio. Embora pareça uma atividade simples, o problema é que arquitetos e stakeholders do domínio falam línguas diferentes. Os arquitetos falam sobre escalabilidade, interoperabilidade, tolerância a falhas, aprendizado e disponibilidade. Os stakeholders do domínio falam sobre fusões e aquisições, satisfação do usuário, tempo de lançamento no mercado e vantagem competitiva. O que acontece é um problema de "perda na tradução", em que o arquiteto e o stakeholder do domínio não se entendem. Os arquitetos não têm ideia de como criar uma arquitetura para dar suporte à satisfação do usuário e os stakeholders do domínio não entendem por que focar tanto e falar sobre disponibilidade, interoperabilidade, aprendizado e tolerância a falhas na aplicação. Por sorte, costuma haver uma tradução das preocupações de domínio para as características da arquitetura. O Quadro 5-1 mostra algumas preocupações do domínio mais comuns e os "atributos" correspondentes que dão suporte a elas.

Quadro 5-1. Tradução das preocupações de domínio nas características da arquitetura

Preocupação do domínio	Características da arquitetura
Fusões e aquisições	Interoperabilidade, escalabilidade, adaptabilidade, extensibilidade
Lançamento no mercado	Agilidade, testabilidade, implementabilidade
Satisfação do usuário	Desempenho, disponibilidade, tolerância a falhas, testabilidade, implementabilidade, agilidade, segurança
Vantagem competitiva	Agilidade, testabilidade, implementabilidade, escalabilidade, disponibilidade, tolerância a falhas
Tempo e orçamento	Simplicidade, viabilidade

Algo importante a notar é que agilidade não é igual a lançamento no mercado. Pelo contrário, é agilidade + testabilidade + implementabilidade. É uma armadilha na qual muitos arquitetos caem ao traduzirem as preocupações do domínio. Focar apenas um dos ingredientes é como esquecer de colocar farinha na massa do bolo. Por exemplo, um stakeholder do domínio pode dizer algo assim: "Devido a requisitos regulatórios, é imperativo concluir a precificação dos fundos no final do dia a tempo." Um arquiteto ineficiente pode focar apenas o desempenho porque isso parece ser o foco principal dessa preocupação do domínio. Contudo, esse arquiteto fracassará por muitos motivos. Primeiro, não importa a rapidez do sistema se ele não fica disponível quando necessário. Segundo, conforme o domínio cresce e mais fundos são criados, o sistema também consegue escalar para terminar o processamento no fim do dia a tempo. Terceiro, o sistema não deve apenas estar disponível, mas também ser confiável e não travar quando os preços dos fundos no final do dia são calculados. Quarto, o que acontece se a precificação dos fundos no final do dia estiver 85% concluída e o sistema parar? Ele deve ser capaz de se recuperar e reiniciar onde a precificação parou. Por fim, o sistema pode ser rápido, mas os preços dos fundos estão sendo calculados corretamente? Em caso afirmativo, além do desempenho, o arquiteto também deve focar igualmente a disponibilidade, a escalabilidade, a confiabilidade, a recuperabilidade e a auditabilidade.

Extraindo Características da Arquitetura dos Requisitos

Algumas características da arquitetura vêm com afirmações explícitas nos documentos de requisitos. Por exemplo, a quantidade esperada e explícita de usuários e a escala normalmente aparecem no domínio ou nas preocupações do domínio. Outras vêm do conhecimento inerente do domínio que os arquitetos têm, um dos muitos motivos para o conhecimento do domínio sempre ser benéfico para eles. Por exemplo, suponha que um arquiteto planeje uma aplicação que lida com o registro de aulas para estudantes universitários. Para facilitar os cálculos, pressuponha que a escola tenha mil alunos e dez horas de registro. O arquiteto deve planejar um sistema pressupondo uma escala consistente, fazendo a suposição implícita de que os estudantes se distribuirão igualmente ao longo do tempo durante o processo de registro? Ou com base no conhecimento dos hábitos e das inclinações desses estudantes o arquiteto deve planejar um sistema que possa lidar com todos os mil alunos tentando se registrar nos últimos dez minutos? Qualquer pessoa que entende o quanto os estudantes normalmente procrastinam sabe a resposta! Raramente esses detalhes aparecerão nos documentos dos requisitos, embora informem as decisões do design.

> ## A Origem dos Katas de Arquitetura
>
> Alguns anos atrás, Ted Neward, um conhecido arquiteto, criou os katas de arquitetura, um método mais inteligente de permitir aos arquitetos iniciantes um modo de praticar a obtenção das características da arquitetura a partir das descrições para domínios. Com origem no Japão e nas artes marciais, *kata* é um exercício de treinamento individual, cuja ênfase está na forma e na técnica correta.
>
> > Como ter ótimos designers? Os ótimos designers fazem design, claro.
> >
> > — Fred Brooks
>
> Então como podemos conseguir ótimos arquitetos se eles têm a chance de projetar poucas vezes apenas em suas carreiras?
>
> Para dar um currículo aos aspirantes a arquiteto, Ted criou o primeiro site de katas de arquitetura, que os autores Neal e Mark adaptaram e atualizaram. A premissa do exercício kata fornece aos arquitetos um problema expresso em termos de domínio e contexto adicional (coisas que podem não aparecer nos requisitos, mas impactam o design). Equipes pequenas trabalham por 45 minutos em um design, então mostram os resultados para os outros grupos, que votam em quem propôs a melhor arquitetura. Fiel à sua finalidade original, os katas de arquitetura fornecem um laboratório útil para os aspirantes a arquiteto.

Cada kata tem seções predefinidas:

Descrição
O problema geral do domínio que o sistema tenta resolver

Usuários
O número esperado e/ou tipos de usuários do sistema

Requisitos
Requisitos do domínio/nível do domínio, como um arquiteto pode esperar dos usuários/especialistas do domínio

Neal atualizou o formato alguns anos depois em seu blog, acrescentando a seção *contexto adicional* a cada kata com importantes considerações extras, tornando os exercícios mais reais.

Contexto adicional
Muitas considerações que um arquiteto deve fazer não são expressas explicitamente nos requisitos, mas pelo conhecimento implícito do domínio do problema

Encorajamos que os novos arquitetos usem o site para fazer seu próprio exercício kata. Qualquer pessoa pode ter uma oportunidade informal na qual uma equipe de arquitetos aspirantes pode resolver um problema e ter um arquiteto experiente avaliando o design e a análise de trade-off, na hora ou com uma rápida análise após o fato. O design não será elaborado porque o exercício tem um tempo definido. O ideal é que os membros da equipe recebam um feedback da arquitetura experiente sobre as concessões que faltam e designs alternativos.

Estudo de Caso: Silicon Sandwiches

Para ilustrar vários conceitos, usamos os *katas de arquitetura* (veja "A Origem dos Katas de Arquitetura" para ler sobre a origem do conceito). Para mostrar como os arquitetos obtêm as características da arquitetura a partir dos requisitos, apresentamos o kata Silicon Sandwiches.

Descrição
Uma loja de sanduíches nacional permite o pedido online (além do serviço por telefone atual).

Usuários
Milhares, talvez um dia, milhões

Requisitos
- Os usuários farão os pedidos, então terão um tempo para escolher seu sanduíche e orientações até a loja (que deve integrar vários serviços de mapas externos que incluem informações do trânsito)
- Se a loja oferece um serviço de delivery, envia o entregador com o sanduíche para o usuário
- Acessibilidade do dispositivo móvel
- Oferece promoções/ofertas diariamente em todo o país
- Oferece promoções/ofertas diariamente no local
- Aceita pagamento online, pessoalmente ou na entrega

Contexto adicional
- As lojas de sanduíche são franquias, cada uma com um proprietário diferente
- A matriz tem planos para, em breve, expandir para o exterior
- A meta da empresa é contratar mão de obra barata para maximizar o lucro

Dado esse cenário, como um arquiteto obteria as características da arquitetura? Cada parte do requisito pode contribuir com um ou mais aspectos da arquitetura (e muitas não). O arquiteto não projeta o sistema inteiro aqui; haverá um esforço considerável ao criar o código para resolver a declaração do domínio. Ao contrário, ele procura coisas que influenciam ou impactam o design, em particular o estrutural.

Primeiro, separe as características da arquitetura candidata em explícitas e implícitas.

Características Explícitas

As características explícitas da arquitetura aparecem em uma especificação dos requisitos como uma parte do design necessário. Por exemplo, o site da loja pode querer dar suporte a certa quantidade de usuários simultâneos, que os analistas do domínio especificam nos requisitos. Um arquiteto deve considerar cada parte dos requisitos para ver se ele colabora com uma característica da arquitetura. Mas primeiro, deve considerar as previsões no nível do domínio sobre as métricas esperadas, como representadas na seção Usuários do kata.

Um dos primeiros detalhes que devem chamar a atenção de um arquiteto é a quantidade de usuários: atualmente milhares, talvez um dia, milhões (é uma loja de sanduíches muito ambiciosa!). Assim, a *escalabilidade* — a capacidade de lidar com um grande número de usuários simultâneos sem uma séria diminuição do desempenho — é uma das principais características da arquitetura. Observe que a declaração do problema não pediu explicitamente a escalabilidade, mas o requisito foi expresso como um número esperado de usuários. Muitas vezes, os arquitetos devem decodificar a linguagem do domínio nos equivalentes da engenharia.

Porém, também é possível que precisemos da *elasticidade*, ou seja, a capacidade de lidar com picos de requisições. Essas duas características costumam aparecer juntas, mas têm restrições diferentes. A escalabilidade parece o gráfico mostrado na Figura 5-1.

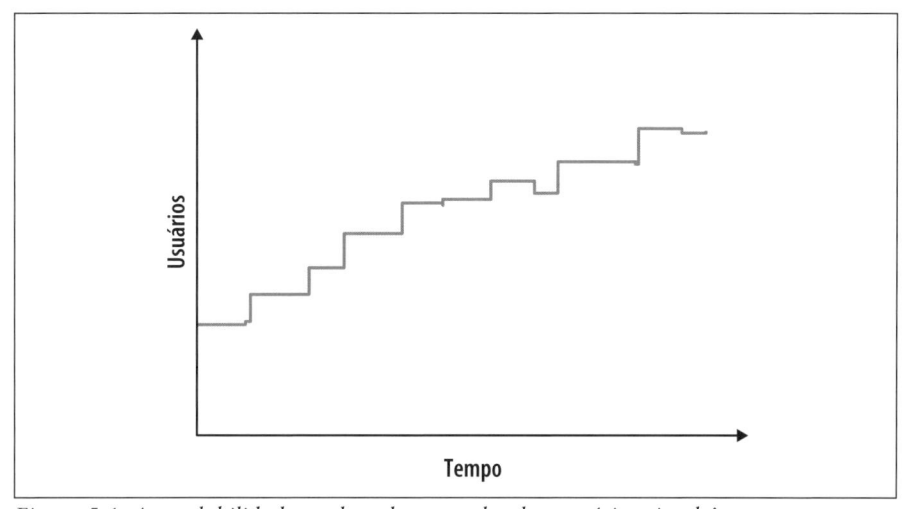

Figura 5-1. A escalabilidade mede o desempenho dos usuários simultâneos

Já a *elasticidade* mede os picos do tráfego, como na Figura 5-2.

Alguns sistemas são escaláveis, mas não elásticos. Por exemplo, considere um sistema de reservas de hotel. Na ausência de vendas ou eventos especiais, o número de usuários provavelmente é consistente. Por outro lado, considere o sistema de reservas de bilhetes para um concerto. Quando novos bilhetes entram para a venda, fãs fervorosos invadem o site, requerendo altos graus de elasticidade. Muitas vezes, os sistemas elásticos também precisam de escalabilidade: a capacidade de lidar com picos e altos números de usuários simultâneos.

A exigência para a elasticidade não apareceu nos requisitos da loja Silicon Sandwiches, embora o arquiteto deva identificar isso como uma consideração importante. Por vezes, os requisitos declaram as características da arquitetura de imediato, mas algumas se escondem dentro do domínio do problema.

Considere uma loja de sanduíches. O tráfego é consistente durante o dia? Ou ela tem picos de tráfego na hora das refeições? É quase certo que seja a última opção. Assim, um bom arquiteto deve identificar essa possível característica da arquitetura.

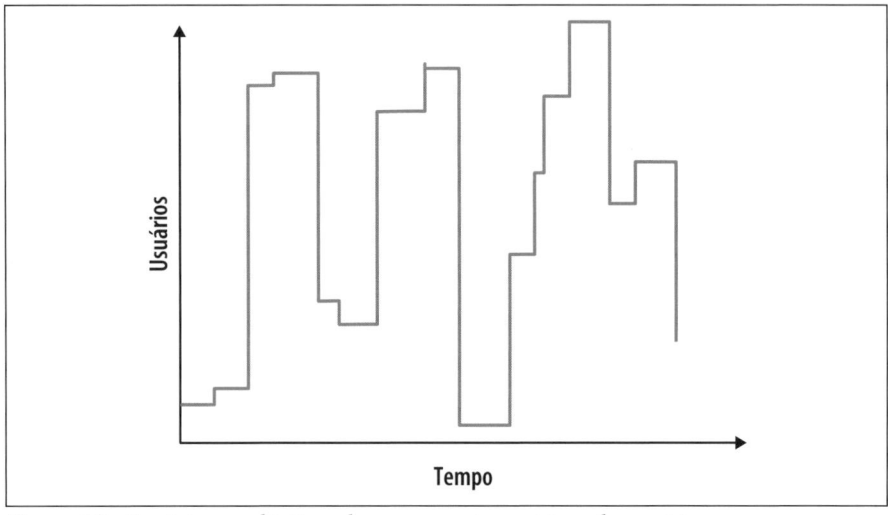

Figura 5-2. Os sistemas elásticos devem aguentar os picos de usuários

Um arquiteto deve considerar um requisito comercial por vez e ver se existem características da arquitetura:

1. Os usuários farão seu pedido, então terão um tempo para escolher o sanduíche e as orientações até a loja (que deve fornecer a opção de se integrar com serviços de mapa externos que incluem informações do trânsito).

   Os serviços de mapa externos implicam em pontos de integração, que podem impactar aspectos como a confiabilidade. Por exemplo, se um desenvolvedor cria um sistema que conta com um sistema de terceiros, ainda que chame isso de falha, ele impacta a confiabilidade do sistema de chamadas. Contudo, os arquitetos também devem ter cuidado com as características da arquitetura com excesso de especificação. E se o serviço de tráfego externo ficar inativo? O site Silicon Sandwiches deve falhar ou oferecer menos eficiência sem informações do trânsito? Eles sempre devem evitar criar pouca consistência ou fragilidade desnecessária nos designs.

2. Se a loja oferece serviço de delivery, envie o entregador com o sanduíche para o usuário.

Nenhuma característica da arquitetura em especial parece necessária para dar suporte a esse requisito.

3. Acessibilidade do dispositivo móvel.

   Esse requisito basicamente afetará o *design* da aplicação, levando a criar uma aplicação web para celular ou várias aplicações web nativas. Dadas as restrições no orçamento e a simplicidade da aplicação, é possível que um arquiteto considere um exagero criar várias aplicações, portanto o design indica uma aplicação web otimizado para celular. Assim, o arquiteto pode querer definir algumas características da arquitetura específicas do desempenho para o tempo de carregamento da página e outras características específicas para celular. Note que o arquiteto não deve atuar sozinho nessas situações, mas colaborar com os designers de experiência do usuário, stakeholders do domínio e outras partes interessadas para verificar tais decisões.

4. Oferecer promoções/ofertas diariamente no país.
5. Oferecer promoções/ofertas diariamente no local.

   Ambos os requisitos especificam a customização das promoções e das ofertas. Note que o requisito 1 também implica nas informações personalizadas do tráfego com base no endereço. Com base nos três requisitos, o arquiteto pode considerar a customização como sendo uma característica da arquitetura. Por exemplo, um estilo de arquitetura, como a arquitetura de microkernel, suporta muitíssimo bem o comportamento personalizado definindo uma arquitetura de plug-in. Nesse caso, o comportamento padrão aparece no centro e os desenvolvedores escrevem as partes personalizadas opcionais, com base no local, via plug-ins. Contudo, um design tradicional também pode incluir esse requisito via padrões de design (como Template Method). Essa questão é comum na arquitetura e requer que os arquitetos sempre pesem as concessões entre as opções concorrentes. Detalhamos mais a concessão em "Design Versus Arquitetura e Concessões".

6. Aceitar pagamento online, pessoalmente ou na entrega.

   Pagamentos online implicam em segurança, mas nada nesse requisito sugere um nível de segurança particularmente elevado além do que está implícito.

7. As lojas de sanduíches são franquias, cada uma com um proprietário diferente.

   Esse requisito pode impor restrições de custo na arquitetura; o arquiteto deve verificar a viabilidade (aplicar restrições como custo, tempo e capacidade da equipe) para saber se é garantido ter uma arquitetura simples ou de sacrifício.

8. A matriz tem planos para, em breve, expandir para o exterior.

    Esse requisito implica na *internacionalização* ou em *i18n*. Muitas técnicas de design existem para lidar com isso, e não deve requerer uma estrutura especial. Contudo, é certo que orientará as decisões de design.

9. A meta corporativa é contratar mão de obra barata para maximizar o lucro.

    Esse requisito sugere que a utilização será importante, mas, de novo, é mais uma preocupação com o design do que com as características da arquitetura.

A terceira característica da arquitetura da qual obtemos os requisitos anteriores é o *desempenho*: ninguém quer comprar em uma loja de sanduíches com um desempenho ruim, sobretudo nas horas de pico. Mas *desempenho* é um conceito cheio de nuanças; para qual *tipo* de desempenho o arquiteto deve projetar? Cobrimos as várias nuanças dessa característica no Capítulo 6.

Também queremos definir os números do desempenho junto dos números da escalabilidade, ou seja, devemos estabelecer uma linha de base do desempenho sem uma escala em particular, assim como determinar qual é um nível de desempenho aceitável, dada certa quantidade de usuários. Com muita frequência, as características da arquitetura interagem entre si, forçando os arquitetos a defini-las em relação às outras.

Características Implícitas

Muitas características da arquitetura não são especificadas nos documentos de requisitos, embora componham um aspecto importante do design. Uma característica da arquitetura implícita que o sistema pode querer dar suporte é a *disponibilidade*: assegurar que os usuários possam acessar o site do sanduíche. Intimamente relacionada à disponibilidade está a *confiabilidade*: assegurar que o site fique ativo durante as interações; ninguém quer comprar em um site que fica caindo, forçando a fazer login de novo.

Segurança aparece como uma característica da arquitetura implícita em todo sistema: ninguém quer criar um software sem segurança. Mas pode ser priorizada dependendo da criticalidade, o que mostra a natureza interligada de nossa definição. Um arquiteto considera a segurança uma característica da arquitetura se ela influencia algum aspecto estrutural do design e é crítica ou importante para a aplicação.

Para a loja Silicon Sandwiches, um arquiteto pode pressupor que os pagamentos devem ser lidados por terceiros. Assim, contanto que os desenvolvedores sigam a recomendação de segurança geral (não passar os números do cartão de crédito como texto simples, não armazenar muitas informações etc.), o arquiteto não deve precisar de nenhum design estrutural em especial para incluir a segurança; um bom design na aplicação será suficiente. Cada característica da arquitetura interage com as outras, levando à armadilha comum de arquitetos especificando demais as características, que é tão perigoso quanto especificá-las de menos porque isso complica muito o design do sistema.

A última característica da arquitetura maior que a loja Silicon Sandwiches precisa dar suporte inclui vários detalhes dos requisitos: *personalização*. Note que várias partes do domínio do problema oferecem um comportamento personalizado: receitas, vendas locais e orientações que podem ser anuladas localmente. Assim, a arquitetura deve ter suporte para a capacidade de facilitar o comportamento personalizado. Normalmente isso entraria no design da aplicação. Mas como nossa definição especifica, uma parte do domínio do problema que conta com a estrutura personalizada para ter suporte vai para uma característica da arquitetura. Esse elemento do design não é crítico para o sucesso da aplicação. É importante notar que não há respostas certas ao escolher as características da arquitetura, apenas as incorretas — ou, como Mark observa em uma de suas citações conhecidas:

> Não existem respostas erradas na arquitetura, apenas as caras.

Design Versus Arquitetura e Trade-offs

No kata Silicon Sandwiches, provavelmente um arquiteto identificaria a customização como uma parte do sistema, mas a questão é: arquitetura ou design? A arquitetura implica algum componente estrutural, já o design reside dentro da arquitetura. No caso da customização da loja Silicon Sandwiches, o arquiteto poderia escolher um estilo de arquitetura como microkernel e criar um suporte estrutural para a personalização. Contudo, se o arquiteto escolheu outro estilo por causa de conflitos de interesse, os desenvolvedores poderiam implementar a customização usando o padrão de design Template Method, que permite às classes-mãe definirem o fluxo de trabalho que pode ser sobrescrito nas classes-filha. Qual design é melhor?

Como em toda arquitetura, depende de muitos fatores. Primeiro, há bons motivos, como desempenho e acoplamento, para não implementar uma arquitetura de microkernel? Segundo, outras características da arquite-

> tura desejáveis são mais difíceis em um design versus o outro? Terceiro, quanto custaria dar suporte a todas as características da arquitetura em cada design versus padrão? Esse tipo de análise de trade-off arquitetural é uma parte importante da função de um arquiteto.
>
> Acima de tudo, é essencial que o arquiteto colabore com os desenvolvedores, gerente de projeto, equipe de operações e outros coconstrutores do sistema de software. Nenhuma decisão de arquitetura deve ser tomada de forma isolada da equipe de implementação (o que leva ao temido antipadrão *Arquiteto da Torre de Marfim*). No caso da loja Silicon Sandwiches, o arquiteto, o responsável técnico, os desenvolvedores e os analistas do domínio devem colaborar para decidir como implementar melhor a customização.

Um arquiteto pode planejar uma arquitetura que não inclui a customização estruturalmente, requerendo que o design da aplicação em si dê suporte a esse comportamento (veja "Design Versus Arquitetura e Trade-Offs"). Os arquitetos não devem se estressar muito descobrindo o conjunto correto e exato de características da arquitetura; os desenvolvedores podem implementar a funcionalidade de vários modos. Contudo, identificar corretamente os elementos estruturais importantes pode facilitar um design mais simples ou elegante. Os arquitetos devem se lembrar que não há um design melhor na arquitetura, apenas uma coleção menos pior de trade-offs.

Os arquitetos também devem priorizar essas características da arquitetura para tentar encontrar os conjuntos requeridos mais simples. Um exercício útil assim que a equipe deu um primeiro passo para identificar as características é tentar determinar a menos importante, ou seja, se você deve eliminar uma, qual seria? Em geral, é provável que eles descartem as características explícitas, pois muitas das implícitas dão suporte ao sucesso em geral. O modo como definimos o que é crítico ou importante para o sucesso ajuda os arquitetos a determinarem se a aplicação realmente requer cada característica da arquitetura. Tentando determinar a menos aplicável, os arquitetos podem ajudar a determinar a necessidade crítica. No caso da loja Silicon Sandwiches, qual característica da arquitetura identificada é menos importante? De novo, não existe uma resposta certa absoluta. Porém, nesse caso, a solução poderia perder a customização ou o desempenho. Poderíamos eliminar a customização como uma característica e planejar implementar esse comportamento como parte do design da aplicação. Das características operacionais, o desempenho provavelmente é o menos impactante para o sucesso. Claro, os desenvolvedores não querem criar uma aplicação com um desempenho terrível, mas um que não prioriza o desempenho acima das outras características, como escalabilidade ou disponibilidade.

CAPÍTULO 6

Medindo e Controlando as Características da Arquitetura

Os arquitetos devem lidar com uma variedade enorme de características da arquitetura em todos os diferentes aspectos dos projetos de software. Aspectos operacionais, como desempenho, elasticidade e escalabilidade, se misturam com preocupações estruturais, como modularidade e implementabilidade. Este capítulo foca definir concretamente algumas das características da arquitetura mais comuns e criar mecanismos de governança para elas.

Medindo as Características da Arquitetura

Vários problemas comuns existem na definição das características da arquitetura nas organizações:

Elas não são físicas
   Muitas características da arquitetura de uso comum têm significados vagos. Por exemplo, como um arquiteto projeta para ter *agilidade* ou *implementabilidade*? O setor tem perspectivas muito diferentes de termos comuns, por vezes orientados por contextos diferentes legítimos, outras por acaso.

Definições muito variadas
   Mesmo dentro da mesma organização, departamentos diferentes podem discordar da definição de recursos cruciais, como *desempenho*. Até que desenvolvedores, arquitetura e operações possam se unir com uma definição em comum, é difícil uma conversa adequada.

Complexas demais
   Muitas características desejáveis da arquitetura compõem muitas outras em uma escala menor. Por exemplo, os desenvolvedores podem dividir a agilidade em características como, modularidade, implementabilidade e testabilidade.

Definições objetivas para as características da arquitetura resolvem os três problemas: por haver concordância na organização sobre as definições concretas para as características da arquitetura, as equipes criam uma linguagem universal em torno da arquitetura. E mais, por incentivar a criação de definições objetivas, as equipes conseguem obter características complexas para revelar recursos mensuráveis que elas podem definir com objetividade.

Medidas Operacionais

Muitas características da arquitetura têm medidas diretas óbvias, como desempenho ou escalabilidade. Contudo, mesmo essas oferecem muitas interpretações sutis, dependendo das metas da equipe. Por exemplo, talvez uma equipe meça o tempo médio de resposta para certas requisições, um bom exemplo de medida das características da arquitetura operacional. Mas se as equipes medem apenas a média, o que acontece se alguma condição limite causa 1% de requisições levando 10 vezes mais tempo que as outras? Se o site tem tráfego suficiente, os valores atípicos podem nem mesmo aparecer. Portanto, uma equipe também pode querer medir os tempos máximos de respostas para capturar os valores atípicos.

Muitos Tipos de Desempenho

Muitas das características da arquitetura descritas têm definições sutis e variadas. Desempenho é um ótimo exemplo. Muitos projetos analisam o desempenho geral: por exemplo, quanto tempo os ciclos de solicitação e resposta levam para uma aplicação web. Mas os arquitetos e os engenheiros DevOps trabalharam muito para estabelecer os orçamentos do desempenho: orçamentos específicos para certas partes da aplicação. Por exemplo, muitas organizações pesquisaram o comportamento do usuário e determinaram que o tempo ideal da apresentação da primeira página (o primeiro sinal visível de progresso para uma página web, em um navegador ou dispositivo móvel) é de 500 ms, metade de um segundo; a maioria das aplicações fica na faixa de dois dígitos para essa métrica. Mas para os sites modernos que tentam capturar o máximo possível de usuários, é uma métrica importante a controlar, e as organizações por trás disso criaram medidas extremamente sutis.

Algumas dessas métricas têm outras implicações para o design das aplicações. Muitas organizações inovadoras colocam *orçamentos de peso K* para os downloads da página: um número máximo de bytes de bibliotecas e frameworks permitidas em certa página. O raciocínio por trás dessa estrutura deriva de limites físicos: apenas uma quantidade de bytes

> consegue trafegar em uma rede em dado momento, em especial nos dispositivos móveis em áreas de alta latência.

As equipes de alto nível não estabelecem apenas números de desempenho exatos, elas baseiam suas definições na análise estatística. Por exemplo, digamos que um serviço de streaming de vídeo deseja monitorar a escalabilidade. Em vez de definir um número arbitrário como meta, os engenheiros medem a escala ao longo do tempo e criam modelos estatísticos, então disparam alarmes se as métricas de tempo real ficam fora dos modelos de previsão. Uma falha pode significar duas coisas: o modelo está incorreto (o que as equipes gostam de saber) ou falta algo (o que as equipes também gostam de saber).

As características que as equipes podem medir agora evoluíram rápido, junto com ferramentas e uma compreensão sutil. Por exemplo, muitas equipes focavam recentemente os orçamentos de desempenho para métricas como a *primeira eexibição de conteúdo e primeira inatividade (idle) da CPU*, ambas sobre volumes relacionados a problemas com o desempenho para usuários e páginas web em dispositivos móveis. Conforme dispositivos, destinos, capacidades e várias outras coisas mudarem, as equipes encontrarão coisas e modos novos de medir.

Medidas Estruturais

Algumas medidas objetivas não são tão óbvias quanto o desempenho. E as características estruturais internas, como modularidade bem definida? Infelizmente não existem ainda métricas completas para a qualidade interna do código. Mas algumas métricas e ferramentas comuns permitem que os arquitetos lidem com alguns aspectos críticos da estrutura do código, embora ao longo de dimensões estreitas.

Um aspecto do código mensurável e óbvio é a complexidade, definida pela métrica *complexidade ciclomática*.

> ### Complexidade Ciclomática
>
> Complexidade Ciclomática (CC) é uma métrica no nível do código designada a fornecer uma medida objetiva para a complexidade do código, no nível da função/método, da classe ou da aplicação, desenvolvida por Thomas McCabe, em 1976.
>
> É calculada aplicando a teoria dos grafos no código, especificamente pontos de decisão, causando diferentes caminhos de execução. Por exemplo,

se uma função não tem declarações de decisão (como as declarações if), então CC = 1. Se a função tivesse uma condicional, então CC = 2 porque existem dois caminhos de execução possíveis.

A fórmula para calcular CC para uma função ou um método é $CC = E - N + 2$, onde N representa os *nós* (linhas de código) e E representa as *extremidades* (possíveis decisões). Considere o código do tipo C mostrado no Exemplo 6-1.

Exemplo 6-1. Exemplo de código para a avaliação da complexidade ciclomática

```
public void decision(int c1, int c2) {
   if (c1 < 100)
       return 0;
   else if (c1 + C2 > 500)
       return 1;
   else
      return -1;
}
```

A complexidade ciclomática do Exemplo 6-1 é 3 (=3 − 2 + 2); o gráfico aparece na Figura 6-1.

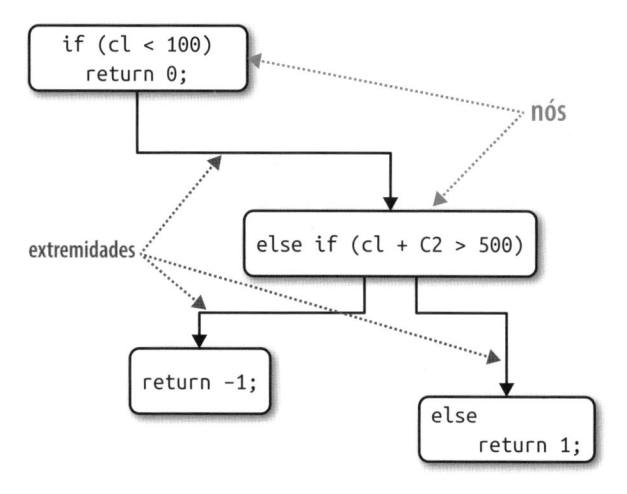

Figura 6-1. Complexidade Ciclomática para a função de decisão

O número 2 que aparece na fórmula da complexidade ciclomática representa uma simplificação para uma função/método. Para as chamadas de distribuição para outros métodos (conhecidos como *componentes conectados* na teoria dos grafos), a fórmula mais geral é $CC = E - N + 2P$, onde P representa o número de componentes conectados.

Arquitetos e desenvolvedores concordam em unanimidade que um código muito complexo representa um código com problemas; ele prejudica cada uma das características das bases de código desejáveis: modularidade, testabilidade, implementabilidade etc. No entanto, se as equipes não ficam de olho na complexidade que aumenta gradualmente, ela domina a base de código.

> ### O que É um Bom Valor para a Complexidade Ciclomática?
>
> Uma pergunta comum feita aos autores quando eles falam sobre esse assunto é: qual é um bom valor limite para a CC? Claro, como todas as respostas na arquitetura de software: depende! Depende da complexidade do domínio do problema. Por exemplo, se você tiver um problema com algoritmo complexo, a solução produzirá funções complexas. Alguns aspectos principais da CC para os arquitetos monitorarem: as funções são complexas por causa do domínio do problema ou da codificação ruim? Como alternativa, o código está mal particionado? Em outras palavras, um método grande poderia ser dividido em partes menores e lógicas, distribuindo o trabalho (e a complexidade) em métodos mais bem fatorados?
>
> Em geral, os limites do setor para a CC sugerem que um valor abaixo de 10 é aceitável, exceto outras considerações, como os domínios complexos. Consideramos esse limite muito alto e preferimos um código abaixo de 5, indicando um código coeso e bem fatorado. Uma ferramenta de métrica em Java, Crap4J, tenta determinar o quanto o código é ruim (baixa qualidade) avaliando uma combinação de CC e cobertura de código; se a CC fica acima de 50, nenhuma cobertura de código melhora a má qualidade dele. O artefato profissional mais terrível que Neal já encontrou foi uma função C que servia como o centro de um pacote de software comercial cuja CC ficava acima de 800! Era uma função com mais de 4 mil linhas de código, inclusive o uso literal de declarações GOTO (para evitar loops profundamente aninhados impossíveis).
>
> Práticas de engenharia, como o desenvolvimento orientado a testes (TDD), têm o efeito colateral acidental (mas positivo) de gerar métodos melhores e menos complexos em média para certo domínio do problema. Ao praticar o TDD, os desenvolvedores tentam escrever um teste simples, então escrevem uma quantidade menor de código para passar no teste. Isso foca o comportamento separado e bons limites de teste encorajam métodos altamente coesos e bem fatorados que mostram uma baixa CC.

Medidas do Processo

Algumas características da arquitetura cruzam os processos de desenvolvimento de software. Por exemplo, a agilidade costuma aparecer como um recurso desejável. Mas é uma característica complexa que os arquitetos podem decompor em recursos como testabilidade e implementabilidade.

O teste é medido por ferramentas de cobertura de código para todas as plataformas que avaliam a totalidade do teste. Como todas as verificações do software, não é possível substituir o raciocínio e a intenção. Por exemplo, uma base de código pode ter 100% de cobertura de código, mas afirmações ruins que realmente não dão confiança na correção do código. Porém o teste é claramente uma característica mensurável e objetiva. Do mesmo modo, as equipes podem medir a implementabilidade com várias métricas: porcentagem de implementações bem-sucedidas versus com falhas, quanto tempo levam as implementações, problemas/erros levantados pelas implementações e muitos outros. Cada equipe tem a responsabilidade de chegar a um bom conjunto de medidas que capturam dados úteis para a organização, em qualidade e quantidade. Muitas dessas medidas se resumem às prioridades e às metas da equipe.

Agilidade e suas partes afins se relacionam claramente com o processo de desenvolvimento de software. Porém, esse processo pode impactar a estrutura da arquitetura. Por exemplo, se a facilidade da implementação e do teste são prioridades altas, então um arquiteto daria mais ênfase na boa modularidade e no isolamento no nível da arquitetura, um exemplo de característica da arquitetura orientando uma decisão estrutural. Quase nada dentro do escopo de um projeto de software pode chegar no nível de uma característica da arquitetura se ela consegue atender a nossos três critérios, forçando um arquiteto a tomar decisões de design para explicar isso.

Governança e Funções de Aptidão

Assim que os arquitetos estabelecem as características da arquitetura e as priorizam, como podem assegurar que os desenvolvedores respeitarão essas prioridades? A modularidade é um ótimo exemplo de um aspecto da arquitetura que é importante, mas não urgente; em muitos projetos de software, a urgência é dominante, embora os arquivos ainda precisem de um mecanismo para a governança.

Governando as Características da Arquitetura

Governança, da palavra grega *kubernan* (orientar), é uma responsabilidade importante da função do arquiteto. Como o nome implica, o escopo da governança da arquitetura alcança qualquer aspecto do processo de desenvolvimento de software que os arquitetos (inclusive funções como arquitetos corporativos) devem influenciar. Por exemplo, assegurar a qualidade do software em uma organização se enquadra no título da governança arquitetural porque fica dentro do escopo da arquitetura e a negligência pode levar a problemas desastrosos na qualidade.

Por sorte, existem soluções cada vez mais sofisticadas para diminuir esse problema para os arquitetos, um bom exemplo de crescimento incremental nas capacidades dentro do ecossistema de desenvolvimento de software. O impulso para a automação nos projetos de software gerado pela Programação Extrema criou uma integração contínua, levando a mais automação nas operações contínuas, que agora chamamos de DevOps, continuando na governança arquitetural. O livro *Building Evolutionary Architectures* (sem publicação no Brasil) descreve uma família de tecnologias, chamadas funções de aptidão, usadas para automatizar muitos aspectos da governança da arquitetura.

Funções de Aptidão

A palavra "evolutivo", no livro *Building Evolutionary Architectures,* vem mais da computação evolutiva do que da biologia. Uma das autoras, a Dra. Rebecca Parsons, passou um tempo no espaço da computação evolutiva, incluindo ferramentas como algoritmos genéticos. Tal algoritmo executa e produz uma resposta, então passa por mutação com técnicas bem conhecidas definidas no mundo da computação evolutiva. Se um desenvolvedor tenta projetar um algoritmo genérico para produzir um resultado benéfico, ele normalmente deseja orientar o algoritmo, fornecendo uma medida objetiva que indica a qualidade do resultado. Esse mecanismo de orientação se chama *função de aptidão*: uma função objeto usada para avaliar a proximidade com a qual a saída atinge o alvo. Por exemplo, suponha que um desenvolvedor precise resolver o problema do caixeiro viajante, um problema famoso usado como base para o aprendizado de máquina. Dados um caixeiro e uma lista de cidades que ele deve visitar, com distâncias entre elas, qual é a rota ideal? Se um desenvolvedor projeta um algoritmo genético para resolver esse problema, uma função de aptidão pode avaliar a extensão da rota, com a menor possível representando o maior sucesso. Outra função de aptidão pode ser avaliar o custo geral associado à rota e tentar manter o custo no mínimo. Todavia, outra poderia ser avaliar o tempo em que o caixeiro viajante está fora e otimizar a diminuição do tempo total da viagem.

As práticas na arquitetura evolutiva pegam esse conceito para criar uma *função de aptidão da arquitetura*:

Função de aptidão da arquitetura
   Qualquer mecanismo que fornece uma avaliação objetiva da integridade de alguma característica da arquitetura ou uma combinação delas

As funções de aptidão não são um framework novo para os arquitetos baixarem, mas uma nova perspectiva em muitas ferramentas existentes. Note na definição as palavras *qualquer mecanismo* — as técnicas de verificação para as características da arquitetura são tão variadas quanto as características. As funções de aptidão sobrepõem muitos mecanismos de verificação existentes, dependendo de como são usadas: como métricas, monitores, bibliotecas de teste unitário, engenharia do caos etc., como mostrado na Figura 6-2.

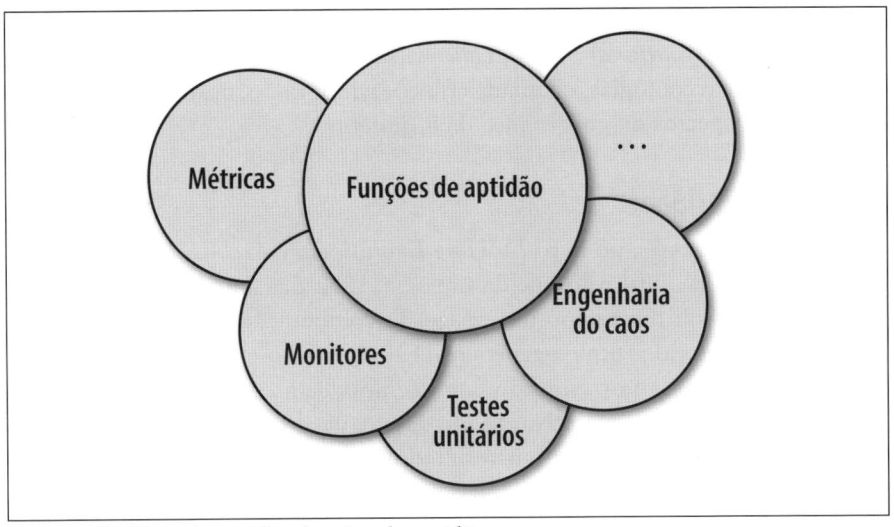

Figura 6-2. Mecanismos das funções de aptidão

Muitas ferramentas diferentes podem ser usadas para implementar as funções de aptidão, dependendo das características da arquitetura. Por exemplo, em "Acoplamento", no Capítulo 3, apresentamos métricas que permitem aos arquitetos avaliarem a modularidade. Veja alguns exemplos de funções de aptidão que testam vários aspectos da modularidade.

Dependências cíclicas

Modularidade é uma característica da arquitetura implícita importante para a maioria dos arquitetos, pois uma modularidade mal mantida prejudica a estrutura de uma base de código; assim, os arquitetos devem ter alta prioridade ao manter uma boa modularidade. Contudo, há forças contra as boas intenções do arquiteto em muitas plataformas. Por exemplo, ao codificar em qualquer ambiente de desenvolvimento Java ou .NET popular, assim como quando um desenvolvedor referencia uma classe ainda não importada, o IDE apresenta uma caixa de diálogo perguntado se ele gostaria de autoimportar a referência. Isso ocorre com tanta frequência que a maioria dos programadores adquire o hábito de fechar a caixa de diálogo de importação automática como um reflexo. Contudo, importar classes ou componentes arbitrariamente entre si significa desastre para a modularidade. Por exemplo, a Figura 6-3 mostra um antipadrão bem perigoso que os arquitetos devem evitar.

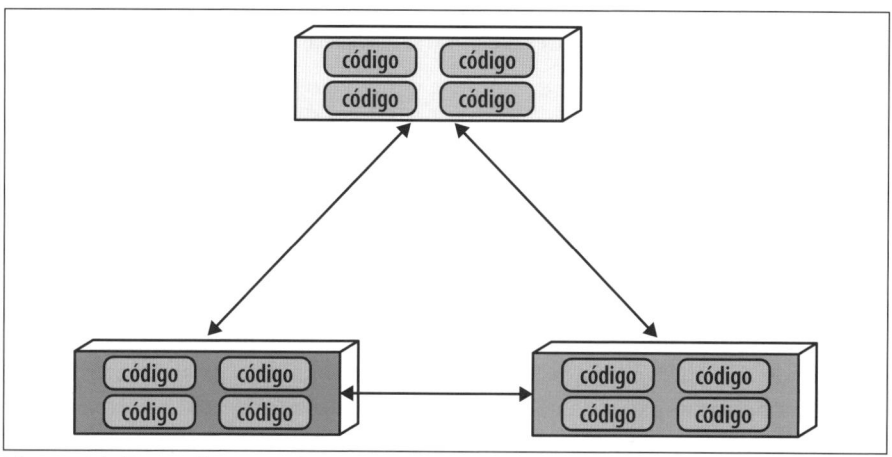

Figura 6-3. Dependências cíclicas entre componentes

Na Figura 6-3, cada componente referencia algo nos outros. Ter uma rede de componentes assim prejudica a modularidade porque um desenvolvedor não pode reutilizar um único componente sem também trazer os outros junto. E claro, se outros componentes estão acoplados a outros componentes, a arquitetura tende a ser cada vez mais uma Grande Bola de Lama antipadrão. Como os arquitetos podem controlar esse comportamento sem ficarem sempre atentos aos desenvolvedores eufóricos? As revisões do código ajudam, mas ocorrem tarde demais no ciclo de desenvolvimento para que sejam eficientes. Se um arquiteto permitir que uma equipe de desenvolvimento importe de modo desenfreado na base de código por uma semana até a revisão do código, até então já terão ocorrido sérios danos nessa base.

A solução para o problema é escrever uma função de aptidão para cuidar dos ciclos, como mostrado no Exemplo 6-2.

Exemplo 6-2. Função de aptidão para detectar os ciclos do componente

```
public class CycleTest {
    private JDepend jdepend;

    @BeforeEach
    void init() {
        jdepend = new JDepend();
        jdepend.addDirectory("/path/to/project/persistence/classes");
        jdepend.addDirectory("/path/to/project/web/classes");
        jdepend.addDirectory("/path/to/project/thirdpartyjars");
    }

    @Test
    void testAllPackages() {
        Collection packages = jdepend.analyze();
        assertEquals("Cycles exist", false, jdepend.containsCycles());
    }
}
```

No código, um arquiteto usa a ferramenta de métrica JDepend para verificar as dependências entre os pacotes. A ferramenta entende a estrutura dos pacotes Java e falha no teste se existir algum ciclo. Um arquiteto pode ligar esse teste à criação contínua em um projeto e parar de se preocupar com a introdução acidental de ciclos por desenvolvedores eufóricos. É um ótimo exemplo de função de aptidão protegendo práticas importantes, em vez de urgentes, do desenvolvimento de software: é uma preocupação importante para os arquitetos, ainda que tenha pouco impacto na codificação do dia a dia.

Distância da função de aptidão da sequência principal

Em "Acoplamento", apresentamos uma métrica mais complexa da distância da sequência principal, que os arquitetos também podem verificar usando funções de aptidão, como no Exemplo 6-3.

Exemplo 6-3. Distância da função de aptidão da sequência principal

```
@Test
void AllPackages() {
    double ideal = 0.0;
    double tolerance = 0.5; // depende do projeto
    Collection packages = jdepend.analyze();
    Iterator iter = packages.iterator();
    while (iter.hasNext()) {
      JavaPackage p = (JavaPackage)iter.next();
      assertEquals("Distance exceeded: " + p.getName(),
           ideal, p.distance(), tolerance);
    }
}
```

No código, o arquiteto usa JDepend para estabelecer um limite para valores aceitáveis, falhando no teste se uma classe fica fora do intervalo.

É um exemplo de medida objetiva para uma característica da arquitetura e a importância da colaboração entre desenvolvedores e arquitetos ao planejarem e implementarem as funções de aptidão. A intenção não é um grupo de arquitetos subir para uma torre de marfim e desenvolver funções de aptidão complexas que os desenvolvedores não conseguem entender.

> Os arquitetos devem assegurar que os desenvolvedores entendam a finalidade da função de aptidão antes de fazer a imposição delas.

A sofisticação das ferramentas da função de aptidão aumentou nos últimos anos, inclusive algumas ferramentas especiais. Uma delas é ArchUnit, uma estrutura de teste Java inspirada pelo uso de várias partes do ecossistema JUnit. A ArchUnit fornece várias regras de governança predefinidas e codificadas como testes unitários, e permite que os arquitetos escrevam testes específicos que lidam com a modularidade. Veja a arquitetura em camadas mostrada na Figura 6-4.

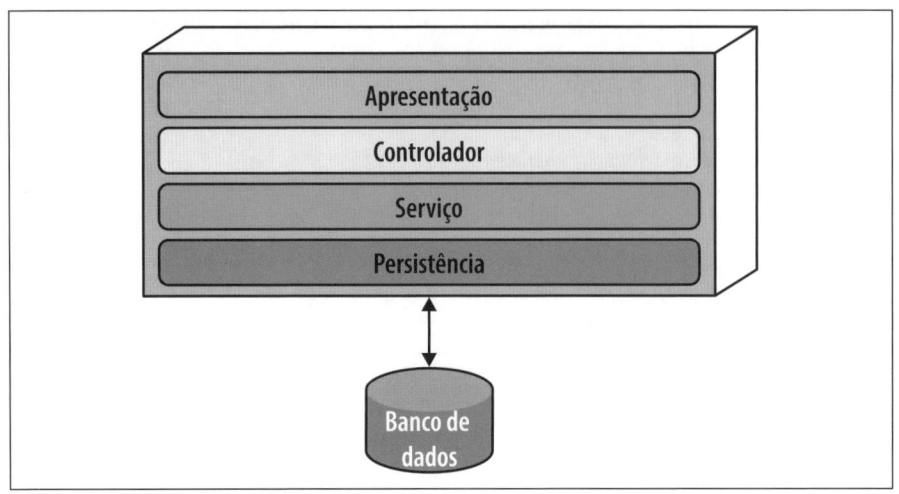

Figura 6-4. Arquitetura em camadas

Ao projetar um bloco em camadas, como na Figura 6-4, o arquiteto define as camadas por um bom motivo (motivações, trade-offs e outros aspectos da arquitetura em camadas são descritos no Capítulo 10). Contudo, como o arquiteto pode garantir que os desenvolvedores respeitarão essas camadas? Alguns desenvolvedores podem não entender a importância dos padrões, já outros podem adotar uma atitude "melhor pedir perdão do que permissão" por causa de uma preocupação local prioritária, como o desempenho. Mas permitir que os implementadores acabem com os motivos da arquitetura prejudica a integridade de longo prazo da arquitetura.

A ArchUnit permite que os arquitetos lidem com o problema via função de aptidão, como no Exemplo 6-4.

Exemplo 6-4. Função de aptidão ArchUnit para controlar as camadas

```
layeredArchitecture()
    .layer("Controller").definedBy("..controller..")
    .layer("Service").definedBy("..service..")
    .layer("Persistence").definedBy("..persistence..")

    .whereLayer("Controller").mayNotBeAccessedByAnyLayer()
    .whereLayer("Service").mayOnlyBeAccessedByLayers("Controller")
    .whereLayer("Persistence").mayOnlyBeAccessedByLayers("Service")
```

No Exemplo 6-4, o arquiteto define a relação desejável entre as camadas e escreve uma função de aptidão de verificação para controlá-la.

Uma ferramenta parecida no espaço .NET, NetArchTest, permite testes parecidos para a plataforma; uma verificação da camada em C# aparece no Exemplo 6-5.

Exemplo 6-5. NetArchTest para as dependências de camadas

```
// As classes na apresentação não devem referenciar diretamente os repositórios
var result = Types.InCurrentDomain()
    .That()
    .ResideInNamespace("NetArchTest.SampleLibrary.Presentation")
    .ShouldNot()
    .HaveDependencyOn("NetArchTest.SampleLibrary.Data")
    .GetResult()
    .IsSuccessful;
```

Outro exemplo de funções de aptidão é o Macaco do Caos (Chaos Monkey) da Netflix e o assistente Exército Símio (Simian Army). Em particular, os serviços *Conformity*, *Security* e *Janitor* do Monkey exemplificam essa abordagem. O Conformity Monkey permite que os arquitetos na Netflix definam regras de governança aplicadas pelo monkey em produção. Por exemplo, se os arquitetos decidiram que cada serviço deve responder normalmente a todos os verbos RESTful, eles criam essa verificação no Conformity Monkey. Do mesmo modo, o Security Monkey verifica cada serviço em busca de problemas conhecidos na segurança, como portas que não devem estar ativas e erros de configuração. Por fim, o Janitor Monkey procura instâncias para as quais nenhum serviço roteia mais. A Netflix tem uma arquitetura evolutiva, portanto os desenvolvedores sempre migram para serviços mais novos, deixando os antigos rodando sem colaboradores. Como os serviços que rodam na nuvem consomem dinheiro, o Janitor Monkey procura serviços órfãos e os tira de produção.

> **A Origem do Exército Símio**
>
> Quando a Netflix decidiu mover suas operações para a nuvem da Amazon, os arquitetos se preocuparam com o fato de que eles não teriam mais controle sobre as operações; o que acontece se surge um defeito na operação? Para resolver isso, eles criaram a disciplina da Engenharia do Caos, com o Macaco do Caos original e, por fim, o Simian Army. O Chaos Monkey simulava um caos geral no ambiente de produção para ver o quão bem o sistema aguentaria. A latência era um problema em algumas instâncias AWS, assim o Chaos Monkey simulava uma alta latência (que era tão problemática que eles acabaram criando um monkey especializado, o Latency Monkey). Ferramentas como Chaos Kong, que

> simula uma falha total do datacenter Amazon, ajudaram a Netflix a evitar interrupções quando elas ocorriam de verdade.
>
> A engenharia do caos oferece uma nova perspectiva interessante na arquitetura: não é uma questão de se algo parará de funcionar, mas quando. Antecipar essas interrupções e testes para evitá-las torna os sistemas muito mais robustos.

Há alguns anos, o influente livro *Checklist: Como fazer as coisas benfeitas* de Atul Gawande descreveu como profissionais, como pilotos e cirurgiões, usam checklists (por vezes exigidas por lei). Não é porque esses profissionais não conhecem seus trabalhos ou são esquecidos. Pelo contrário, quando os profissionais fazem um trabalho muitíssimo detalhado repetidas vezes, é fácil deixar passar os detalhes; uma checklist sucinta é um lembrete eficiente. Essa é a perspectiva correta das funções de aptidão; em vez de um mecanismo de governança pesado, essas funções fornecem um mecanismo para os arquitetos expressarem princípios importantes da arquitetura e verificarem isso automaticamente. Os desenvolvedores sabem que não devem lançar um código sem segurança, mas essa prioridade compete com dezenas ou centenas de outras prioridades para os desenvolvedores ocupados. Ferramentas como Security Monkey especificamente, e as funções de aptidão em geral, permitem que os arquitetos codifiquem verificações de governança importantes no substrato da arquitetura.

CAPÍTULO 7
Escopo das Características da Arquitetura

Uma suposição axiomática existente no mundo da arquitetura de software substituiu tradicionalmente o escopo das características da arquitetura no nível do sistema. Por exemplo, quando arquitetos falam sobre escalabilidade, em geral eles expressam isso em torno da escalabilidade do sistema inteiro. Era uma suposição segura uma década atrás, quando quase todos os sistemas eram monolíticos. Com o advento das técnicas de engenharia modernas e os estilos de arquitetura por elas permitidos, como microsserviços, o escopo das características da arquitetura se limitou muito. É um excelente exemplo de axioma ficando desatualizado aos poucos conforme o ecossistema de desenvolvimento de software continua sua evolução incansável.

Durante a escrita do livro *Building Evolutionary Architectures* (sem publicação no Brasil), os autores precisaram de uma técnica para medir a evolução estrutural de certos estilos de arquitetura. Nenhuma medida existente oferecia o nível correto de detalhamento. Em "Medidas Estruturais", no Capítulo 6, examinamos várias métricas no nível do código que permitem aos arquitetos analisarem os aspectos estruturais de uma arquitetura. Contudo, todas essas métricas só relevam detalhes de baixo nível sobre o código e não conseguem avaliar os componentes dependentes (como bancos de dados) fora da base de código que ainda impactam muitas características da arquitetura, sobretudo as operacionais. Por exemplo, não importa o quanto um arquiteto se esforce para projetar uma base de código eficiente ou elástica, se o sistema usar um banco de dados que não combina com essas características, a aplicação não terá sucesso.

Ao avaliar muitas características da arquitetura operacional, um arquiteto deve considerar os componentes dependentes fora da base de código que impactarão essas características. Assim, eles precisam de outro método para medir essas dependências. Isso levou os autores do *Building Evolutionary Architectures* a definirem o termo *quantum da arquitetura*. Para entender essa definição, devemos ver uma métrica principal aqui: a conascência.

Acoplamento e Conascência

Muitas métricas de acoplamento no nível do código, como os acoplamentos *aferente* e *eferente* (descrito em "Medidas Estruturais", Capítulo 6), revelam detalhes em um nível muito específico para a análise arquitetural. Em 1996, Meilir Page-Jones publicou um livro intitulado *What Every Programmer Should Know About Object Oriented Design* (sem publicação no Brasil), que incluía várias medidas novas de acoplamento que ele chamou de *conascência*, definida assim:

Conascência
> Dois componentes são conascentes se uma mudança em um requer que o outro seja modificado para manter a correção geral do sistema

Ele definiu dois tipos de conascência: *estática*, descoberta via análise do código estático; e *dinâmica*, referente ao comportamento em tempo de execução. Para definir o quantum da arquitetura, precisávamos de uma medida de como os componentes estão "ligados", que corresponde ao conceito de conascência. Por exemplo, se dois serviços em uma arquitetura de microsserviços compartilham a mesma definição de classe de alguma classe, como *endereço*, dizemos que são *estaticamente* conascentes entre si, pois mudar a classe compartilhada requer mudanças nos dois serviços.

Para a conascência dinâmica, definimos dois tipos: *síncrona* e *assíncrona*. As chamadas síncronas entre dois serviços distribuídos fazem quem chama aguardar a resposta do recebedor. Já as chamadas *assíncronas* permitem uma semântica "disparar e esquecer" nas arquiteturas baseadas em eventos, permitindo que dois serviços diferentes sejam diferentes na arquitetura operacional.

Quanta Arquitetural e Granularidade

O acoplamento no nível do componente não é a única coisa que vincula o software. Muitos conceitos comerciais vinculam semanticamente as partes do sistema, criando uma *coesão funcional*. Para projetar, analisar e desenvolver com sucesso um software, os desenvolvedores devem considerar todos os pontos de acoplamento que poderiam se romper.

Muitos desenvolvedores com familiaridade em ciência conhecem o conceito de quantum da física, a quantidade mínima de qualquer entidade física em uma interação. A palavra quantum vem do latim, que significa "quantidade". Adotamos essa noção para definir um *quantum da arquitetura*:

Quantum da arquitetura
Um artefato implantado de modo independente com alta coesão funcional e conascência síncrona

Essa definição tem várias partes, dissecadas aqui:

Implantado de modo independente
Um quantum da arquitetura inclui todos os componentes necessários para funcionar independentemente das outras partes da arquitetura. Por exemplo, se uma aplicação usa um banco de dados, ele faz parte do quantum porque o sistema não funcionará sem ele. Esse requisito significa que quase todos os sistemas de herança implantados usando um banco de dados por definição formam o quantum de um. Porém, no estilo da arquitetura de microsserviços, cada serviço inclui seu próprio banco de dados (a parte do *contexto delimitado* que orienta a filosofia nos microsserviços, descrito em detalhes no Capítulo 17), criando múltiplos quanta dentro dessa arquitetura.

Alta coesão funcional
Coesão no design do componente se refere a quão bem o código contido está unificado em finalidade. Por exemplo, um componente `Customer` com propriedades e métodos, todos pertencendo a uma entidade *Customer* mostra uma alta coesão; já um componente `Utility` com uma coleção aleatória de métodos diversos não.

Alta coesão funcional implica que um quantum da arquitetura faz algo com propósito. Essa distinção pouco importa nas aplicações monolíticos tradicionais com um único banco de dados. Contudo, nas arquiteturas de microsserviços, em geral os desenvolvedores projetam cada serviço para combinar com um único fluxo de trabalho (um *contexto delimitado*, como descrito em "Contexto Delimitado do Design Orientado a Domínios"), assim exibindo uma alta coesão funcional.

Conascência síncrona
Conascência síncrona implica as chamadas síncronas em um contexto da aplicação ou entre serviços distribuídos que formam esse quantum da arquitetura. Por exemplo, se um serviço em uma arquitetura de microsserviços chama outro de forma síncrona, cada serviço não pode exibir diferenças extremas nas características da arquitetura operacionais. Se quem chama for muito mais escalável que o receptor, ocorrerão limites de tempo e outros problemas de confiabilidade. Assim, as chamadas síncronas criam uma conascência dinâmica durante a chamada; se uma chamada aguarda a outra,

suas características da arquitetura operacionais devem ser iguais na duração da chamada.

Voltando ao Capítulo 6, definimos a relação entre as métricas de acoplamento tradicionais e a conascência, que não incluíam nossa nova medida de *conascência da comunicação*. Atualizamos o diagrama na Figura 7-1.

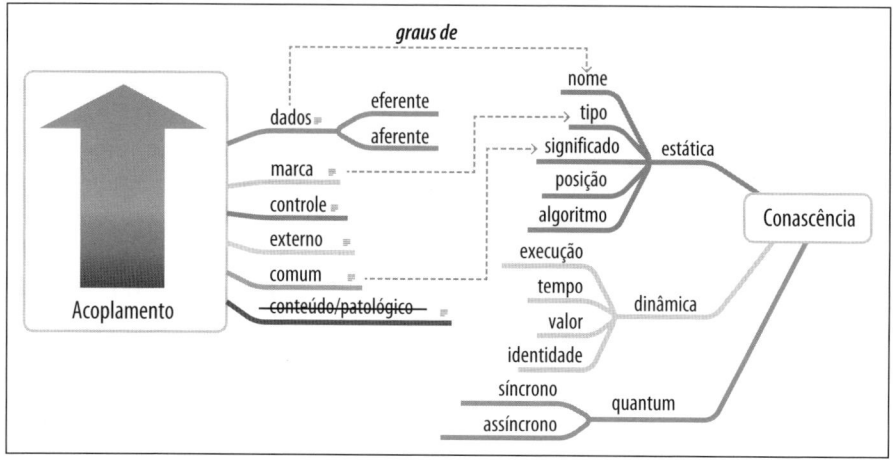

Figura 7-1. Adicionando a conascência do quantum ao diagrama unificado

Para ter outro exemplo, considere uma arquitetura de microsserviços com os serviços Payment e Auction. Quando um leilão termina, o serviço Auction envia as informações do pagamento para o serviço Payment. Porém, digamos que o serviço de pagamento só possa lidar com um pagamento a cada 500 ms; o que acontece quando um grande número de leilões termina de uma só vez? Uma arquitetura mal projetada permitiria que a primeira chamada passasse e deixaria as outras expirarem. Uma alternativa é um arquiteto projetar um link de comunicação assíncrona entre Payment e Auction, permitindo que a fila de mensagens armazenasse temporariamente em buffer as diferenças. Nesse caso, a conascência assíncrona cria uma arquitetura mais flexível. Detalhamos mais esse tema no Capítulo 14.

Contexto Delimitado do Design Orientado a Domínios

O livro *Domain-Driven Design* de Eric Evans influenciou profundamente o pensamento arquitetural moderno. *Domain-driven design* (DDD ou *Design Orientado a Domínios*) é uma técnica de modelagem que permite uma decomposição organizada de domínios do problema complexos. DDD define o *contexto delimitado*, em que tudo relacionado ao domínio

> é visível internamente, mas invisível para outros contextos delimitados. Antes do DDD, os desenvolvedores buscavam reutilizar de forma global as entidades comuns dentro da organização. Contudo, criar artefatos compartilhados comuns causa muitos problemas, como acoplamento, coordenação mais difícil e maior complexidade. O conceito de *contexto delimitado* reconhece que cada entidade funciona melhor dentro de um contexto localizado. Assim, em vez de criar uma classe `Customer` unificada na organização inteira, cada domínio do problema pode criar uma própria e reconciliar as diferenças em pontos de integração.

O conceito de quantum da arquitetura fornece um novo escopo para as características da arquitetura. Nos sistemas modernos, os arquitetos definem essas características no nível do quantum, em vez do nível do sistema. Vendo um escopo menor para as importantes preocupações operacionais, os arquitetos podem identificar os desafios da arquitetura no início, levando a arquiteturas híbridas. Para mostrar o escopo fornecido pela medida de quantum da arquitetura, considere outro kata da arquitetura, *Going, Going, Gone*.

Estudo de Caso: Going, Going, Gone

No Capítulo 5, apresentamos o conceito de um kata da arquitetura. Considere este, relacionado a uma empresa de leilões virtuais. Veja a descrição do kata da arquitetura:

Descrição
 Uma empresa de leilões deseja realizar leilões virtuais em escala nacional. Os clientes escolhem o leilão no qual participar, aguardam o início, então dão um lance como se estivessem na sala com o leiloeiro.

Usuários
 Escala de até centenas de participantes por leilão, possivelmente até milhares de participantes e o máximo possível de leilões simultâneos.

Requisitos
- Os leilões devem ser o máximo possível em tempo real.
- Os proponentes registram um cartão de crédito; o sistema cobra automaticamente no cartão se o proponente vence.
- Os participantes devem ser rastreados via índice de reputação.
- Os proponentes podem ver um vídeo ao vivo do leilão e de todos os lances conforme eles ocorrem.

- Os lances online e ao vivo devem ser recebidos na ordem em que são feitos.

Contexto adicional

- A empresa de leilões expande agressivamente fazendo fusões com concorrentes menores.
- O orçamento não é limitado. É uma orientação estratégica.
- A empresa acabou de sair de um processo no qual resolveu uma alegação de fraude.

Como no "Estudo de Caso: Silicon Sandwiches" (Capítulo 5), um arquiteto deve considerar cada requisito para determinar as características da arquitetura:

1. "Escala nacional", "escala de até centenas de participantes por leilão, possivelmente até milhares de participantes e o máximo possível de leilões simultâneos", "os leilões devem ser o máximo possível em tempo real".

   Cada um desses requisitos implica escalabilidade para dar suporte ao grande número de usuários e elasticidade para dar suporte à natureza repentina dos leilões. Embora os requisitos precisem explicitamente de escalabilidade, a elasticidade representa uma característica implícita com base no domínio do problema. Ao considerar os leilões, os usuários se distribuirão educadamente durante o leilão ou eles ficarão mais agitados perto do fim? O conhecimento do domínio é essencial para os arquitetos escolherem as características implícitas da arquitetura. Dada a natureza em tempo real dos leilões, um arquiteto certamente considerará o desempenho uma característica principal.

2. "Os proponentes registram um cartão de crédito; o sistema cobra automaticamente no cartão se o proponente vence", "a empresa acabou de sair de um processo no qual resolveu uma alegação de fraude".

   Esses dois requisitos apontam claramente para a segurança como uma característica da arquitetura. Como visto no Capítulo 5, a segurança é uma característica implícita em quase toda aplicação. Assim, os arquitetos contam com a segunda parte da definição das características da arquitetura, que influencia certo aspecto estrutural do design. Um arquiteto deve projetar algo especial para incluir a segurança ou o design geral e a limpeza de código serão suficientes? Os arquitetos desenvolveram técnicas para lidar com segurança com os cartões de crédito via design sem criar necessariamente uma estrutura especial. Por exemplo, contanto que os desenvolvedores garantam que não armazenarão os números do cartão em texto simples, criptografarão durante o trânsito etc., então o arquiteto não precisa desenvolver considerações especiais para a segurança.

Contudo, a segunda frase deve fazer o arquiteto parar e pedir mais esclarecimento. É claro que um aspecto da segurança (fraude) foi um problema no passado, assim o arquiteto deve pedir mais informações, independentemente do nível de segurança planejado.

3. "Os participantes devem ser rastreados via índice de reputação."

   Esse requisito sugere alguns nomes mirabolantes como "antitrolagem", mas a parte *rastrear* do requisito pode sugerir algumas características da arquitetura, como auditoria e capacidade de se registrar. O fator decisivo novamente recai na característica de definição: está fora do escopo do domínio do problema? Os arquitetos devem se lembrar que a análise para produzir as características da arquitetura representa apenas uma pequena parte do esforço geral para projetar e implementar uma aplicação; muito trabalho de design acontece depois dessa fase! Durante essa parte de definição da arquitetura, os arquitetos procuram requisitos com impacto estrutural ainda não cobertos pelo domínio.

   Veja um indicador útil que os arquitetos de teste usam para determinar as características do domínio versus da arquitetura: requer conhecimento do domínio para implementar ou é uma característica da arquitetura abstrata? No kata Going, Going, Gone, ao encontrar a frase "índice de reputação", um arquiteto buscaria um analista comercial ou outro especialista para explicar o que ele tinha em mente, ou seja, a frase "índice de reputação" não é uma definição padrão como as características da arquitetura mais comuns. Como um exemplo contrário, quando os arquitetos discutem sobre *elasticidade*, a capacidade de lidar com picos de usuários, eles podem conversar sobre a característica da arquitetura puramente no sentido abstrato, independentemente do tipo de aplicação considerada: banco, site de catálogos, streaming de vídeo etc. Os arquitetos devem determinar se um requisito ainda não foi incluído pelo domínio *e* requer uma estrutura em particular, o que aumenta a consideração para a característica da arquitetura.

4. "A empresa de leilões expande agressivamente fazendo fusões com concorrentes menores."

   Embora esse requisito possa não ter um impacto imediato no design da aplicação, pode se tornar o fator determinante em um trade-off entre várias opções. Por exemplo, os arquitetos devem sempre escolher detalhes como protocolos de comunicação para a arquitetura de integração: se a integração com as novas empresas consolidadas não for um problema, o arquiteto fica livre para escolher algo altamente específico para o problema. Por outro lado, um arquiteto pode escolher algo menos ideal para incluir um trade-off adicional, como a interoperabilidade. Características sutis da arquitetura implícita, como essa, perpassam a arquitetura, mostrando por que fazer bem o trabalho tem seus desafios.

5. "O orçamento não é limitado. É uma orientação estratégica."

   Alguns katas da arquitetura impõem restrições de orçamento na solução para representar um trade-off comum e real. Contudo, no kata Going, Going, Gone não é assim. Isso permite que o arquiteto escolha arquiteturas mais elaboradas e/ou especiais, que serão benéficas, dados os próximos requisitos.

6. "Os proponentes podem ver um vídeo ao vivo do leilão e de todos os lances conforme eles ocorrem", "os lances online e ao vivo devem ser recebidos na ordem em que são feitos".

   Esse requisito tem um desafio arquitetural interessante, com certeza impactando a estrutura do aplicação e expondo a futilidade de tratar as características da arquitetura como uma avaliação de todo o sistema. Considere a disponibilidade: essa necessidade é uniforme em toda a arquitetura? Em outras palavras, a disponibilidade de um proponente é mais importante do que a disponibilidade para um dos centenas de proponentes? É óbvio que o arquiteto deseja boas medidas para ambos, mas um deles é claramente mais importante: se o leiloeiro não consegue acessar o site, os lances virtuais não podem ocorrer para ninguém. É comum que a confiabilidade apareça com a disponibilidade; ela aborda os aspectos operacionais, como tempo de atividade, assim como a integridade dos dados e outras medidas do quanto a aplicação é confiável. Por exemplo, em um site de leilões, o arquiteto deve garantir que a ordem das mensagens esteja correta, com segurança, eliminando as condições race e outros problemas.

Esse último requisito no kata Going, Going, Gone destaca a necessidade de um escopo mais granular na arquitetura do que o nível do sistema. Usando a medida do quantum da arquitetura, os arquitetos colocam o escopo das características da arquitetura no nível do quantum. Por exemplo, em Going, Going, Gone, um arquiteto notaria que as diferentes partes dessa arquitetura precisam de diferentes características: lances de streaming, proponentes online e leiloeiro são três escolhas óbvias. Os arquitetos usam a medida do quantum da arquitetura como um modo de pensar na implementação, no acoplamento, onde os dados devem residir e nos estilos de comunicação nas arquiteturas. Nesse kata, um arquiteto pode analisar as diferentes características da arquitetura por quantum da arquitetura, levando a um design híbrido no início do processo.

Assim, para Going, Going, Gone, identificamos os seguintes quanta e características da arquitetura correspondentes:

Feedback do proponente
   Inclui o fluxo de lances e o vídeo dos lances

- Disponibilidade
- Escalabilidade
- Desempenho

Leiloeiro
   O leiloeiro ao vivo

- Disponibilidade
- Confiabilidade
- Escalabilidade
- Elasticidade
- Desempenho
- Segurança

Proponente
   Proponentes e lances virtuais

- Confiabilidade
- Disponibilidade
- Escalabilidade
- Elasticidade

CAPÍTULO 8
Pensamento Baseado em Componentes

No Capítulo 3, explicamos os *módulos* como uma coleção de códigos afim. Porém, em geral, os arquitetos pensam em termos de *componentes*, a manifestação física de um módulo.

Os desenvolvedores empacotam fisicamente os módulos de maneiras diferentes, às vezes dependendo de sua plataforma de desenvolvimento. Chamamos de *componentes* o pacote físico de módulos. A maioria das linguagens também suporta o pacote físico: arquivos `jar` em Java, `dll` em .NET, `gem` em Ruby etc. Neste capítulo, veremos as considerações da arquitetura em torno dos componentes, variando do escopo à descoberta.

Escopo do Componente

Os desenvolvedores acham útil subdividir o conceito de *componente* com base em muitos fatores, sendo que alguns são mostrados na Figura 8-1.

Os componentes oferecem um mecanismo específico da linguagem para agrupar os artefatos, em geral aninhando-os para criar uma estratificação. Como mostrado na Figura 8-1, o componente mais simples integra o código em um nível mais alto de modularidade do que as classes (ou funções, nas linguagens não orientadas a objetos). Esse wrapper simples costuma se chamar *biblioteca*, que costuma rodar no mesmo endereço de memória do código que chama e se comunica via mecanismos de chamada de função da linguagem. Normalmente, as bibliotecas são dependências durante a compilação (com exceções notáveis, como as bibliotecas de vínculo dinâmico [DLLs] que foram a maldição dos usuários Windows por muitos anos).

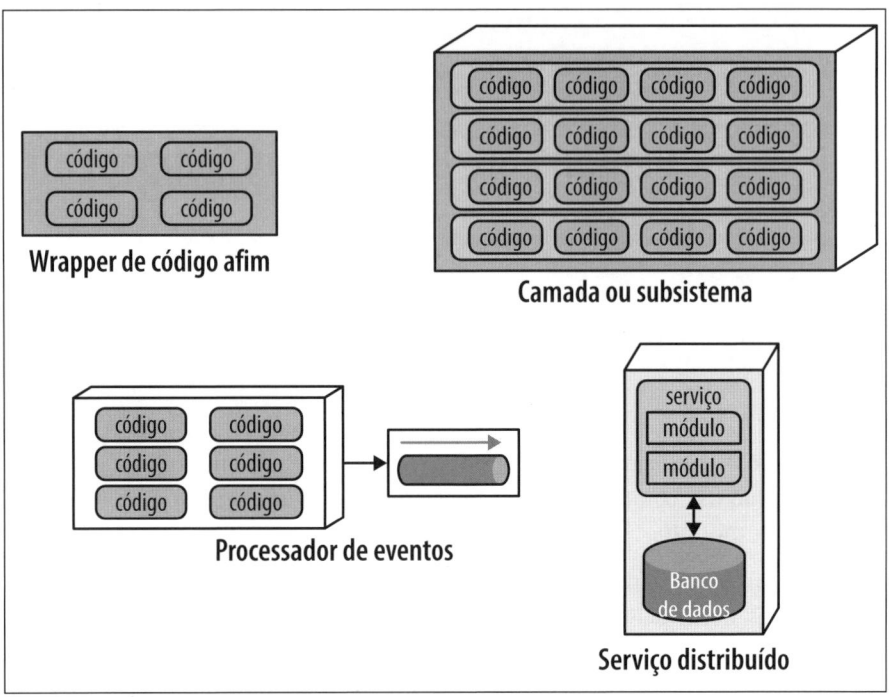

Figura 8-1. Diferentes variedades de componentes

Os componentes também aparecem como subsistemas ou camadas na arquitetura, como a unidade de trabalho de implementação para muitos processadores de evento. Outro tipo de componente, um *serviço*, tende a rodar em seu próprio espaço de endereço e se comunica via protocolos de rede de baixo nível como TCP/IP, formatos de nível mais alto como REST ou filas de mensagens, formando unidades de implementação independentes em arquiteturas como microsserviços.

Nada requer que um arquiteto use componentes; acontece que muitas vezes é útil ter um nível maior de modularidade do que o nível mais baixo oferecido pela linguagem. Por exemplo, nas arquiteturas de microsserviços, a simplicidade é um dos princípios. Assim, um serviço pode consistir em código suficiente para garantir os componentes ou talvez simples o bastante para conter apenas uma pequena parte de código, como mostrado na Figura 8-2.

Os componentes formam o bloco de construção modular fundamental na arquitetura, tornando-os uma consideração crítica para os arquitetos. Na verdade, uma das decisões principais que um arquiteto deve tomar é em relação ao particionamento de alto nível dos componentes na arquitetura.

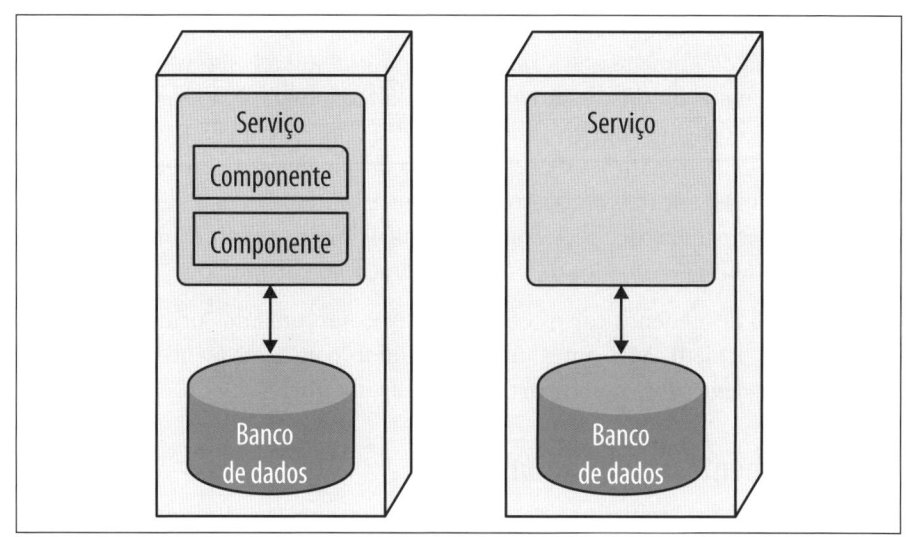

Figure 8-2. Um microsserviço pode ter tão pouco código que os componentes não são necessários

Função do Arquiteto

Em geral, o arquiteto define, aprimora, gerencia e controla os componentes em uma arquitetura. Os arquitetos de software, em colaboração com analistas comerciais, especialistas, desenvolvedores, engenheiros de QA, profissionais de operações e arquitetos corporativos, criam o design inicial do software, incorporando as características da arquitetura vistas no Capítulo 4 e os requisitos para o sistema de software.

Praticamente todos os detalhes que cobrimos neste livro existem sem dependerem do que as equipes do processo de desenvolvimento de software usam: a arquitetura é independente do processo de desenvolvimento. A exceção principal a essa regra envolve as práticas de engenharia iniciadas em vários tipos de desenvolvimento ágil de software, em particular nas áreas de implementação e automação de governança. Contudo, em geral, a arquitetura de software existe separada do processo. Assim, os arquitetos não se interessam pela origem dos requisitos: um processo JAD (Joint Application Design) formal, a análise e o design no estilo cascata longa, cartões de história Ágeis… ou qualquer variação híbrida deles.

Em geral, o componente é o nível mais baixo do sistema de software com o qual o arquiteto interage diretamente, com exceção das muitas métricas de qualidade do código examinadas no Capítulo 6, que afetam as bases de código de forma global. Os componentes consistem em classes ou funções (dependendo da plataforma de implementação), cujo design fica sob a responsabilidades dos principais técnicos ou dos desenvolvedores da tecnologia. Não significa que os arquitetos não devem se envolver no design das classes (em particular ao descobrirem ou aplicarem padrões de design), mas devem evitar microgerenciar cada decisão de cima para baixo no sistema. Se os arquitetos nunca permitirem que outras funções tomem decisões com consequências, a organização terá dificuldades com o empoderamento da próxima geração de arquitetos.

Um arquiteto deve identificar os componentes como uma das primeiras tarefas em um novo projeto. Mas antes de um arquiteto conseguir identificar os componentes, ele deve saber como particionar a arquitetura.

Particionamento da Arquitetura

A Primeira Lei da Arquitetura de Software determina que tudo no software é um trade-off, inclusive como os arquitetos criam os componentes em uma arquitetura. Como os componentes representam um mecanismo de conteinerização geral, um arquiteto pode criar qualquer tipo de particionamento desejado. Existem vários estilos comuns, com diferentes trade-offs. Examinamos melhor os estilos de arquitetura na Parte II. Aqui, vemos um aspecto importante dos estilos, o *particionamento de alto nível* em uma arquitetura.

Considere os dois tipos de estilos de arquitetura mostrados na Figura 8-3.

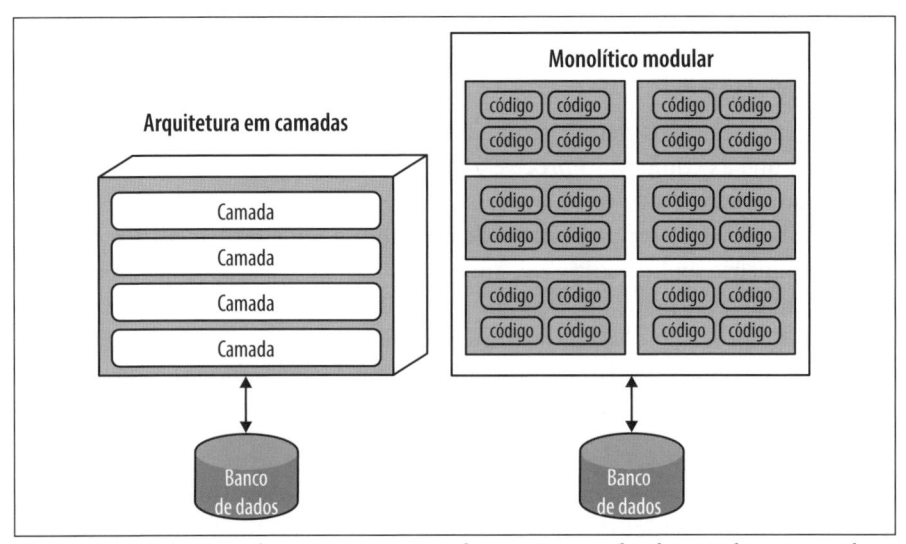

Figura 8-3. Dois tipos de particionamento da arquitetura de alto nível: em camadas e modular

Na Figura 8-3, um tipo de arquitetura familiar para muitos é o *monolítico em camadas* (detalhado no Capítulo 10). O outro é um estilo de arquitetura popularizado por Simon Brown, chamado *monolítico modular*, uma única unidade de implementação associada a um banco de dados e particionada em torno de domínios, em vez das capacidades técnicas. Esses dois estilos representam os diferentes modos de *particionar* a arquitetura *em alto nível*. Note que, em cada variação, cada componente de alto nível (camadas ou componentes) provavelmente tem outros componentes incorporados. O particionamento de alto nível é particularmente interessante para os arquitetos porque ele define o estilo de arquitetura fundamental e o modo de particionar o código.

Organizar a arquitetura com base nas capacidades técnicas, como o monolítico em camadas, representa um *particionamento técnico de alto nível*. Uma versão comum disso aparece na Figura 8-4.

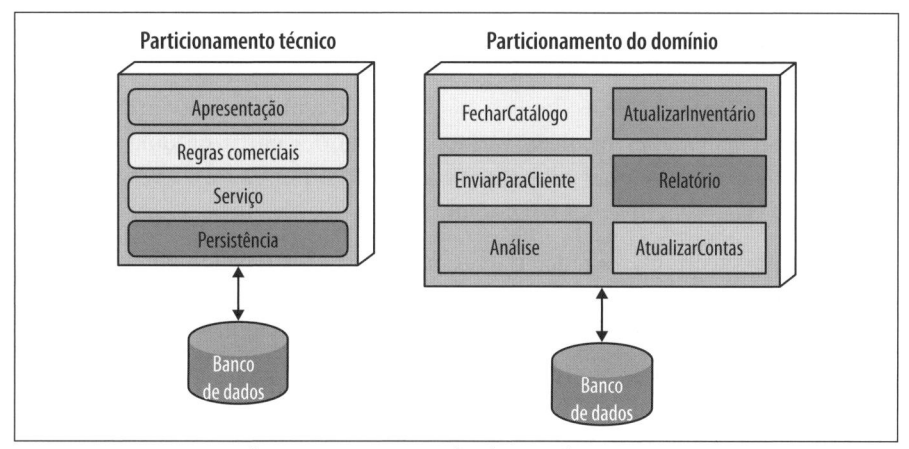

Figura 8-4. Dois tipos de particionamento de alto nível na arquitetura

Na Figura 8-4, o arquiteto particionou a funcionalidade do sistema em capacidades *técnicas*: apresentação, regras comerciais, serviços, persistência etc. Esse modo de organizar uma base de código faz muito sentido. Todo o código de persistência reside em uma camada na arquitetura, facilitando que os desenvolvedores encontrem o código relacionado à persistência. Mesmo que o conceito básico da arquitetura em camadas seja anterior há décadas, o padrão de design MVC (Model-View-Controller) corresponde a esse padrão arquitetural, facilitando o entendimento dos desenvolvedores. Assim, costuma ser a arquitetura padrão em muitas organizações.

Um efeito colateral interessante da predominância da arquitetura em camadas se relaciona a como as empresas estabelecem diferentes funções no projeto. Ao usar uma arquitetura em camadas, faz sentido ter todos os desenvolvedores de back-end juntos em um departamento, os DBAs em outro, a equipe de apresentação em outro etc. Por causa da *Lei de Conway*, isso faz sentido nessas organizações.

> ## Lei de Conway
>
> Voltando ao final dos anos 1960, Melvin Conway fez uma observação importante que ficou conhecida como *Lei de Conway*:
>
> > As organizações que projetam sistemas... ficam limitadas a produzir designs que são cópias das estruturas de comunicação dessas organizações.
>
> Parafraseada, essa lei sugere que, quando um grupo de pessoas projeta um artefato técnico, as estruturas de comunicação entre as pessoas acabam replicadas no design. As pessoas em todos os níveis das organizações veem essa lei em ação e, por vezes, tomam decisões com base nela. Por exemplo, é comum que as organizações particionem os funcionários com base nas capacidades técnicas, o que faz sentido a partir de uma noção organizacional pura, mas dificulta a colaboração por causa da separação artificial das preocupações em comum.
>
> Uma observação relacionada criada por Jonny Leroy da ThoughtWorks é a Manobra de Conway Inversa, que sugere desenvolver uma equipe e uma estrutura organizacional juntas para promover a arquitetura desejada.

Outra variação arquitetural na Figura 8-4 representa o *particionamento do domínio*, inspirado no livro *Domain-Driven Design*, de Eric Evan, que é uma técnica de modelagem para decompor sistemas de software complexos. No DDD, o arquiteto identifica os domínios ou os fluxos de trabalho independentes e os desassocia. O estilo de arquitetura de microsserviços (visto no Capítulo 17) se baseia nessa filosofia. Em um bloco monolítico modular, o arquiteto particiona a arquitetura em torno dos domínios e dos fluxos de trabalho, em vez das capacidades técnicas. Como os componentes costumam se aninhar uns nos outros, cada componente na Figura 8-4 no particionamento do domínio (por exemplo *FecharCatálogo*) pode usar uma biblioteca de persistência e ter uma camada separada para as regras comerciais, mas o particionamento de alto nível gira em torno dos domínios.

Uma das distinções fundamentais entre os diferentes padrões da arquitetura é qual tipo de particionamento de alto nível cada um suporta, o qual cobrimos para cada padrão individual. Também tem um grande impacto em como um arquiteto decide identificar inicialmente os componentes — o arquiteto deseja particionar as coisas tecnicamente ou por domínio?

Os arquitetos que usam o particionamento organizam os componentes do sistema por capacidades técnicas: apresentação, regras comerciais, persistência etc. Assim, um dos princípios de organização dessa arquitetura é a *separação das questões técnicas*. Por sua vez, isso cria níveis úteis de desacoplamento: se a camada de serviço está apenas conectada à camada de persistência abaixo e à camada das regras comerciais acima, então é provável que as alterações na persistência afetem somente essas camadas. Esse estilo de particionamento fornece uma técnica de desacoplamento, reduzindo os efeitos colaterais nos componentes dependentes. Detalhamos mais esse estilo de arquitetura no padrão de arquitetura em camadas no Capítulo 10. Certamente, é lógico organizar os sistemas usando um particionamento técnico, mas como todas as coisas na arquitetura de software, há alguns trade-offs.

A separação aplicada pelo particionamento técnico permite que os desenvolvedores encontrem certas categorias da base de código com rapidez, pois ela está organizada por capacidades. Porém os sistemas de software mais reais requerem fluxos de trabalho que perpassam as capacidades técnicas. Considere o fluxo de trabalho comercial comum de *FecharCatálogo*. O código para lidar com *FecharCatálogo* na arquitetura em camadas técnicas aparece em todas as camadas, como na Figura 8-5.

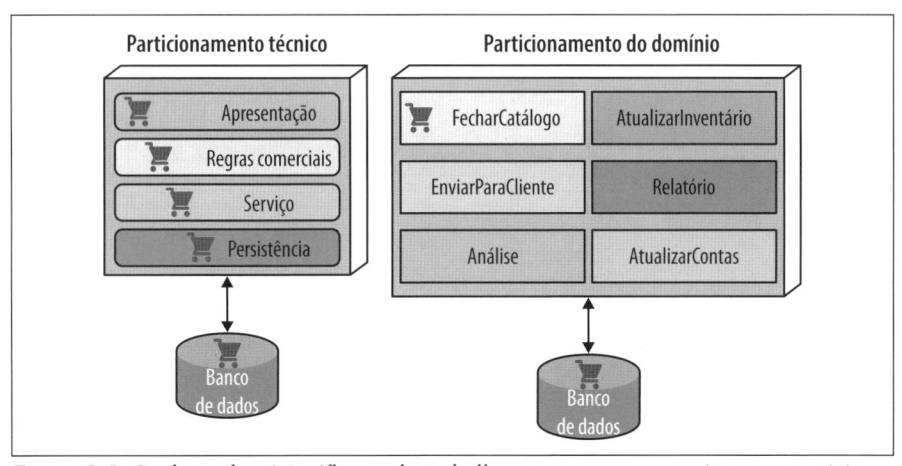

Figura 8-5. Onde os domínios/fluxos de trabalho aparecem nas arquiteturas particionadas técnicas e do domínio

Na Figura 8-5, na arquitetura particionada tecnicamente, *FecharCatálogo* aparece em todas as camadas; o domínio se espalha pelas camadas técnicas. Compare isso com o particionamento do domínio, que usa um particionamento de alto nível que organiza os componentes por domínio, em vez das capacidades técnicas. Na Figura 8-5, os arquitetos que projetam a arquitetura particionada por domínio criam componentes de alto nível em torno dos fluxos de trabalho e/ou domínios. Cada componente no particionamento do domínio pode ter subcomponentes, inclusive camadas, mas o particionamento de alto nível foca os domínios, o que reflete melhor as alterações que costumam ocorrer nos projetos.

Um estilo não é mais correto que o outro; consulte a Primeira Lei da Arquitetura de Software. Dito isso, observamos uma tendência do setor nos últimos anos em relação ao particionamento do domínio para as arquiteturas monolíticas e distribuídas (por exemplo, microsserviços). Contudo, essa é uma das primeiras decisões que um arquiteto deve tomar.

Estudo de Caso: Silicon Sandwiches: Particionamento

Considere o caso de um dos nossos katas de exemplo, "Estudo de Caso: Silicon Sandwiches" (Capítulo 5). Ao obter os componentes, uma das decisões fundamentais de um arquiteto é o particionamento de alto nível. Veja a primeira das duas possibilidades diferentes para Silicon Sandwiches, um particionamento do domínio, mostrado na Figura 8-6.

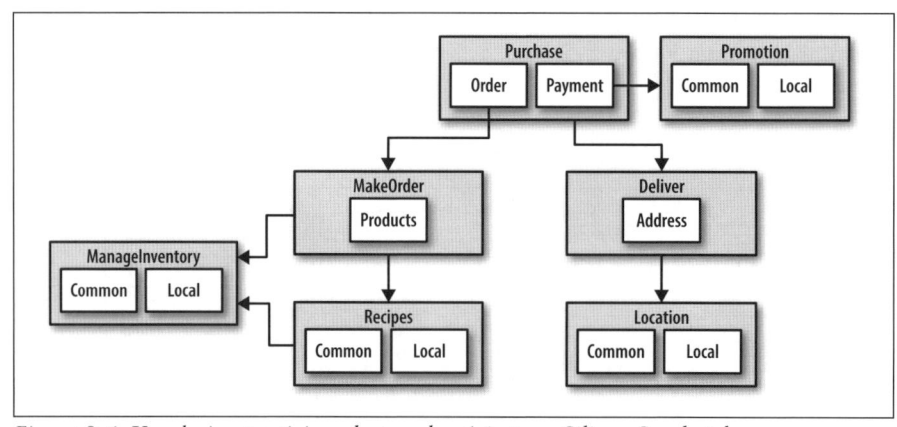

Figura 8-6. Um design particionado por domínio para Silicon Sandwiches

Na Figura 8-6, o arquiteto projetou em torno de domínios (fluxos de trabalho), criando componentes separados para Purchase, Promotion, MakeOrder, ManageInventory, Recipes, Delivery e Location. Dentro de muitos desses componentes reside um subcomponente para lidar com os vários tipos de customização requeridos, cobrindo as variações comum (common) e local.

Um design alternativo isola as partes common e local em sua própria partição, mostrado na Figura 8-7. Common e Local representam componentes de alto nível, com Purchase e Delivery permanecendo para lidar com o fluxo de trabalho.

Qual é melhor? Depende! Cada particionamento tem vantagens e desvantagens diferentes.

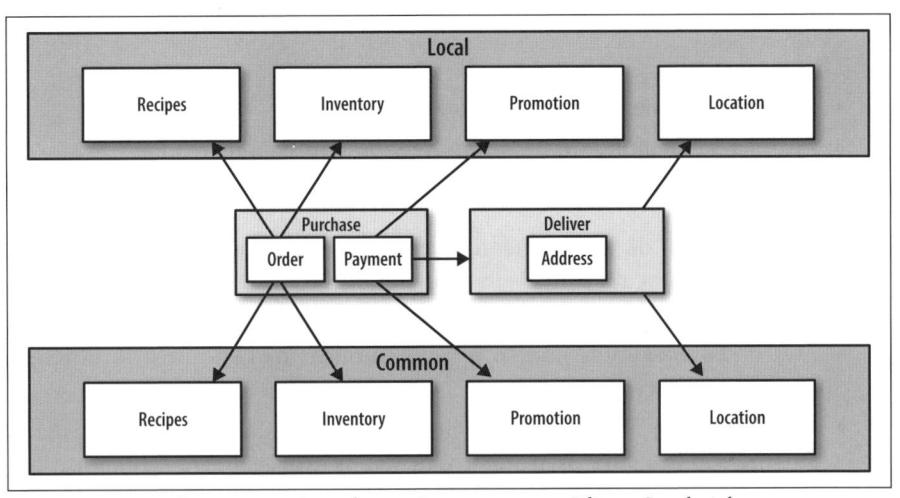

Figura 8-7. Um design particionado tecnicamente para Silicon Sandwiches

Particionamento do domínio

As arquiteturas particionadas por domínio separam os componentes de alto nível por fluxos de trabalho e/ou domínios.

Vantagens

- Modelada melhor para como o negócio funciona, em vez de um detalhe da implementação.
- Facilita utilizar a Manobra de Conway Inversa para criar equipes multifuncionais em torno dos domínios.
- Alinha-se melhor com os estilos de arquitetura monolítica modular e de microsserviços.
- O fluxo de mensagens corresponde ao domínio do problema.
- Facilita migrar dados e componentes para a arquitetura distribuída

Desvantagem
- O código customizado aparece em vários locais

Particionamento técnico

As arquiteturas particionadas tecnicamente separam os componentes de alto nível com base nas capacidades técnicas, não em fluxos de trabalho distintos. Isso pode se manifestar como camadas inspiradas pela separação MVC ou algum outro particionamento técnico específico. A Figura 8-7 separa os componentes com base na customização.

Vantagens
- Separa claramente o código customizado.
- Alinha-se melhor com o padrão de arquitetura em camadas.

Desvantagens
- Maior grau de acoplamento global. As alterações no componente `Common` ou `Local` provavelmente afetarão todos os outros componentes.
- Os desenvolvedores podem ter que duplicar os conceitos do domínio nas camadas `common` e `local`.
- Em geral, um maior acoplamento no nível dos dados. Em um sistema assim, a aplicação e os arquitetos de dados provavelmente colaborariam para criar um único banco de dados, inclusive a customização e os domínios. Isso, por sua vez, cria dificuldades ao descomplicar as relações de dados se, mais adiante, os arquitetos desejam migrar essa arquitetura para um sistema distribuído.

Muitos outros fatores contribuem para a decisão de um arquiteto sobre em qual estilo de arquitetura basear seu design, tratado na Parte II.

Função do Desenvolvedor

Em geral, os desenvolvedores pegam os componentes, projetados em conjunto com a função do arquiteto, e os subdividem mais em classes, funções ou subcomponentes. Normalmente, o design de classes e funções é de responsabilidade compartilhada entre arquitetos, responsáveis técnicos e desenvolvedores, com grande parte ficando para as funções do desenvolvedor.

Os desenvolvedores nunca devem ter os componentes projetados pelos arquitetos como sendo a palavra final; todo design de software se beneficia com a iteração. Pelo contrário, esse design inicial deve ser visto como um primeiro rascunho, em que a implementação revelará mais detalhes e aprimoramentos.

Fluxo de Identificação dos Componentes

A identificação dos componentes funciona melhor como um processo iterativo, produzindo candidatos e aprimoramentos por meio de feedback, como na Figura 8-8.

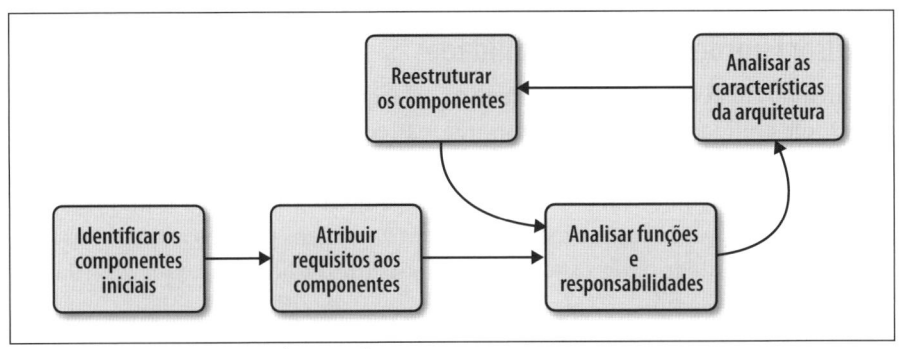

Figura 8-8. Ciclo de identificação dos componentes

Esse ciclo descreve um loop de exposição da arquitetura genérico. Certos domínios especializados podem inserir outras etapas nesse processo ou mudar tudo. Por exemplo, em alguns domínios, um código deve passar pelas etapas de segurança ou auditoria nesse processo. As descrições de cada etapa na Figura 8-8 aparecem nas próximas seções.

Identificando os Componentes Iniciais

Antes de qualquer código existir para um projeto de software, um arquiteto deve determinar com quais componentes de alto nível iniciar, com base no tipo de particionamento de alto nível escolhido. Fora isso, um arquiteto tem liberdade para criar qualquer componente desejado, então mapear a funcionalidade do domínio para ele e ver onde deve residir o comportamento. Embora possa parecer arbitrário, é difícil iniciar com qualquer coisa mais concreta se um arquiteto projeta um sistema do zero. A probabilidade de conseguir um bom design com esse conjunto inicial de componentes é muitíssimo pequena, sendo por isso que eles devem iterar sobre o design do componente para melhorá-lo.

Atribuir Requisitos aos Componentes

Assim que um arquiteto identifica os componentes iniciais, o próximo passo é alinhar os requisitos (ou as histórias do usuário) com os componentes e ver como se ajustam. Isso pode envolver criar novos componentes, consolidar os existentes ou dividir os componentes porque eles têm responsabilidade demais. Esse mapeamento não precisa ser exato; o arquiteto tenta encontrar um bom substrato geral para permitir mais planejamento e aprimoramento dos arquitetos, dos responsáveis técnicos e/ou dos desenvolvedores.

Analisar Funções e Responsabilidades

Ao atribuir histórias aos componentes, o arquiteto também vê as funções e as responsabilidades elucidadas durante os requisitos para assegurar a correspondência da granularidade. Pensar nas funções e nos comportamentos que a aplicação deve suportar permite que o arquiteto alinhe a granularidade do componente e do domínio. Uma das grandes vantagens para os arquitetos inclui descobrir a granularidade exata dos componentes, que encoraja a abordagem iterativa descrita aqui.

Analisar as Características da Arquitetura

Ao atribuir requisitos aos componentes, o arquiteto também deve ver as características da arquitetura descobertas antes para considerar como podem impactar a divisão e a granularidade do componente. Por exemplo, embora duas partes de um sistema possam lidar com a entrada do usuário, a parte que lida com centenas de usuários simultâneos precisará de características da arquitetura diferentes em relação à outra parte que precisa dar suporte apenas a alguns. Assim, embora uma visão puramente funcional do design do componente possa produzir um único componente para lidar com a interação do usurário, analisar as características da arquitetura levará a uma subdivisão.

Reestruturar os Componentes

O feedback é essencial no design de software. Assim, os arquitetos devem iterar continuamente no design do componente com os desenvolvedores. Projetar um software levanta muitas dificuldades inesperadas; ninguém pode antecipar todos os problemas desconhecidos que normalmente ocorrem durante os projetos de software. Assim, o segredo é uma abordagem iterativa para o design do componente. Primeiro, é quase impossível representar todas as diferentes descobertas e casos extremos que surgirão para encorajar o novo design. Em segundo lugar, conforme o arquiteto e os desenvolvedores se aprofundam na criação da aplicação, eles têm uma compreensão mais sutil sobre onde devem ficar o comportamento e as funções.

Granularidade do Componente

Encontrar a devida granularidade para os componentes é uma das tarefas mais difíceis de um arquiteto. Um design muito granular de um componente leva a muita comunicação entre os componentes para conseguir resultados. Componentes pouco granulares encorajam um alto acoplamento interno, levando a dificuldades na implementação e no teste, assim como a efeitos colaterais negativos relacionados à modularidade.

Design do Componente

Não há um jeito "certo" aceito para projetar os componentes. Pelo contrário, há uma grande variedade de técnicas, todas com vários trade-offs. Em todos os processos, um arquiteto pega os requisitos e tenta determinar quais blocos de construção de granularidade maior formarão a aplicação. Existem muitas técnicas diferentes, todas com trade-offs variados e associados ao processo de desenvolvimento de software usado pela equipe e pela organização. Aqui, falamos sobre alguns modos gerais de descobrir os componentes e as armadilhas a evitar.

Descobrindo os Componentes

Os arquitetos, normalmente em colaboração com outras funções, como desenvolvedores, analistas comerciais e especialistas, criam um design inicial do componente com base no conhecimento geral do sistema e como eles escolhem decompô-lo, baseados no particionamento técnico ou do domínio. O objetivo da equipe é um design inicial que particiona o espaço do problema em partes mais grosseiras que levam em conta as diferentes características da arquitetura.

Armadilha da entidade

Embora não exista um modo verdadeiro de determinar os componentes, um antipadrão comum ronda: a *armadilha da entidade*. Digamos que um arquiteto trabalhe no design de componentes para nosso kata Going, Going, Gone e acabe com um design parecido com a Figura 8-9.

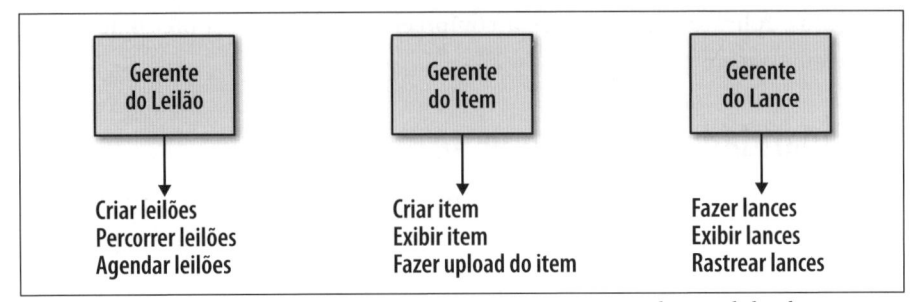

```
┌─────────────────────────────────────────────────────────────────────┐
│    ┌──────────┐              ┌──────────┐              ┌──────────┐ │
│    │ Gerente  │              │ Gerente  │              │ Gerente  │ │
│    │ do Leilão│              │ do Item  │              │ do Lance │ │
│    └────┬─────┘              └────┬─────┘              └────┬─────┘ │
│         ▼                         ▼                         ▼       │
│    Criar leilões             Criar item                Fazer lances │
│    Percorrer leilões         Exibir item               Exibir lances│
│    Agendar leilões           Fazer upload do item      Rastrear lances│
└─────────────────────────────────────────────────────────────────────┘
```

Figura 8-9. Criando uma arquitetura como um mapeamento relacional de objetos

Na Figura 8-9, o arquiteto basicamente pegou cada entidade identificada nos requisitos e criou o componente Gerente com base nessa entidade. Isso não é arquitetura. É um mapeamento relacional de objetos (ORM) de um framework para um banco de dados, ou seja, se um sistema só precisa de operações CRUD (criar, ler, atualizar, excluir) simples do banco de dados, então o arquiteto pode baixar um framework e criar as interfaces de usuário diretamente a partir do banco de dados. Existem muitos frameworks ORM populares para resolver esse comportamento CRUD comum.

> ## Naked Objects e Estruturas Similares
>
> Há mais de uma década, apareceu uma família de frameworks que tornava simples criar aplicações CRUD comuns, exemplificada por Naked Objects (que desde então foi dividido em dois projetos: uma versão .NET ainda chamada NakedObjects e uma versão Java que foi para a base de código aberto do Apache com o nome Isis). A premissa por trás desses frameworks é criar uma interface de usuário no front-end com base nas entidades do banco de dados. Por exemplo, nos Naked Objects, o desenvolvedor aponta o framework para as tabelas do banco de dados e o framework cria uma interface do usuário com base nas tabelas e em suas relações definidas.
>
> Vários outros frameworks populares existem, basicamente fornecendo uma IU padrão com base no framework de tabelas do banco de dados: o recurso de scaffolding do framework Ruby on Rails fornece o mesmo mapeamento padrão do site para o banco de dados (com muitas opções para estender e adicionar sofisticação à aplicação resultante).
>
> Se as necessidades do arquiteto requerem apenas um mapeamento simples de um banco de dados para uma IU, a arquitetura completa não é necessária; um desses frameworks será suficiente.

O antipadrão da armadilha da entidade surge quando um arquiteto identifica incorretamente as relações do banco de dados como fluxos de trabalho na aplicação, uma correspondência que raramente se manifesta no mundo real. Ao contrário, esse antipadrão costuma indicar falta de reflexão sobre os fluxos de trabalho reais da aplicação. Os componentes criados com a armadilha da entidade tendem a ser mais gerais, não oferecendo orientação à equipe de desenvolvimento em termos de empacotamento e estruturação global do código-fonte.

Abordagem Ator/Ações

A abordagem *ator/ações* é um modo popular que os arquitetos usam para mapear os requisitos para os componentes. Nessa abordagem, definida originalmente pelo Processo Unificado Racional, os arquitetos identificam os atores que realizam atividades com a aplicação e as ações que esses atores podem realizar. Fornece uma técnica para descobrir os usuários típicos do sistema e as coisas que eles podem fazer com o sistema.

A abordagem ator/ações ficou popular junto com certos processos de desenvolvimento de software, em especial os processos mais formais que favorecem uma parte importante do design inicial. Ainda é popular e funciona bem quando os requisitos apresentam funções distintas e ações que eles podem realizar. Esse estilo de decomposição de componentes funciona bem para todos os sistemas, monolíticos ou distribuídos.

Tempestade de eventos

Tempestade de eventos (event storming) como uma técnica de descoberta de componentes vem do design orientado a domínios (DDD) e compartilha popularidade com os microsserviços, muito influenciados também pelo DDD. Na tempestade de eventos, o arquiteto pressupõe que o projeto usará mensagens e/ou eventos para se comunicar entre os vários componentes. Para tanto, a equipe tenta determinar quais eventos ocorrem no sistema com base nos requisitos e nas funções identificadas e cria componentes em torno dessas sub-rotinas de eventos e mensagens. Isso funciona bem nas arquiteturas distribuídas, como microsserviços, que usam eventos e mensagens, pois ajuda os arquitetos a definir as mensagens usadas no eventual sistema.

Abordagem do fluxo de trabalho

Uma alternativa à tempestade de eventos oferece uma abordagem mais genérica para os arquitetos que não usam o DDD nem mensageria. A *abordagem do fluxo de trabalho* modela os componentes em torno dos fluxos de trabalho, muito parecido com a tempestade de eventos, mas sem os limites explícitos de criar um sistema baseado em mensagens. Essa abordagem identifica as principais funções, determina os fluxos de trabalho com os quais as funções interagem e cria componentes em torno das atividades identificadas.

Nenhuma técnica é superior às outras; todas têm trade-offs diferentes. Se uma equipe usa uma abordagem de cascata e outros processos mais antigos de desenvolvimento de software, pode preferir a abordagem Ator/Ações porque ela é geral. Ao usar arquiteturas DDD e correspondentes, como os microsserviços, a tempestade de eventos corresponde exatamente ao processo de desenvolvimento de software.

Estudo de Caso: Going, Going, Gone: Descobrindo os Componentes

Se uma equipe não tem restrições especiais e procura uma decomposição de componentes boa e geral, a abordagem Ator/Ações funciona bem como uma solução genérica. É uma que usamos em nosso estudo de caso para Going, Going, Gone.

No Capítulo 7, apresentamos o kata da arquitetura para Going, Going, Gone (GGG) e descobrimos as características da arquitetura para esse sistema. O sistema tem três funções óbvias: *proponente*, *leiloeiro* e um participante frequente nessa técnica de modelagem, o *sistema*, para as ações internas. As funções interagem com a aplicação, representado aqui pelo sistema, que identifica quando a aplicação inicia um evento, em vez de uma das funções. Por exemplo, no GGG, assim que o leilão termina, o sistema dispara o sistema de pagamento para processar os pagamentos.

Também podemos identificar um conjunto inicial de ações para cada função:

`Bidder` ou Proponente
Exibe o vídeo ao vivo, exibe o lance ao vivo, faz um lance

`Auctioneer` ou Leiloeiro
Insere os lances ao vivo no sistema, recebe os lances virtuais, marca o item como vendido

`System` ou Sistema
Inicia o leilão, faz o pagamento, rastreia a atividade do proponente

Dadas essas ações, podemos criar iterativamente um conjunto de componentes iniciais para GGG; uma solução aparece na Figura 8-10.

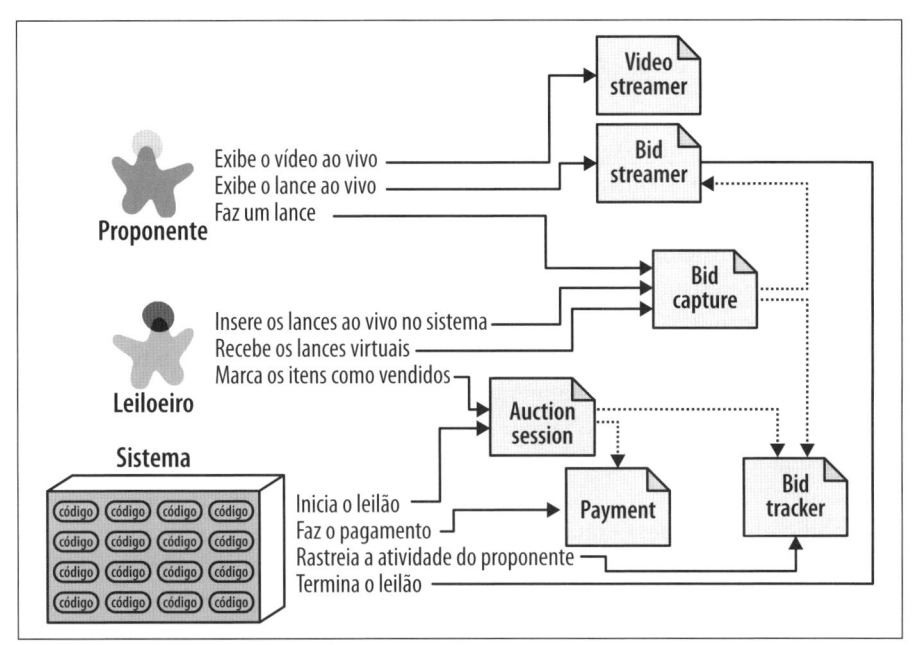

Figura 8-10. Conjunto inicial de componentes para Going, Going, Gone

Na Figura 8-10, cada uma das funções e ações mapeia um componente, o qual, por sua vez, precisa colaborar com a informação. Veja os componentes que identificamos para essa ação:

VideoStreamer ou Streamer de vídeo
: Transmite um leilão ao vivo para os usuários.

BidStreamer ou Streamer de lance
: Transmite os lances conforme eles ocorrem para os usuários. VideoStreamer e BidStreamer oferecem exibições de somente leitura do leilão para o proponente.

BidCapture ou Captura do lance
: Esse componente captura os lances do leiloeiro e dos proponentes.

BidTracker ou Rastreador do lance
: Rastreia os lances e age como o sistema de registro.

AuctionSession ou Sessão do leilão
: Inicia e para um leilão. Quando o proponente termina o leilão, faz o pagamento e as etapas de resolução, inclusive notificando os proponentes sobre o término.

`Payment` ou Pagamento

O processador de pagamentos de terceiros para pagamentos com cartão de crédito.

Fazendo referência ao diagrama do fluxo de identificação dos componentes na Figura 8-8, após a identificação inicial dos componentes, o arquiteto passa a analisar as características da arquitetura para determinar se isso mudará o design. Para esse sistema, é certo que o arquiteto pode identificar diferentes conjuntos de características da arquitetura. Por exemplo, o design atual apresenta um componente `BidCapture` para capturar os lances dos proponentes e do leiloeiro, que faz sentido na funcionalidade: é possível lidar com a captura dos lances de qualquer pessoa igualmente. Contudo, e as características da arquitetura em torno da captura do lance? O leiloeiro não precisa do mesmo nível de escalabilidade e elasticidade de possíveis milhares de proponentes. Da mesma forma, um arquiteto deve assegurar que as características da arquitetura como confiabilidade (as conexões não caem) e disponibilidade (o sistema está ativado) para o leiloeiro sejam mais altas do que para as outras partes do sistema. Por exemplo, embora seja ruim para o negócio se um proponente não consegue fazer login no site ou se a conexão dele cai, é um desastre para o leilão se uma dessas coisas acontece com o leiloeiro.

Como eles têm diferentes níveis de características da arquitetura, o arquiteto decide dividir o componente `Bid Capture` em `Bid Capture` e `Auctioneer Capture` para que cada componente possa dar suporte a diferentes características. O design atualizado aparece na Figura 8-11.

O arquiteto cria um novo componente para `Auctioneer Capture` e atualiza os links de informação para `Bid Streamer` (para que os proponentes virtuais vejam os lances ao vivo) e `Bid Tracker`, que gerencia os streamings do lance. Note que `Bid Tracker` agora é o componente que unificará dois fluxos de informação muito diferentes: o fluxo de informação do leiloeiro e os vários fluxos dos proponentes.

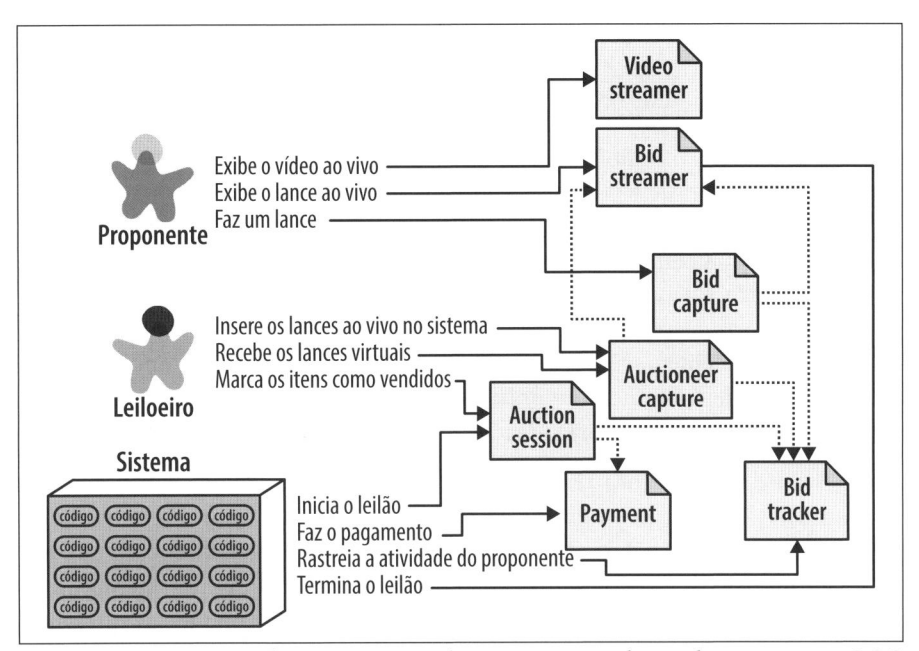

Figura 8-11. Incorporando características da arquitetura no design do componente GGG

Provavelmente, o design mostrado na Figura 8-11 não é o final. Mais requisitos devem ser revelados (como as pessoas se registram, as funções de administração em torno do pagamento etc.). Porém, esse exemplo é um bom ponto de partida para começar a iterar mais no design.

É um conjunto de componentes possível para resolver o problema GGG, mas não está necessariamente correto nem é o único. Alguns sistemas de software têm apenas um modo para a implementação pelos desenvolvedores; todo design tem trade-offs diferentes. Como arquiteto, não fique obcecado para encontrar um design verdadeiro, porque muitos serão suficientes – e menos propensos a serem excessivamente complexos (overengineering). Pelo contrário, tente avaliar objetivamente os trade-offs entre as diferentes decisões de design e escolher uma que tenha os trade-offs menos piores.

Quantum da Arquitetura Revisitado: Escolhendo Entre Arquiteturas Monolíticas Versus Distribuídas

Lembrando a explicação que define o quantum da arquitetura em "Quanta Arquitetural e Granularidade" (Capítulo 7), o quantum da arquitetura define o escopo das características da arquitetura. Isso, por sua vez, leva um arquiteto a uma importante decisão ao terminar o design inicial: a arquitetura deve ser monolítica ou distribuída?

Uma arquitetura *monolítica* normalmente apresenta uma única unidade de implementação, inclusive toda a funcionalidade do sistema que é executada no processo, em geral conectada a um único banco de dados. Os tipos de arquiteturas monolíticas incluem os blocos monolíticos em camadas e modular, vistos por completo no Capítulo 10. Uma arquitetura *distribuída* é o oposto; a aplicação consiste em vários serviços rodando em seu próprio ecossistema, comunicando-se via protocolos de rede. As arquiteturas distribuídas podem apresentar modelos de implementação mais refinados, em que cada serviço pode ter seu próprio ritmo de lançamento e práticas de engenharia, com base na equipe de desenvolvimento e suas prioridades.

Cada estilo de arquitetura tem vários trade-offs, explicadas na Parte II. Contudo, a decisão fundamental está na quantidade de quanta que a arquitetura descobre durante o processo de design. Se o sistema consegue lidar com um único quantum (isto é, um conjunto de características da arquitetura), então uma arquitetura monolítica oferece muitas vantagens. Por outro lado, as diferentes características da arquitetura para os componentes, como mostrado na análise do componente GGG, requerem uma arquitetura distribuída para aceitar características da arquitetura variadas. Por exemplo, `VideoStreamer` e `BidStreamer` oferecem exibições de somente leitura do leilão para os proponentes. Do ponto de vista do design, um arquiteto preferiria não lidar com um streaming de somente leitura misturado com atualizações de alta escala. Junto às diferenças acima mencionadas entre proponente e leiloeiro, essas diferentes características levam um arquiteto a escolher uma arquitetura distribuída.

A capacidade de determinar uma característica da arquitetura para o design fundamental (monolítico versus distribuído) no início do processo do design destaca uma das vantagens de usar o quantum da arquitetura como um modo de analisar o escopo e o acoplamento das características.

PARTE II
Estilos de Arquitetura

A diferença entre um estilo e um padrão de arquitetura pode ser confusa. Definimos um *estilo de arquitetura* como a estrutura global de como a interface de usuário e o código-fonte do backend são organizados (como dentro das camadas de uma implementação monolítica ou serviços implantados separadamente) e como esse código-fonte interage com um armazenamento de dados. Já os *padrões da arquitetura* são estruturas de design de baixo nível que ajudam a formar soluções específicas em um estilo de arquitetura (como obter uma alta escalabilidade ou um alto desempenho em um conjunto de operações ou entre os conjuntos de serviços).

Entender os estilos de arquitetura ocupa grande parte do tempo e do esforço dos novos arquitetos porque eles compartilham importância e abundância. Os arquitetos devem entender os vários estilos e os trade-offs embutidos em cada um para tomar boas decisões; cada estilo de arquitetura incorpora um conjunto conhecido de trade-offs que ajudam um arquiteto a fazer a escolha certa para determinado problema comercial.

CAPÍTULO 9
Fundamentos

Os estilos de arquitetura, por vezes chamados de padrões de arquitetura, descrevem uma relação nomeada de componentes que cobrem várias características da arquitetura. Um nome de estilo de arquitetura, parecido com os padrões de projeto, cria um único nome que atua como atalho entre os arquitetos experientes. Por exemplo, quando um arquiteto fala sobre um bloco monolítico em camadas, seu objetivo na conversa é entender os aspectos da estrutura, quais características da arquitetura funcionam bem (e quais podem causar problemas), os modelos comuns de implementação, as estratégias de dados e muitas outras informações. Assim, os arquitetos devem estar familiarizados com os nomes básicos dos estilos de arquitetura fundamentais e genéricos.

Cada nome captura muitos detalhes entendidos, uma das finalidades dos padrões de projeto. Um estilo de arquitetura descreve a topologia, as características da arquitetura pressupostas e padrão, sendo benéficas e prejudiciais. Explicamos muitos padrões comuns da arquitetura moderna no resto desta seção do livro (Parte II). Porém, os arquitetos devem se familiarizar com vários padrões fundamentais que aparecem incorporados nos padrões maiores.

Padrões Fundamentais

Vários padrões fundamentais aparecem de novo na história da arquitetura de software porque eles dão uma perspectiva útil sobre como organizar o código, as implementações ou outros aspectos da arquitetura. Por exemplo, o conceito de camadas na arquitetura, separando diferentes questões com base na funcionalidade, é tão antigo quanto o próprio software. Contudo, o padrão em camadas continua a se manifestar em diferentes formas, inclusive as variantes modernas vistas no Capítulo 10.

A Grande Bola de Lama

Os arquitetos se referem à ausência de qualquer estrutura de arquitetura perceptível como uma *Grande Bola de Lama*, nomeada segundo o antipadrão homônimo definido em um documento de 1997 por Brian Foote e Joseph Yoder:

> Uma *Grande Bola de Lama* é uma confusão de código espaguete mal estruturado, desleixado e unido com fita adesiva e arame. Esses sistemas mostram sinais inequívocos de crescimento desregulado e reparos rápidos e repetidos. As informações são compartilhadas de modo indiscriminado entre os elementos distantes do sistema, normalmente ao ponto em que quase todas as informações importantes se tornam globais e duplicadas.
>
> Talvez a estrutura geral do sistema nunca tenha sido definida.
>
> Se foi, pode ter se perdido além do reconhecimento. Os programadores com um traço de sensibilidade arquitetural evitam esses atoleiros. Apenas quem não se preocupa com a arquitetura e, talvez, se sente bem com a inércia da obrigação diária de corrigir os furos nesses canais fracassados, fica contente em trabalhar em tais sistemas.
>
> — Brian Foote e Joseph Yoder

Em termos modernos, uma *grande bola de lama* pode descrever uma aplicação de script simples com manipuladores de eventos ligados diretamente às chamadas de banco de dados, sem nenhuma estrutura interna real. Muitas aplicações comuns iniciam assim, então ficam desajeitados conforme continuam a crescer.

Em geral, os arquitetos desejam evitar esse tipo de arquitetura a todo custo. A falta de estrutura dificulta muito a alteração. Esse tipo também tem problemas na implementabilidade, na testabilidade, na escalabilidade e no desempenho.

Infelizmente, esse antipadrão é bem comum da arquitetura no mundo real. Poucos arquitetos pretendem criar um, mas muitos projetos, sem querer, conseguem fazer uma bagunça devido à falta de governança em torno da qualidade e da estrutura do código. Por exemplo, Neal trabalhou no projeto de um cliente cuja estrutura aparece na Figura 9-1.

O cliente (cujo nome é omitido por motivos óbvios) criou uma aplicação web baseado em Java o mais rápido possível durante anos. A visualização técnica[1] mostra o acoplamento arquitetural: cada ponto no perímetro do círculo representa uma classe e cada linha representa conexões entre as classes, em que as linhas mais grossas indicam conexões mais fortes. Nessa base de código, qual-

---

[1] Criado com uma ferramenta agora desativada chamada XRay, um plug-in do Eclipse.

quer alteração em uma classe dificulta prever os efeitos colaterais nas outras, tornando a alteração um terror.

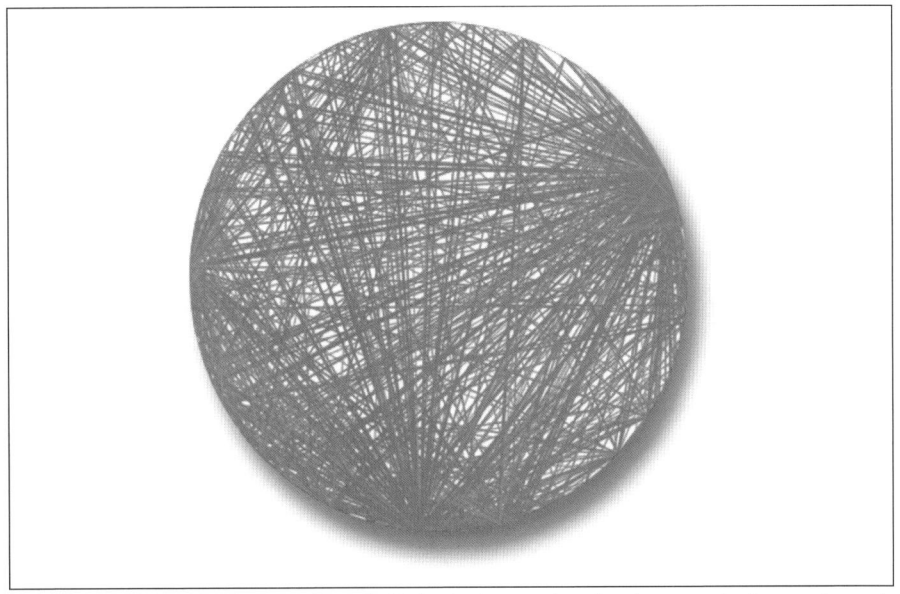

Figura 9-1. Uma arquitetura Grande Bola de Lama visualizada a partir de uma base de código real

Arquitetura Unitária

Quando o software iniciou, havia apenas o computador e o software que rodava nele. Durante as várias épocas de evolução do hardware e do software, os dois iniciaram como uma entidade, então se dividiram conforme aumentava a necessidade de capacidades mais sofisticadas. Por exemplo, os computadores mainframe começaram como sistemas únicos e, gradualmente, separaram os dados em seu próprio tipo de sistema. Do mesmo modo, quando os computadores pessoais apareceram pela primeira vez, grande parte do desenvolvimento comercial focava máquinas simples. Quando os PCs em rede se tornaram comuns, apareceram os sistemas distribuídos (como cliente/servidor).

Poucas arquiteturas unitárias existem fora de sistemas embarcados e outros ambientes altamente restritos. Em geral, os sistemas de software tendem a crescer em funcionalidade ao longo do tempo, requerendo separar as preocupações para manter as características da arquitetura operacionais, como desempenho e escala.

Cliente/Servidor

Com o tempo, várias forças requereram o particionamento a partir de um único sistema; como fazer isso é a base de muitos desses estilos. Muitos estilos de arquitetura lidam com como separar de modo eficiente as partes do sistema.

Um estilo fundamental na arquitetura separa a funcionalidade técnica entre front-end e back-end, chamada de arquitetura de *duas camadas* ou *cliente/servidor*. Existem muitos tipos diferentes dessa arquitetura, dependendo da época e das capacidades de computação.

Desktop + servidor de banco de dados

Uma primeira arquitetura de computador pessoal encorajava que os desenvolvedores escrevessem aplicações desktop avançadas nas interfaces do usuário, como Windows, separando os dados em um servidor do banco de dados à parte. Essa arquitetura coincidiu com o surgimento de servidores do banco de dados independentes que podiam se conectar via protocolos de rede padrão. Permitia que a lógica de apresentação residisse no desktop, enquanto as ações mais intensas computacionalmente (em volume e complexidade) ocorria nos serviços de banco de dados mais robustos.

Navegador + servidor web

Assim que o desenvolvimento web moderno chegou, a divisão comum tornou o navegador web conectado ao servidor web (que por sua vez conectava um servidor de banco de dados). A separação das responsabilidades lembrava a variante de desktop, mas com clientes ainda mais leves, como navegadores, permitindo uma distribuição mais ampla tanto dentro quanto fora dos firewalls. Mesmo que o banco de dados fosse separado do servidor web, muitas vezes os arquitetos ainda consideravam isso uma arquitetura com duas camadas porque os serviços web e de banco de dados rodavam em uma classe de máquina dentro do centro de operações e a interface de usuário rodava no navegador do usuário.

Três camadas

Uma arquitetura que ficou bem popular no final dos anos 1990 foi uma *arquitetura de três camadas*, que fornecia mais camadas de separação. Quando ferramentas como servidores de aplicação se tornaram populares em Java e .NET, as empresas começaram a criar ainda mais camadas na topologia: uma camada de banco de dados usando um servidor de banco de dados com capacidade industrial, uma camada de aplicação gerenciada por um servidor de aplicação, um front-end escrito em HTML gerado e cada vez mais JavaScript, conforme suas capacidades expandiam.

A arquitetura de três camadas correspondia aos protocolos no nível da rede, como CORBA (Common Object Request Broker Architecture) e DCOM (Distributed Component Object Model) que facilitavam criar arquiteturas distribuídas.

Assim como os desenvolvedores hoje não se preocupam com como funcionam os protocolos de rede como TCP/IP (eles simplesmente funcionam), a maioria dos arquitetos não se preocupa com esse nível de detalhe nas arquiteturas distribuídas. As capacidades oferecidas por tais ferramentas nessa época existem hoje como ferramentas (filas de mensagens) ou padrões da arquitetura (como arquitetura orientada a eventos, explicada no Capítulo 14).

Três Camadas, Design de Linguagem e Implicações em Longo Prazo

Na época em que a linguagem Java foi projetada, a computação em três camadas estava em alta. Assim, pressupunha-se que, no futuro, todos os sistemas seriam arquiteturas de três camadas. Um dos problemas comuns com as linguagens existentes, como C++, era a complicação de mover os objetos na rede de um modo consistente entre os sistemas. Desse modo, os designers Java decidiram construir essa capacidade no centro da linguagem usando um mecanismo chamado *serialização*. Todo `Object` em Java implementa uma interface que requer o suporte da serialização. Os designers achavam que a arquitetura de três camadas seria para sempre o estilo da arquitetura, e colocar isso na linguagem seria uma ótima conveniência. Claro, esse estilo veio e foi, embora apareçam resquícios em Java até hoje, frustrando muito o designer da linguagem que deseja adicionar recursos modernos que, para ter compatibilidade, deve suportar a serialização, que de fato ninguém usa atualmente.

Nunca conseguimos entender as implicações de longo prazo das decisões de design, tanto em software como em outras disciplinas da engenharia. O conselho de sempre preferir designs simples serve, de muitos modos, para nos defender das futuras consequências.

Arquiteturas Monolíticas Versus Distribuídas

Os estilos de arquitetura podem ser classificados em dois principais: *monolítico* (uma unidade de implementação de todo o código) e *distribuído* (várias unidades de implementação conectadas por protocolos de acesso remoto). Embora nenhum esquema de classificação seja perfeito, todas as arquiteturas distribuídas compartilham desafios comuns e problemas não encontrados nos estilos da arquitetura monolítica, tornando esse esquema de classificação uma boa separação entre os vários estilos. Neste livro, detalharemos os seguintes estilos:

Monolítico
- Arquitetura em camadas (Capítulo 10)
- Arquitetura de pipeline (Capítulo 11)
- Arquitetura de microkernel (Capítulo 12)

Distribuído
- Arquitetura baseada em serviços (Capítulo 13)
- Arquitetura orientada a eventos (Capítulo 14)
- Arquitetura baseada em espaços (Capítulo 15)
- Arquitetura orientada a serviços (Capítulo 16)
- Arquitetura de microsserviços (Capítulo 17)

Os estilos de arquitetura, embora sendo muito mais poderosos em termos de desempenho, escalabilidade e disponibilidade do que os estilos monolíticos, têm importantes trade-offs quanto a esse poder. O primeiro grupo de problemas em todas as arquiteturas distribuídas é descrito nas *falácias da computação distribuída*, termo criado por L. Peter Deutsch e colegas na Sun. Uma *falácia* é algo que se acredita ou pressupõe ser verdade, mas não é. Todas as oito falácias da computação distribuída se aplicam hoje às arquiteturas distribuídas. As seguintes seções descrevem cada uma.

Falácia 1: A Rede É Confiável

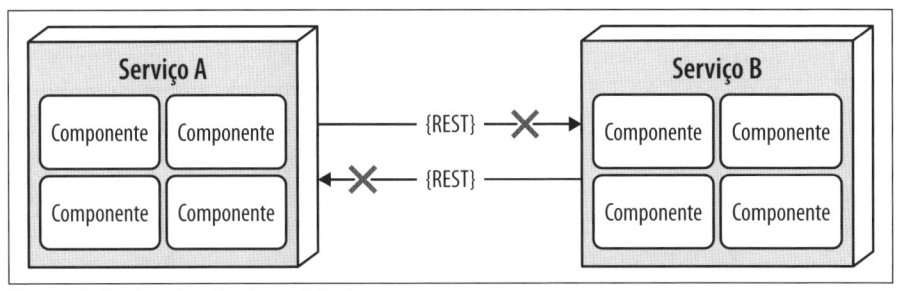

Figura 9-2. A rede não é confiável

Desenvolvedores e arquitetos pressupõem que a rede é confiável, mas não é. Embora as redes tenham ficado mais confiáveis com o tempo, o fato é que elas ainda permanecem não confiáveis em geral. Isso é importante para todas as arquiteturas distribuídas porque todos os estilos distribuídos contam com a rede para se comunicar com os serviços, assim como entre os serviços. Como mostrado na Figura 9-2, o Serviço B pode ser totalmente íntegro, mas o Serviço A não consegue acessá-lo devido a um problema da rede; ou pior, o Serviço A fez uma requisição ao Serviço B para processar alguns dados e não recebe uma resposta devido a um problema na rede. Por isso existem coisas com limites de tempo e disjuntores (circuit breakers) entre os serviços. Quanto mais um sistema conta com a rede (como a arquitetura de microsserviços), menor a probabilidade de ela se tornar confiável.

Falácia 2: A Latência É Zero

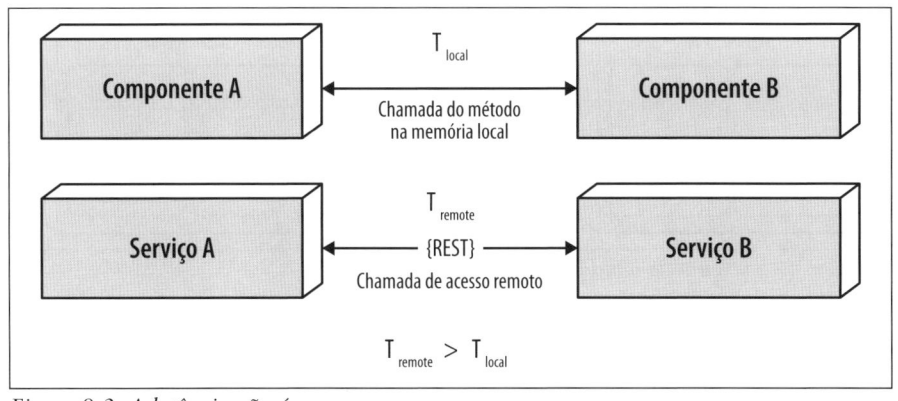

Figura 9-3. A latência não é zero

Como mostra a Figura 9-3, quando é feita uma chamada local para outro componente via método ou chamada de função, esse tempo (t_local) é medido em nanossegundos ou microssegundos. Contudo, quando essa mesma chamada é feita por meio de um protocolo de acesso remoto (como REST, mensageria ou RPC), o tempo para acessar esse serviço (t_remote) é medido em milissegundos. Portanto, t_remote sempre será maior que t_local. A latência em qualquer arquitetura distribuída não é zero, embora a maioria dos arquitetos ignore essa falácia, insistindo que eles têm redes rápidas. Pergunte a si mesmo: você sabe qual é a latência média de ida e volta para uma chamada RESTful em seu ambiente de produção? São 60 milissegundos? São 500 milissegundos?

Ao usar qualquer arquitetura distribuída, os arquitetos devem saber essa latência média. É o único meio de determinar se uma arquitetura distribuída é viável, em particular ao considerar os microsserviços (veja o Capítulo 17) devido à natureza detalhada dos serviços e à quantidade de comunicação entre esses serviços. Pressupondo uma média de 100 milissegundos de latência por requisição, encadear 10 chamadas de serviço para realizar certa função comercial em particular adiciona 1.000 milissegundos à requisição! Saber a latência média é importante, mas ainda mais importante é saber o 95º ao 99º percentil. Embora uma latência média possa produzir apenas 60 milissegundos (o que é bom), o 95º percentil pode ser de 400 milissegundos! Em geral é essa latência "longa" que acabará com o desempenho em uma arquitetura distribuída. Na maioria dos casos, os arquitetos podem obter os valores da latência com o administrador da rede (veja "Falácia 6: Existe Apenas um Administrador").

Falácia 3: A Largura de Banda É Infinita

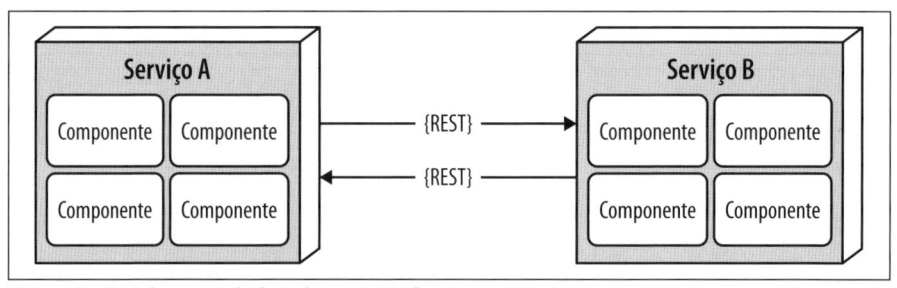

Figura 9-4. A largura de banda não é infinita

Em geral a largura de banda não é um problema nas arquiteturas monolíticas, porque assim que o processamento entra em um bloco monolítico, pouca ou nenhuma largura de banda é requerida para processar a requisição comercial. Contudo, como mostrado na Figura 9-4, assim que os sistemas são separados em unidades de implementação menores (serviços) em uma arquitetura distribuída, como os microsserviços, a comunicação com e entre esses serviços utiliza muito a largura de banda, causando lentidão nas redes e impactando a latência (falácia 2) e a confiabilidade (falácia 1).

Para mostrar a importância dessa falácia, considere os dois serviços mostrados na Figura 9-4. Digamos que o serviço à esquerda gerencie os itens da lista de desejos de um site e o serviço à direita, o perfil do cliente. Sempre que uma requisição para uma lista de desejos entra no serviço à esquerda, ele deve fazer uma chamada entre os serviços para o serviço do perfil do cliente à direita e obter o nome do cliente porque esse dado é necessário no contrato de resposta da lista de desejos, mas o serviço da lista à esquerda não tem o nome. O serviço do perfil do cliente retorna 45 atributos, totalizando 500 kb para o serviço da lista de desejos, que só precisa do nome (200 bytes). É uma forma de acoplamento referida como *stamp coupling*. Isso pode não parecer importante, mas as solicitações para os itens da lista de desejos ocorrem em cerca de 2 mil vezes por segundo. Isso significa que essa chamada entre serviços a partir do serviço da lista de desejos para o serviço do perfil do cliente ocorre 2 mil vezes por segundo. Em 500 kb para cada requisição, a quantidade de largura de banda usada para essa *única* chamada entre serviços (fora as centenas sendo feitas nesse segundo) é de 1 Gb!

O stamp coupling nas arquiteturas distribuídas consome uma grande quantidade de largura de banda. Se o serviço do perfil do cliente retornasse apenas os dados necessários pelo serviço da lista de desejos (nesse caso, 200 bytes), a largura de banda total usada para transmitir os dados seria de apenas 400 kb. O stamp coupling pode ser determinado das seguintes maneiras:

- Crie endpoints da API RESTful privados
- Use seletores de campo no contrato
- Use GraphQL para desacoplar os contratos
- Use contratos baseados em valores com contratos baseados no consumidor (CDCs)
- Utilize endpoints de mensageria interna

Não importa a técnica usada, assegurar que a quantidade mínima de dados seja passada entre os serviços ou os sistemas em uma arquitetura distribuída é o melhor modo de lidar com essa falácia.

Falácia 4: A Rede É Segura

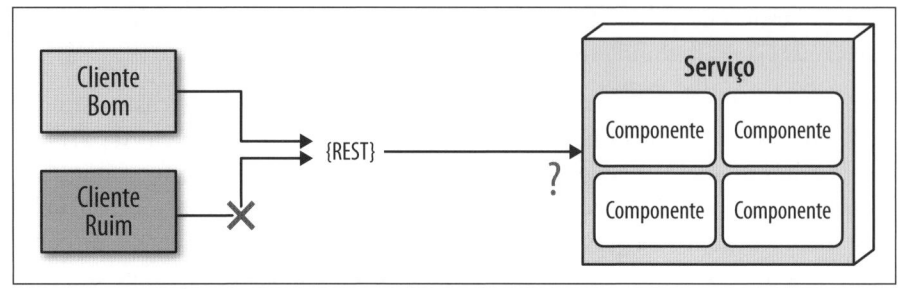

Figura 9-5. A rede não é segura

A maioria dos arquitetos e desenvolvedores fica tão à vontade usando redes privadas virtuais (VPNs), redes confiáveis e firewalls que eles tendem a esquecer da falácia da computação distribuída: *a rede não é segura*. A segurança fica muito mais desafiadora em uma arquitetura distribuída. Como mostrado na Figura 9-5, cada endpoint para cada unidade de implementação distribuída deve ser assegurado para que solicitações desconhecidas ou ruins não cheguem nesse serviço. A área para ameaças e ataques aumenta em magnitude ao passar de uma arquitetura monolítica para uma distribuída. Ter que assegurar cada endpoint, mesmo na comunicação entre os serviços, é outro motivo para o desempenho ser mais lento nas arquiteturas síncronas e altamente distribuídas, como os microsserviços ou a arquitetura baseada em serviços.

Falácia 5: A Topologia Nunca Muda

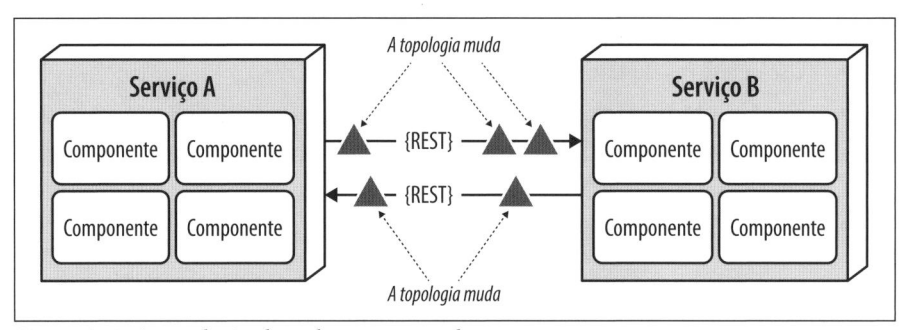

Figura 9-6. A topologia da rede sempre muda

Essa falácia se refere à topologia da rede em geral, inclusive todos os roteadores, hubs, switches, firewalls, redes e aparelhos usados na rede em geral. Os arquitetos pressupõem que a topologia é fixa e nunca muda. *É claro que muda*. Ela muda o tempo todo. Qual é a importância dessa falácia?

Suponha que um arquiteto venha trabalhar segunda pela manhã e todos estão correndo feito loucos porque os serviços continuam expirando na produção. O arquiteto trabalha com as equipes, tentando descobrir desesperadamente por que isso acontece. Nenhum serviço novo foi implantado durante o fim de semana. O que poderia ser? Após várias horas, ele descobre que ocorreu um pequeno upgrade na rede às 2h da manhã. Esse upgrade da rede aparentemente "simples" invalidou todas as suposições de latência, disparando limites de tempo e circuit breakers.

Os arquitetos devem estar em constante comunicação com os profissionais de operações e os administradores de rede para saber o que muda e quando para que possam fazer ajustes de acordo com isso para reduzir a surpresa descrita anteriormente. Isso pode parecer óbvio e fácil, mas não é. Na verdade, essa falácia leva diretamente à próxima.

Falácia 6: Existe Apenas Um Administrador

Figura 9-7. Existem muitos administradores de rede, não apenas um

Todos os arquitetos caem nessa falácia, pressupondo que eles só precisam colaborar e se comunicar com um administrador. Como mostrado na Figura 9-7, existem dezenas de administradores de rede em uma grande empresa típica. Com quem o arquiteto deve falar quanto à latência ("Falácia 2: A Latência É Zero") ou às mudanças na topologia ("Falácia 5: A Topologia Nunca Muda")? Essa falácia aponta para a complexidade da arquitetura distribuída e a quantidade de coordenação que deve ocorrer para tudo funcionar corretamente. As aplicações monolíticas não requerem esse nível de comunicação e colaboração devido às características unitárias da implementação desses estilos de arquitetura.

Falácia 7: O Custo do Transporte É Zero

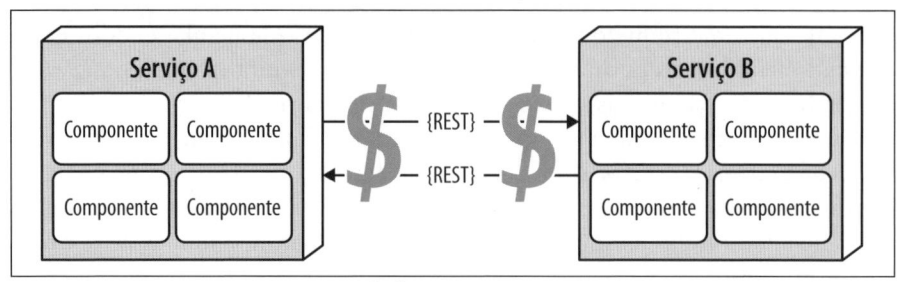

Figura 9-8. O acesso remoto custa dinheiro

Muitos arquitetos de software confundem essa falácia com latência ("Falácia 2: A Latência É Zero"). O custo do transporte aqui não se refere à latência, mas ao *custo* real em termos de dinheiro associado a fazer uma "simples chamada RESTful". Os arquitetos pressupõem (incorretamente) que a infraestrutura necessária existe e é suficiente para fazer uma simples chamada RESTful ou dividir uma aplicação monolítica. *Em geral não é.* As arquiteturas distribuídas custam muito mais do que as monolíticas, basicamente devido às maiores necessidades de hardware, servidores, gateways, firewalls, novas sub-redes e proxies adicionais, entre outros.

Ao iniciar uma arquitetura distribuída, encorajamos que os arquitetos analisem o servidor atual e a topologia da rede em relação à capacidade, à largura de banda, à latência e às zonas de segurança para não terem surpresa com essa falácia.

Falácia 8: A Rede É Homogênea

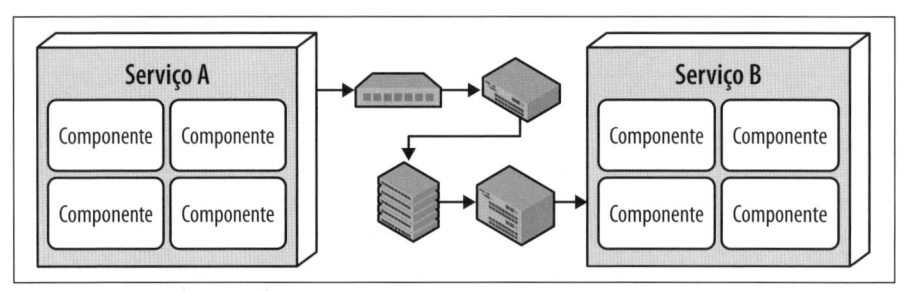

Figura 9-9. A rede não é homogênea

A maioria dos arquitetos e dos desenvolvedores pressupõe que uma rede é homogênea, composta apenas por um fornecedor de hardware da rede. Nada poderia estar mais distante da verdade. A maioria das empresas tem vários fornecedores de hardware da rede em sua infraestrutura, se não mais.

E daí? A importância dessa falácia é que nem todos os fornecedores de hardware heterogêneos funcionam bem juntos. A maioria funciona, mas o hardware Juniper se integra bem com o hardware Cisco? Os padrões de rede evoluíram com os anos, tornando isso um problema menor, mas é fato que nem todas as situações, carga e circunstâncias foram totalmente testadas e assim, por vezes, os pacotes de rede ficam perdidos. Isso, por sua vez, impacta a confiabilidade da rede ("Falácia 1: A Rede É Confiável"), as suposições e as afirmações da latência ("Falácia 2: A Latência É Zero") e as feitas sobre a largura de banda ("Falácia 3: A Largura de Banda É Infinita"). Em outras palavras, essa falácia se liga a todas as outras, causando uma confusão e uma frustração sem fim ao lidar com as redes (o que é necessário ao usar arquiteturas distribuídas).

Outras Considerações Distribuídas

Além das oito falácias da computação distribuída descritas anteriormente, existem outras questões e desafios na arquitetura distribuída que não estão presentes nas arquiteturas monolíticas. Embora os detalhes dessas outras questões estejam fora do escopo deste livro, os listamos e resumimos nas próximas seções.

Log distribuído

Realizar uma análise da causa-raiz para determinar por que certo pedido foi retirado é muito difícil e demorado em uma arquitetura distribuída devido à distribuição da aplicação e dos logs do sistema. Em uma aplicação monolítica, em geral há apenas um log, facilitando rastrear uma requisição e determinar o problema. Mas as arquiteturas distribuídas contêm de dezenas a centenas de logs diferentes, todos localizados em lugares diferentes e todos com um formato diferente, dificultando rastrear um problema.

Ferramentas de consolidação de logs, como Splunk, ajudam a consolidar as informações de várias fontes e sistemas juntos em um log consolidado e console, mas essas ferramentas só tocam na superfície das complexidades envolvidas no log distribuído. Soluções e padrões detalhados para o log distribuído estão fora do escopo deste livro.

Transações distribuídas

Arquitetos e desenvolvedores têm por certo as transações em um mundo da arquitetura monolítica porque são muito simples e fáceis de gerenciar. Os `commits` e `rollbacks` padrão, executados a partir das frameworks de persistência, utilizam as transações ACID (atomicidade, consistência, isolamento, durabilidade) para assegurar que os dados sejam atualizados de um modo correto para garantir uma alta consistência e integridade deles. Esse não é o caso nas arquiteturas distribuídas.

As arquiteturas distribuídas contam com o que é chamado de *consistência eventual* para assegurar que os dados processados por unidades de implementação separadas estejam, em algum ponto não especificado no tempo, todos sincronizados com um estado consistente. Esse é um dos trade-offs da arquitetura distribuída: alta escalabilidade, desempenho e disponibilidade em troca da consistência e da integridade dos dados.

Sagas transacionais são um modo de gerenciar as transações distribuídas. As sagas utilizam a fonte do evento para a compensação ou máquinas de estado finito para gerenciar o estado da transação. Além de sagas, são usadas as transações *BASE*. BASE significa disponibilidade (B)ásica, estado (S)uave e consistência (E)ventual. As transações BASE não são uma parte do software, mas uma técnica. O *estado suave* ou temporário em BASE se refere ao trânsito dos dados de uma origem a um destino, assim como à inconsistência entre as fontes de dados. Segundo a *disponibilidade básica* dos sistemas ou dos serviços envolvidos, os sistemas *acabarão* se tornando consistentes com o uso dos padrões da arquitetura e da mensageria.

Manutenção e versionamento de contrato

Outro desafio particularmente difícil na arquitetura distribuída é a criação, manutenção e versionamento do contrato. Contrato é o comportamento e os dados acordados pelo cliente e pelo servidor. A manutenção do contrato é bem difícil nas arquiteturas distribuídas, basicamente devido aos serviços desacoplados e aos sistemas possuídos por diferentes equipes e departamentos. Ainda mais complexos são os modelos de comunicação necessários para a descontinuidade da versão.

CAPÍTULO 10
Estilo de Arquitetura em Camadas

A arquitetura *em camadas*, também conhecida como o estilo de arquitetura *n-tier* (multicamadas), é um dos estilos mais comuns. Ele é o padrão de fato da maioria das aplicações, basicamente por sua simplicidade, familiaridade e baixo custo. Também é um modo muito natural de desenvolver aplicações devido à lei de Conway, que determina que as organizações que projetam sistemas estão limitadas a produzir designs que são cópias das estruturas de comunicação dessas organizações. Na maioria das organizações há desenvolvedores de IU, de back-end, de regras e especialistas em bancos de dados (DBAs). Essas camadas organizacionais se encaixam bem nos níveis de uma arquitetura em camadas tradicional, tornando-a uma escolha natural para muitas aplicações comerciais. O estilo de arquitetura em camadas também se enquadra em vários antipadrões da arquitetura, inclusive os da *arquitetura por implicação* e da *arquitetura acidental*. Se um desenvolvedor ou um arquiteto não está certo sobre qual estilo usar, ou se uma equipe de desenvolvimento ágil "apenas começa a codificar", há boas chances de que eles estejam implementando o estilo da arquitetura em camadas.

Topologia

Os componentes no estilo de arquitetura em camadas são organizados em camadas horizontais lógicas, com cada camada tendo uma função específica dentro da aplicação (como lógica de apresentação ou lógica de negócio). Embora não haja restrições específicas em termos de quantidade e tipos de camadas existentes, a maioria das arquiteturas em camadas consiste em quatro camadas padrão: apresentação, comercial, persistência e banco de dados, como mostrado na Figura 10-1. Em alguns casos, as camadas comercial e de persistência são combinadas em uma única camada de negócio, em particular quando a lógica da persistência (como SQL ou HSQL) está incorporada nos componentes da camada de negócio. Assim, as aplicações menores podem ter apenas três camadas, já as aplicações comerciais maiores e mais complexas podem conter cinco ou mais camadas.

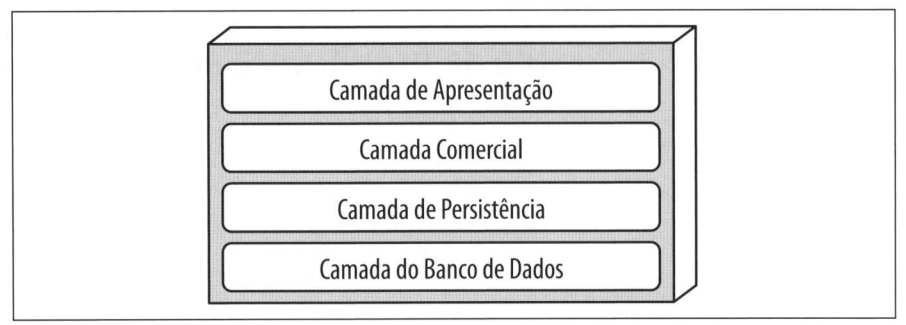

Figure 10-1. Camadas lógicas padrão no estilo de arquitetura em camadas

A Figura 10-2 mostra as diversas variantes da topologia da perspectiva da camada física (implementação). A primeira variante combina as camadas de apresentação, comercial e de persistência em uma unidade de implementação, com a camada do banco de dados normalmente representada como um banco de dados (ou sistema de arquivos) físico externo separado. A segunda variante separa fisicamente a camada de apresentação em sua própria unidade de implementação, com as camadas comerciais e de persistência combinadas em uma segunda unidade de implementação. De novo, com essa variante, a camada do banco de dados costuma ser separada fisicamente por meio de um banco de dados externo ou sistema de arquivos. Uma terceira variante combina todas as quatro camadas padrão em uma única implementação, inclusive a do banco de dados. Essa variante pode ser útil para aplicações menores com um banco de dados incorporado internamente ou um banco de dados na memória. Muitos produtos on-premises ("on-prem") são criados e entregues aos clientes usando a terceira variante.

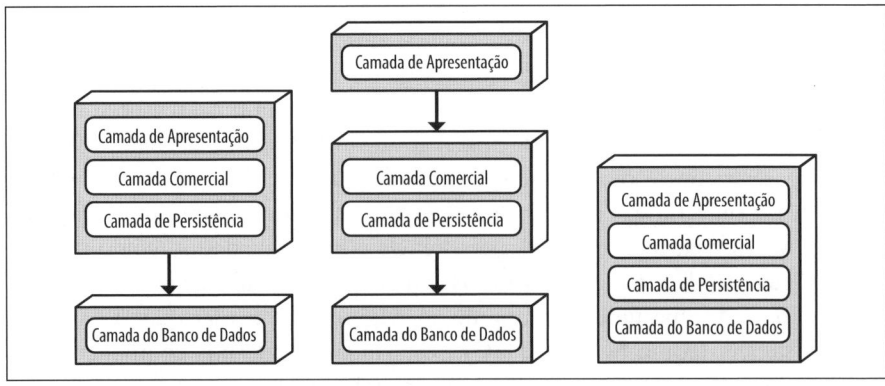

Figura 10-2. Variantes da topologia física (implementação)

Cada camada do estilo da arquitetura em camadas tem uma função e responsabilidade específicas dentro da arquitetura. Por exemplo, a camada de apresentação seria responsável por lidar com a interface do usuário e com a lógica de comunicação do navegador, já a camada de negócio seria responsável por executar as regras comerciais específicas associadas à requisição. Cada camada na arquitetura forma uma abstração em torno do trabalho que precisa ser feito para atender certa requisição comercial. Por exemplo, a camada de apresentação não precisa saber nem se preocupar com o modo de obtenção dos dados do cliente; só precisa exibir essa informação em uma tela com determinado formato. Do mesmo modo, a camada de negócio não precisa se preocupar com a formação dos dados do cliente para exibir em uma tela nem mesmo de onde vêm esses dados; ela só precisa obtê-los na camada de persistência, realizar a lógica de negócio nos dados (como calcular os valores ou agregar os dados) e passar essa informação para a camada de apresentação.

O conceito de *separação das preocupações* no estilo da arquitetura em camadas facilita a criação de funções eficientes e de modelos de responsabilidade dentro da arquitetura. Os componentes em uma camada específica estão limitados em escopo, lidando apenas com a lógica que pertence a essa camada. Por exemplo, os componentes na camada de apresentação só lidam com a lógica de apresentação, ao passo que os componentes que residem na camada de negócio só lidam com a lógica de negócio. Isso permite que os desenvolvedores utilizem sua expertise técnica em particular para focar os aspectos técnicos do domínio (como a lógica de apresentação ou da persistência). Contudo o trade-off desse benefício é uma falta de agilidade geral (a capacidade de responder rápido à mudança).

A arquitetura em camadas é *particionada tecnicamente* (em oposição a uma arquitetura *particionada por domínio*). Grupos de componentes, em vez de serem agrupados por domínio (como um cliente), são agrupados por sua função técnica na arquitetura (como de apresentação ou comercial). Como resultado, qualquer domínio comercial em particular se distribui por todas as camadas da arquitetura. Por exemplo, o domínio do "cliente" é contido nas camadas de apresentação, comercial, das regras, dos serviços e do banco de dados, dificultando fazer alterações nesse domínio, de modo que a abordagem de design orientada a domínios não funciona bem com o estilo de arquitetura em camadas.

Camadas de Isolamento

Cada camada no estilo de arquitetura em camadas pode ser *fechada* ou *aberta*. Uma camada fechada significa que, conforme uma requisição desce de camada em camada, ela não pode pular nenhuma, mas pode passar pela camada imediatamente abaixo dela para chegar na próxima (veja a Figura 10-3). Por exemplo, em uma arquitetura de camadas fechadas, uma requisição com origem na camada de apresentação deve passar primeiro pela camada de negócio e depois pela camada de persistência antes de finalmente chegar na camada do banco de dados.

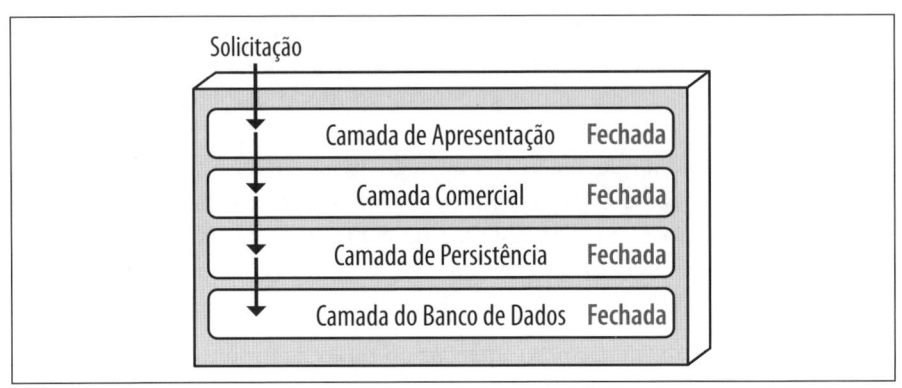

Figura 10-3. Camadas fechadas na arquitetura em camadas

Observe que, na Figura 10-3, seria muito mais rápido e fácil que a camada de apresentação acessasse o banco de dados diretamente para as solicitações de recuperação simples, evitando as camadas desnecessárias (o que costumava ser conhecido no início dos anos 2000 como *padrão do leitor de via rápida*). Para isso acontecer, as camadas comercial e de persistência teriam que ser *abertas*, permitindo que as solicitações evitassem as outras camadas. Qual é melhor? Camadas abertas ou fechadas? A resposta está em um conceito-chave conhecido como *camadas de isolamento*.

O conceito das *camadas de isolamento* significa que as alterações feitas em uma camada da arquitetura normalmente não impactam nem afetam os componentes nas outras camadas, fazendo com que os contratos entre essas camadas continuem inalterados. Cada camada é independente das outras, assim tendo pouco ou nenhum conhecimento dos trabalhos internos das outras camadas na arquitetura. Contudo, para dar suporte às camadas de isolamento, as envolvidas no fluxo maior da requisição devem necessariamente estar fechadas. Se a camada de apresentação puder acessar diretamente a camada de persistência, então as alterações feitas na camada de persistência impactariam a camada de negócio *e* a de apresentação, produzindo uma aplicação muito acoplado com interdependências das camadas entre os componentes. Esse tipo de arquitetura se torna muito frágil, difícil e caro de alterar.

Esse conceito também permite que qualquer camada na arquitetura seja substituída sem impactar a outra camada (novamente, pressupondo contratos bem definidos e o uso do padrão de delegação comercial). Por exemplo, é possível utilizar o conceito das camadas de isolamento no estilo de arquitetura em camadas para substituir sua antiga camada de apresentação JSF (JavaServer Faces) por React.js sem impactar nenhuma outra camada na aplicação.

Adicionando Camadas

Embora as camadas fechadas facilitem as camadas de isolamento e, portanto, ajudem a isolar a alteração dentro da arquitetura, há vezes em que faz sentido que certas camadas sejam abertas. Por exemplo, suponha que existam objetos compartilhados na camada de negócio contendo uma funcionalidade comum para os componentes comerciais (como classes utilitárias de data e string, classes de auditoria, classes de log etc.). Suponha que haja uma decisão de arquitetura estabelecendo que a camada de apresentação esteja impedida de usar esses objetos de negócio compartilhados. Essa restrição é mostrada na Figura 10-4, com a linha pontilhada indo de um componente da apresentação para um objeto comercial compartilhado na camada de negócio. Esse cenário é difícil de administrar e controlar porque, *arquiteturalmente*, a camada de apresentação tem acesso à camada de negócio, tendo assim acesso aos objetos compartilhados dentro dessa camada.

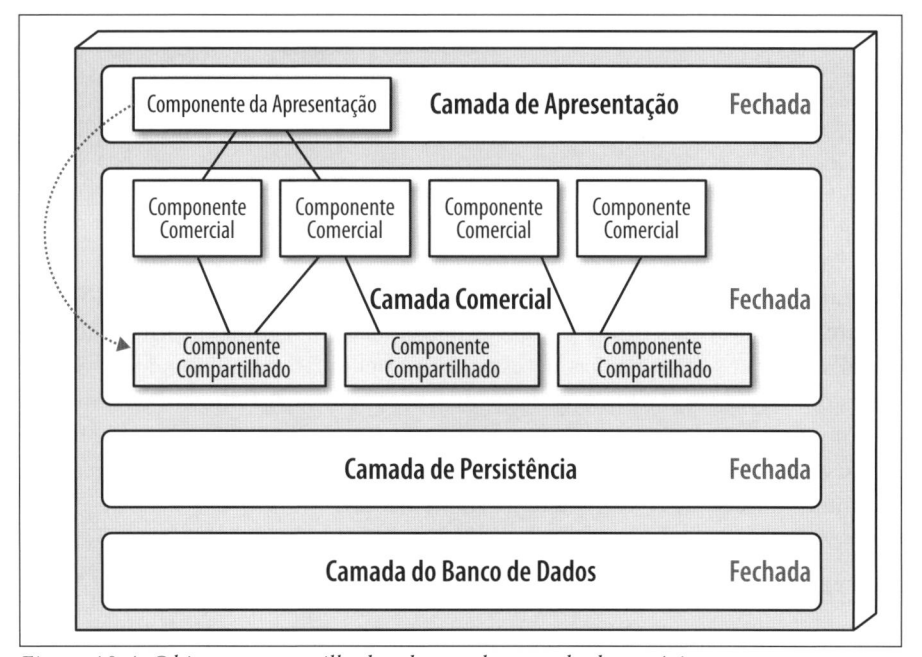

Figura 10-4. Objetos compartilhados dentro da camada de negócio

Um modo de designar arquiteturalmente essa restrição é adicionar à arquitetura uma nova camada de serviços contendo todos os objetos de negócio compartilhados. Agora, adicionar essa nova camada impede que a camada de apresentação acesse os objetos de negócio compartilhados porque a camada de negócio está fechada (veja a Figura 10-5). Contudo, a nova camada de serviços deve ser marcada como *aberta*; do contrário, a camada de negócio seria forçada a passar pela camada de serviços para acessar a camada de persistência. Marcar a camada de serviços como aberta permite que a camada de negócio a acesse (como indicado pela seta sólida) ou evite a camada e vá para a próxima, abaixo (como indicado pela seta pontilhada na Figura 10-5).

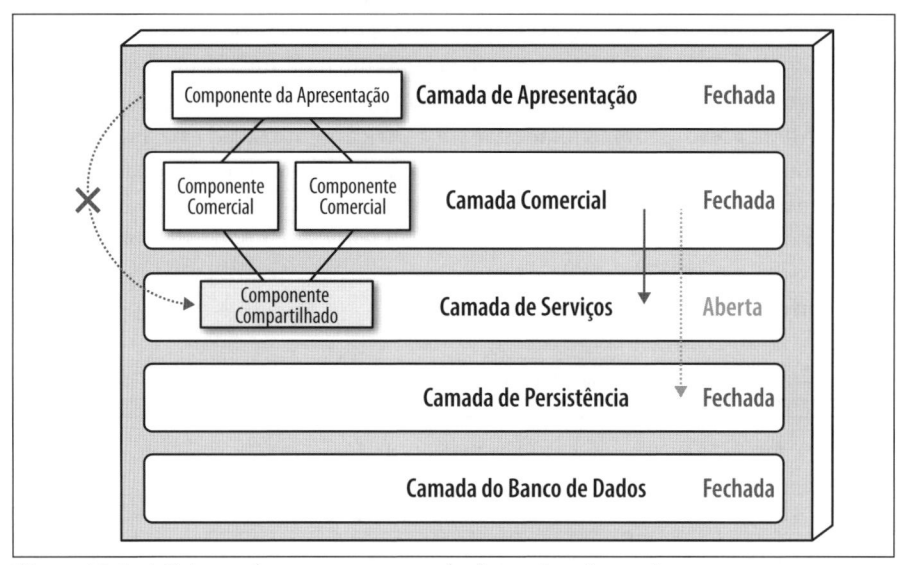

Figura 10-5. Adicionando uma nova camada de serviços à arquitetura

Utilizar o conceito de camadas abertas e fechadas ajuda a definir a relação entre as camadas da arquitetura e os fluxos da requisição. Também fornece aos desenvolvedores as informações necessárias e orientação para entender as várias restrições de acesso da camada dentro da arquitetura. A falha em documentar ou comunicar corretamente quais camadas na arquitetura estão abertas e fechadas (e o motivo) costuma resultar em arquiteturas muito acopladas e frágeis que são muito difíceis de testar, manter e implementar.

Outras Considerações

A arquitetura em camadas proporciona um bom ponto de partida para a maioria das aplicações quando ainda não se sabe exatamente qual estilo de arquitetura será usado afinal. É uma prática comum para muitos esforços de microsserviços quando os arquitetos ainda estão determinando se os microsserviços são a escolha de arquitetura certa, mas o desenvolvimento deve iniciar. Porém, ao usar essa técnica, mantenha a reutilização no mínimo e mantenha as hierarquias de objetos (a profundidade da árvore de herança) bem rasas para manter um bom nível de modularidade. Isso ajudará a facilitar a adoção de outro estilo de arquitetura mais tarde.

Fique atento com a arquitetura em camadas quanto ao antipadrão *sinkhole da arquitetura*. Esse antipadrão ocorre quando as solicitações passam de camada em camada como um processamento de passagem simples sem nenhuma lógica de negócio realizada dentro de cada uma. Por exemplo, suponha que a camada de apresentação responda a uma requisição simples do usuário para recuperar dados básicos do cliente (como o nome e o endereço). A camada de apresentação passa a requisição para a camada de negócio, que não faz nada, exceto passar a requisição para a camada de regras, que por sua vez nada faz, passando-a para a camada de persistência, que faz uma simples chamada SQL para a camada de banco de dados recuperar os dados do cliente. Então os dados voltam subindo na pilha sem nenhum processamento extra nem lógica para agregar, calcular, aplicar regras ou transformar os dados. Isso resulta na instanciação e no processamento desnecessários do objeto, impactando o consumo de memória e o desempenho.

Toda arquitetura em camadas terá, pelo menos, alguns cenários que caem no antipadrão sinkhole da arquitetura. O segredo para determinar se esse antipadrão está em ação é analisar a porcentagem de solicitações que ficam nessa categoria. A regra 80-20 costuma ser uma boa prática a seguir. Por exemplo, é aceitável se apenas 20% das solicitações são sinkholes. Contudo, se 80% delas forem sinkholes, é um bom indicador de que a arquitetura em camadas não é o estilo correto para o domínio do problema. Outra abordagem para resolver o antipadrão sinkhole é tornar todas as camadas na arquitetura abertas, percebendo, claro, que o trade-off é uma maior dificuldade em gerenciar a alteração na arquitetura.

Por que Usar Esse Estilo de Arquitetura

O estilo de arquitetura em camadas é uma boa escolha para aplicações ou sites pequenos e simples. Também é uma boa escolha de arquitetura, em particular como um ponto de partida, para situações com um orçamento muito apertado e limites de tempo. Devido à simplicidade e à familiaridade entre desenvolvedores e arquitetos, essa arquitetura talvez seja um dos estilos de menor custo, promovendo a facilidade de desenvolvimento para aplicações menores. O estilo de arquitetura em camadas também é uma boa escolha quando o arquiteto ainda analisa as necessidades comerciais e os requisitos, e não tem certeza qual estilo seria melhor.

Conforme as aplicações que usam o estilo de arquitetura em camadas crescem, características como manutenção, agilidade, testabilidade e implementabilidade são afetadas negativamente. Por isso, as grandes aplicações e sistemas que usam a arquitetura em camadas podem ser mais adequados para outros estilos de arquitetura mais modulares.

Classificações das Características da Arquitetura

Uma estrela na tabela de classificações (mostrada na Figura 10-6) significa que a característica da arquitetura específica não é bem suportada na arquitetura; já cinco estrelas significam que a característica é um dos recursos mais fortes no estilo da arquitetura. A definição de cada característica identificada no placar pode ser encontrada no Capítulo 4.

Característica da arquitetura	Classificação de estrelas
Tipo de particionamento	Técnico
Número de quanta	1
Implementabilidade	☆
Elasticidade	☆
Evolutiva	☆
Tolerância a falhas	☆
Modularidade	☆
Custo geral	☆☆☆☆☆
Desempenho	☆☆
Confiabilidade	☆☆☆
Escalabilidade	☆
Simplicidade	☆☆☆☆☆
Testabilidade	☆☆

Figura 10-6. Classificações das características da arquitetura em camadas

O custo geral e a simplicidade são os pontos fortes básicos do estilo da arquitetura em camadas. Sendo monolíticas por natureza, as arquiteturas em camadas não têm as complexidades associadas aos estilos da arquitetura distribuída, são simples e fáceis de entender, e têm um custo relativamente baixo para criar e manter. Contudo, como advertência, essas classificações começam a diminuir rapidamente conforme as arquiteturas em camadas monolíticas ficam maiores e, por consequência, mais complexas.

As taxas de implementabilidade e testabilidade são muito baixas para esse estilo de arquitetura. As taxas de implementação são baixas devido à formalidade da implementação (esforço de implementar), ao alto risco e à falta de implementações frequentes. Uma simples alteração de três linhas em um arquivo da classe no estilo da arquitetura em camadas requer que toda a unidade de implementação seja reimplementada, levando a possíveis alterações no banco de dados, alterações na configuração ou outras mudanças no código entrando junto à alteração original. E mais, essa simples alteração de três linhas normalmente vem com dezenas de outras alterações, aumentando ainda mais o risco da implementação (além de aumentar a frequência da implementação). A baixa classificação da testabilidade também reflete esse cenário; com essa simples alteração de três linhas, a maioria dos desenvolvedores não passará horas executando o conjunto inteiro de teste de regressão (mesmo que tal coisa existisse), em particular junto a dezenas de outras alterações sendo feitas na aplicação monolítica ao mesmo tempo. Demos duas estrelas à testabilidade (em vez de uma estrela) devido à capacidade de simular ou esboçar componentes (ou até uma camada inteira), o que facilita o esforço de teste geral.

A confiabilidade geral tem uma média (três estrelas) nesse estilo de arquitetura, em grande parte devido à falta de tráfego da rede, largura de banda e latência encontrados nas arquiteturas mais distribuídas. Demos apenas três estrelas à confiabilidade por causa da natureza da implementação monolítica, combinada com as classificações baixas para a testabilidade (totalidade do teste) e o risco da implementação.

Elasticidade e escalabilidade têm uma classificação muito baixa (uma estrela) para a arquitetura em camadas, basicamente devido às implementações monolíticas e à falta de modularidade da arquitetura. Embora seja possível criar certas funções em uma escala monolítica mais do que outras, em geral esse esforço requer técnicas de design muito complexas, como multithreading, mensageria interna e outras práticas paralelas de processamento, técnicas para as quais essa arquitetura não é muito adequada. Contudo, como a arquitetura em camadas é sempre um quantum do sistema devido à IU monolítica, ao processamento de back-end e ao banco de dados monolítico, as aplicações só podem escalar até certo ponto com base em um único quantum.

O desempenho é sempre uma característica interessante para classificar a arquitetura em camadas. Demos apenas duas estrelas porque o estilo de arquitetura simplesmente não serve para os sistemas de alto desempenho devido à falta de processamento paralelo, às camadas fechadas e ao antipadrão da arquitetura sinkhole. Como a escalabilidade, podemos lidar com o desempenho por meio do uso de cache, do multithreading e outros, mas não é uma característica natural desse estilo de arquitetura; os arquitetos e os desenvolvedores precisam trabalhar muito para que tudo isso aconteça.

As arquiteturas em camadas não têm suporte para a tolerância a falhas devido às implementações monolíticas e à falta de modularidade arquitetural. Se uma pequena parte de uma arquitetura em camadas tem uma condição de falta de memória, a unidade inteira da aplicação é impactada e falha. E mais, a disponibilidade geral é impactada devido ao alto MTTR (tempo médio para reparo) normalmente sentido pela maioria dos aplicações monolíticas, com os tempos de inicialização variando de 2 minutos para aplicações menores até 15 minutos ou mais para as aplicações maiores.

CAPÍTULO 11
Estilo de Arquitetura Pipeline

Um dos estilos fundamentais na arquitetura de software que aparecem repetidas vezes é a arquitetura *pipeline* (também conhecida como arquitetura *pipes-and-filters*). Assim que desenvolvedores e arquitetos decidiram dividir a funcionalidade em partes distintas, veio esse padrão. A maioria dos desenvolvedores conhece essa arquitetura como o princípio inerente por trás das linguagens shell do terminal Unix, como Bash e Zsh.

Em muitas linguagens de programação funcionais, os desenvolvedores verão paralelos entre as construções e os elementos da linguagem dessa arquitetura. Na verdade, muitas ferramentas que utilizam o modelo de programação MapReduce seguem essa topologia básica. Embora os exemplos mostrem uma implementação de baixo nível do estilo de arquitetura pipeline, ela também pode ser usada para aplicações comerciais de nível mais alto.

Topologia

A topologia da arquitetura pipeline consiste em canais e filtros (pipes-and-filters), como na Figura 11-1.

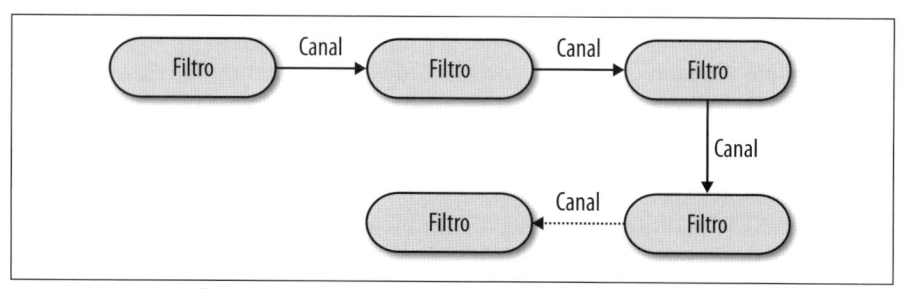

Figura 11-1. Topologia básica da arquitetura pipeline

Os canais e os filtros coordenam-se de um modo específico, com os canais formando uma comunicação unidirecional entre os filtros, em geral de ponto a ponto.

Canais

Os *pipes* nessa arquitetura formam o canal de comunicação entre os filtros. Cada canal normalmente é unidirecional e de ponto a ponto (em vez de broadcast) por motivos de desempenho, aceitando a entrada de uma fonte e sempre direcionando a saída para outra. O payload que passa nos canais pode estar em qualquer formato de dados, mas os arquitetos preferem quantidades menores de dados para permitir um alto desempenho.

Filtros

Os *filtros* são autônomos e independentes dos outros filtros, em geral sem estado. Os filtros devem realizar apenas uma tarefa. As tarefas compostas devem ser lidadas por uma sequência de filtros, não por um.

Existem quatro tipos de filtros nesse estilo de arquitetura:

Produtor
O ponto de partida de um processo, de saída apenas, às vezes chamado de *origem*.

Transformador
Aceita a entrada, realiza opcionalmente uma transformação em algum ou todos os dados, então encaminha para o canal de saída. Os defensores funcionais reconhecerão esse recurso como *mapa*.

Verificador
Aceita a entrada, testa um ou mais critérios, então produz opcionalmente uma saída, com base no teste. Os programadores funcionais reconhecerão isso como semelhante à *redução*.

Consumidor
O ponto de término para o fluxo do pipeline. Por vezes os consumidores persistem o resultado final do processo de pipeline para um banco de dados ou podem exibir os resultados finais em uma tela IU.

A natureza unidirecional e a simplicidade de cada canal e filtro encorajam a reutilização da composição. Muitos desenvolvedores descobriram essa habilidade usando shells. Uma história conhecida do blog "More Shell, Less Egg" mostra como são poderosas essas abstrações. Foi pedido que Donald Knuth escrevesse um programa para resolver o problema de tratamento do texto: ler um arquivo de texto, determinar o *n* mais frequente de palavras usadas e imprimir uma lista classificada dessas palavras junto às suas frequências. Ele escreveu um programa consistindo em mais de dez páginas em Pascal, designando (e documentando) um novo algoritmo no processo. Então, Doug McIlroy demonstrou um shell script que se adaptaria com facilidade a uma postagem do Twitter e resolvia o problema de modo mais simples, elegante e compreensível (se você entende os comandos shell):

```
tr -cs A-Za-z '\n' |
tr A-Z a-z |
sort |
uniq -c |
sort -rn |
sed ${1}q
```

Até os designers dos shells Unix muitas vezes ficam surpresos com os usos criativos que os desenvolvedores elaboram com suas abstrações simples, mas muito combinadas.

Exemplo

O padrão da arquitetura pipeline aparece em vários aplicações, em especial nas tarefas que facilitam o processamento simples e unidirecional. Por exemplo, muitas ferramentas EDI (Intercâmbio Eletrônico de Dados) usam esse padrão, criando transformações de um tipo de documento em outro usando canais e filtros. As ferramentas ETL (extrair, transformar e carregar — do inglês extract, transform, load) utilizam a arquitetura pipeline também para o fluxo e a modificação dos dados de um banco de dados ou fonte de dados para outra. Orquestradores e mediadores, como Apache Camel, usam a arquitetura pipeline para passar informações de uma etapa no processo de negócio para outra.

Para mostrar como a arquitetura pipeline pode ser usada, considere o seguinte exemplo, mostrado na Figura 11-2, em que várias informações de telemetria do serviço são enviadas a partir dos serviços via streaming para o Apache Kafka.

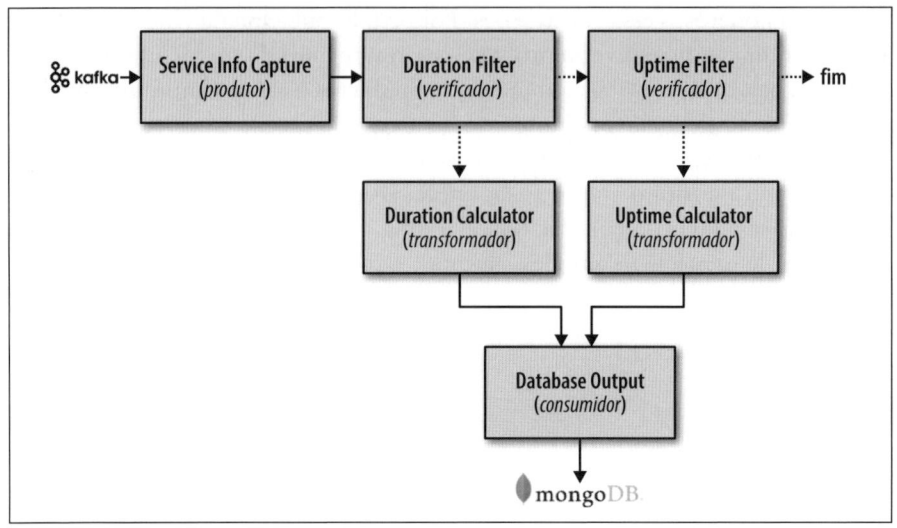

Figura 11-2. Exemplo de arquitetura pipeline

Observe na Figura 11-2 o uso do estilo de arquitetura pipeline para processar os diferentes tipos de dados enviados a Kafka. O filtro `Service Info Capture` (filtro do produtor) se inscreve no tópico Kafka e recebe informações do serviço. Então, envia os dados capturados para um filtro verificador chamado `Duration Filter` para determinar se os dados capturados de Kafka se relacionam à duração (em milissegundos) da requisição do serviço. Note a separação das preocupações entre os filtros; o filtro `Service Metrics Capture` se preocupa apenas com como conectar um tópico Kafka e receber os dados de streaming, ao passo que `Duration Filter` se preocupa apenas em qualificar os dados e roteá-los opcionalmente para o próximo canal. Se os dados se relacionam com a duração (em milissegundos) da requisição do serviço, então `Duration Filter` passa os dados para o filtro transformador `Duration Calculator`. Do contrário, passa para o filtro verificador `Uptime Filter` para saber se os dados se relacionam com a métrica do tempo de atividade. Se não, o pipeline termina; os dados não interessam mais a esse fluxo de processamento em particular. Do contrário, se é a métrica do tempo de atividade, então passa os dados para `Uptime Calculator` para calcular o tempo de atividade do serviço. Então, esses transformadores passam os dados modificados para o consumidor `Database Output`, que mantém os dados em um banco de dados MongoDB.

O exemplo mostra as propriedades de extensão da arquitetura pipeline. Por exemplo, na Figura 11-2, um novo filtro verificador poderia ser adicionado com facilidade após `Uptime Filter` para passar os dados para outra métrica recém-coletada, como o tempo de espera da conexão do banco de dados.

Classificações das Características da Arquitetura

Uma estrela na tabela de classificações das características na Figura 11-3 significa que a característica específica não é bem suportada na arquitetura, já cinco estrelas significam que a característica é um dos recursos mais fortes no estilo da arquitetura. A definição para cada característica identificada no placar pode ser encontrada no Capítulo 4.

O estilo pipeline é uma arquitetura particionada tecnicamente devido ao particionamento da lógica da aplicação nos tipos de filtro (produtor, verificador, transformador e consumidor). E mais, como a arquitetura pipeline costuma ser implementada como uma implementação monolítica, o quantum arquitetural é sempre um.

Característica da arquitetura	Classificação de estrelas
Tipo de particionamento	Técnico
Número de quanta	1
Implementabilidade	☆☆
Elasticidade	☆
Evolutiva	☆☆☆
Tolerância a falhas	☆
Modularidade	☆☆☆
Custo geral	☆☆☆☆☆
Desempenho	☆☆
Confiabilidade	☆☆☆
Escalabilidade	☆
Simplicidade	☆☆☆☆☆
Testabilidade	☆☆☆

Figura 11-3. Classificações das características da arquitetura pipeline

O custo geral e a simplicidade combinados com a modularidade são os pontos fortes principais do estilo da arquitetura pipeline. Sendo monolíticas por natureza, as arquiteturas pipeline não têm as complexidades associadas aos estilos de arquitetura distribuídos, são simples, fáceis de entender e têm um custo relativamente baixo para criar e manter. A modularidade arquitetural é obtida com a separação das preocupações entre os vários tipos de filtro e transformadores. Qualquer filtro pode ser modificado ou substituído sem impactar os outros filtros. Por exemplo, no Kafka mostrado na Figura 11-2, `Duration Calculator` pode ser modificado para alterar o cálculo da duração sem impactar outro filtro.

As classificações implementabilidade e testabilidade, embora estejam apenas em torno da média, são um pouco mais altas do que a arquitetura em camadas devido ao nível de modularidade conseguido com os filtros. Dito isso, esse estilo de arquitetura ainda é monolítico e como tal, a formalidade, o risco, a frequência de implementação e a conclusão do teste ainda impactam a arquitetura pipeline.

Como a arquitetura em camadas, a confiabilidade geral tem uma taxa média (três estrelas) nesse estilo, em grande parte devido à falta de tráfego da rede, à largura de banda e à latência encontrados nas arquiteturas mais distribuídas. Demos apenas três estrelas para a confiabilidade por causa da natureza da implementação monolítica desse estilo de arquitetura junto às questões relacionadas à testabilidade e à implementabilidade (como precisar testar e implantar o monolítico inteiro para qualquer alteração feita).

As taxas de elasticidade e escalabilidade são muito baixas (uma estrela) para a arquitetura pipeline, basicamente devido às implementações monolíticas. Embora seja possível fazer com que certas funções em um monolítico escalem mais que outras, esse esforço costuma requerer técnicas de design muito complexas, como multithreading, mensageria interna e outras práticas de processamento paralelo, técnicas para as quais essa arquitetura não é muito adequada. Contudo, como a arquitetura pipeline sempre é um quantum do sistema devido à IU monolítica, ao processamento de back-end e ao banco de dados monolítico, as aplicações só conseguem escalar até certo ponto com base em um quantum da arquitetura.

As arquiteturas pipeline não suportam a tolerância a falhas devido às implementações monolíticas e à falta de modularidade arquitetural. Se uma pequena parte dessa arquitetura causa uma condição de falta de memória, a unidade da aplicação inteira é impactada e falha. E mais, a disponibilidade geral é impactada devido ao alto MTTR (tempo médio de reparo) normalmente sentido pela maioria das aplicações monolíticas, com tempos de inicialização variando de 2 minutos para as aplicações menores até 15 minutos ou mais para os aplicações maiores.

CAPÍTULO 12
Estilo de Arquitetura Microkernel

O estilo de arquitetura *microkernel* (também referido como arquitetura de *plug-in*) foi inventado há décadas e ainda é muito usado hoje. Esse estilo é um ajuste natural para os aplicativos baseados em produto (empacotados e disponibilizados para download e instalação como uma única implementação monolítica, em geral instalada no site do cliente como um produto de terceiros), mas também é largamente usado em muitos aplicativos comerciais personalizados não de produtos.

Topologia

O estilo de arquitetura microkernel é uma estrutura monolítica relativamente simples consistindo em dois componentes da arquitetura: um sistema central e componentes de plug-in. A lógica do aplicativo é dividida entre componentes de plug-in independentes e o sistema central básico, fornecendo extensão, adaptação e isolamento dos recursos da aplicação e lógica de processamento personalizada. A Figura 12-1 mostra a topologia básica do estilo da arquitetura microkernel.

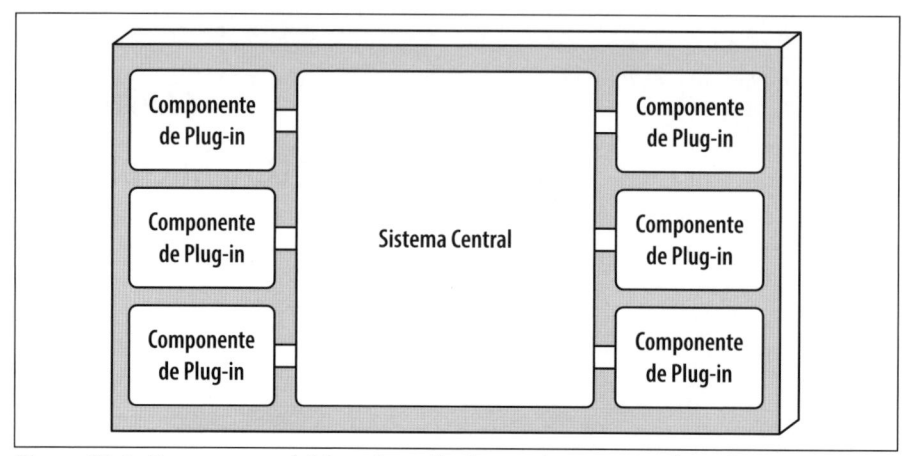

Figura 12-1. Componentes básicos do estilo da arquitetura microkernel

Sistema Central

O *sistema central* é formalmente definido como a funcionalidade mínima requerida para rodar o sistema. O IDE Eclipse é um bom exemplo. O sistema central do Eclipse é apenas um editor de texto básico: abrir um arquivo, mudar o texto e salvar o arquivo. É só depois de acrescentar plug-ins que o Eclipse começa a se tornar um produto útil. Contudo, outra definição de sistema central é o caminho feliz (o fluxo de processamento geral) pela aplicação, com pouco ou nenhum processamento personalizado. Remover a complexidade ciclomática do sistema central e colocá-la em componentes de plug-in separados permite uma melhor extensão e manutenção, além de uma testabilidade maior. Por exemplo, pressuponha que uma aplicação de reciclagem de dispositivos eletrônicos deva realizar regras de avaliação específicas e personalizadas para cada dispositivo eletrônico recebido. O código Java para esse processamento poderia ser como o seguinte:

```java
public void assessDevice(String deviceID) {
   if (deviceID.equals("iPhone6s")) {
      assessiPhone6s();
   } else if (deviceID.equals("iPad1"))
      assessiPad1();
   } else if (deviceID.equals("Galaxy5"))
      assessGalaxy5();
   } else ...
      ...
   }
}
```

Em vez de colocar toda essa personalização específica do cliente no sistema central com muita complexidade ciclomática, é muito melhor criar um componente de plug-in separado para cada dispositivo eletrônico avaliado. Não só os componentes de plug-in específicos do cliente isolam a lógica do dispositivo independente do resto do fluxo de processamento como também permitem a expansão. Adicionar um novo dispositivo eletrônico para avaliar é uma simples questão de adicionar um novo componente de plug-in e atualizar o registro. Com o estilo de arquitetura microkernel, avaliar um dispositivo eletrônico requer somente que o sistema central localize e chame os plug-ins do dispositivo correspondentes, como mostrado neste código-fonte revisto:

```
public void assessDevice(String deviceID) {
      String plugin = pluginRegistry.get(deviceID);
      Class<?> theClass = Class.forName(plugin);
      Constructor<?> constructor = theClass.getConstructor();
      DevicePlugin devicePlugin =
            (DevicePlugin)constructor.newInstance();
      DevicePlugin.assess();
}
```

No exemplo, todas as regras complexas e instruções para avaliar certo dispositivo eletrônico estão contidas em um componente de plug-in autônomo e independente que pode ser executado genericamente a partir do sistema central.

Dependendo do tamanho e da complexidade, o sistema central pode ser implementado como uma arquitetura em camadas ou um bloco monolítico modular (como mostrado na Figura 12-2). Em alguns casos, o sistema central pode ser dividido em serviços de domínio implantados separadamente, com cada serviço contendo componentes de plug-in específicos do domínio. Por exemplo, suponha que Payment Processing seja o serviço do domínio que representa o sistema central. Cada método de pagamento (cartão de crédito, PayPal, crédito na loja, cartão-presente e pedido de compra) seria um componente de plug-in separado específico do domínio do pagamento. Em todos os casos, é comum que a aplicação monolítica inteiro compartilhe um único banco de dados.

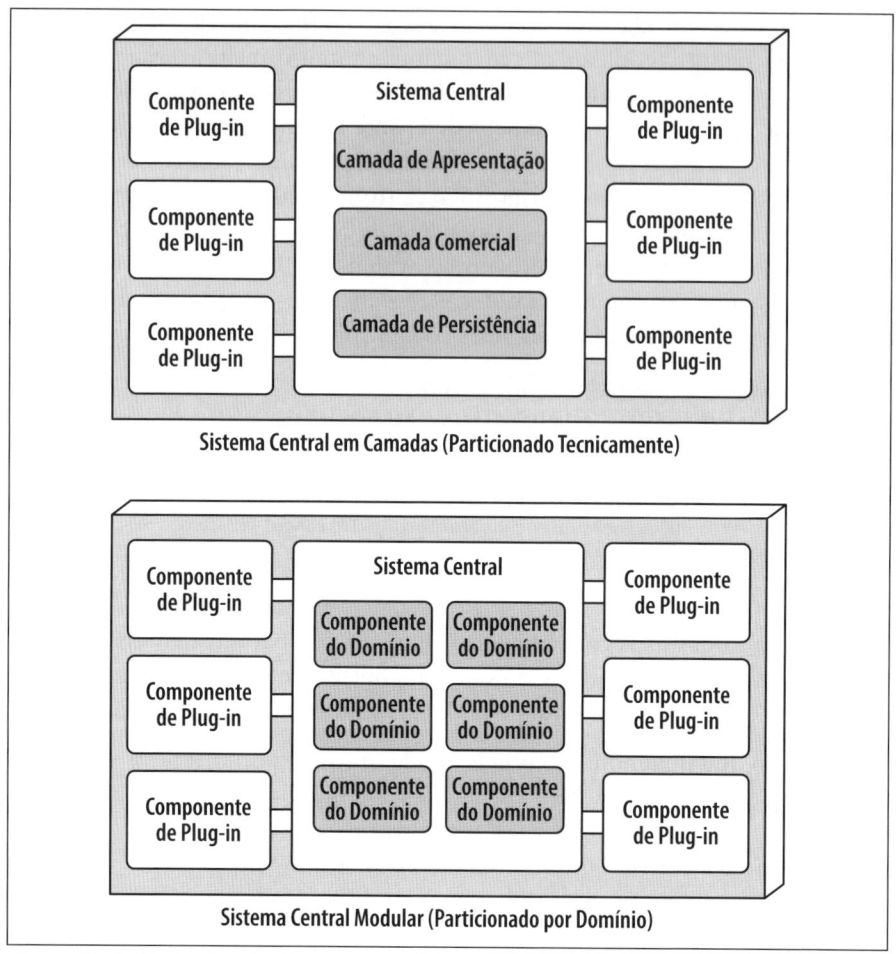

Figura 12-2. Variações do sistema central da arquitetura microkernel

A camada de apresentação do sistema central pode ser incorporada no sistema central ou implementada como uma interface de usuário separada, com o sistema central fornecendo serviços de back-end. Na verdade, uma interface de usuário separada também pode ser implementada como um estilo de arquitetura microkernel. A Figura 12-3 mostra essas variantes da camada de apresentação em relação ao sistema central.

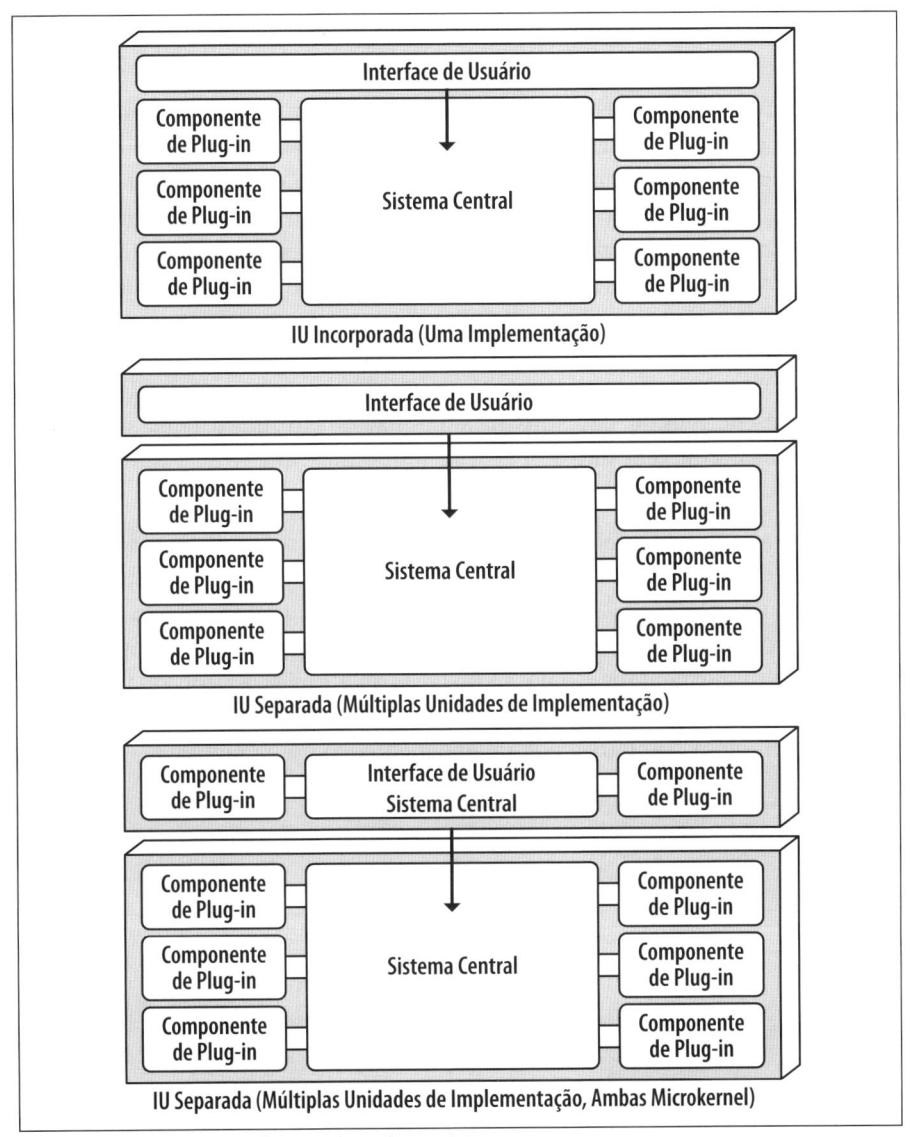

Figura 12-3. Variantes da interface de usuário

Componentes de Plug-in

Os componentes de plug-in são autônomos e independentes, contendo um processamento especializado, recursos adicionais e um código personalizado para melhorar ou estender o sistema central. E mais, eles podem ser usados para isolar um código altamente volátil, criando uma melhor manutenção e testabilidade na aplicação. O ideal é que os componentes de plug-in sejam independentes entre si e não tenham dependências entre eles.

A comunicação entre os componentes de plug-in e o sistema central normalmente é de ponto a ponto, ou seja, o "canal" que conecta o plug-in ao sistema central costuma ser uma chamada do método ou da função para a classe de ponto de entrada do componente de plug-in. Além disso, esse componente pode ser baseado na compilação ou no tempo de execução. Os componentes de plug-in em tempo de execução podem ser adicionados ou removidos durante a execução, sem ter que reimplantar o sistema central ou outros plug-ins, e normalmente são gerenciados por estruturas como Open Service Gateway Initiative (OSGi) para Java, Penrose (Java), Jigsaw (Java) ou Prism (.NET). Os componentes de plug-in baseados na compilação são muito mais simples de gerenciar, mas requerem que a aplicação monolítica inteira seja reimplantada quando modificada, adicionada ou removida.

Os componentes de plug-in de ponto a ponto podem ser implementados como bibliotecas compartilhadas (como JAR, DLL ou Gem), nomes do pacote em Java ou namespaces em C#. Continuando com o exemplo da aplicação de avaliação da reciclagem de eletrônicos, cada plug-in do dispositivo eletrônico pode ser escrito e implementado como JAR, DLL ou Ruby Gem (ou qualquer outra biblioteca compartilhada), com o nome do dispositivo correspondendo ao nome da biblioteca compartilhada independente, como na Figura 12-4.

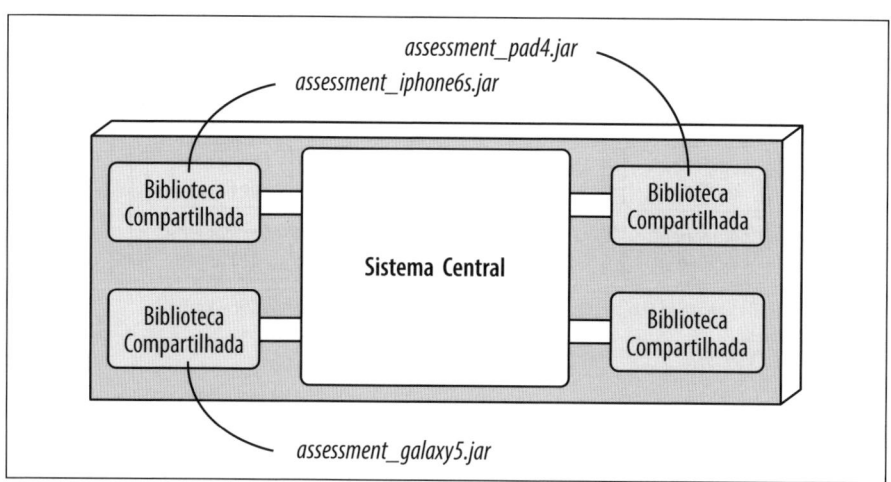

Figura 12-4. Implementação do plug-in da biblioteca compartilhada

Uma alternativa é a abordagem mais fácil mostrada na Figura 12-5 para implementar cada componente de plug-in como um namespace ou um nome do pacote separado na mesma base de código ou projeto IDE. Ao criar o namespace, recomendamos a seguinte semântica: app.plug-in.<domínio>.<contexto>. Por exemplo, considere o namespace app.plugin.assessment.iphone6s. O segundo nó (plugin) deixa claro que esse componente é um plug-in, portanto deve seguir estritamente as regras de negócio relacionadas aos componentes de plug-in (a saber, eles são autocontidos e separados dos outros plug-ins). O terceiro nó descreve o domínio (nesse caso assessment), permitindo que os componentes de plug-in sejam organizados e agrupados com uma finalidade em comum. O quarto nó (iphone6s) descreve o contexto específico do plug-in, facilitando localizar o plug-in específico do dispositivo para modificação e teste.

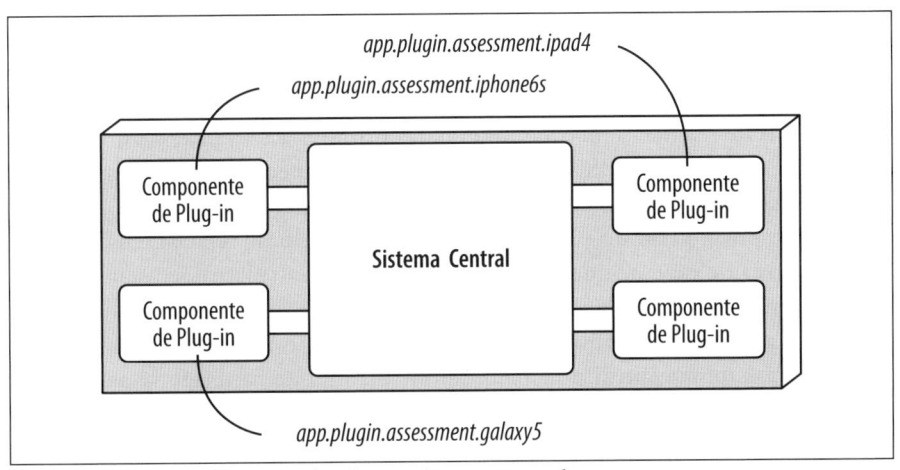

Figura 12-5. Implementação do plug-in do pacote ou do namespace

Nem sempre os componentes de plug-in têm que ser uma comunicação de ponto a ponto com o sistema central. Há alternativas, inclusive usar REST ou a mensageria como um meio de chamar a funcionalidade de plug-in, com cada plug-in sendo um serviço independente (ou talvez até um microsserviço implementado usando um contêiner). Embora possa parecer um bom modo de aumentar a escalabilidade geral, observe que essa topologia (mostrada na Figura 12-6) ainda é apenas um quantum da arquitetura devido ao sistema central monolítico. Toda requisição primeiro deve passar pelo sistema central para chegar no serviço de plug-in.

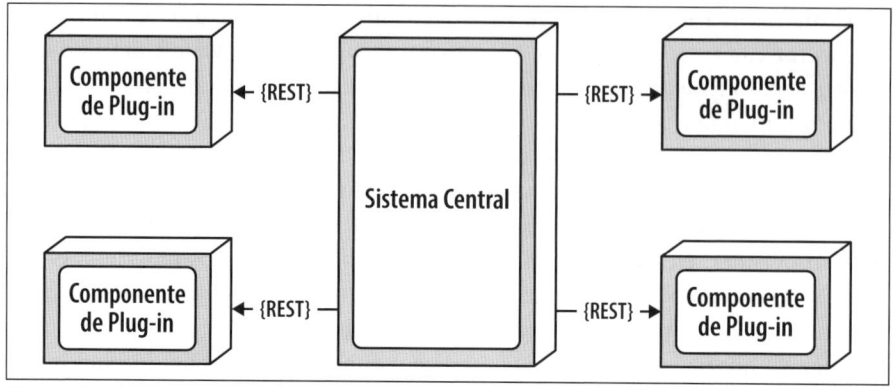

Figura 12-6. Acesso do plug-in remoto usando REST

Os benefícios da abordagem do acesso remoto para acessar os componentes de plug-in implementados como serviços individuais são que ele fornece um melhor desacoplamento geral do componente, permite uma melhor escalabilidade e taxa de transferência e permite alterações durante a execução sem nenhuma estrutura especial como OSGi, Jigsaw ou Prism. Também permite comunicações assíncronas com plug-ins, que, dependendo da situação, poderiam melhorar muito a resposta geral do usuário. Usando o exemplo de reciclagem de eletrônicos, em vez de esperar que a avaliação do dispositivo eletrônico seja executada, o sistema central poderia fazer uma *requisição* assíncrona para iniciar uma avaliação para certo dispositivo. Quando a avaliação termina, o plug-in pode notificar o sistema central por meio de outro canal de mensageria assíncrona, que, por sua vez, notificaria o usuário que a avaliação está concluída.

Esses benefícios têm trade-offs. O acesso do plug-in remoto torna a arquitetura microkernel uma arquitetura distribuída, em vez de uma monolítica, dificultando implementar e implantar para a maioria dos produtos locais de terceiros. Além disso, cria mais complexidade geral, custo e complica a topologia de implementação em geral. Se um plug-in fica sem resposta ou não é executado, em particular ao usar REST, a requisição não pode ser concluída. Isso não aconteceria com uma implementação monolítica. A escolha de tornar de ponto a ponto ou remota a comunicação com os componentes plug-in a partir do sistema central deve se basear nos requisitos específicos e, assim, requer uma análise de trade-off cuidadosa dos benefícios e das desvantagens de tal abordagem.

Não é uma prática comum que os componentes de plug-in conectem diretamente um banco de dados compartilhado de modo central. Pelo contrário, o sistema central assume essa responsabilidade, passando qualquer dado necessário para cada plug-in. O motivo básico para essa prática é o desacoplamento. Fazer uma alteração no banco de dados deve impactar apenas o sistema central, não os componentes de plug-in. Dito isso, os plug-ins podem ter seus próprios armazenamentos de dados separados acessíveis apenas para esse plug-in. Por exemplo, cada plug-in de avaliação do dispositivo eletrônico no exemplo do sistema de reciclagem pode ter seu próprio banco de dados simples ou mecanismo de regras contendo todas as regras específicas da avaliação para cada produto. O armazenamento de dados que o componente de plug-in possui pode ser externo (como mostrado na Figura 12-7) ou incorporado como parte do componente de plug-in ou da implementação monolítica (como no caso de um banco de dados na memória ou embutido).

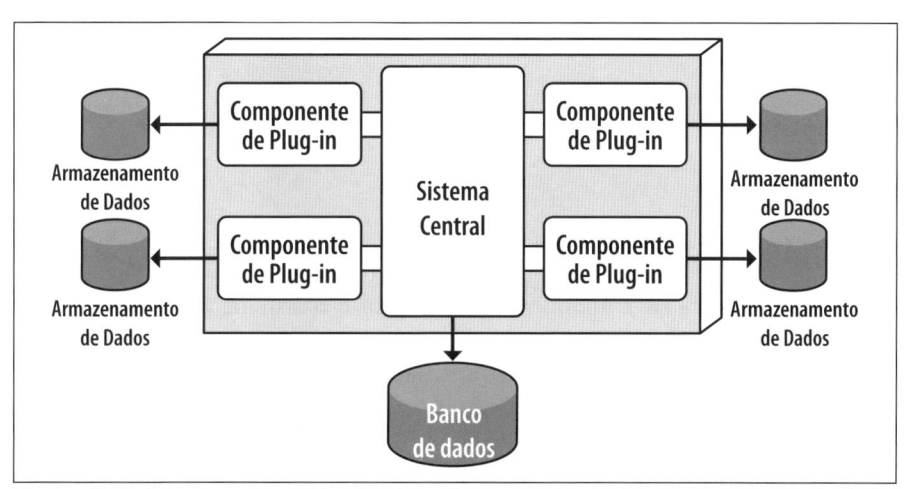

Figura 12-7. Os componentes de plug-in podem ter seu próprio armazenamento de dados

Registro

O sistema central precisa saber quais módulos de plug-in estão disponíveis e como obtê-los. Um modo comum de implementar isso é com um registro de plug-in. Esse registro contém informações sobre cada módulo de plug-in, inclusive coisas como nome, contrato dos dados e detalhes do protocolo de acesso remoto (dependendo de como o plug-in está conectado ao sistema central). Por exemplo, um plug-in para um software fiscal que marca os itens de auditoria fiscal de alto risco pode ter uma entrada de registro contendo o nome do serviço (AuditChecker), os dados do contrato (dados de entrada e saída) e o formato do contrato (XML).

O registro pode ser tão simples quanto uma estrutura de mapa interna que o sistema central possui, contendo uma chave e a referência do componente de plug-in, ou pode ser tão complexo quanto uma ferramenta de registro e descoberta incorporada no sistema central ou implantada externamente (como Apache ZooKeeper ou Consul). Usando o exemplo de reciclagem de eletrônicos, o código Java a seguir implementa um registro simples no sistema central, mostrando uma entrada de ponto a ponto, uma entrada de mensageria e um exemplo de entrada RESTful para avaliar um dispositivo iPhone 6S:

```java
Map<String, String> registry = new HashMap<String, String>();
static {
  //exemplo de acesso de ponto a ponto
  registry.put("iPhone6s", "Iphone6sPlugin");

  //exemplo de mensagem
  registry.put("iPhone6s", "iphone6s.queue");

  //exemplo restful
  registry.put("iPhone6s", "https://atlas:443/assess/iphone6s");
}
```

Contratos

Os contratos entre os componentes de plug-in e o sistema central costumam ser padrão em um domínio dos componentes de plug-in e incluem o comportamento e os dados de entrada e saída retornados do componente de plug-in. Os contratos personalizados normalmente são encontrados nas situações em que os componentes de plug-in são desenvolvidos por terceiros, em que você não tem nenhum controle sobre o contrato usado pelo plug-in. Nesses casos, é comum criar um adaptador entre o contrato de plug-in e seu contrato padrão para que o sistema central não precise de um código especializado para cada plug-in.

Os contratos de plug-in podem ser implementados em XML, JSON ou até nos objetos enviados e retornados entre o plug-in e o sistema central. Mantendo a aplicação de reciclagem de eletrônicos, o seguinte contrato (implementado como uma interface Java padrão denominada `AssessmentPlugin`) define o comportamento geral (`assess()`, `register()` e `deregister()`), junto aos dados de saída correspondentes esperados do componente de plug-in (`AssessmentOutput`):

```java
public interface AssessmentPlugin {
    public AssessmentOutput assess();
    public String register();
    public String deregister();
}

public class AssessmentOutput {
    public String assessmentReport;
    public Boolean resell;
    public Double value;
    public Double resellPrice;
}
```

Nesse exemplo de contrato, o plug-in de avaliação do dispositivo deve retornar o relatório de avaliação como uma string formatada; um flag de revenda (true ou false) indicando se o dispositivo pode ser revendido em um mercado de terceiros ou descartado em segurança; por fim, se pode ser revendido (outra forma de reciclagem), qual é o valor calculado do item e qual deve ser o preço de revenda recomendado.

Observe o modelo de funções e responsabilidade entre o sistema central e o componente de plug-in nesse exemplo, especificamente com o campo `assessmentReport`. Não é de responsabilidade do sistema central formatar e entender os detalhes do relatório de avaliação, apenas imprimir ou exibir para o usuário.

Exemplos e Casos de Uso

A maioria das ferramentas usadas para desenvolver e lançar um software é implementada usando a arquitetura microkernel. Alguns exemplos incluem o IDE Eclipse, PMD, Jira e Jenkins, para citar alguns). Os navegadores da internet, como Chrome e Firefox, são outro exemplo de produto comum usando a arquitetura microkernel: visores e outros plug-ins adicionam capacidades extras que não são encontradas no navegador básico que representa o sistema central. Há exemplos infinitos para o software baseado em produtos, mas e os grandes aplicações de negócio? A arquitetura microkernel se aplica a essas situações também. Para tanto, considere um exemplo de seguradora que envolve o processamento de sinistros.

O processamento dos sinistros é um processo muito complicado. Cada jurisdição tem regras diferentes e regulações para o que é ou não permitido em um sinistro. Por exemplo, algumas jurisdições (por exemplo, Estados) permitem a substituição gratuita do para-brisa se ele é danificado por uma pedra, já outros

Estados não. Isso cria condições quase infinitas para um processo padrão de sinistros.

A maioria das aplicações de sinistros utiliza mecanismos de regras grandes e complexos para lidar com grande parte dessa complexidade. Porém esses mecanismos podem se tornar uma grande bola de lama complexa, em que mudar uma regra impacta as outras ou fazer uma simples alteração da regra requer um exército de analistas, desenvolvedores e testadores para assegurar que nada seja interrompido por uma simples mudança. Usar o padrão de arquitetura microkernel pode resolver muitas dessas questões.

As regras de sinistros para cada jurisdição podem ficar em componentes de plug-in independentes e separados (implementados como código-fonte ou uma instância do mecanismo de regras específicas acessada pelo componente de plug-in). Assim, regras podem ser adicionadas, removidas ou alteradas para certa jurisdição sem impactar a outra parte do sistema. E mais, novas jurisdições podem ser adicionadas e removidas sem impactar as outras partes. O sistema central nesse exemplo seria o processo padrão para apresentar e processar um sinistro, algo que não muda com frequência.

Outro exemplo de uma aplicação comercial grande e complexo que pode utilizar a arquitetura microkernel é o software de preparação de imposto. Por exemplo, os EUA têm um formulário fiscal básico com duas páginas, chamado formulário 1040, contendo um resumo de todas as informações necessárias para calcular o IR devido de uma pessoa. Cada linha no formulário 1040 tem um número que requer muitos outros formulários e planilhas para chegar a esse único número (como a renda bruta). Cada formulário adicional e planilha pode ser implementado como um componente de plug-in, com o formulário fiscal de resumo 1040 sendo o sistema central (o controlador). Assim, as alterações na lei tributária podem ser isoladas em um componente de plug-in independente, facilitando fazer mudanças e sendo menos arriscado.

Classificações das Características da Arquitetura

Uma estrela nas classificações das características na Figura 12-8 significa que a característica específica não é bem suportada na arquitetura, já cinco estrelas significam que a característica é um dos recursos mais fortes no estilo da arquitetura. A definição para cada característica identificada no placar pode ser encontrada no Capítulo 4.

Característica da arquitetura	Classificação de estrelas
Tipo de particionamento	Domínio e técnico
Número de quanta	1
Implementabilidade	★★★
Elasticidade	★
Evolutiva	★★★
Tolerância a falhas	★
Modularidade	★★★
Custo geral	★★★★★
Desempenho	★★★
Confiabilidade	★★★
Escalabilidade	★
Simplicidade	★★★★
Testabilidade	★★★

Figura 12-8. Classificações das características da arquitetura microkernel

Assim como o estilo de arquitetura em camadas, simplicidade e custo geral são os principais pontos fortes do estilo de arquitetura microkernel; escalabilidade, tolerância a falhas e elasticidade são os principais pontos fracos. Essas fraquezas são devido às implementações monolíticas típicas encontradas na arquitetura microkernel. E mais, como a arquitetura em camadas, o número de quanta é sempre singular (um) porque todas as requisições devem passar pelo sistema central para chegarem aos componentes de plug-in independentes. É onde acabam as semelhanças.

O estilo de arquitetura microkernel é único, no sentido de que pode ser particionado por domínio *e* tecnicamente. Embora a maioria das arquiteturas microkernel seja particionada tecnicamente, o aspecto de particionamento do domínio ocorre em grande parte por meio de um forte isomorfismo do domínio para a arquitetura. Por exemplo, os problemas que requerem diferentes configurações para cada localização ou cliente correspondem muitíssimo bem a esse estilo de arquitetura. Outro exemplo é um produto ou uma aplicação que enfatiza muito a customização do usuário e a extensão do recurso (como Jira ou um IDE, como o Eclipse).

Testabilidade, implementabilidade e confiabilidade se classificam um pouco acima da média (três estrelas), basicamente porque a funcionalidade pode ser isolada nos componentes de plug-in independentes. Se feito corretamente, reduz o escopo de teste geral das alterações e também diminui o risco geral da implementação, em particular se os componentes de plug-in são implantados durante a execução.

Modularidade e extensibilidade também ficam um pouco acima da média (três estrelas). Com o estilo de arquitetura microkernel, uma funcionalidade extra pode ser adicionada, removida e alterada por meio de componentes de plug-in independentes e autocontidos, assim tornando relativamente fácil estender e aprimorar as aplicação criadas usando esse estilo, permitindo que as equipes respondam às alterações com mais rapidez. Considere o exemplo do software de preparação de impostos da seção anterior. Se a lei fiscal dos EUA muda (o que acontece o tempo todo), requerendo um novo formulário fiscal, que pode ser criado como um componente de plug-in e adicionado à aplicação sem grande esforço. Do mesmo modo, se um formulário fiscal ou planilha não são mais necessários, esse plug-in pode simplesmente ser removido da aplicação.

Performance sempre é uma característica interessante de classificar com o estilo de arquitetura microkernel. Demos três estrelas (um pouco acima da média) em grande parte porque as aplicaçõess microkernel normalmente são pequenas e não ficam tão grandes quanto a maioria das arquiteturas em camadas. E mais, eles não sofrem muito com o antipadrão sinkhole da arquitetura visto no Capítulo 10. Por fim, as arquiteturas microkernel podem ser aprimoradas desativando a funcionalidade desnecessária, tornando a execução da aplicação mais rápida. Um bom exemplo é o Wildfly (antes denominado JBoss Application Server). Desativando a funcionalidade desnecessária, como o clustering, uso de cache e a mensageria, o servidor da aplicação roda muito mais rápido do que com esses recursos funcionando.

CAPÍTULO 13
Estilo de Arquitetura Baseada em Serviços

A arquitetura *baseada em serviços* é uma combinação do estilo microsserviços e é considerada um dos estilos mais pragmáticos, em grande parte devido à sua flexibilidade arquitetural. Embora a arquitetura baseada em serviços seja distribuída, ela não tem a mesma complexidade e custo das outras arquiteturas distribuídas, como os microsserviços ou a arquitetura baseada em eventos, tornando-a uma escolha muito popular para inúmeras aplicações comerciais.

Topologia

A topologia básica da arquitetura baseada em serviços segue a macroestrutura em camadas que consiste em uma interface de usuário implantada separadamente, serviços gerais remotos implantados e separados, além de um banco de dados monolítico. Essa topologia básica é mostrada na Figura 13-1.

Os serviços nesse estilo de arquitetura costumam ser granulares "partes de uma aplicação" (em geral chamados *serviços do domínio*), que são independentes e implantados separadamente. Em geral os serviços são implantados assim como qualquer aplicação monolítica (como um arquivo EAR, WAR ou assembly) e, como tal, não exigem conteinerização (embora você possa implantar um serviço de domínio em um contêiner, como o Docker). Como os serviços normalmente compartilham um único banco de dados monolítico, o número em um contexto da aplicação costuma variar entre quatro e doze serviços, com a média sendo sete.

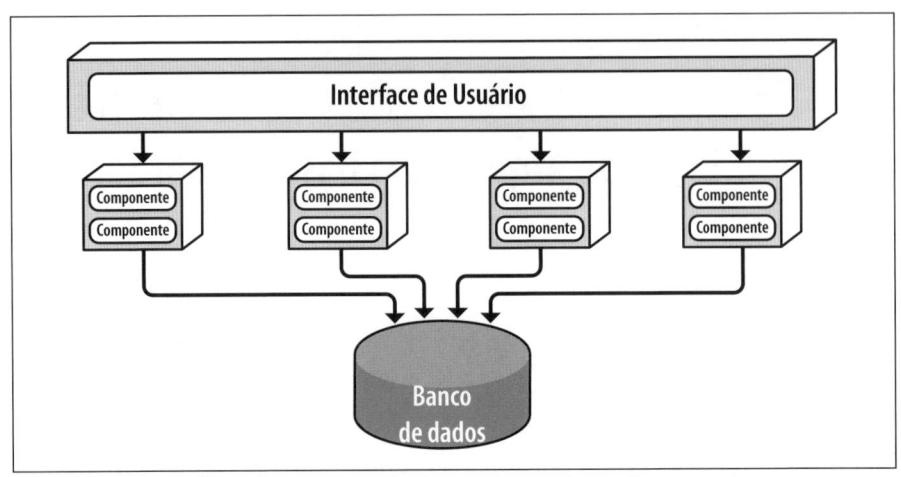

Figura 13-1. Topologia básica do estilo de arquitetura baseada em serviços

Na maioria dos casos, existe apenas uma instância de cada serviço do domínio dentro de uma arquitetura baseada em serviços. Contudo, com base na escalabilidade, na tolerância a falhas e nas necessidades da taxa de transmissão, múltiplas instâncias de um serviço de domínio podem existir com certeza. Múltiplas instâncias de um serviço costumam requerer alguma capacidade de balanceamento de carga entre a IU e o serviço de domínio para que a IU possa ser direcionada para uma instância de serviço íntegra e disponível.

Os serviços são acessados remotamente a partir de uma IU usando um protocolo de acesso remoto. Embora o REST seja normalmente usado para acessar os serviços a partir da IU, mensageria, um RPC (chamada remota de procedimento) ou mesmo o SOAP poderiam também ser usados. Ao passo que uma camada de API, que consiste em um proxy ou um gateway, possa ser usada para acessar os serviços a partir da IU (ou outras requisições externas), na maioria dos casos, a IU acessa os serviços diretamente, usando o padrão localizador de serviço incorporado na IU, no gateway da API ou no proxy.

Um aspecto importante da arquitetura baseada em serviços é que ela geralmente usa um banco de dados compartilhado central. Isso permite que os serviços utilizem consultas SQL e junções do mesmo modo que uma arquitetura tradicional em camadas e monolítica. Devido ao pequeno número de serviços (quatro a doze), as conexões do banco de dados não costumam ser um problema na arquitetura baseada em serviços. Contudo, as alterações no banco de dados são. A seção "Particionamento do Banco de Dados" descreve técnicas para lidar e gerenciar a alteração no banco de dados em uma arquitetura baseada em serviços.

Variantes da Topologia

Existem muitas variantes da topologia no estilo de arquitetura baseado em serviço, talvez o tornando um dos estilos mais flexíveis. Por exemplo, a IU monolítica, como mostrado na Figura 13-1, pode ser dividida nos domínios da IU, até em um nível de correspondência com cada serviço do domínio. Essas variantes da IU são ilustradas na Figura 13-2.

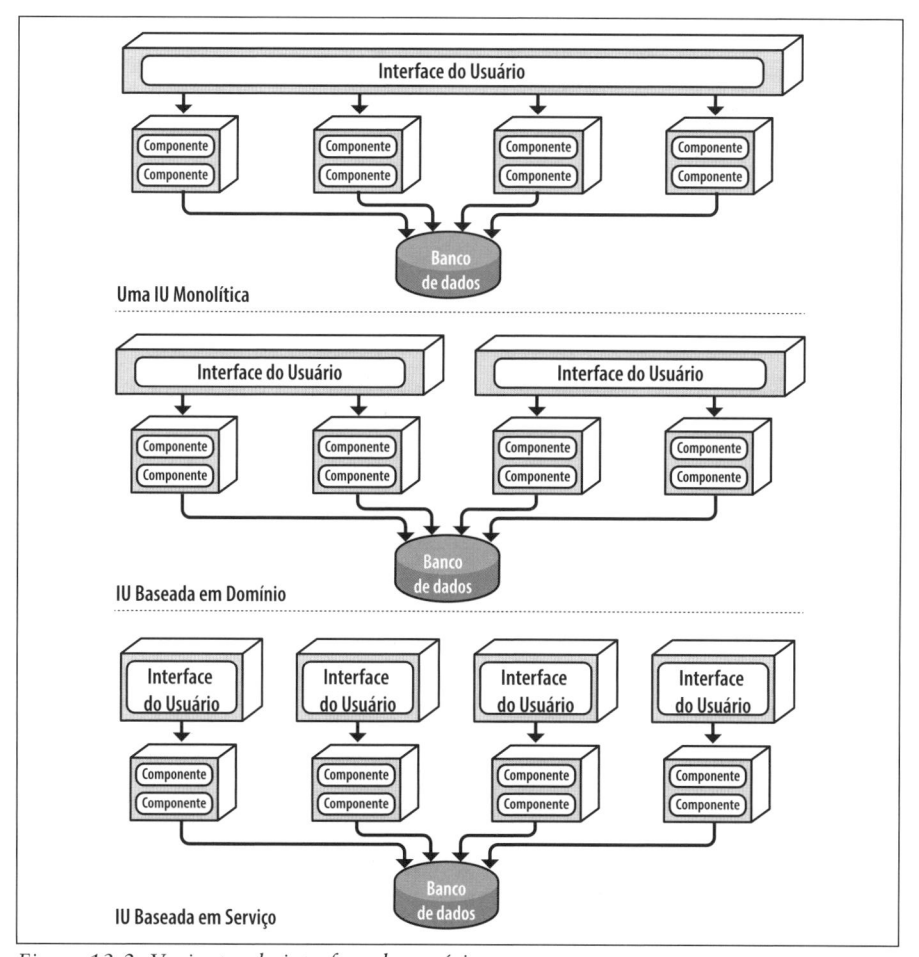

Figura 13-2. Variantes da interface de usuário

Do mesmo modo, podem existir oportunidades para dividir um banco de dados monolítico em bancos de dados separados, mesmo ao ponto de os bancos de dados no escopo do domínio corresponderem a cada serviço do domínio (parecido com os microsserviços). Nesses casos, é importante assegurar que os dados em cada banco de dados separado não sejam necessários por outro serviço do domínio. Isso evita a comunicação interna entre os serviços do domínio (algo certamente a evitar na arquitetura baseada em serviços) e também a duplicação dos dados entre os bancos de dados. Essas variantes do banco de dados são mostradas na Figura 13-3.

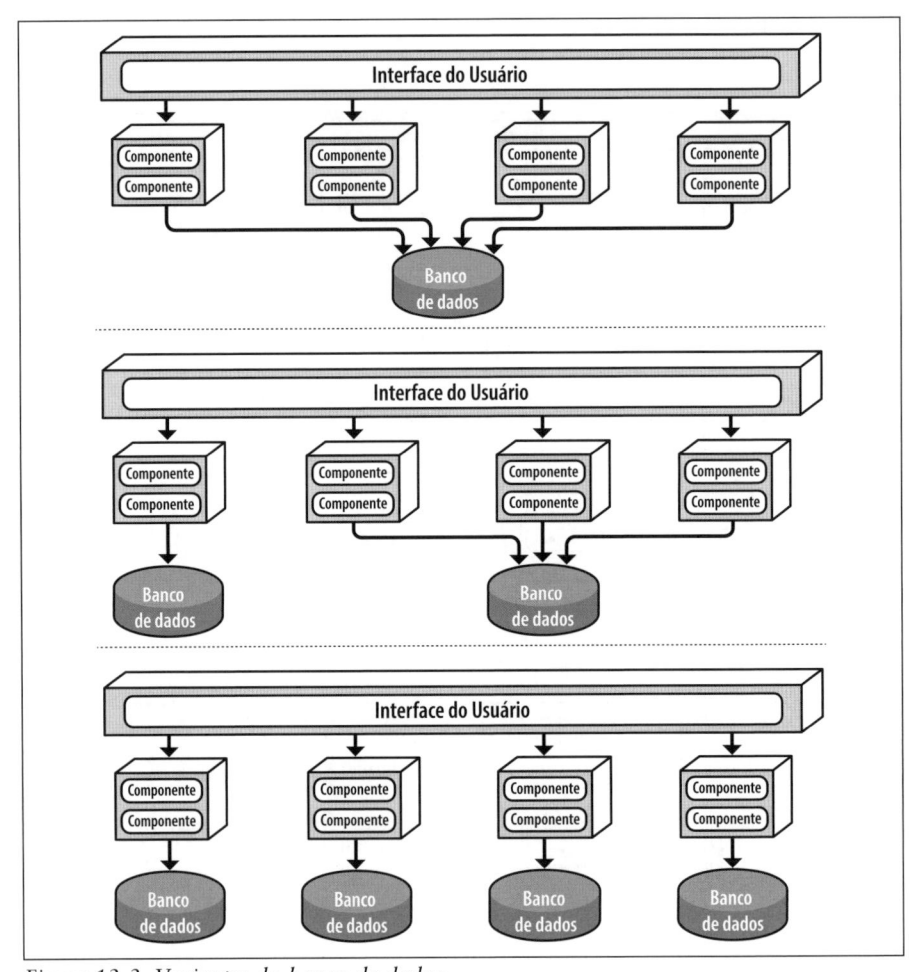

Figura 13-3. Variantes do banco de dados

Por fim, também é possível adicionar uma camada de API consistindo em um proxy ou um gateway reverso entre a IU e os serviços, como na Figura 13-4. É uma boa prática ao expor a funcionalidade do serviço do domínio aos sistemas externos ou ao consolidar as preocupações transversais compartilhadas e movê-las para fora da IU (como métrica, segurança, requisitos de auditoria e descoberta do serviço).

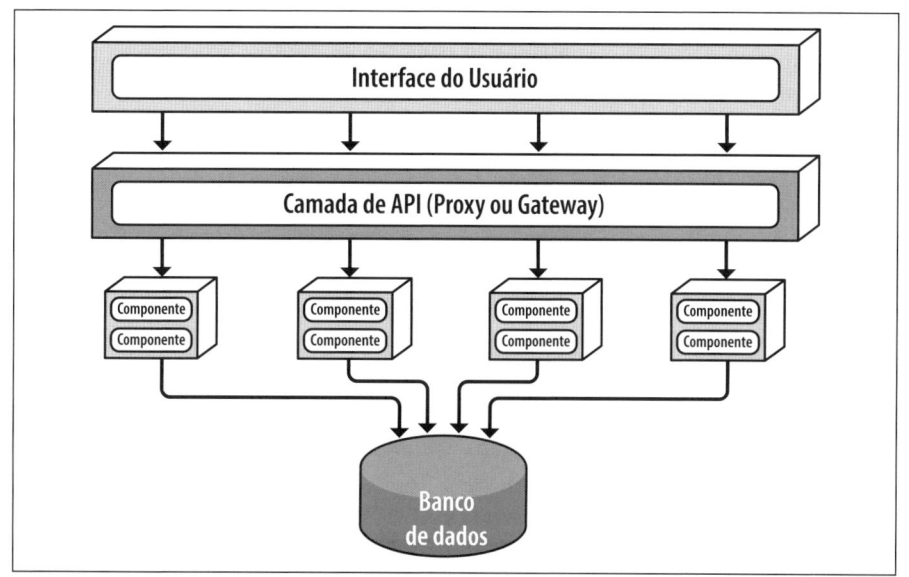

Figura 13-4. Adicionando uma camada de API entre a IU e os serviços do domínio

Design do Serviço e Granularidade

Como os serviços do domínio em uma arquitetura baseada em serviços normalmente são granulares, cada serviço costuma ser projetado usando um estilo de arquitetura em camadas que consiste em uma camada de fachada da API, uma camada comercial e uma camada de persistência. Outra abordagem de design popular é a partição do domínio de cada serviço do domínio usando subdomínios semelhantes ao estilo da arquitetura monolítica modular. Cada abordagem de design é mostrada na Figura 13-5.

Independentemente do design do serviço, um serviço do domínio deve ter algum tipo de fachada de acesso à API com a qual a IU interage para executar uma funcionalidade de negócios. Em geral, a fachada de acesso da API assume a responsabilidade de orquestrar a requisição de negócio a partir da interface de usuário. Por exemplo, considere uma requisição de negócio da IU para fazer um pedido (também conhecido como fechar catálogo). Essa única solicitação, recebida pela fachada de acesso da API no serviço de domínio `OrderService`, orquestra internamente essa requisição de negócio: fazer o pedido, gerar uma ID do pedido, aplicar o pagamento e atualizar o inventário do produto para cada produto pedido. No estilo de arquitetura de microsserviços, é provável que isso envolvesse a orquestração de muitos serviços remotos de finalidade única e implantados separadamente para concluir a solicitação. Essa diferença entre a orquestração no nível da classe interna e a orquestração dos serviços externos aponta para uma das muitas diferenças importantes entre a arquitetura baseada em serviços e os microsserviços em termos de granularidade.

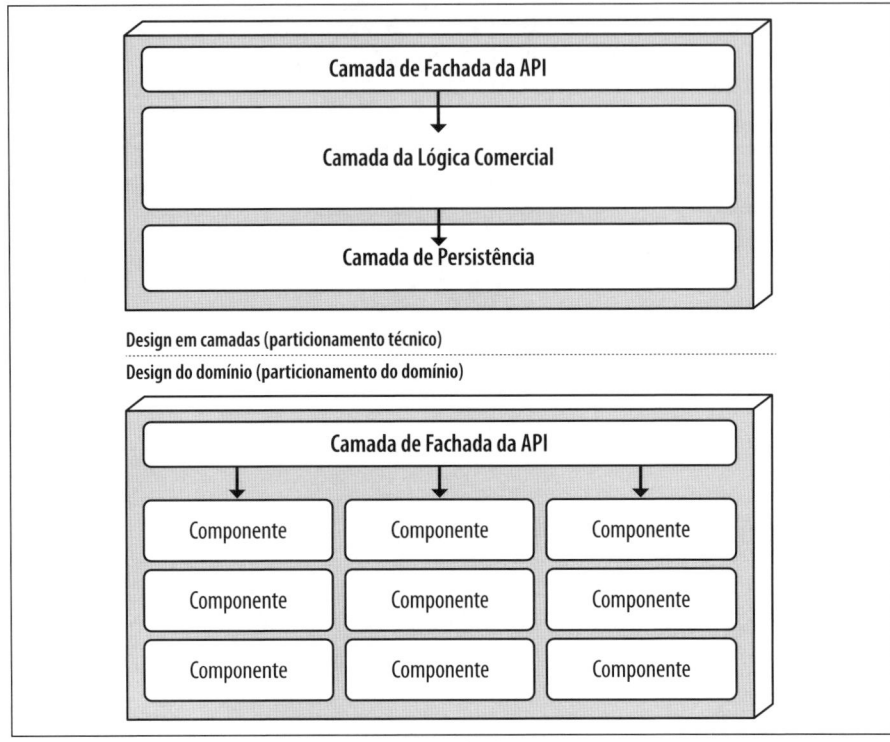

Figura 13-5. Variantes de design do serviço do domínio

Como os serviços do domínio são granulares, as transações do banco de dados ACID (atomicidade, consistência, isolamento, durabilidade) envolvendo as operações commit (aceitar) e rollback (reverter) são usadas para assegurar a integridade do banco de dados em um serviço do domínio. Já as arquiteturas altamente distribuídas, como os microsserviços, costumam ter serviços detalhados e usam uma técnica de transação distribuída, conhecida como transações BASE (disponibilidade básica, estado suave, consistência eventual) que contam com uma consistência eventual e, assim, não têm suporte para o mesmo nível de integridade do banco de dados como as transações ACID em uma arquitetura baseada em serviços.

Para ilustrar, considere o exemplo de um processo para fechar o catálogo em uma arquitetura baseada em serviços. Pressuponha que o cliente faça um pedido e o cartão de crédito usado para pagamento tenha expirado. Como se trata de uma transação atômica dentro do mesmo serviço, tudo adicionado ao banco de dados pode ser removido usando um rollback, e um aviso é enviado para o cliente informando que o pagamento não pode ser aplicado. Agora considere esse mesmo processo em uma arquitetura de microsserviços com serviços granulares menores. Primeiro, o serviço `OrderPlacement` aceitaria a solicitação, criaria o pedido, geraria a ID do pedido e inseriria o pedido nas tabelas de pedido. Uma vez feito, o serviço do pedido faria uma chamada remota para `PaymentService`, que tentaria aplicar o pagamento. Se o pagamento não puder ser aplicado devido a um cartão de crédito expirado, então o pedido não poderá ser feito e os dados estarão em um estado inconsistente (as informações do pedido já foram inseridas, mas não aprovadas). Nesse caso, e o inventário do pedido? Ele deve ser marcado como feito e diminuído? E se o inventário for baixo e outro cliente quiser comprar o item? O novo cliente deve ter permissão para comprá-lo ou o inventário deve ser reservado para o cliente que tenta fazer o pedido com um cartão de crédito expirado? Essas são apenas algumas questões que precisariam ser abordadas ao orquestrar um processo de negócios com vários serviços granulares finos.

Os serviços do domínio, sendo granulares e grandes, permitem uma melhor integridade e consistência dos dados, mas há um trade-off. Na arquitetura baseada em serviços, uma alteração feita na funcionalidade de colocação do pedido em `OrderService` exigiria testar o serviço granular inteiro (inclusive o processamento do pagamento), ao passo que, nos microsserviços, a mesma alteração impactaria apenas um pequeno serviço `OrderPlacement` (não requerendo nenhuma alteração em `PaymentService`). E mais, como mais código está sendo implantado, há mais risco na arquitetura baseada em serviços de que algo possa ser violado (inclusive o processamento do pagamento), ao passo que nos microsserviços, cada serviço tem uma responsabilidade e, portanto, menos chance de violar outra funcionalidade ao ser alterado.

Particionamento do Banco de Dados

Embora não seja requerido, os serviços em uma arquitetura baseada em serviços costumam compartilhar um banco de dados monolítico devido ao pequeno número de serviços (quatro a doze) em certo contexto da aplicação. Esse acoplamento do banco de dados pode trazer problemas em relação às alterações no esquema da tabela do banco de dados. Se não for feita corretamente, uma alteração na tabela pode impactar todo serviço, tornando muito caras as alterações no banco de dados em termos de esforço e coordenação.

Em uma arquitetura baseada em serviços, os arquivos de classe compartilhados que representam os esquemas da tabela do banco de dados (normalmente referidos como *objetos de entidade*) residem em uma biblioteca compartilhada e personalizada usada por todos os serviços do domínio (como um arquivo JAR ou DLL). As bibliotecas compartilhadas também podem conter código SQL. A prática de criar uma biblioteca compartilhada de objetos de entidade é o modo menos eficiente de implementar uma arquitetura baseada em serviços. Qualquer alteração nas estruturas da tabela do banco de dados também exigiria mudar a única biblioteca compartilhada contendo todos os objetos de entidade correspondentes, requerendo uma alteração e uma reimplementação em todo serviço, não importando se os serviços de fato acessam ou não a tabela alterada. A versão da biblioteca compartilhada pode ajudar a lidar com essa questão, mas, com uma biblioteca compartilhada, é difícil saber quais serviços de fato são impactados pela alteração da tabela sem uma análise manual detalhada. Esse cenário de biblioteca compartilhada é mostrado na Figura 13-6.

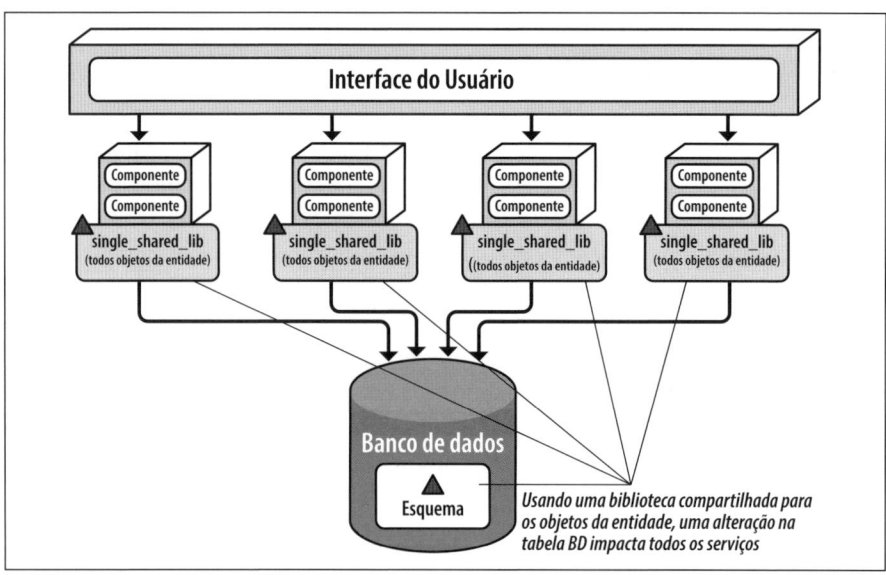

Figura 13-6. Usando uma biblioteca compartilhada para os objetos de entidade do banco de dados

Um modo de amenizar o impacto e o risco das alterações no banco de dados é particioná-lo logicamente e manifestar o particionamento lógico por meio de bibliotecas compartilhadas e federadas. Observe na Figura 13-7 que o banco de dados é particionado logicamente em cinco domínios separados (comum, cliente, fatura, pedido e rastreamento). Observe também que existem cinco bibliotecas correspondentes compartilhadas e usadas pelos serviços do domínio que correspondem às partições lógicas no BD. Usando essa técnica, as alterações em uma tabela em certo domínio lógico (nesse caso, a fatura) coincidem com a biblioteca compartilhada correspondente que contém os objetos da entidade (e possivelmente o SQL também), impactando apenas os serviços que usam essa biblioteca compartilhada, que nesse caso é o serviço de fatura. Nenhum outro serviço é impactado por essa alteração.

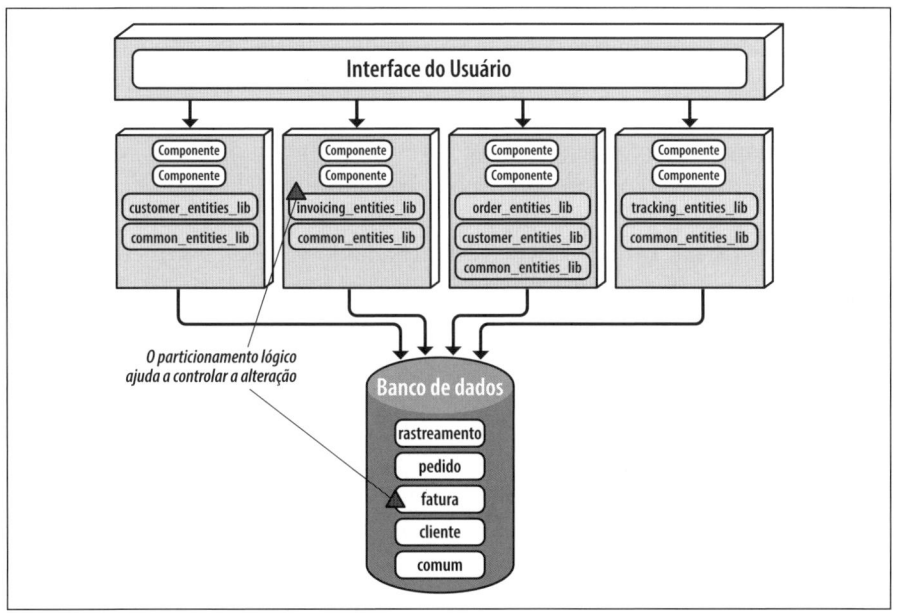

Figura 13-7. Usando múltiplas bibliotecas compartilhadas para os objetos da entidade do banco de dados

Na Figura 13-7, note o uso do domínio *comum* e da biblioteca compartilhada `common_entities_lib` correspondente usada por todos os serviços. É uma ocorrência relativamente comum. Essas tabelas são comuns a todos os serviços e, como tais, as alterações nelas requerem a coordenação de todos os serviços que acessam o banco de dados compartilhado. Um modo de diminuir as alterações nessas tabelas (e nos objetos da entidade correspondentes) é bloquear os objetos da entidade comuns no sistema de controle de versão e limitar o acesso de alteração apenas à equipe do banco de dados. Isso ajuda a controlar a alteração e enfatiza a importância das alterações nas tabelas comuns usadas por todos os serviços.

> Torne o particionamento lógico no banco de dados o mais detalhado possível, ainda mantendo os domínios dos dados bem definidos para controlar melhor as alterações no banco de dados em uma arquitetura baseada em serviços.

Arquitetura de Exemplo

Para mostrar a flexibilidade e o poder do estilo de arquitetura baseada em serviços, considere o exemplo real de um sistema de reciclagem usado para reciclar antigos dispositivos eletrônicos (como celulares iPhone ou Galaxy). O fluxo de processamento da reciclagem dos antigos dispositivos eletrônicos funciona assim: primeiro, o cliente pergunta à empresa (via site ou quiosque) quanto dinheiro ele consegue com o antigo dispositivo eletrônico (chamado de *cotação*). Se satisfeito, o cliente envia o dispositivo para a empresa de reciclagem, que, por sua vez, recebe o dispositivo físico (chamado *recebimento*). Ao receber, a empresa de reciclagem avalia o dispositivo para determinar se ele está em boas condições ou não (chamado *avaliação*). Se o dispositivo estiver em boas condições, a empresa enviará ao cliente o dinheiro prometido pelo dispositivo (chamado *faturamento*). Nesse processo, o cliente pode acessar o site a qualquer momento para verificar o status do item (chamado *status do item*). Com base na avaliação, o dispositivo é reciclado, destruindo-o com segurança ou revendendo-o (chamado *reciclagem*). Por fim, a empresa executa periodicamente relatórios financeiros e operacionais agendados e pontuais segundo a atividade de reciclagem (chamado *relatório*).

A Figura 13-8 mostra esse sistema usando uma arquitetura baseada em serviços. Observe como cada área do domínio identificada na descrição anterior é implementada como um serviço de domínio independente e implantado separadamente. A escalabilidade pode ser conseguida apenas escalando os serviços que precisam de uma taxa de transferência mais alta (nesse caso, o serviço `Quoting` para o cliente e o serviço `ItemStatus`). Os outros serviços não precisam escalar e, assim, requerem apenas uma instância do serviço.

Observe também como as aplicações IU são federadas em seus respectivos domínios: *Para o Cliente*, *Recebimento*, *Reciclagem* e *Faturamento*. Essa federação permite uma tolerância a falhas da IU, escalabilidade e segurança (os clientes externos não têm caminho na rede até a funcionalidade interna). Finalmente, observe no exemplo que existem dois bancos de dados físicos separados: um para as operações externas do cliente e outro para as operações internas. Isso permite que os dados e as operações internos residam em uma zona separada da rede em relação às operações externas (indicado pela linha vertical), fornecendo restrições de acesso de segurança e proteção dos dados muito melhores. Um acesso unidirecional pelo firewall permite que os serviços internos acessem e atualizem as informações para o cliente, mas não vice-versa. Uma alternativa, dependendo do banco de dados usado, é a possibilidade de usar o espelhamento interno da tabela e a sincronização das tabelas.

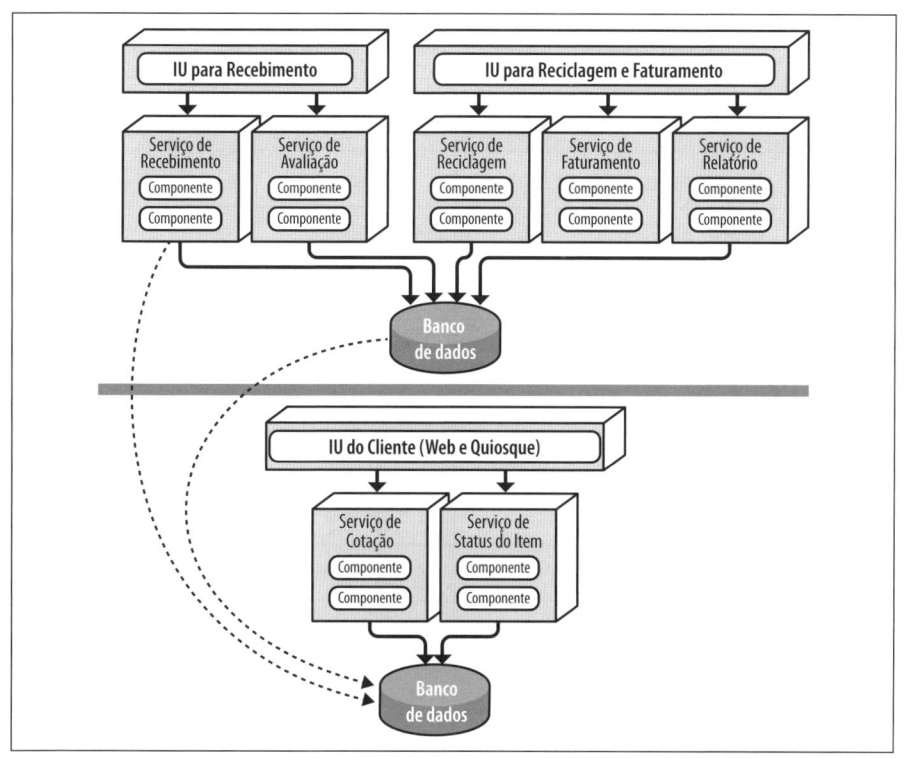

Figura 13-8. Exemplo de reciclagem de eletrônicos usando a arquitetura baseada em serviços

Este exemplo mostra muitos benefícios da abordagem da arquitetura baseada em serviços: escalabilidade, tolerância a falhas e segurança (proteção e acesso dos dados e da funcionalidade), além da agilidade, da testabilidade e da implementabilidade. Por exemplo, o serviço `Assessment` é alterado constantemente para adicionar regras de avaliação quando novos produtos são recebidos. Essa alteração frequente é isolada em um único serviço do domínio, fornecendo agilidade (capacidade de responder rápido à alteração), além da testabilidade (facilidade e conclusão do teste) e da implementabilidade (facilidade, frequência e risco da implementação).

Classificações das Características da Arquitetura

Uma estrela na tabela de classificações das características na Figura 13-9 significa que a característica da arquitetura não é bem suportada na arquitetura, já uma classificação de cinco estrelas significa que a característica é um dos recursos mais fortes no estilo da arquitetura. A definição de cada característica identificada no placar pode ser encontrada no Capítulo 4.

Característica da arquitetura	Classificação de estrelas
Tipo de particionamento	Domínio
Número de quanta	1 a muitos
Implementabilidade	☆☆☆☆
Elasticidade	☆☆
Evolutiva	☆☆☆
Tolerância a falhas	☆☆☆☆
Modularidade	☆☆☆☆
Custo geral	☆☆☆☆
Desempenho	☆☆☆
Confiabilidade	☆☆☆☆
Escalabilidade	☆☆☆
Simplicidade	☆☆☆
Testabilidade	☆☆☆☆

Figura 13-9. Classificações das características da arquitetura baseada em serviços

A arquitetura baseada em serviços é *particionada por domínio*, ou seja, a estrutura é orientada pelo domínio, não pela consideração técnica (como lógica de apresentação ou da persistência). Considere o exemplo anterior da aplicação de reciclagem de eletrônicos. Cada serviço, sendo uma unidade de software implantada separadamente, está no escopo de um domínio específico (como a avaliação do item). As alterações feitas nesse domínio impactam apenas o serviço específico, a IU e o banco de dados correspondentes. Nada mais precisa ser modificado para dar suporte a uma alteração específica na avaliação.

Sendo uma arquitetura distribuída, o número de quanta pode ser maior ou igual a um. Mesmo que possa haver de quatro a doze serviços implantados separadamente, se esses serviços compartilham o mesmo banco de dados ou IU, o sistema inteiro será apenas um quantum. Contudo, como mostrado em "Variantes da Topologia", a IU e o banco de dados podem ser federados, resultando em vários quanta dentro do sistema geral. No exemplo de reciclagem, o sistema contém dois quanta, como mostrado na Figura 13-10: um para a parte da aplicação voltada para o cliente contendo uma IU do cliente separada, banco de dados e um conjunto de serviços (Quoting e Item Status); e um para as operações internas de recebimento, avaliação e reciclagem do dispositivo eletrônico. Note que, embora o quantum das operações internas contenha serviços implantados separadamente e duas IUs separadas, todos compartilham o mesmo banco de dados, tornando a parte da aplicação para as operações internas um único quantum.

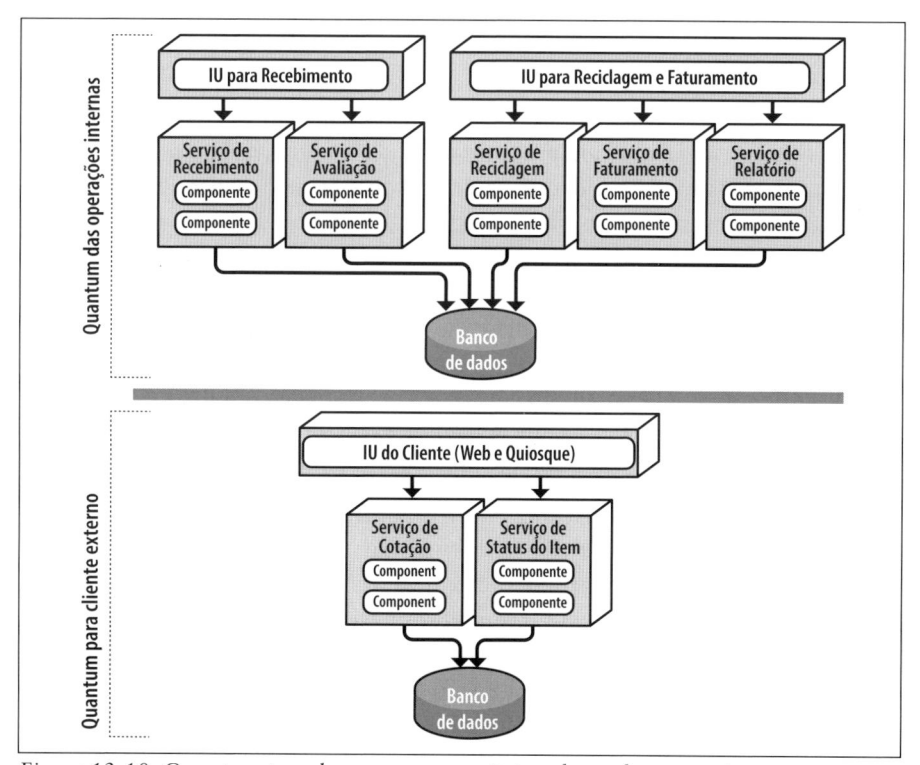

Figura 13-10. Quanta separados em uma arquitetura baseada em serviços

Embora a arquitetura baseada em serviços não tenha nenhuma classificação de cinco estrelas, ela tem uma classificação alta (quatro estrelas) em muitas áreas importantes e vitais. Dividir uma aplicação em serviços do domínio implantados separadamente usando esse estilo de arquitetura permite uma alteração mais rápida (agilidade), melhor cobertura do teste devido ao escopo limitado do domínio (testabilidade) e a capacidade de implementações mais frequentes trazendo menos risco que um grande bloco monolítico (implementabilidade). Essas três características levam a um melhor tempo de lançamento no mercado, permitindo que uma organização entregue novos recursos e correções de erros a uma taxa relativamente alta.

A tolerância a falhas e a disponibilidade geral da aplicação também têm uma classificação alta para a arquitetura baseada em serviços. Mesmo que os serviços do domínio tendam a ser granulares, a classificação de quatro estrelas vem do fato de que, nesse estilo de arquitetura, os serviços normalmente são independentes e não utilizam a comunicação entre serviços devido ao compartilhamento do banco de dados e do código. Como resultado, se um serviço do domínio fica inativo (por exemplo, o serviço `Receiving` na aplicação de reciclagem de eletrônicos), ele não impacta nenhum outro dos seis serviços.

A escalabilidade recebe apenas três estrelas devido à natureza granular dos serviços e, como consequência, a elasticidade tem apenas duas estrelas. Embora a escalabilidade e a elasticidade programáticas sejam possíveis com esse estilo de arquitetura, mais funcionalidade é replicada do que nos serviços com granulação fina (como os microsserviços) e assim, não há tanta eficiência em termos de recursos da máquina e economia. Em geral, há somente instâncias do serviço simples na arquitetura baseada em serviços, a menos que exista uma necessidade de ter uma melhor taxa de transferência ou failover. Um bom exemplo é a aplicação de reciclagem; apenas os serviços `Quoting` e `Item Status` precisam escalar para dar suporte a volumes altos de clientes, mas os outros serviços operacionais requerem apenas instâncias simples, facilitando o suporte de coisas como cache na memória ou pool de conexões do banco de dados.

Simplicidade e custo geral são dois outros controladores que diferenciam esse estilo de arquitetura das outras arquiteturas distribuídas mais caras e complexas, como microsserviços, arquitetura orientada a eventos ou até arquitetura baseada em espaço. Isso torna a arquitetura baseada em serviços a arquitetura distribuída mais fácil e econômica de implementar. Embora seja uma proposta atraente, há um trade-off para essa economia de custo e simplicidade em todas as características que contêm classificações de quatro estrelas. Quanto maior o custo e a complexidade, melhores se tornam essas classificações.

As arquiteturas baseadas em serviço tendem a ser mais confiáveis do que outras arquiteturas distribuídas devido à natureza granular dos serviços do domínio. Serviços maiores significam menos tráfego de rede e entre os serviços, menos transações distribuídas e menos largura de banda usada, portanto aumentando a confiabilidade geral em relação à rede.

Quando Usar Esse Estilo de Arquitetura

A flexibilidade desse estilo de arquitetura (veja "Variantes da Topologia") combinada com o número de classificações das características da arquitetura com três e quatro estrelas torna a arquitetura baseada em serviços um dos estilos mais pragmáticos disponíveis. Embora haja outros estilos de arquitetura distribuída muito mais poderosos, algumas empresas acham que esse poder vem com um preço muito alto, já outras acham que simplesmente não precisam de tanto poder. É como ter a potência, a velocidade e a agilidade de uma Ferrari usada apenas para ir e voltar do trabalho na hora de pico andando a 50 km por hora; com certeza parece legal, mas quanta perda de recursos e dinheiro!

A arquitetura baseada em serviços também é natural ao fazer um design orientado a domínios. Como os serviços são granulares e no escopo do domínio, cada domínio se ajusta bem a um serviço do domínio implantado separadamente. Cada serviço na arquitetura baseada em serviços inclui certo domínio (como a reciclagem na aplicação de eletrônicos), portanto compartimentando essa funcionalidade em uma única unidade de software, facilitando a aplicação de alterações nesse domínio.

Manter e coordenar as transações do banco de dados sempre é um problema nas arquiteturas distribuídas, no sentido de que elas normalmente contam com uma consistência eventual, em vez das transações ACID tradicionais. Contudo, a arquitetura baseada em serviços preserva melhor as transações ACID do que qualquer outra arquitetura distribuída devido à natureza granular dos serviços de domínio. Há casos em que a IU ou o gateway da API pode orquestrar dois ou mais serviços de domínio e, assim, a transação precisaria contar com sagas e transações BASE. Porém, na maioria dos casos, a transação está no escopo de certo serviço do domínio, permitindo a tradicional funcionalidade das transações commit e rollback encontrada na maioria das aplicações monolíticas.

Por último, a arquitetura baseada em serviços é uma boa escolha para ter um bom nível de modularidade arquitetural sem ter que entrar nas complexidades e nas armadilhas da granularidade. Conforme os serviços ficam mais granulares, começam a aparecer problemas em torno da orquestração e da coreografia. As duas são requeridas quando vários serviços devem ser coordenados para concluir certa transação comercial. Orquestração é a coordenação de vários serviços com o uso de um serviço mediador separado que controla e gerencia o fluxo de trabalho da transação (como o maestro em uma orquestra). Já a coreografia é a coordenação de vários serviços pelos quais cada serviço se comunica com outro sem usar um mediador central (como os dançarinos em uma dança). Conforme os serviços ficam mais granulares, a orquestração e a coreografia são necessárias para ligar os serviços e concluir a transação comercial. Contudo, como os serviços em uma arquitetura baseada em serviços tendem a ser mais granulares, eles não requerem tanta coordenação quanto as outras arquiteturas distribuídas.

CAPÍTULO 14
Estilo de Arquitetura Orientada a Eventos

O estilo de arquitetura *orientada a eventos* é uma arquitetura assíncrona distribuída e popular usada para produzir aplicativos de alto desempenho e escala. Também é altamente adaptável e pode ser usada para pequenos aplicativos, além dos grandes e complexos. Essa arquitetura é composta de componentes de processamento de eventos desacoplados que recebem e processam os eventos de modo assíncrono. Pode ser usada como um estilo de arquitetura independente ou incorporado em outros estilos de arquitetura (como uma arquitetura de microsserviços orientada a eventos).

A maioria dos aplicativos segue o chamado modelo *baseado em requisição* (mostrado na Figura 14-1). Nesse modelo, as requisições feitas ao sistema para realizar alguma ação são enviadas para um *orquestrador de requisição*. Esse orquestrador costuma ser uma IU, mas também pode ser implementado por uma camada API ou barramento de serviços corporativos. A função do orquestrador é direcionar de formas determinista e síncrona a requisição para vários *processadores de requisição*. Os processadores lidam com a requisição, recuperando ou atualizando as informações em um banco de dados.

Um bom exemplo de modelo baseado em requisição é a de um cliente para recuperar seu histórico de pedidos nos últimos seis meses. Recuperar as informações do histórico é uma requisição baseada em dados e determinista feita ao sistema para obter dados em certo contexto, não um evento que ocorre e ao qual o sistema deve reagir.

Já um modelo orientado a eventos reage a certa situação e toma uma ação segundo esse evento. Um exemplo de modelo orientado a eventos é enviar um lance para certo item em um leilão virtual. Enviar o lance não é uma requisição feita ao sistema, mas um evento que ocorre após o valor pedido atual ser anunciado. O sistema deve responder ao evento comparando o lance com os outros recebidos ao mesmo tempo para determinar quem é o proponente atual mais alto.

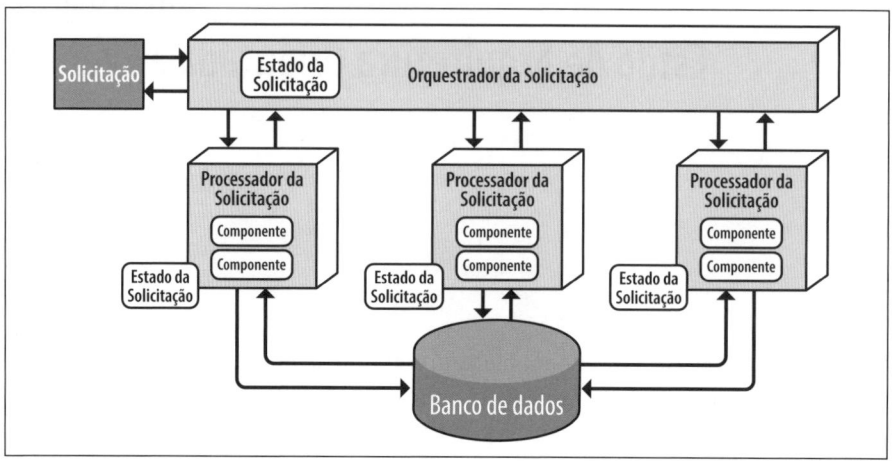

Figura 14-1. Modelo baseado em requisição

Topologia

Existem duas topologias primárias na arquitetura orientada a eventos: *topologia do mediador* e *topologia do broker*. A topologia do mediador normalmente é usada quando se requer controle sobre o fluxo de trabalho de um processo de evento, ao passo que a topologia do broker é usada quando se requer um alto grau de resposta e controle dinâmico sobre o processamento de um evento. Como as características da arquitetura e as estratégias de implementação diferem entre essas duas topologias, é importante entender cada uma para saber qual é mais adequada para determinada situação.

Topologia do broker

A topologia do broker difere da do mediador no sentido de que não há um mediador do evento central. Pelo contrário, o fluxo de mensagens é distribuído nos componentes do processador do evento em uma transmissão em cadeia por meio de um message broker leve (como RabbitMQ, ActiveMQ, HornetQ etc.) Essa topologia é útil quando você tem um fluxo de processamento de evento relativamente simples e não precisa de uma orquestração e uma coordenação dos eventos centrais.

Existem quatro componentes da arquitetura primários na topologia do broker: um evento iniciador, o broker do evento, um processador do evento e um evento de processamento. O *evento iniciador* é o evento inicial que inicia o fluxo de eventos inteiro, sendo um evento simples, como dar um lance em um leilão virtual, ou eventos mais complexos em um sistema de benefícios de saúde, como mudar de trabalho e se casar. O evento iniciador é enviado para um canal de evento no *broker do evento* para processamento. Como não há nenhum componente mediador na topologia do broker gerenciando e controlando o evento, um único *Processador de Evento*s Aceita o evento iniciador a partir do broker do evento e começa a processar o tal evento. O processador que aceitou o evento iniciador realiza uma tarefa específica associada ao processamento desse evento, então divulga de modo assíncrono o que fez ao resto do sistema criando o chamado *evento de processamento*. Então esse evento é enviado de modo assíncrono para o broker para mais processamento, se necessário. Os outros processadores de evento atendem o evento de processamento, reagem a ele fazendo algo, depois divulgam por um novo evento de processamento o que fizeram. Esse processo continua até não haver mais interesse no que um processador de evento fez. A Figura 14-2 mostra esse fluxo de processamento de eventos.

Em geral, o componente broker do evento é federado (ou seja múltiplas instâncias em cluster baseadas no domínio), em que cada broker federado contém todos os canais do evento usados no fluxo do evento para esse domínio em particular. Devido à natureza de transmissão desacoplada, assíncrona e do tipo "fire-and-forget" (disparar e esquecer, em português) da topologia do broker, tópicos (ou trocas de tópico no caso do AMQP) costumam ser usados na topologia do broker com um modelo de mensageria publicar/assinar.

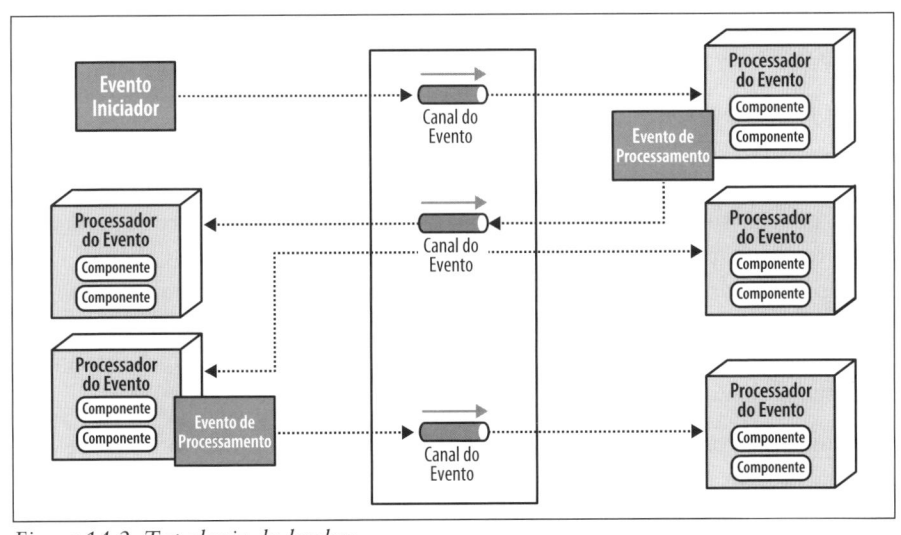

Figura 14-2. Topologia do broker

Sempre é uma boa prática na topologia do broker que cada processador do evento divulgue o que fez para o resto do sistema, independentemente se outro processador do evento se importa ou não com qual foi a ação. Essa prática fornece uma extensibilidade arquitetural, caso uma funcionalidade extra seja requerida para o processamento desse evento. Por exemplo, suponha que, como parte de um processo do evento complexo, como na Figura 14-3, um e-mail seja gerado e enviado para um cliente notificando-o sobre certa ação tomada. O processador do evento `Notification` geraria e enviaria o e-mail, então divulgaria essa ação para o resto do sistema por meio de um novo evento de processamento enviado para um tópico. Contudo, nesse caso, nenhum outro Processador de Eventos Atende aos eventos nesse tópico e assim, a mensagem simplesmente desaparece.

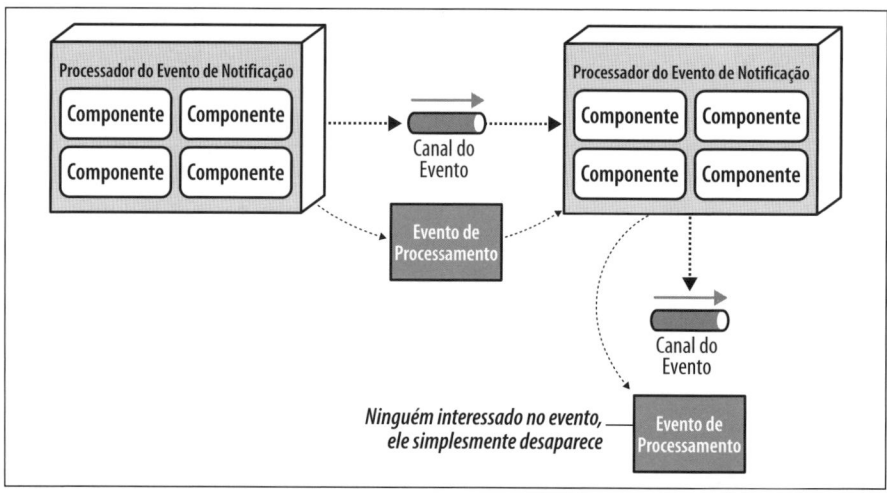

Figura 14-3. Evento de notificação enviado, mas ignorado

Esse é um bom exemplo de *extensibilidade arquitetural*. Embora possa parecer perda de recursos enviar mensagens que são ignoradas, não é. Pressuponha um novo requisito para analisar os e-mails que foram enviados aos clientes. Esse novo processador do evento pode ser adicionado ao sistema geral com um mínimo esforço porque as informações do e-mail estão disponíveis via assunto do e-mail para o novo analista, sem precisar adicionar nenhuma outra infraestrutura nem aplicar alterações em outros processadores de eventos.

Para mostrar como a topologia do broker funciona, considere o fluxo de processamento em um sistema de entrada de pedidos a varejo típico, como ilustrado na Figura 14-4, em que um pedido é feito para um item (digamos, um livro como este). No exemplo, o processador do evento `OrderPlacement` recebe o evento iniciador (`PlaceOrder`), insere o pedido em uma tabela do banco de dados e retorna uma ID do pedido ao cliente. Então divulga para o resto do sistema que criou um pedido por meio de um evento de processamento `order-created`. Note que três processadores de eventos estão interessados nesse evento: `Notification`, `Payment` e `Inventory`. Todos os três processadores realizam suas tarefas em paralelo.

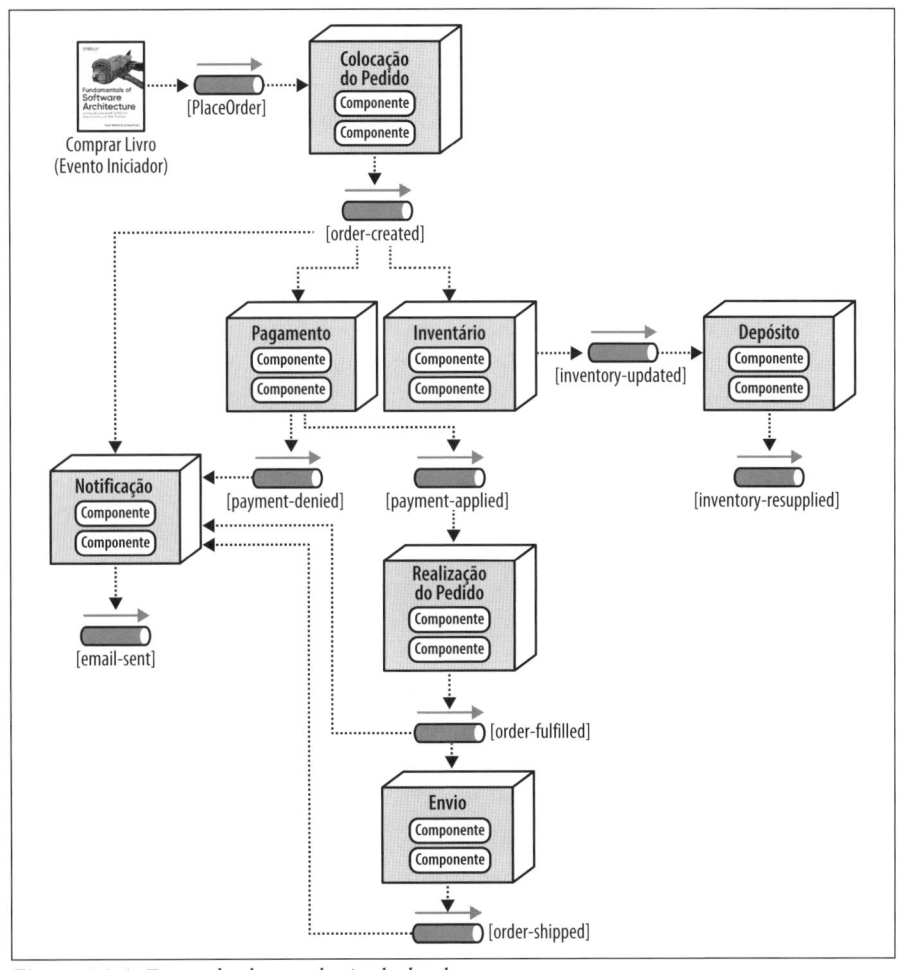

Figura 14-4. Exemplo de topologia do broker

O processador do evento `Notification` recebe o evento de processamento `order-created` e envia um e-mail para o cliente. Então gera outro evento de processamento (`email-sent`). Note que nenhum outro Processador de Eventos Atende a esse evento. Isso é normal e ilustra o exemplo anterior descrevendo a extensão da arquitetura, ou seja, um hook local para que outros processadores de eventos possam finalmente acessar esse fluxo de eventos, se necessário.

O processador do evento `Inventory` também atende ao evento de processamento `order-created` e diminui o inventário correspondente desse livro. Depois ele divulga essa ação com um evento de processamento `inventory-updated`, que, por sua vez, é escolhido pelo processador do evento `Warehouse` para gerenciar o inventário correspondente entre os depósitos, reorganizando os itens se o estoque fica muito baixo.

O processador do evento `Payment` também recebe o evento de processamento `order-created` e cobra o cartão de crédito do cliente para o pedido que acabou de criar. Note na Figura 14-4 que dois eventos são gerados como resultado das ações tomadas pelo processador do evento `Payment`: um para notificar o resto do sistema que o pagamento foi aplicado (`payment-applied`) e um evento de processamento para notificar o resto do sistema que o pagamento foi negado (`payment-denied`). Observe que o processador do evento `Notification` está interessado no evento de processamento `payment-denied`, porque ele deve, por sua vez, enviar um e-mail para o cliente informando-o que deve atualizar as informações do cartão ou escolher um método de pagamento diferente.

O processador do evento `OrderFulfillment` atende ao evento de processamento `payment-applied`, separa e empacota do pedido. Uma vez concluído, divulga para o resto do sistema que realizou o pedido via evento de processamento `order-fulfilled`. Note que as unidades de processamento `Notification` e `Shipping` atendem a esse evento de processamento. Em paralelo, o processador do evento `Notification` notifica o cliente que o pedido foi realizado e está pronto para o envio e, ao mesmo tempo, o processador do evento `Shipping` seleciona um método de envio. O processador do evento `Shipping` manda o pedido e envia um evento de processamento `order-shipped`, que o processador do evento `Notification` também atende para notificar o cliente sobre a mudança de status do pedido.

Analisando o exemplo anterior, observe que todos os processadores de eventos são altamente desacoplados e independentes entre si. O melhor modo de entender a topologia do broker é considerá-la como uma corrida de revezamento. Nela, os corredores seguram um bastão (um pedaço de madeira) e correm certa distância (digamos 1,5 quilômetro), então passam o bastão para o próximo corredor e assim por diante na cadeia, até o último corredor cruzar a linha de chegada. Nas corridas de revezamento, assim que um corredor passa o bastão, ele termina a corrida e passa a fazer outras coisas. Também é assim na topologia do broker. Assim que um processador do evento passa o evento, ele não se envolve mais no processamento desse evento específico e fica disponível para reagir a outros eventos iniciadores ou de processamento. E mais, cada processador do evento pode escalar independentemente do outro para lidar com condições variáveis de carga ou backups no processamento dentro desse evento. Os tópicos fornecem um ponto de contrapressão, caso um processador do evento fique inativo ou lento devido a algum problema no ambiente.

Embora desempenho, resposta e escalabilidade sejam ótimos benefícios da topologia do broker, há também pontos negativos nela. Em primeiro lugar, não há nenhum controle sobre o fluxo de trabalho geral associado ao evento iniciador (nesse caso, o evento `PlaceOrder`). Ele é muito dinâmico com base em várias condições, e nada no sistema realmente sabe quando a transação comercial de fazer um pedido realmente é concluída. O tratamento de erro também é um grande desafio na topologia do broker. Como não existe nenhum mediador monitorando ou controlando a transação comercial, se ocorre uma falha (como o processador do evento `Payment` paralisando e não terminando sua tarefa atribuída), nada no sistema sabe sobre a paralisação. O processo comercial fica parado e incapaz de continuar sem alguma intervenção automatizada ou manual. E mais, todos os outros processos avançam sem levar em conta o erro. Por exemplo, o processador do evento `Inventory` ainda diminui o inventário e todos os outros processadores de eventos reagem como se tudo estivesse bem.

A capacidade de reiniciar uma transação comercial (recuperação) também é algo sem suporte na topologia do broker. Como outras ações foram assíncronas durante o processamento inicial do evento iniciador, não é possível enviar de novo o evento iniciador. Nenhum componente na topologia do broker conhece o estado ou mesmo possui o estado da requisição comercial original, portanto nada é responsável nessa topologia por reiniciar a transação comercial (o evento iniciador) e saber onde ela parou. As vantagens e as desvantagens da topologia estão resumidas no Quadro 14-1.

Quadro 14-1. Trade-offs da topologia do broker

Vantagens	Desvantagens
Processadores de eventos altamente desacoplados	Controle do fluxo de trabalho
Alta escalabilidade	Tratamento de erro
Alta resposta	Recuperação
Alto desempenho	Capacidades para reiniciar
Alta tolerância a falhas	Inconsistência dos dados

Topologia do Mediador

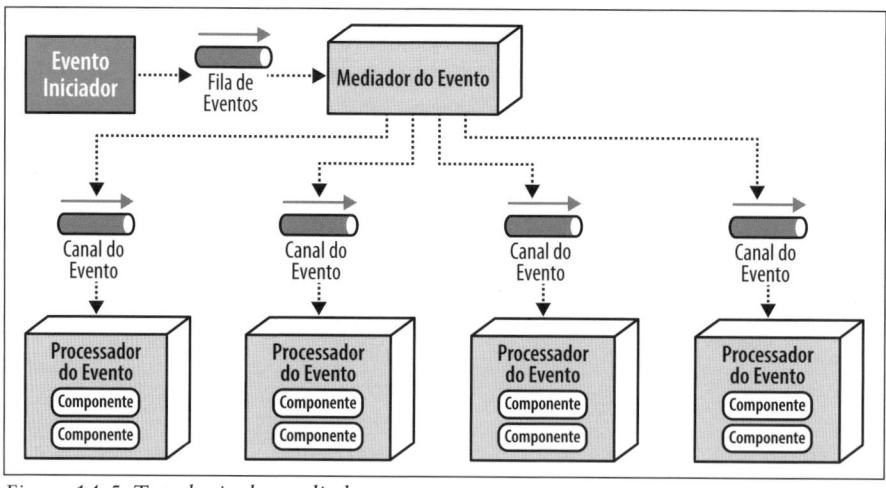

A topologia do mediador da arquitetura orientada a eventos lida com uma das deficiências da topologia do broker descrita na seção anterior. No centro dessa topologia está um mediador do evento que gerencia e controla o fluxo de trabalho para os eventos iniciadores que requerem a coordenação de múltiplos processadores de eventos. Os componentes da arquitetura que formam a topologia do mediador são um evento iniciador, uma fila de eventos, um mediador do evento, canais e processadores de eventos.

Como na topologia do broker, o evento iniciador é aquele que inicia todo o processo do evento. Diferentemente da topologia do broker, o evento iniciador é enviado para uma fila de eventos iniciadores, que é aceita pelo mediador do evento. O mediador só conhece as etapas envolvidas no processamento do evento, portanto gera eventos de processamento correspondentes que são enviados para canais do evento dedicados (em geral filas) em uma estilo de mensageria ponto a ponto. Então os processadores de eventos atendem nos canais do evento dedicados, processam o evento e, normalmente, respondem de volta ao medidor informando que concluíram o trabalho. Diferentemente da topologia do broker, os processadores de eventos na topologia do mediador não divulgam o que fizeram para o resto do sistema. A topologia do mediador é mostrada na Figura 14-5.

Figura 14-5. Topologia do mediador

Na maioria das implementações da topologia do mediador, existem vários mediadores, em geral associados a certo domínio ou grupo de eventos. Isso reduz o único ponto de falha associado a essa topologia e também aumenta a taxa de transferência e o desempenho em geral. Por exemplo, pode haver um mediador do cliente que lida com todos os eventos relacionados ao cliente (como um novo registro do cliente e atualização do perfil) e outro mediador que lida com as atividades relacionadas ao pedido (como adicionar um item a um carrinho de compras e fechar a conta).

O mediador do evento pode ser implementado de vários modos, dependendo da natureza e da complexidade dos eventos sendo processados. Por exemplo, para os eventos que requerem um simples tratamento de erro e orquestração, um mediador como Apache Camel ou Spring Integration normalmente serão suficientes. Os fluxos de mensagem e as rotas delas nesses tipos de mediadores costumam ser escritos de modo personalizado no código de programação (como Java ou C#) para controlar o fluxo de trabalho do processamento do evento.

Contudo, se um fluxo de trabalho de eventos requer muito processamento condicional e múltiplos caminhos dinâmicos com diretivas de tratamento de erro complexas, então um mediador como Apache ODE ou Oracle BPEL Process Manager seria uma boa escolha. Esses mediadores se baseiam na BPEL (Business Process Execution Language), uma estrutura do tipo XML que descreve as etapas envolvidas no processamento de um evento. Os artefatos BPEL também contêm elementos estruturados usados para o tratamento de erro, o redirecionamento, o multicast etc. BPEL é uma linguagem poderosa, mas relativamente complexa para aprender e, como tal, normalmente é criada usando ferramentas de interface gráfica fornecidas no pacote do mecanismo BPEL do produto.

BPEL é boa para fluxos de trabalho complexos e dinâmicos, mas não funciona bem para os fluxos de evento que requerem transações de longa execução envolvendo a intervenção humana durante o processo do evento. Por exemplo, suponha um negócio sendo feito por meio de um evento iniciador `place-trade`. O mediador do evento aceita o evento, mas, durante o processamento, descobre que uma aprovação manual é necessária porque o negócio passou certa quantidade de ações. Nesse caso, o mediador do evento teria que parar o processamento do evento, enviar uma notificação para o operador sênior fazer uma aprovação manual e aguardar a aprovação. Em tais casos, um mecanismo BPM (Gerenciamento de Processos de Negócio) como jBPM seria necessário.

É importante conhecer os tipos de eventos que serão processados pelo mediador para fazer a escolha certa para a implementação do mediador do evento. Escolher o Apache Camel para eventos complexos e de longa execução envolvendo a interação humana seria extremamente difícil de escrever e manter. Da mesma forma, usar um mecanismo BPM para fluxos de evento simples levaria meses de esforço gasto quando a mesma coisa poderia ser feita no Apache Camel em uma questão de dias.

Como é raro ter todos os eventos de uma classe de complexidade, recomendamos classificar os eventos como simples, difíceis ou complexos, e fazer com que todo evento sempre passe por um mediador simples (como Apache Camel ou Mule). Então o mediador simples pode interrogar a classificação do evento e, com base nela, lidar com o evento em si ou encaminhá-lo a outro mediador do evento mais complexo. Assim, todos os eventos podem ser processados com eficiência segundo o tipo de mediador necessário para esse evento. O modelo de delegação do mediador é mostrado na Figura 14-6.

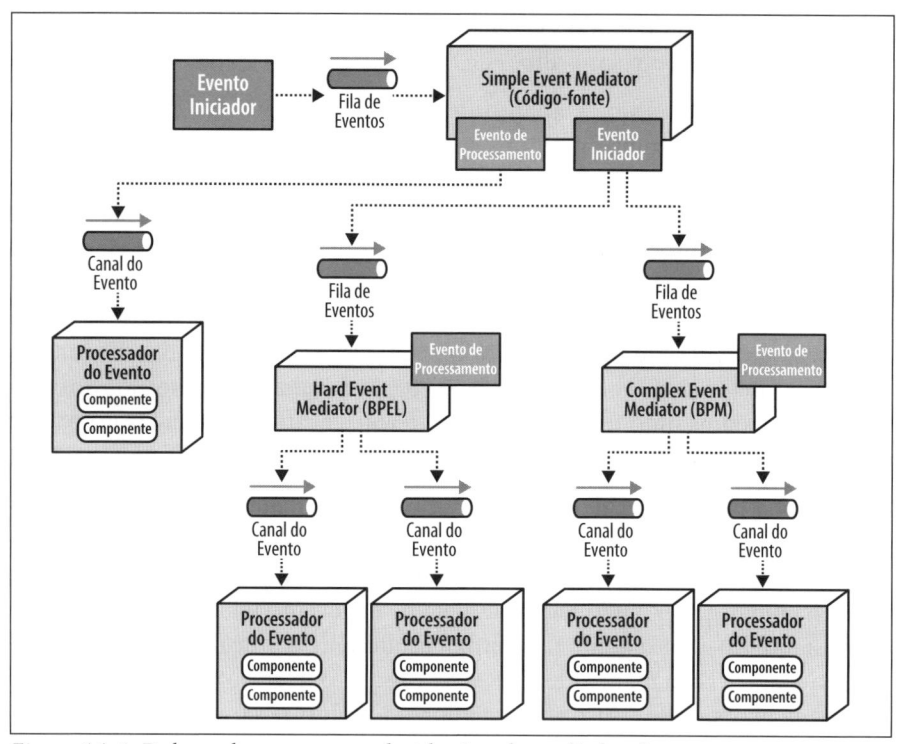

Figura 14-6. Delegando o evento ao devido tipo de mediador do evento

Observe na Figura 14-6 que Simple Event Mediator gera e envia um evento de processamento quando o fluxo de trabalho de eventos é simples e pode ser lidado pelo mediador simples. Porém note que, quando o evento iniciador que entra no Simple Event Mediator é classificado como difícil ou complexo, ele encaminha o evento iniciador original para os mediadores correspondentes (BPEL ou BPM). O Simple Event Mediator, tendo interceptado o evento original, pode ainda ser responsável por saber quando o evento está concluído ou simplesmente delega o fluxo de trabalho inteiro (inclusive a notificação do cliente) para outros mediadores.

Para mostrar como funciona a topologia do mediador, considere o mesmo exemplo do sistema de entrada de pedidos de varejo descrito na seção da topologia do broker anterior, mas, desta vez, usando a topologia do mediador. No exemplo, o mediador conhece as etapas necessárias para processar esse evento em particular. O fluxo de eventos (interno ao componente mediador) é mostrado na Figura 14-7.

```
Etapa 1: Fazer Pedido
    └─ Criar o pedido

Etapa 2: Processar Pedido
    ├─ E-mail para cliente informando que o pedido foi feito
    ├─ Aplicar pagamento
    └─ Diminuir inventário

Etapa 3: Realizar Pedido
    ├─ Separar e empacotar pedido
    └─ Pedir mais estoque se necessário no fornecedor

Etapa 4: Enviar Pedido
    ├─ E-mail para cliente informando que o pedido está pronto para o envio
    └─ Enviar pedido para o cliente

Etapa 5: Notificar Cliente
    └─ E-mail para cliente informando que o pedido foi enviado
```

Os eventos nessas etapas são feitos simultaneamente

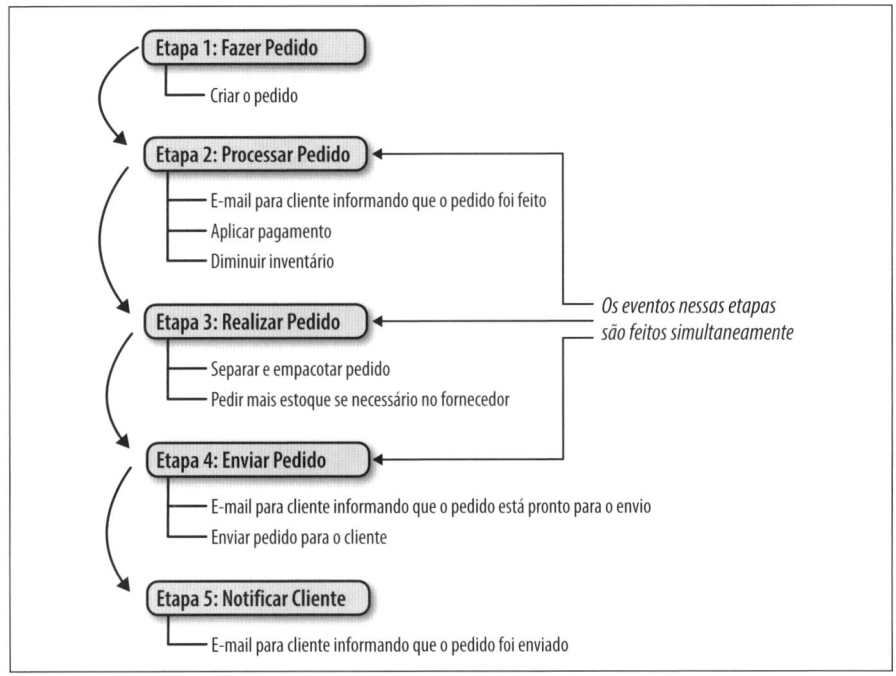

Figura 14-7. Etapas do mediador para fazer um pedido

Continuando com o exemplo anterior, o mesmo evento iniciador (`PlaceOrder`) é enviado para `customer-event-queue` para processamento. O mediador `Customer` escolhe o evento iniciador e começa a gerar eventos de processamento com base no fluxo na Figura 14-7. Note que os vários eventos mostrados nas etapas 2, 3 e 4 são feitos de modo simultâneo e em série entre elas, ou seja, a etapa 3 (realizar pedido) deve ser concluída e confirmada antes de o cliente ser notificado de que o pedido está pronto para ser enviado na etapa 4 (enviar pedido).

Assim que o evento iniciador é recebido, o mediador `Customer` gera um evento de processamento `create-order` e envia essa mensagem para `order-placement-queue` (veja a Figura 14-8). O processador do evento `OrderPlacement` aceita esse evento, valida e cria o pedido, retornando para o mediador uma confirmação junto com a ID do pedido. Nesse ponto, o mediador pode retornar a ID do pedido para o cliente, indicando que o pedido foi feito ou pode ter que continuar até que todas as etapas estejam concluídas (isso seria com base em regras comerciais específicas sobre a colocação do pedido).

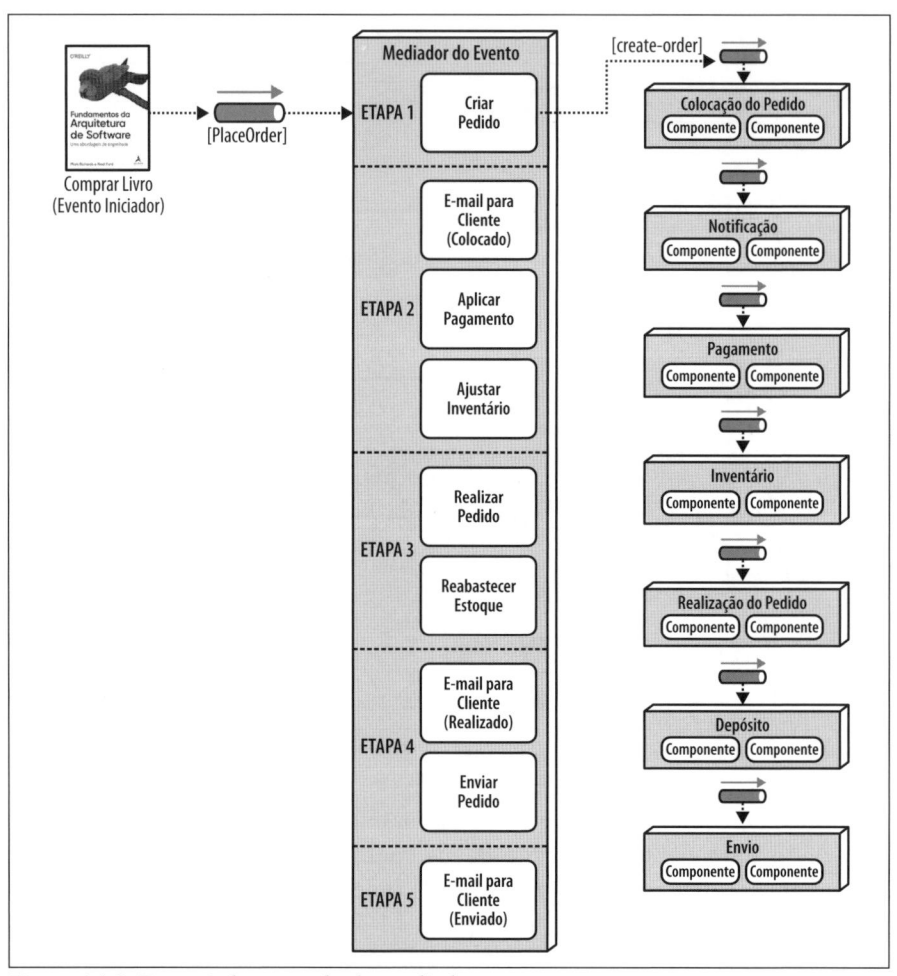

Figura 14-8. Etapa 1 do exemplo do mediador

Agora que a etapa 1 está concluída, o mediador segue para a etapa 2 (veja a Figura 14-9) e gera três mensagens ao mesmo tempo: `email-customer`, `apply-payment` e `adjust-inventory`. Esses eventos de processamento são enviados para suas respectivas filas. Todos os três processadores de eventos recebem essas mensagens, realizam suas respectivas tarefas e notificam o mediador de que o processamento terminou. Observe que o mediador deve aguardar até receber a confirmação dos três processos paralelos antes de ir para a etapa 3. Nesse ponto, se ocorre um erro em um dos processadores de eventos paralelos, o mediador pode tomar uma ação corretiva para resolver o problema (isso é detalhado mais adiante nesta seção).

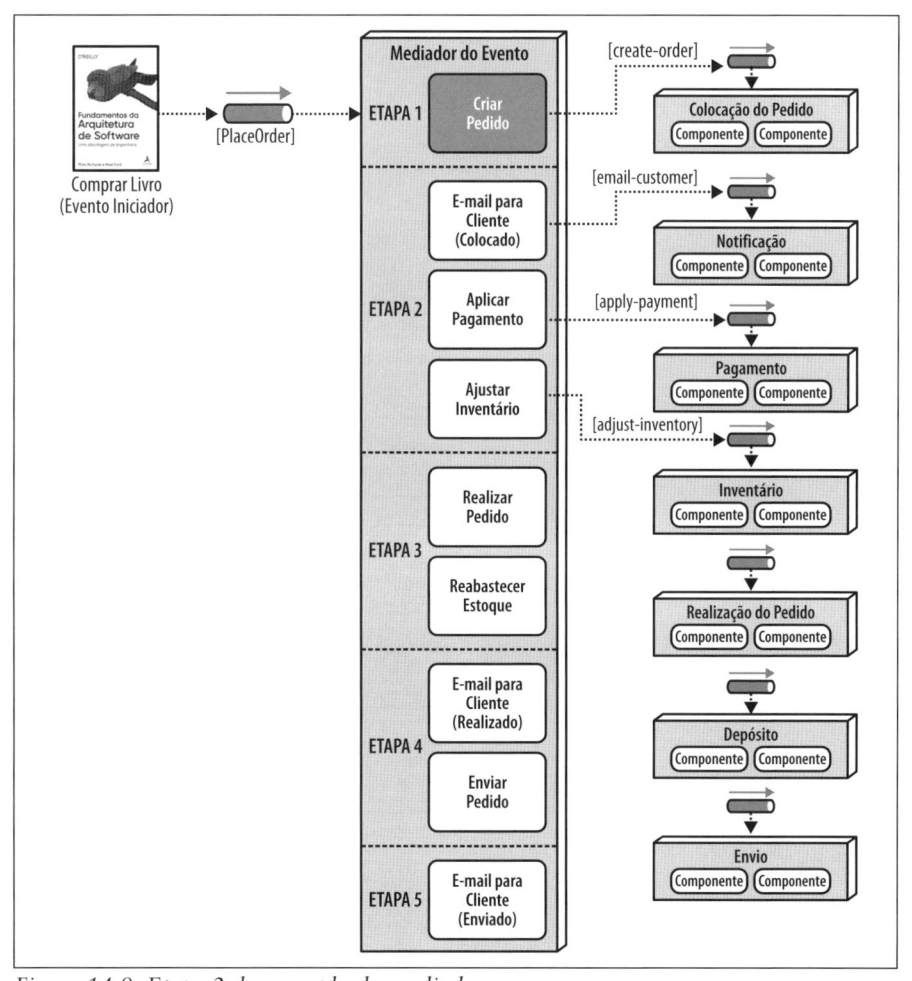

Figura 14-9. Etapa 2 do exemplo do mediador

Assim que o mediador tem uma confirmação bem-sucedida de todos os processadores de eventos na etapa 2, pode ir para a etapa 3 e realizar o pedido (veja a Figura 14-10). Observe mais uma vez que esses eventos (fulfill-order e order-stock) podem ocorrer simultaneamente. Os processadores de eventos OrderFulfillment e Warehouse aceitam os eventos, realizam seu trabalho e retornam uma confirmação ao mediador.

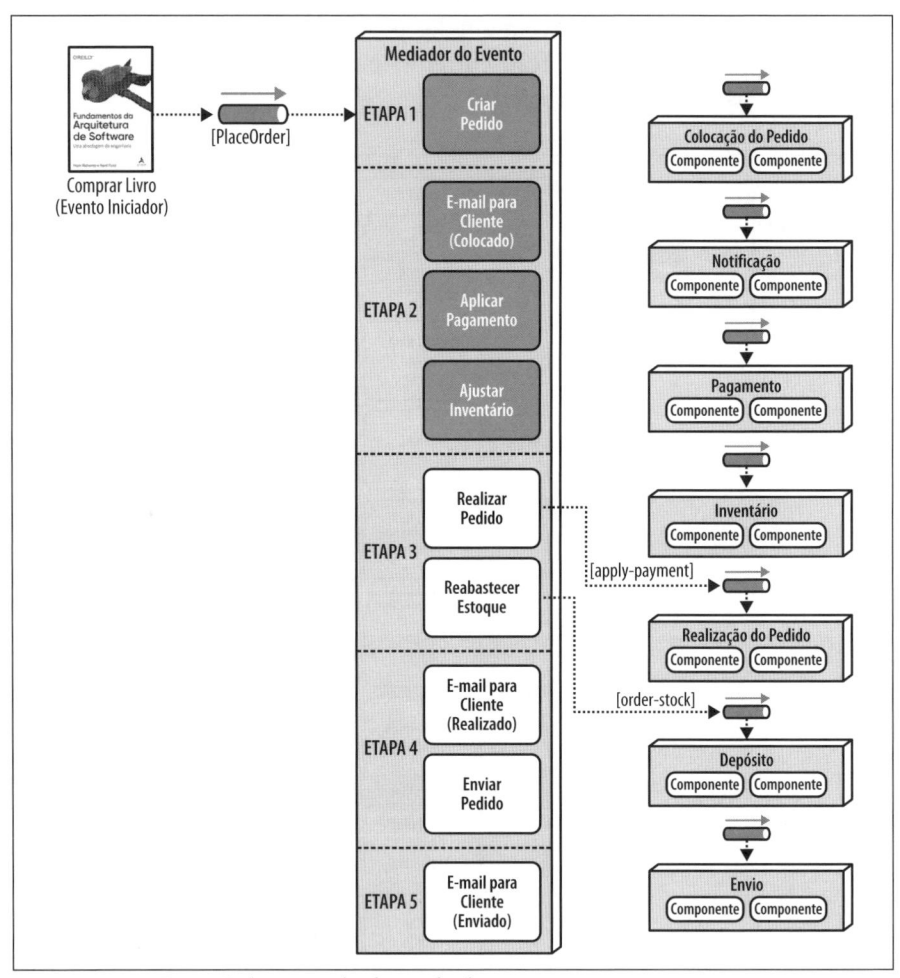

Figura 14-10. Etapa 3 do exemplo do mediador

Assim que os eventos são concluídos, o mediador vai para a etapa 4 (veja a Figura 14-11) para enviar o pedido. Essa etapa gera outro evento de processamento email-customer com informações específicas sobre o que fazer (nesse caso, notificar o cliente de que o pedido está pronto para o envio), assim como um evento `ship-order`.

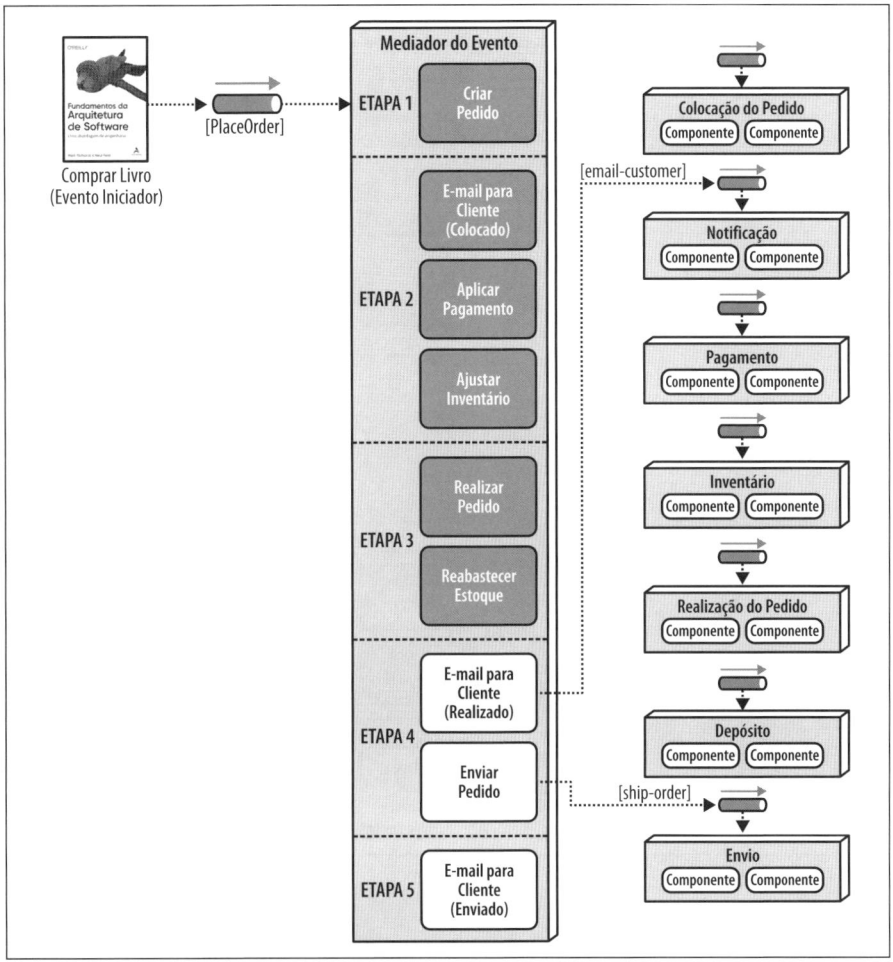

Figura 14-11. Etapa 4 do exemplo do mediador

Por fim, o mediador vai para a etapa 5 (veja a Figura 14-12) e gera outro evento `email-customer` contextual para notificar o cliente de que o pedido foi enviado. Nesse ponto, o fluxo de trabalho terminou e o mediador marca o fluxo do evento iniciador como completo e remove todo estado associado a ele.

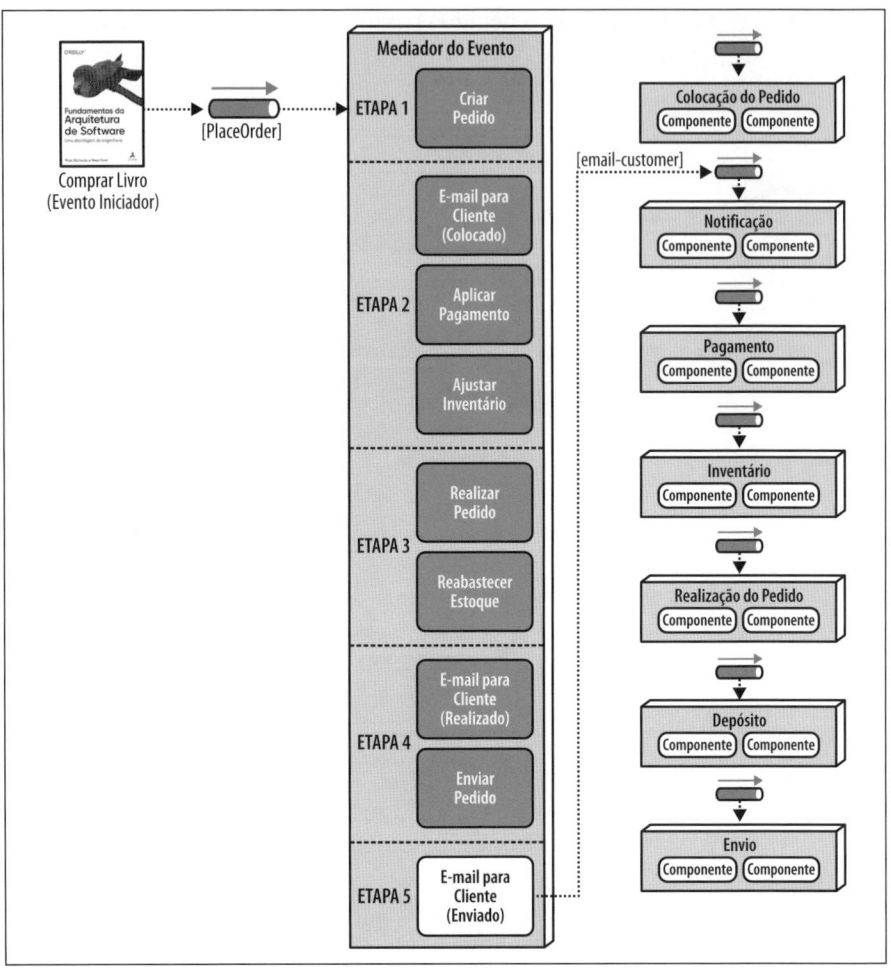

Figura 14-12. Etapa 5 do exemplo do mediador

O componente mediador tem conhecimento e controle sobre o fluxo de trabalho, algo que a topologia do broker não tem. Como o mediador controla o fluxo de trabalho, ele pode manter o estado do evento e gerenciar o tratamento de erro, a recuperação e as capacidades de reinício. Por exemplo, suponha no exemplo anterior que o pagamento não foi aplicado devido ao cartão de crédito expirado. Nesse caso, o mediador recebe essa condição de erro e, sabendo que o pedido não pode ser realizado (etapa 3) até o pagamento ser aplicado, paralisa o fluxo de trabalho e registra o estado da requisição em seu próprio armazenamento de dados persistente. Assim que o pagamento é aplicado, o fluxo pode ser reiniciado de onde parou (nesse caso, o começo da etapa 3).

Outra diferença inerente entre as topologias do broker e do mediador é como os eventos de processamento diferem em termos de significado e uso. No exemplo da topologia do broker da seção anterior, os eventos de processamento foram publicados como eventos que ocorreram no sistema (como order-created, payment-applied e email-sent). Os processadores de eventos tomaram uma ação e outros processadores de eventos reagiram a ela. Contudo, na topologia do mediador, ocorrências de processamento, como place-order, send-email e fulfill-order são *comandos* (coisas que precisam acontecer) em oposição a *eventos* (coisas que já aconteceram). E mais, na topologia do mediador, um comando deve ser processado, já um evento pode ser ignorado na topologia do broker.

Embora a topologia do mediador lide com os problemas associados à topologia do broker, há pontos negativos associados à topologia do mediador. Primeiro, é muito difícil modelar de forma declarativa o processamento dinâmico que ocorre em um fluxo de eventos complexos. Como resultado, muitos fluxos de trabalho no mediador só lidam com o processamento geral, e um modelo híbrido combinando as duas topologias é usado para lidar com a natureza dinâmica do processamento de eventos complexos (como condições sem estoque ou outros erros atípicos). E mais, embora os processadores de eventos possam escalar facilmente do mesmo modo como a topologia do broker, o mediador deve escalar também, algo que às vezes produz um gargalo no fluxo geral de processamento do evento. Por fim, os processadores de eventos não são tão desacoplados na topologia do mediador como são na topologia do broker, e o desempenho não é tão bom devido ao mediador controlando o processamento do evento. Esses trade-offs são resumidos no Quadro 14-2.

Quadro 14-2. Trade-offs da topologia do mediador

Vantagens	Desvantagens
Controle do fluxo de trabalho	Mais acoplamento dos processadores de eventos
Tratamento de erro	Menor escalabilidade
Recuperação	Menor desempenho
Capacidades de reinício	Menor tolerância a falhas
Melhor consistência dos dados	Modelagem do fluxo de trabalho complexo

A escolha entre as topologias do broker e do mediador basicamente se resume a um trade-off entre o controle do fluxo de trabalho e a capacidade de tratamento de erro versus alto desempenho e escalabilidade. Embora o desempenho e a escalabilidade ainda sejam bons na topologia do mediador, eles não são tão altos na topologia do broker.

Capacidades Assíncronas

O estilo de arquitetura orientado a eventos oferece uma característica única em relação aos outros estilos de arquitetura, no sentido de que conta unicamente com a comunicação assíncrona para o processamento *fire-and-forget* (nenhuma resposta requerida), assim como o processamento de requisição/resposta (resposta requerida do consumidor de eventos). A comunicação assíncrona pode ser uma técnica poderosa para aumentar a resposta geral do sistema.

Considere o exemplo mostrado na Figura 14-13, em que um usuário posta um comentário no site para certa avaliação do produto. Pressuponha que o serviço de comentário neste exemplo leve 3 mil milissegundos para postar o comentário porque passa por vários mecanismos de análise: um verificador ortográfico para verificar palavras não aceitas, um verificador gramatical para assegurar que as estruturas das frases não tenham nada abusivo e, finalmente, um verificador de contexto para assegurar que o comentário seja sobre certo produto e não apenas um discurso político. Note, na Figura 14-13, que o caminho superior utiliza uma chamada RESTful síncrona para postar o comentário: 50 milissegundos na latência para o serviço receber a postagem, 3 mil milissegundos para postar o comentário e 50 milissegundos na latência da rede para responder ao usuário que o comentário foi postado. Isso cria um tempo de resposta para o usuário de 3.100 milissegundos para postar um comentário. Agora veja o caminho inferior e note que, usando uma mensageria assíncrona, o tempo de resposta da perspectiva do usuário final para postar um comentário no site é de apenas 25 milissegundos (em oposição a 3.100 milissegundos). Ainda leva 3.025 milissegundos para postar o comentário (25 milissegundos para receber a mensagem e 3 mil para postar o comentário), mas da perspectiva do usuário final, já terminou.

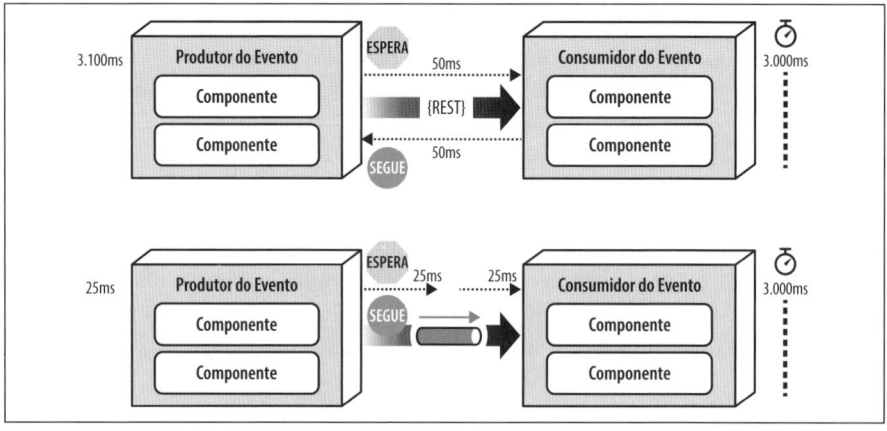

Figura 14-13. Comunicação síncrona versus assíncrona

É um bom exemplo da diferença entre *resposta* e *desempenho*. Quando o usuário não precisa de nenhuma informação retornada (diferentemente de uma confirmação ou de uma mensagem de agradecimento), por que fazê-lo esperar? A resposta é sobre notificar o usuário sobre a ação que foi aceita e será processada no momento, já o desempenho é sobre tornar mais rápido o processo de ponta a ponta. Note que nada foi feito para otimizar como o serviço de comentário processa o texto; nos dois casos, ele ainda leva 3 mil milissegundos. Lidar com o *desempenho* teria otimizado o serviço de comentário para executar todos os mecanismos de análise de texto e gramática em paralelo ao uso do cache e outras técnicas semelhantes. O exemplo inferior, na Figura 14-13, lida com a resposta geral do sistema, mas não com o desempenho dele.

A diferença no tempo de resposta entre os dois exemplos, na Figura 14-13, de 3.100 milissegundos para 25 milissegundos é impressionante. Mas há um problema. No caminho assíncrono mostrado no topo do diagrama, o usuário final tem a garantia de que o comentário foi postado. Mas no caminho inferior, existe apenas a confirmação da postagem, com uma futura promessa de que o comentário será postado depois. Da perspectiva do usuário final, o comentário foi postado. Mas o que acontece se ele digitou uma palavra errada no comentário? Nesse caso, o comentário seria rejeitado, mas não há meios de retornar ao usuário final. Ou há? Neste exemplo, pressupondo que o usuário está registrado no site (ele teria que estar para postar um comentário), uma mensagem poderia ser enviada a ele indicando um problema no comentário e algumas sugestões de correção. É um exemplo simples. E o exemplo complicado em que a compra de uma ação ocorre de modo assíncrono (chamado negociação da ação) e não há meios de voltar para o usuário?

O principal problema nas comunicações assíncronas é o tratamento de erro. Embora a resposta seja muitíssimo melhor, é difícil lidar com as condições de erro, adicionando complexidade ao sistema orientado a eventos. A próxima seção explica esse problema com um padrão de arquitetura reativa chamado *padrão evento de fluxo de trabalho (event workflow)*.

Tratamento de Erro

O padrão do evento de fluxo de trabalho da arquitetura reativa é um modo de lidar com questões associadas ao tratamento de erro em um fluxo de trabalho assíncrono. Esse padrão é uma arquitetura reativa e lida com a resiliência e com a resposta, ou seja, o sistema pode ser resiliente em termos de tratamento de erro sem impactar a resposta.

O padrão do evento do fluxo de trabalho utiliza a delegação, a conteinerização e o reparo usando um *representante do fluxo de trabalho*, como mostrado na

Figura 14-14. O produtor de eventos passa os dados de modo assíncrono por um canal de mensagem até o consumidor de eventos. Se o consumidor tem um erro ao processar os dados, ele imediatamente delega o erro ao *processador do fluxo de trabalho* e vai para a próxima mensagem na fila de eventos. Assim, a resposta geral não é impactada porque a próxima mensagem é processada de imediato. Se o consumidor de eventos gastasse tempo tentando descobrir o erro, então ele não leria a próxima mensagem na fila, impactando a resposta não apenas da próxima mensagem, mas de todas as outras que aguardam na fila para serem processadas.

Assim que o processador do fluxo de trabalho recebe um erro, ele tenta descobrir o que está errado na mensagem. Poderia ser um erro estático e determinista ou ele poderia utilizar algoritmos do aprendizado de máquina para analisar a mensagem e ver alguma anomalia nos dados. De qualquer modo, o processador do fluxo de trabalho faz alterações programáticas (sem intervenção humana) nos dados originais para tentar corrigir, então retorna para a fila de origem. O consumidor de eventos vê essa mensagem como nova e tenta processá-la de novo, na esperança de ter sucesso desta vez. Naturalmente, há muitos momentos em que o processador do fluxo de trabalho não consegue determinar o que está errado na mensagem. Nesses casos, o processador envia a mensagem para outra fila, que então é recebida no que normalmente se chama "dashboard", um aplicativo que lembra o Outlook da Microsoft ou o Mail da Apple. Esse painel costuma ser encontrado na área de trabalho de alguém importante, que então vê a mensagem, faz correções manuais nela e a retorna para a fila original (em geral, por meio de uma variável do cabeçalho da mensagem de resposta ou reply-to).

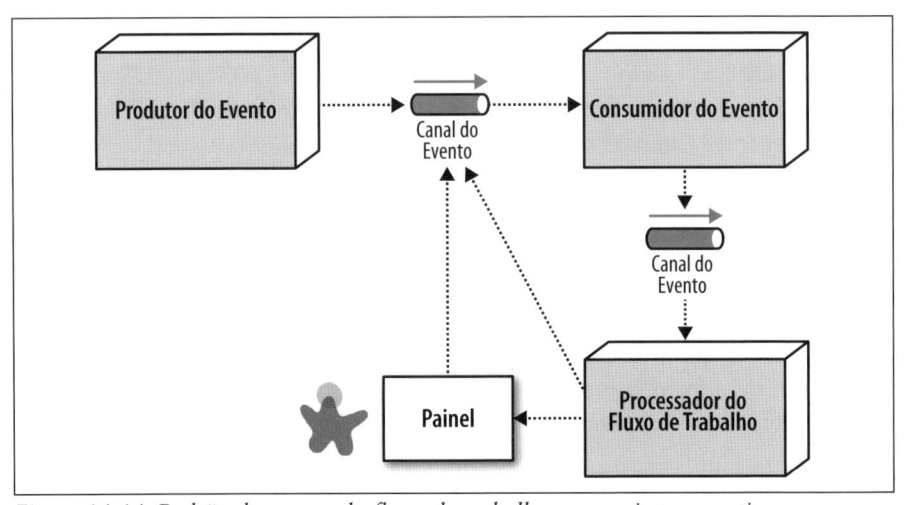

Figura 14-14. Padrão do evento do fluxo de trabalho na arquitetura reativa

Para ilustrar o padrão do evento do fluxo de trabalho, pressuponha que um consultor de investimento em uma parte do país aceita pedidos de negociação (instruções sobre qual ação comprar e quantas cotas) em nome de uma grande empresa de trading em outra parte do país. O consultor faz lotes dos pedidos de negociação (que, em geral, se chama carteira) e as envia de modo assíncrono para a grande empresa colocar com um broker para que a ação seja comprada. Para simplificar o exemplo, suponha que o contrato para as instruções de negociação deva seguir isto:

```
ACCOUNT(String),SIDE(String),SYMBOL(String),SHARES(Long)
```

Imagine que a grande empresa de trading receba a seguinte carteira de ordens de negação da Apple (AAPL) do consultor de investimento:

```
12654A87FR4,BUY,AAPL,1254
87R54E3068U,BUY,AAPL,3122
6R4NB7609JJ,BUY,AAPL,5433
2WE35HF6DHF,BUY,AAPL,8756 SHARES
764980974R2,BUY,AAPL,1211
1533G658HD8,BUY,AAPL,2654
```

Note que a quarta instrução de negociação (2WE35HF6DHF,BUY,AAPL,8756 SHARES) tem a palavra SHARES após o número de cotas da negociação. Quando esses pedidos de negociação assíncronas são processadas pela grande empresa sem capacidades de tratamento de erro, o seguinte erro ocorre no serviço de colocação da negociação:

```
Exception in thread "main" java.lang.NumberFormatException:
    For input string: "8756 SHARES"
    at java.lang.NumberFormatException.forInputString
    (NumberFormatException.java:65)
    at java.lang.Long.parseLong(Long.java:589)
    at java.lang.Long.<init>(Long.java:965)
    at trading.TradePlacement.execute(TradePlacement.java:23)
    at trading.TradePlacement.main(TradePlacement.java:29)
```

Visto que essa requisição foi assíncrona, quando essa exceção ocorre, não há nada que o serviço de colocação possa fazer, exceto registrar a condição do erro, ou seja, não há nenhum usuário para responder de modo síncrono e corrigir o erro.

Aplicar o padrão do evento do fluxo de trabalho pode corrigir programaticamente o erro. Como a grande empresa de trading não tem controle sobre o consultor de investimento e sobre os dados do pedido de negociação correspondentes enviados, ela mesma deve reagir para corrigir o erro (como mostrado na Figura 14-15). Quando ocorre o mesmo erro (2WE35HF6DHF,BUY,AAPL,8756 SHARES), o serviço Trade Placement delega imediatamente o erro via mensageria assíncrona para o serviço Trade Placement Error para o tratamento do erro, passando informações do erro sobre a exceção:

```
Trade Placed: 12654A87FR4,BUY,AAPL,1254
Trade Placed: 87R54E3068U,BUY,AAPL,3122
Trade Placed: 6R4NB7609JJ,BUY,AAPL,5433
Error Placing Trade: "2WE35HF6DHF,BUY,AAPL,8756 SHARES"
Sending to trade error processor   <-- delegate the error fixing and move on
Trade Placed: 764980974R2,BUY,AAPL,1211
...
```

O serviço Trade Placement Error (agindo como representante do fluxo de trabalho) recebe o erro e inspeciona a exceção. Vendo que é um problema na palavra SHARES no campo do número de cotas, o serviço Trade Placement Error retira a palavra SHARES e reenvia a negociação para novo processamento:

```
Received Trade Order Error: 2WE35HF6DHF,BUY,AAPL,8756 SHARES
Trade fixed: 2WE35HF6DHF,BUY,AAPL,8756
Resubmitting Trade For Re-Processing
```

Então a negociação corrigida é processada com sucesso pelo serviço de colocação da negociação:

```
...
trade placed: 1533G658HD8,BUY,AAPL,2654
trade placed: 2WE35HF6DHF,BUY,AAPL,8756 <-- this was the original trade in error
```

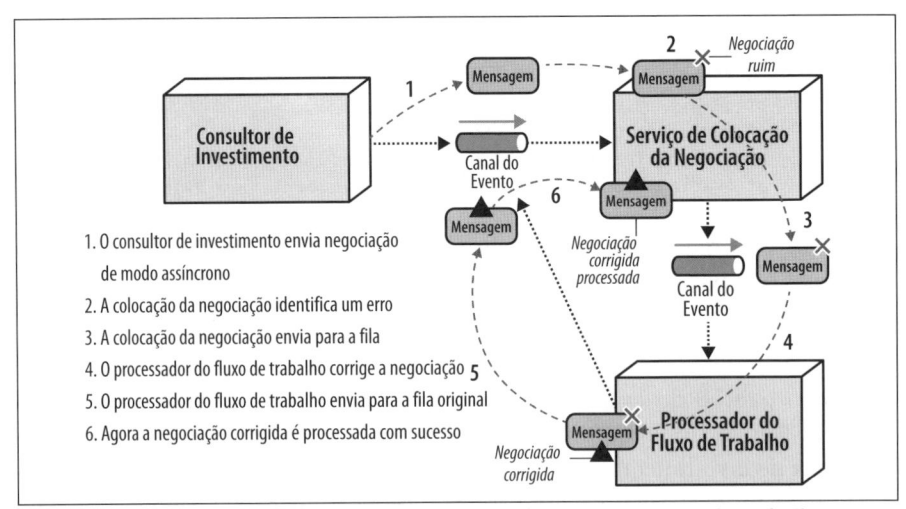

Figura 14-15. Tratamento de erro com o padrão do evento do fluxo de trabalho

Uma das consequências do padrão do evento do fluxo de trabalho é que as mensagens com erro são processadas sem sequência quando reenviadas. Em nosso exemplo de trading, a ordem das mensagens é importante, porque todas as negociações em certa conta devem ser processadas em ordem (por exemplo, SELL para a IBM deve ocorrer antes de BUY para AAPL na mesma conta de corretagem). Embora não seja impossível, é uma tarefa complexa manter a ordem das mensagens em certo contexto (no caso do número da conta de corretagem). Um modo de resolver isso é com o serviço `Trade Placement` colocando em fila e armazenando o número da conta da negociação com erro. Qualquer negociação com esse mesmo número seria armazenada em uma fila temporária para um processamento posterior (na ordem FIFO). Assim que a negociação original com erro é corrigida e processada, o serviço `Trade Placement` retira da fila as negociações restantes para essa mesma conta e os processa em ordem.

Evitando a Perda de Dados

A perda de dados sempre é uma preocupação básica ao lidar com comunicações assíncronas. Infelizmente, existem muitos locais para a ocorrência da perda de dados em uma arquitetura orientada a eventos. Perda de dados significa uma mensagem sendo abandonada ou nunca chegando em seu destino final. Por sorte, existem técnicas prontas e básicas que podem ser utilizadas para evitar a perda dos dados ao usar a mensageria assíncrona.

Para ilustrar os problemas associados à perda de dados na arquitetura orientada a eventos, pressuponha que o `Processador de Eventos A` envie uma mensagem para a fila de modo assíncrono. O `Processador de Eventos B` aceita a mensagem e insere os dados dela em um banco de dados. Como mostrado na Figura 14-16, podem ocorrer três áreas de perda de dados nesse cenário típico:

1. A mensagem nunca chega na fila a partir do `Processador de Eventos A` ou, se chega, o broker cai antes que o próximo processador de evento possa recuperá-la.

2. O `Processador de Eventos B` retira a próxima mensagem disponível da fila e trava antes de conseguir processar o evento.

3. O `Processador de Eventos B` não consegue manter a mensagem no banco de dados devido a algum erro nos dados.

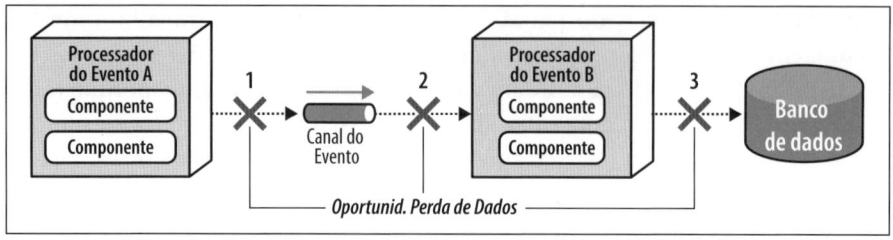

Figura 14-16. Onde pode acontecer a perda de dados em uma arquitetura orientada a eventos

Cada uma dessas áreas de perda de dados pode ser amenizada com técnicas básicas de mensageria. O problema 1 (a mensagem nunca chega na fila) é resolvido com facilidade utilizando filas de mensagem persistentes, junto com algo chamado envio *síncrono*. As filas de mensagens persistidas suportam o que é conhecido como entrega garantida. Quando o broker da mensagem recebe a mensagem, ele não só a armazena na memória para uma recuperação rápida como também persiste a mensagem em um tipo de armazenamento de dados físico (como um sistema de arquivos ou banco de dados). Se o broker da mensagem cai, a mensagem fica fisicamente armazenada no disco para que, quando o broker voltar a ficar ativo, a mensagem esteja disponível para o processamento. O envio síncrono faz uma espera bloqueada no produtor de mensagens até o broker confirmar que a mensagem persistiu. Com essas duas técnicas básicas não há meios de perder uma mensagem entre o produtor de eventos e a fila porque a mensagem ainda está com o produtor ou é persistida na fila.

O problema 2 (o `Processador de Eventos B` retira a próxima mensagem disponível da fila e a paralisa antes de conseguir processar o evento) também pode ser resolvido usando uma técnica básica de mensageria chamada *modo de reconhecimento do cliente*. Por padrão, quando uma mensagem é retirada da fila, ela é imediatamente removida da fila (algo chamado modo de *modo de reconhecimento automático*). O modo de reconhecimento do cliente mantém a mensagem na fila e anexa a ID do cliente à mensagem para que nenhum outro consumidor possa lê-la. Nesse modo, se o `Processador de Eventos B` paralisa a mensagem, ela ainda é preservada na fila, evitando a perda nessa parte do fluxo da mensagem.

O problema 3 (o Processador de Eventos B não consegue manter a mensagem no banco de dados devido a algum erro nos dados) é lidado com a transação ACID (atomicidade, consistência, isolamento, durabilidade) via transação commit do banco de dados. Assim que a transação commit do banco de dados ocorre, os dados têm a garantia da persistência no banco de dados. Utilizar algo chamado *suporte do último participante* (LPS) remove a mensagem da fila persistida confirmando que o processamento foi concluído e a mensagem foi persistida. Isso assegura que a mensagem não seja perdida no trânsito do Processador de Eventos A até o banco de dados. Essas técnicas são mostradas na Figura 14-17.

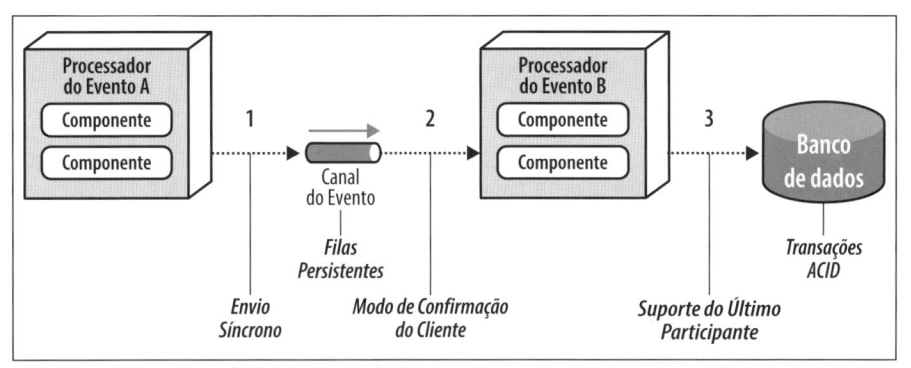

Figura 14-17. Evitando a perda de dados em uma arquitetura orientada a eventos

Capacidades de Transmissão

Uma das características únicas da arquitetura orientada a eventos é a capacidade de transmitir eventos sem o conhecimento de quem (se alguém) recebe a mensagem ou o que faz com ela. Essa técnica, exibida na Figura 14-18, mostra que, quando um produtor publica uma mensagem, essa mesma mensagem é recebida por vários assinantes.

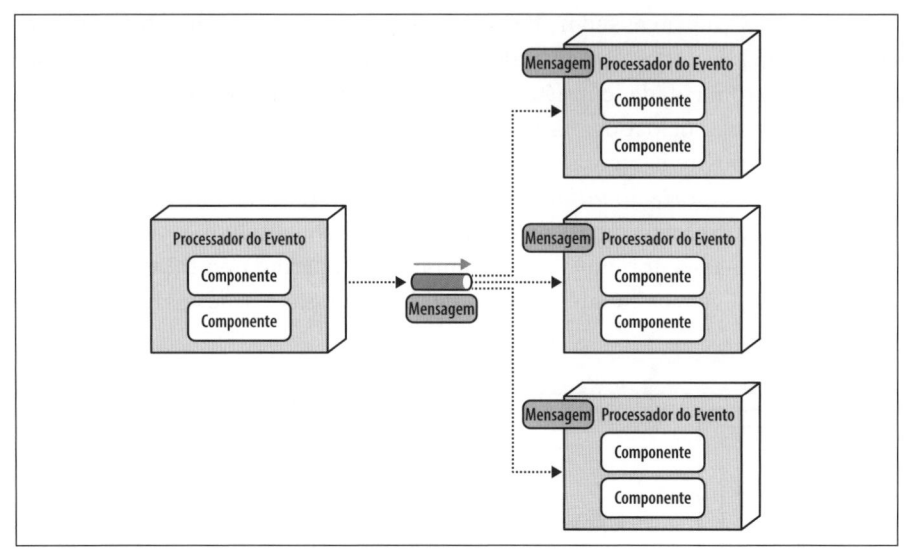

Figura 14-18. Transmitindo eventos para outros processadores de eventos

Talvez a transmissão seja o nível mais alto de desacoplamento entre os processadores de eventos, porque o produtor da mensagem de transmissão normalmente não sabe quais processos do evento receberão a mensagem de transmissão e, o mais importante, o que eles farão com ela. As capacidades de transmissão são uma parte essencial dos padrões para uma eventual consistência, processamento de eventos complexos (CEP) e uma série de outras situações. Considere as frequentes alterações nos preços de ações para os instrumentos negociados no mercado de ações. Cada ticker (o preço atual de certa ação) pode influenciar inúmeras coisas. Contudo, o serviço que publica o último preço simplesmente o transmite sem conhecimento de como as informações serão usadas.

Requisição-Resposta

Até o momento, neste capítulo, lidamos com requisições assíncronas que não precisam de uma resposta imediata do consumidor de eventos. Mas e se uma ID do pedido for necessária ao pedir um livro? E se um número de confirmação for necessário ao marcar um voo? Esses são exemplos de comunicação entre serviços ou processadores de eventos que requerem algum tipo de comunicação síncrona.

Na arquitetura orientada a eventos, a comunicação síncrona é feita com a mensagem de *requisição-resposta* (às vezes referida como *comunicações pseudossíncronas*). Cada canal de eventos na mensagem de requisição-resposta consiste em duas filas: uma fila de requisição e uma de resposta. A requisição inicial por informações é enviada de modo assíncrono para a fila de requisição, então o controle retorna para o produtor da mensagem. O produtor faz uma espera bloqueada na fila de respostas, aguardando a resposta. O consumidor da mensagem recebe e processa a mensagem, então envia a resposta para a fila de respostas. O produtor de eventos recebe a mensagem com os dados da resposta. Esse fluxo básico é mostrado na Figura 14-19.

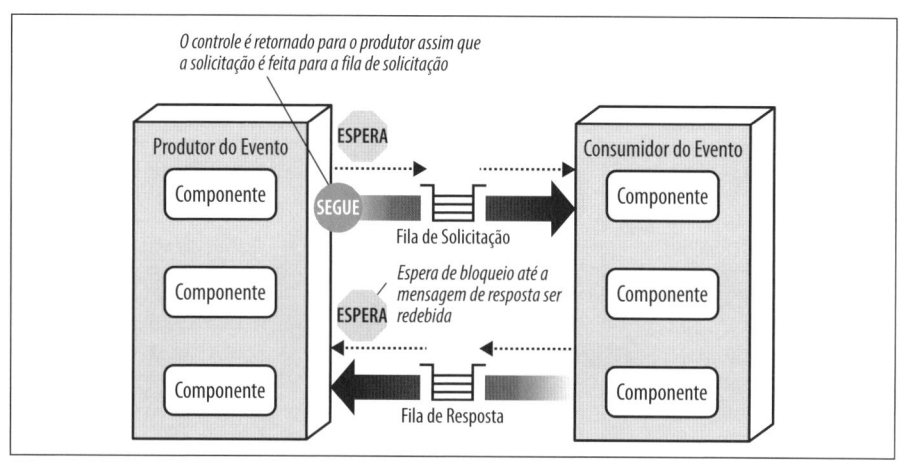

Figura 14-19. Processamento da mensagem de requisição-resposta

Existem duas técnicas básicas para implementar a mensagem de requisição-resposta. A primeira (e mais comum) é usar a *ID de correlação* contida no cabeçalho da mensagem. Essa ID é um campo na mensagem de resposta que normalmente é definido para a ID da mensagem de requisição original. Essa técnica, mostrada na Figura 14-20, funciona assim, com a ID da mensagem indicada com ID e a ID de correlação indicada com CID:

1. O produtor de eventos envia uma mensagem para a fila de requisição e registra a ID única da mensagem (nesse caso 124). Observe que a ID de correlação (CID) nesse caso é `null`.

2. Agora o produtor de eventos faz uma espera de bloqueio na fila de resposta com um filtro de mensagens (também chamado de seletor de mensagem), em que a ID de correlação no cabeçalho da mensagem é igual à ID original da mensagem (nesse caso 124). Note que existem duas mensagens na fila de resposta: ID de mensagem 855 com ID de correlação 120, e ID de mensagem 856 com ID de correlação 122. Nenhuma mensagem será escolhida porque a ID de correlação não corresponde ao que o consumidor de eventos procura (CID 124).

3. O consumidor de eventos recebe a mensagem (ID 124) e processa a requisição.
4. O consumidor de eventos cria a mensagem de resposta contendo a resposta e define a ID de correlação (CID) no cabeçalho da mensagem para a ID original da mensagem (124).
5. O consumidor de eventos envia a nova mensagem (ID 857) para a fila de resposta.
6. O produtor de eventos recebe a mensagem porque a ID de correlação (124) corresponde ao seletor da mensagem na etapa 2.

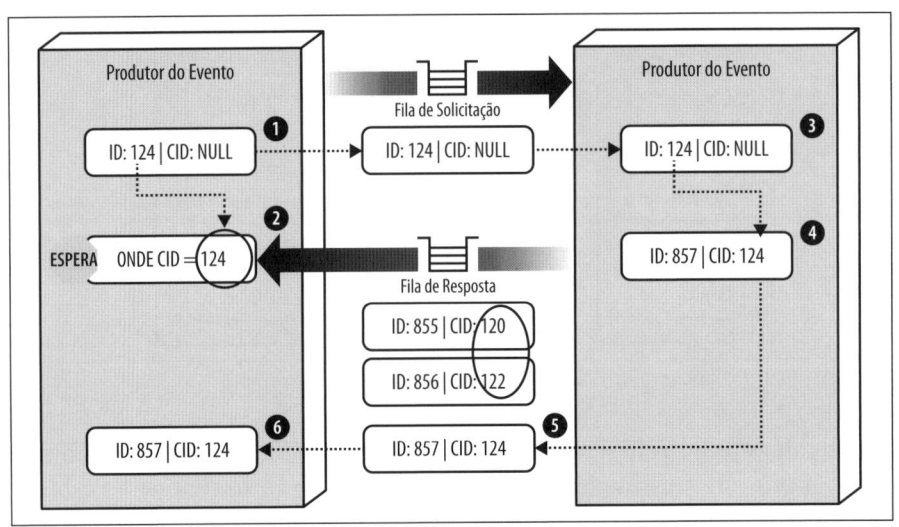

Figura 14-20. Processamento da mensagem de requisição-resposta usando uma ID de correlação

Outra técnica usada para implementar a mensagem de requisição-resposta é utilizar uma *fila temporária* para a fila da resposta. Tal fila é dedicada à requisição específica, criada quando a requisição é feita e excluída quando termina. Essa técnica, como na Figura 14-21, não requer uma ID de correlação porque a fila temporária é dedicada e apenas conhecida pelo produtor de eventos da requisição específica. A técnica da fila temporária funciona assim:

1. O produtor de eventos cria uma fila temporária (ou uma criada automaticamente, dependendo do broker da mensagem) e envia uma mensagem para a fila de requisição, passando o nome da fila temporária no cabeçalho de resposta (ou algum outro atributo personalizado acordado no cabeçalho da mensagem).

2. O produtor de eventos faz uma espera de bloqueio na fila de resposta temporária. Nenhum seletor de mensagem é necessário porque qualquer mensagem enviada para essa fila pertence unicamente ao produtor de eventos que a enviou originalmente.
3. O consumidor de eventos recebe a mensagem, processa a requisição e envia uma mensagem de resposta para a fila de resposta nomeada pelo cabeçalho reply-to.
4. O processador do evento recebe a mensagem e exclui a fila temporária.

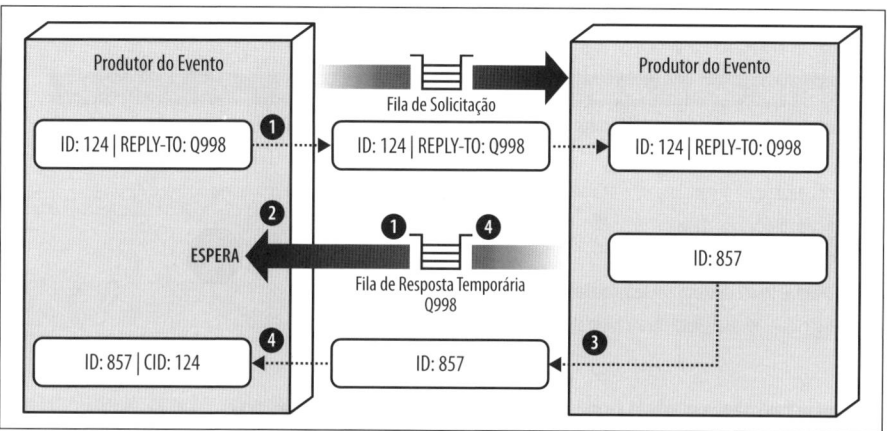

Figura 14-21. Processamento da mensagem de requisição-resposta usando uma fila temporária

Embora a técnica da fila temporária seja muito mais simples, o broker da mensagem deve criar uma fila temporária para cada requisição feita, então excluí-la logo depois. Grandes volumes de mensagem podem atrasar muito o broker e impactar o desempenho e a resposta em geral. Por isso, costumamos recomendar o uso da técnica da ID de correlação.

Escolhendo Entre Modelo Baseado em Requisição e Orientado a eventos

Os modelos baseados em requisição e evento são abordagens viáveis para projetar sistemas de software. Mas escolher o modelo certo é essencial para o sucesso geral do sistema. Recomendamos escolher o modelo baseado em requisição para requisições orientadas a dados e bem estruturadas (como recuperar dados do perfil do cliente) quando é preciso ter certeza e controle sobre o fluxo de trabalho. Recomendamos escolher o modelo orientado a eventos para eventos baseados em ação e flexíveis que requerem altos níveis de responsividade e escala, com o processamento do usuário complexo e dinâmico.

Entender os trade-offs no modelo orientado a eventos também ajuda a decidir qual é mais adequado. O Quadro 14-3 lista as vantagens e as desvantagens do modelo orientado a eventos da arquitetura orientada a eventos.

Quadro 14-3. Trade-offs do modelo orientado a evento

Vantagens em relação ao baseado em requisição	Trade-offs
Melhor resposta para conteúdo dinâmico de usuário	Apenas suporta consistência eventual
Melhor escalabilidade e elasticidade	Menos controle sobre o fluxo do processamento
Melhor agilidade e gerenciamento das alterações	Menos certeza sobre o resultado do fluxo de evento
Melhor adaptação e extensão	Dificuldade para testar e depurar
Melhor resposta e desempenho	
Melhor tomada de decisão em tempo real	
Melhor reação ao conhecimento da situação	

Arquiteturas Híbridas Orientadas a Eventos

Embora muitos aplicativos utilizem o estilo de arquitetura orientada a eventos como uma arquitetura geral primária, tal arquitetura é usada junto com outros estilos em muitos casos, formando o que é conhecido como arquitetura híbrida. Alguns estilos comuns que utilizam a arquitetura orientada a eventos como parte de outro estilo de arquitetura incluem microsserviços e arquitetura baseada em espaço. Outras híbridas possíveis incluem uma arquitetura microkernel orientada a eventos e uma arquitetura de pipeline orientada a eventos.

Adicionar uma arquitetura orientada a eventos a qualquer estilo de arquitetura ajuda a remover os gargalos, fornece um ponto de retorno nas requisições de evento com backup e oferece um nível de resposta do usuário não encontrado em outros estilos. Os microsserviços e a arquitetura baseada em espaço aproveitam a mensageria para movimentação rápida de dados em massa (do inglês, data pumps), enviando dados de modo assíncrono para outro processador que, por sua vez, atualiza os dados em um banco de dados. Eles também utilizam a arquitetura orientada a eventos para fornecer um nível de escalabilidade programática aos serviços em uma arquitetura de microsserviços e unidades de processamento em uma arquitetura baseada em espaço ao usar a mensageria para a comunicação entre os serviços.

Classificações das Características da Arquitetura

Uma estrela na tabela de classificações das características na Figura 14-22 significa que a característica específica não é bem suportada na arquitetura, já cinco estrelas significam que é um dos recursos mais fortes no estilo. A definição de cada característica identificada no painel pode ser encontrada no Capítulo 4.

A arquitetura orientada a eventos é particionada tecnicamente no sentido de que qualquer domínio em particular é distribuído em vários processadores de eventos e ligados por mediadores, filas e tópicos. As alterações em certo domínio em geral impactam muitos processadores de eventos, mediadores e outros artefatos da mensagem, e, por isso, a arquitetura orientada a eventos não é particionada por domínio.

Característica da arquitetura	Classificação de estrelas
Tipo de Particionamento	Técnico
Número de quanta	1 a muitos
Implementabilidade	☆☆☆
Elasticidade	☆☆☆
Evolutionária	☆☆☆☆☆
Tolerância a falhas	☆☆☆☆☆
Modularidade	☆☆☆☆
Custo geral	☆☆☆
Desempenho	☆☆☆☆☆
Confiabilidade	☆☆☆
Escalabilidade	☆☆☆☆☆
Simplicidade	☆
Testabilidade	☆☆

Figura 14-22. Classificações das características da arquitetura orientada a eventos

O número de quanta na arquitetura orientada a eventos pode variar de um a muitos, que, em geral, se baseia nas interações do banco de dados em cada processador do evento e processamento de requisição-resposta. Mesmo que toda a comunicação nessa arquitetura seja assíncrona, se vários processadores de eventos compartilhassem uma única instância do banco de dados, todos estariam contidos no mesmo quantum arquitetural. O mesmo acontece no processamento de requisição-resposta: mesmo que a comunicação ainda seja assíncrona entre os processadores de eventos, se uma requisição for necessária de imediato pelo consumidor de eventos, ela vinculará esses processadores de eventos de modo assíncrono; consequentemente, eles pertencerem ao mesmo quantum.

Para ilustrar, considere o exemplo em que um processador do evento envia uma requisição para outro processador para fazer um pedido. O primeiro processador deve aguardar uma ID do pedido do outro processador para continuar. Se o segundo processador que faz o pedido e gera a ID do pedido fica inativo, o primeiro processador não pode continuar. Contudo, eles fazem parte do mesmo quantum da arquitetura e compartilham as mesmas características arquiteturais, mesmo que estejam enviando e recebendo mensagens assíncronas.

A arquitetura orientada a eventos ganha cinco estrelas para desempenho, escalabilidade e tolerância a falhas, os pontos fortes básicos desse estilo. O alto desempenho é obtido com comunicações assíncronas combinadas com um processamento altamente paralelo. A alta escalabilidade é realizada com um equilíbrio de carga programático dos processadores de eventos (também chamado de *consumidores concorrentes*). Conforme a carga de requisição aumenta, processadores de eventos adicionais podem ser adicionados programaticamente para lidar com mais requisições. A tolerância a falhas é conseguida com processadores de eventos altamente desacoplados e assíncronos que fornecem uma consistência e um processamento eventuais dos fluxos de trabalho de eventos. Contanto que a IU ou um processador do evento que faz uma requisição não precise de uma resposta imediata, promessas futuras podem ser usadas para processar o evento depois, caso outros processadores subsequentes não estejam disponíveis.

A *simplicidade* e a *testabilidade* têm uma classificação baixa na arquitetura orientada a eventos, em grande parte devido a fluxos de evento não deterministas e dinâmicos normalmente encontrados nesse estilo de arquitetura. Embora os fluxos deterministas no modelo baseado em requisição sejam relativamente fáceis de testar porque os caminhos e as saídas costumam ser conhecidos, esse não é o caso no modelo orientado a evento. Por vezes, não se sabe como os processadores de eventos reagirão aos eventos dinâmicos e quais mensagens eles podem produzir. Esses "diagramas da árvore de eventos" podem ser extremamente complexos, gerando de centenas a milhares de cenários, dificultando muito seu controle e teste.

Enfim, as arquiteturas orientadas a evento são altamente evolutivas, por isso as cinco estrelas. Adicionar novos recursos com os processadores de eventos existentes ou novos é relativamente simples, em particular na topologia do broker. Fornecendo hooks via mensagens publicadas na topologia do broker, os dados já ficam disponíveis, e nenhuma alteração é necessária na infraestrutura ou nos processadores de eventos existentes para adicionar essa funcionalidade.

CAPÍTULO 15
Estilo de Arquitetura Baseada em Espaço

A maioria dos aplicativos para web segue o mesmo fluxo geral: uma requisição do navegador chega ao servidor web, então no servidor do aplicativo e, por fim, no servidor do banco de dados. Embora esse padrão funcione muito bem para um pequeno conjunto de usuários, os gargalos começam a surgir quando a carga de usuários aumenta, primeiro na camada do servidor web, depois na camada do aplicativo/servidor e, finalmente, na camada do banco de dados/ servidor. A resposta usual para os gargalos baseados em um aumento na carga de usuários é escalar horizontalmente os servidores da web. Isso é relativamente fácil e barato e, por vezes, resolve esses problemas. Porém, na maioria dos casos da alta carga de usuários, escalar a camada do servidor web apenas desce o gargalo para o servidor do aplicativo. A escala dos servidores do aplicativo pode ser mais complexa e cara do que nos servidores da web, normalmente apenas descendo o gargalo para o servidor do banco de dados, que é ainda mais difícil e caro de escalar. Mesmo que você possa escalar o banco de dados, acabará com uma topologia em forma de triângulo, com a parte mais larga sendo os servidores da web (mais fáceis de escalar) e a parte menor sendo o banco de dados (mais difícil), como mostrado na Figura 15-1.

Em qualquer aplicativo de alto volume com uma carga de usuários grande e simultânea, normalmente o banco de dados será o fator limite final em quantas transações você pode processar ao mesmo tempo. Embora várias tecnologias de cache e produtos de escala do banco de dados ajudem a lidar com esses problemas, permanece o fato de que escalar horizontalmente um aplicativo normal para cargas extremas é uma proposta muito difícil.

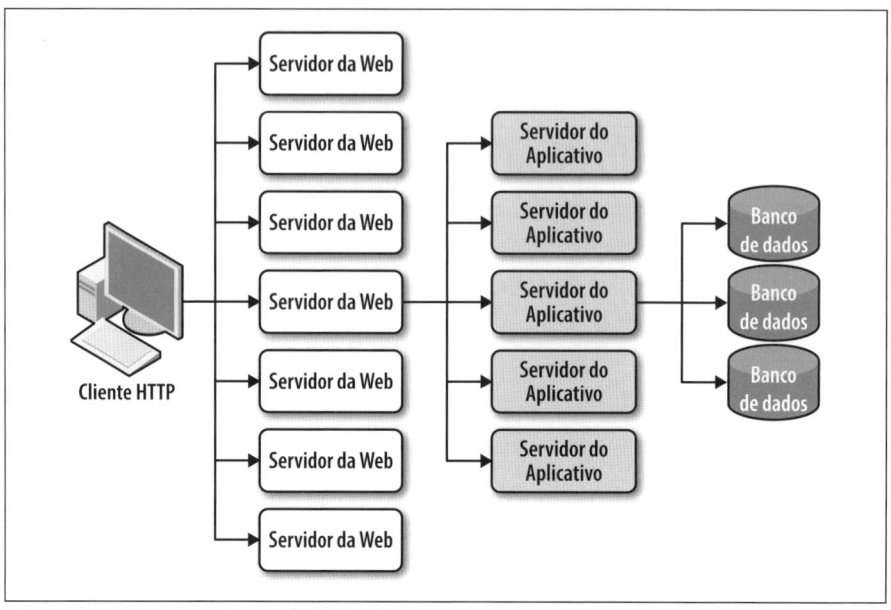

Figura 15-1. Limites da escalabilidade dentro de uma topologia tradicional para a web

O estilo de arquitetura *baseado em espaço* serve especificamente para lidar com problemas que envolvem a alta escalabilidade, a elasticidade e a alta simultaneidade. Ele também é útil para aplicativos que têm volumes de usuários simultâneos variáveis e imprevisíveis. Resolver o problema da escalabilidade extrema e variável de modo arquitetural normalmente é uma abordagem melhor do que tentar escalar na horizontal um banco de dados e adaptar as tecnologias de cache em uma arquitetura não escalável.

Topologia Geral

A arquitetura baseada em espaço tem seu nome segundo o conceito do *espaço de tuplas*, a técnica de usar vários processadores paralelos se comunicando pela memória compartilhada. As altas escalabilidade, elasticidade e o alto desempenho são conseguidos removendo o banco de dados central como uma restrição síncrona no sistema e utilizando grades de dados em memória replicadas. Os dados do aplicativo são mantidos na memória e replicados entre todas as unidades de processamento ativas. Quando uma unidade atualiza os dados, ela os envia de modo assíncrono para o BD, em geral via mensagem com filas persistentes. As unidades iniciam e finalizam dinamicamente conforme a carga de usuários aumenta e diminui, lidando com a escalabilidade variável. Como não há um BD central envolvido no processamento transacional padrão do aplicativo, o gargalo do BD é removido, tendo uma escalabilidade quase infinita no aplicativo.

Existem vários componentes da arquitetura que formam uma arquitetura baseada em espaço: uma *unidade de processamento* contendo o código do aplicativo; um *middleware virtualizado* usado para gerenciar e coordenar as unidades de processamento; *data pumps,* para enviar os dados atualizados para o banco de dados de modo assíncrono; *gravações de dados,* que fazem atualizações a partir dos data pumps; e *leituras de dados,* que leem os dados do banco de dados e os entregam às unidades de processamento na inicialização. A Figura 15-2 mostra esses componentes básicos da arquitetura.

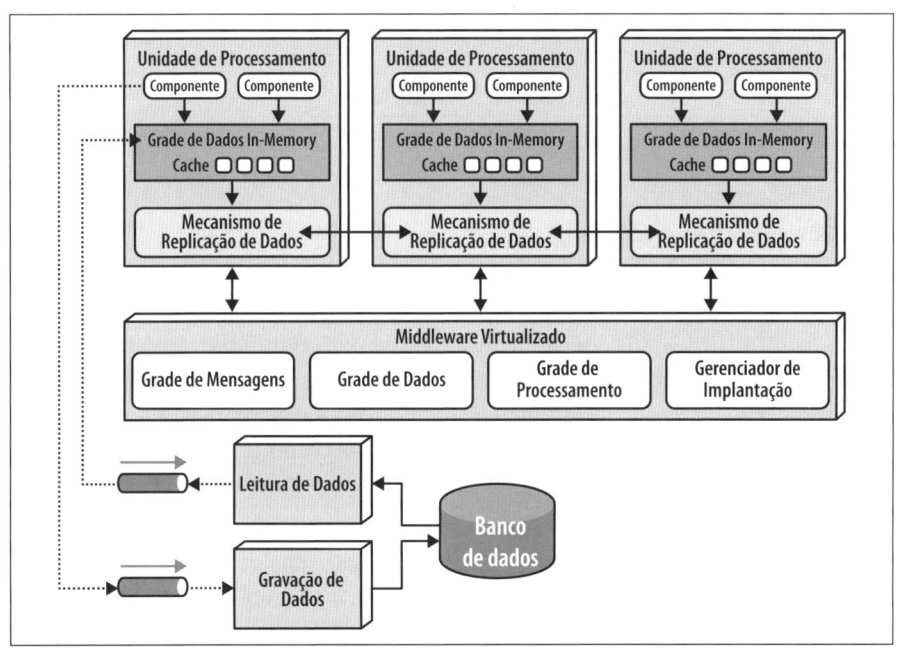

Figura 15-2. Topologia básica da arquitetura baseada em espaço

Unidade de Processamento

A unidade de processamento (ilustrada na Figura 15-3) contém a lógica do aplicativo (ou partes da lógica). Em geral, inclui componentes web além da lógica de negócio de back-end. O conteúdo da unidade de processamento varia com base no tipo de aplicativo. Os aplicativos menores da web provavelmente seriam implantados em uma única unidade de processamento, já os maiores podem dividir a funcionalidade do aplicativo em várias unidades com base nas áreas funcionais dele. A unidade de processamento também pode conter serviços pequenos com finalidade única (como microsserviços). Além da lógica do aplicativo, a unidade de processamento também contém uma grade de dados em memória e um mecanismo de replicação normalmente implementado por plataformas como Hazelcast, Apache Ignite e Oracle Coherence.

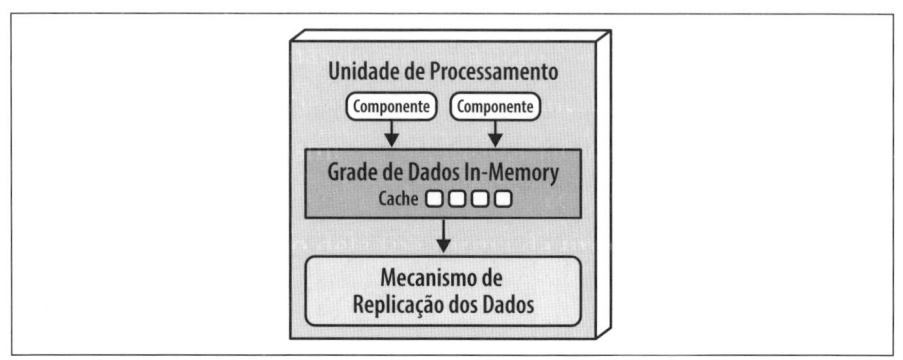

Figura 15-3. Unidade de processamento

Middleware Virtualizado

O middleware virtualizado lida com os problemas de infraestrutura na arquitetura que controlam vários aspectos da sincronização de dados e do tratamento de requisições. Os componentes que formam o middleware virtualizado incluem *grades de mensageria, de dados, de processamento* e um *gerenciador de implementação*. Esses componentes, detalhados nas próximas seções, podem ser escritos de modo personalizado ou comprados como produtos de terceiros.

Grade de mensageria

A grade de mensageria, mostrada na Figura 15-4, gerencia a requisição de entrada e o estado da sessão. Quando uma requisição entra no middleware virtualizado, o componente da grade de mensageria determina quais componentes de processamento ativos estão disponíveis para receber a requisição e envia-a para uma das unidades de processamento. A complexidade da grade de mensageria pode variar desde um algoritmo round-robin simples até o próximo algoritmo complexo disponível que controla qual requisição é processada por qual unidade de processamento. Em geral, esse componente é implementado usando um servidor web típico com capacidades de equilíbrio da carga (como HA Proxy e Nginx).

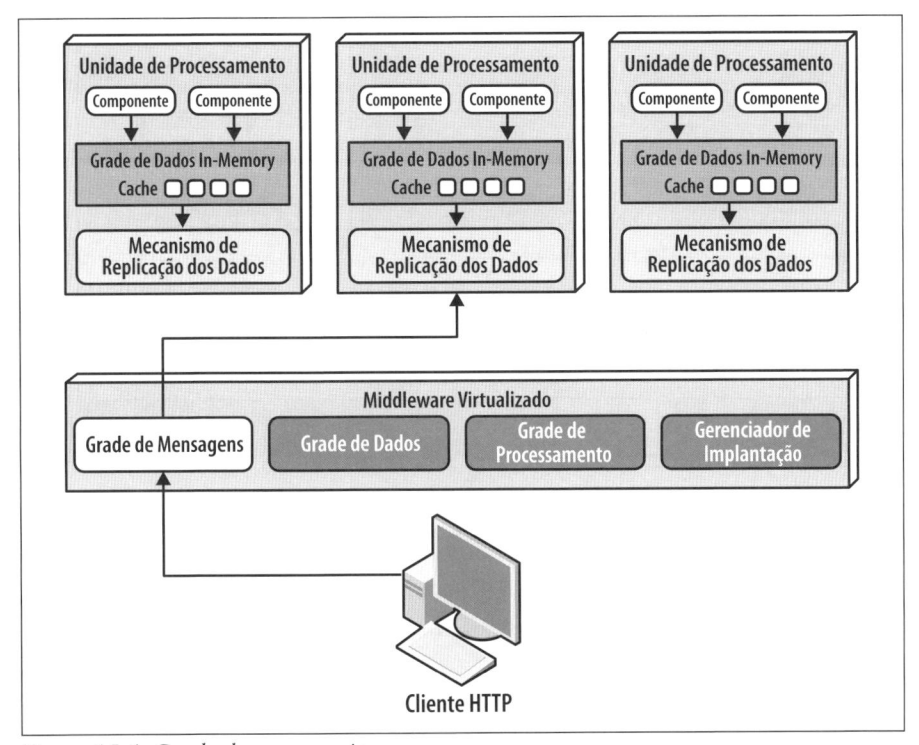

Figura 15-4. Grade de mensageria

Grade de dados

O componente da grade de dados talvez seja o mais importante e essencial nesse estilo de arquitetura. Nas implementações mais modernas, a grade de dados é implementada unicamente nas unidades de processamento como um cache replicado. Mas para as implementações de cache replicado que requerem um controlador externo ou ao usar um cache distribuído, essa funcionalidade residiria nas unidades de processamento e no componente da grade de dados dentro do middleware virtualizado. Como a grade de mensageria pode encaminhar uma requisição para qualquer unidade de processamento disponível, é essencial que cada unidade contenha exatamente os mesmos dados em sua grade de dados em memória. Embora a Figura 15-5 mostre uma replicação de dados síncrona entre as unidades de processamento, na realidade isso é feito de modo assíncrono e muito rápido, em geral concluindo a sincronização dos dados em menos de 100 milissegundos.

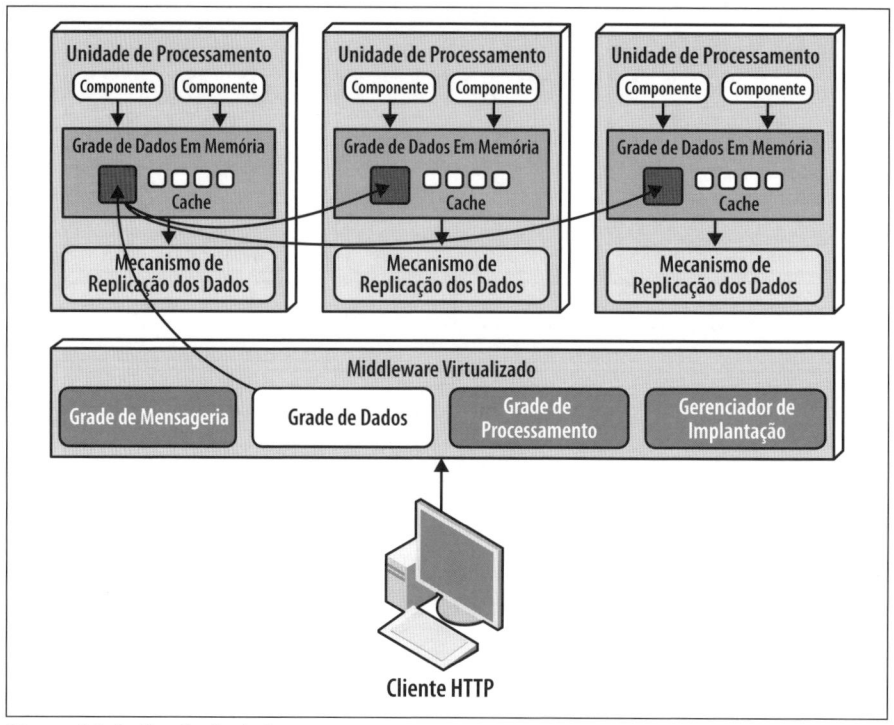

Figura 15-5. Grade de dados

Os dados são sincronizados entre as unidades de processamento que contêm a mesma grade de dados nomeada. Para ilustrar, considere o seguinte código em Java usando Hazelcast, que cria uma grade de dados replicada interna para processar as unidades que contêm informações do perfil do cliente:

```
HazelcastInstance hz = Hazelcast.newHazelcastInstance();
Map<String, CustomerProfile> profileCache =
        hz.getReplicatedMap("CustomerProfile");
```

Todas as unidades de processamento que precisam acessar as informações do perfil do cliente conteriam esse código. As alterações feitas no cache nomeado CustomerProfile de qualquer unidade teriam essa alteração replicada em todas as outras unidades com o mesmo cache nomeado. Uma unidade de processamento pode conter quantos caches replicados forem necessários para concluir seu trabalho. Uma alternativa é uma unidade conseguir fazer uma chamada remota para outra unidade e pedir dados (coreografia) ou utilizar a grade de processamento (descrita na próxima seção) para orquestrar a requisição.

A replicação de dados nas unidades de processamento também permite que instâncias do serviço fiquem ativas e inativas sem ter que ler os dados no BD, contanto que haja pelo menos uma instância contendo o cache replicado nomeado. Quando uma instância da unidade de processamento fica ativa, ela conecta o provedor de cache (como Hazelcast) e faz uma requisição para obter o cache nomeado. Assim que uma conexão for feita para outras unidades de processamento, o cache será carregado a partir de uma das outras instâncias.

Cada unidade de processamento fica ciente de todas as instâncias da unidade usando uma *lista dos membros*. Essa lista contém o endereço IP e as portas de todas as outras unidades de processamento que usam o mesmo cache nomeado. Por exemplo, suponha que haja uma instância de processamento com código e dados em cache replicados para o perfil do cliente. Nesse caso, existe apenas uma instância. Portanto, a lista de membros dela contém apenas ela mesma, como mostrado nas seguintes declarações de log geradas usando Hazelcast:

```
Instance 1:
Members {size:1, ver:1} [
        Member [172.19.248.89]:5701 - 04a6f863-dfce-41e5-9d51-9f4e356ef268 this
]
```

Quando outra unidade de processamento inicializa com o mesmo cache nomeado, a lista dos membros dos dois serviços é atualizada para refletir o endereço IP e a porta de cada unidade de processamento:

```
Instance 1:
Members {size:2, ver:2} [
        Member [172.19.248.89]:5701 - 04a6f863-dfce-41e5-9d51-9f4e356ef268 this
        Member [172.19.248.90]:5702 - ea9e4dd5-5cb3-4b27-8fe8-db5cc62c7316
]

Instance 2:
Members {size:2, ver:2} [
        Member [172.19.248.89]:5701 - 04a6f863-dfce-41e5-9d51-9f4e356ef268
        Member [172.19.248.90]:5702 - ea9e4dd5-5cb3-4b27-8fe8-db5cc62c7316 this
]
```

Quando uma terceira unidade é inicializada, a lista dos membros das instâncias 1 e 2 é atualizada para refletir a terceira nova instância:

```
Instance 1:
Members {size:3, ver:3} [
        Member [172.19.248.89]:5701 - 04a6f863-dfce-41e5-9d51-9f4e356ef268 this
        Member [172.19.248.90]:5702 - ea9e4dd5-5cb3-4b27-8fe8-db5cc62c7316
        Member [172.19.248.91]:5703 - 1623eadf-9cfb-4b83-9983-d80520cef753
]

Instance 2:
Members {size:3, ver:3} [
        Member [172.19.248.89]:5701 - 04a6f863-dfce-41e5-9d51-9f4e356ef268
        Member [172.19.248.90]:5702 - ea9e4dd5-5cb3-4b27-8fe8-db5cc62c7316 this
        Member [172.19.248.91]:5703 - 1623eadf-9cfb-4b83-9983-d80520cef753
]

Instance 3:
Members {size:3, ver:3} [
        Member [172.19.248.89]:5701 - 04a6f863-dfce-41e5-9d51-9f4e356ef268
        Member [172.19.248.90]:5702 - ea9e4dd5-5cb3-4b27-8fe8-db5cc62c7316
        Member [172.19.248.91]:5703 - 1623eadf-9cfb-4b83-9983-d80520cef753 this
]
```

Observe que todas as três instâncias estão cientes umas das outras (inclusive de si mesmas). Suponha que a instância 1 receba uma requisição para atualizar as informações do perfil do cliente. Quando a instância 1 atualizar o cache com cache.put() ou um método de atualização de cache parecido, a grade de dados (como Hazelcast) alterará os outros caches replicados de modo assíncrono com a mesma atualização, assegurando que todos os três caches do perfil do cliente permaneçam sempre sincronizados entre si.

Quando as instâncias da unidade de processamento ficam inativas, todas as outras unidades são atualizadas automaticamente para refletir o membro perdido. Por exemplo, se a instância 2 fica inativa, as listas dos membros das instâncias 1 e 3 são atualizadas como a seguir:

```
Instance 1:
Members {size:2, ver:4} [
        Member [172.19.248.89]:5701 - 04a6f863-dfce-41e5-9d51-9f4e356ef268 this
        Member [172.19.248.91]:5703 - 1623eadf-9cfb-4b83-9983-d80520cef753
]

Instance 3:
Members {size:2, ver:4} [
        Member [172.19.248.89]:5701 - 04a6f863-dfce-41e5-9d51-9f4e356ef268
        Member [172.19.248.91]:5703 - 1623eadf-9cfb-4b83-9983-d80520cef753 this
]
```

Grade de processamento

A grade de processamento, mostrada na Figura 15-6, é um componente opcional no middleware virtualizado que gerencia o processamento da requisição orquestrada quando há várias unidades de processamento envolvidas em uma única requisição comercial. Se uma requisição entra requerendo coordenação entre os tipos de unidade (por exemplo, uma unidade de processamento do pedido e uma unidade de processamento do pagamento), é a grade de processamento que medeia e orquestra a requisição entre essas duas unidades.

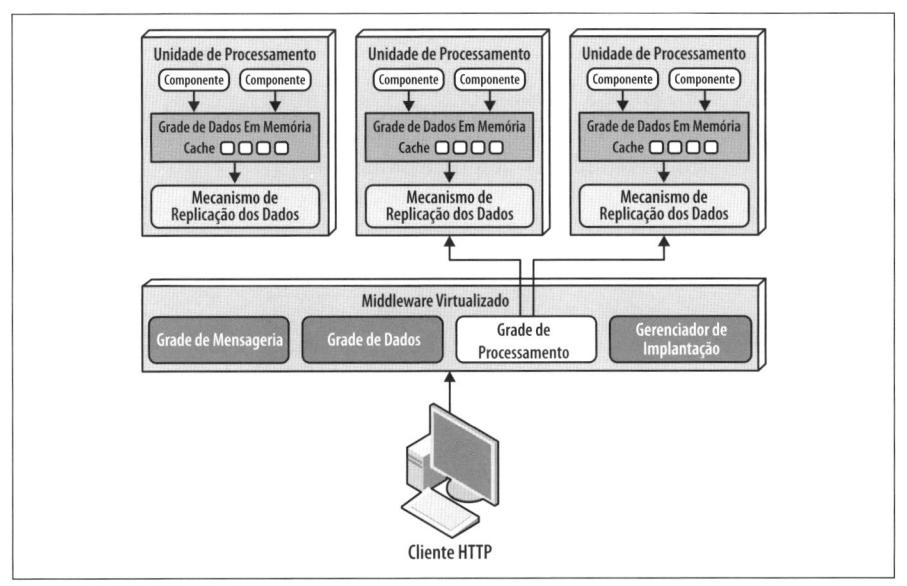

Figura 15-6. Grade de processamento

Gerenciador de implementação

O componente do gerenciador de implementação controla a inicialização e a finalização dinâmicas das instâncias da unidade de processamento com base nas condições da carga. Esse componente monitora continuamente os tempos de resposta e as cargas de usuários, inicializa novas unidades de processamento quando a carga aumenta e finaliza as unidades quando a carga diminui. É um componente fundamental para realizar as necessidades de escalabilidade (elasticidade) variáveis em um aplicativo.

Data Pumps

Data pump é um modo de enviar dados para outro processador que os atualiza em um banco de dados. Eles são um componente necessário na arquitetura baseada em espaço, pois as unidades de processamento não leem nem gravam diretamente em um BD. Os data pumps nessa arquitetura são sempre assíncronos, fornecendo uma consistência eventual com o cache em memória e o banco de dados. Quando uma instância da unidade de processamento recebe uma requisição e atualiza seu cache, essa unidade se torna a proprietária da atualização e é responsável por enviar a atualização por meio do data pump para que o banco de dados possa, por fim, ser atualizado.

Em geral, os data pumps são implementados usando mensageria, como na Figura 15-7. A mensageria é uma boa escolha para os data pumps ao usar uma arquitetura baseada em espaço. Não só tem suporte para a comunicação assíncrona, como também para uma entrega garantida, e preserva a ordem das mensagens usando a fila FIFO (first-in, first-out). E mais, a mensagem fornece um desacoplamento entre a unidade de processamento e a gravação dos dados; caso a gravação não esteja disponível, ainda poderá ocorrer um processamento ininterrupto dentro das unidades de processamento.

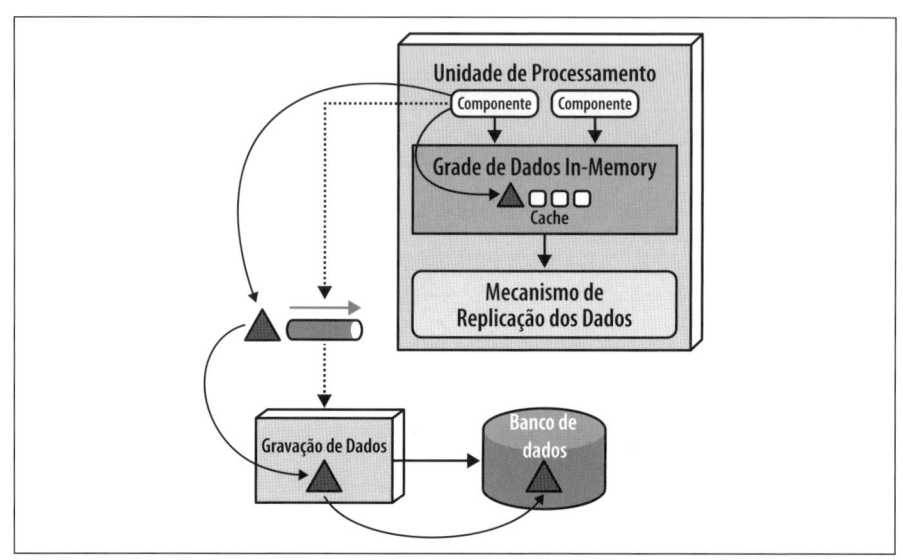

Figura 15-7. Data pump usado para enviar dados para um banco de dados

Na maioria dos casos, existem vários data pumps, cada um normalmente dedicado a um domínio ou um subdomínio em particular (como cliente ou inventário). Eles podem ser dedicados a cada tipo de cache (como `CustomerProfile`, `CustomerWishlist` etc.) ou a um domínio da unidade de processamento (como `Customer`) contendo um cache muito maior e geral.

Em geral, os data pumps têm contratos associados, inclusive uma ação associada aos dados do contrato (adicionar, excluir ou atualizar). O contrato pode ser um esquema JSON, um esquema XML, um objeto ou mesmo uma *mensagem orientada a valores* (mensagem do tipo map com pares de nome/valor). Para as atualizações, os dados contidos na mensagem do data pump costumam ter apenas os novos valores dos dados. Por exemplo, se um cliente mudasse um número de telefone no perfil, apenas o novo número seria enviado, junto a ID do cliente e uma ação para atualizar os dados.

Gravações de Dados

O componente de gravação dos dados aceita mensagens de um data pump e atualiza o banco de dados com as informações contidas na mensagem dele (veja a Figura 15-7). As gravações de dados podem ser implementadas como serviços, aplicativos ou hubs de dados (como Ab Initio). A granularidade das gravações de dados podem variar segundo o escopo dos data pumps e das unidades de processamento.

Uma gravação de dados baseada em domínio contém toda a lógica do BD necessária para lidar com todas as atualizações em certo domínio (como um cliente), independentemente da quantidade de data pumps aceita. Note que, na Figura 15-8, há quatro unidades de processamento diferentes e quatro data pumps diferentes representando o domínio do cliente (`Profile`, `WishList`, `Wallet` e `Preferences`), mas apenas uma gravação de dados. A única gravação de dados do cliente atende a todos os quatro data pumps e contém a lógica do BD necessária (como SQL) para atualizar os dados relacionados ao cliente nesse banco.

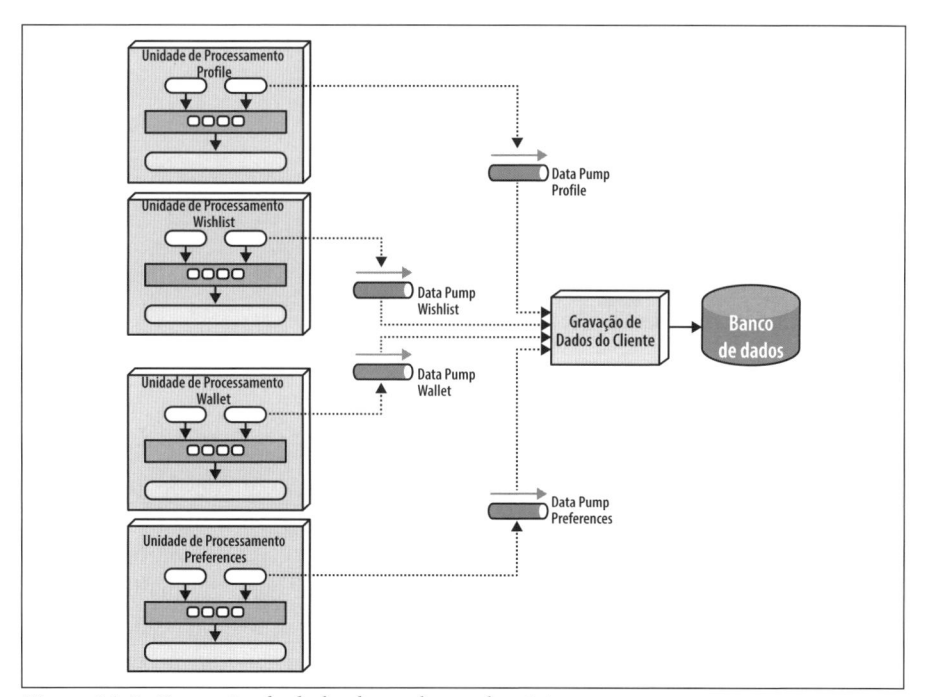

Figura 15-8. Gravação de dados baseada em domínio

Uma alternativa seria cada classe da unidade de processamento ter seu próprio componente de gravação de dados dedicado, como na Figura 15-9. Nesse modelo, a gravação dos dados é dedicada a cada data pump correspondente e contém apenas a lógica de processamento do BD para essa unidade em particular (como `Wallet`). Embora a tendência do modelo seja produzir muitos componentes da gravação de dados, ele fornece uma melhor escalabilidade e agilidade devido ao alinhamento da unidade de processamento, do data pump e da gravação de dados.

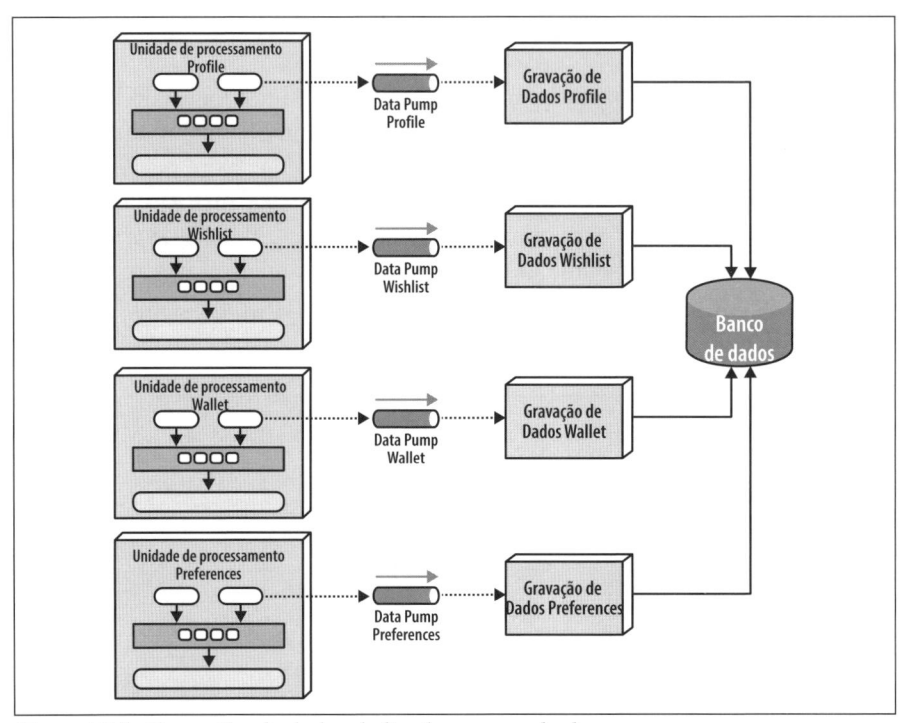

Figura 15-9. Gravações de dados dedicadas para cada data pump

Leituras de Dados

Enquanto as gravações de dados assumem a responsabilidade de atualizar o banco de dados, as leituras de dados são responsáveis por ler os dados no banco de dados e enviá-los para as unidades de processamento via data pump reverso. Na arquitetura baseada em espaço, as leituras de dados são chamadas apenas em uma dessas três situações: uma paralisação de todas as instâncias da unidade de processamento do mesmo cache nomeado, uma reimplementação de todas as unidades no mesmo cache nomeado ou ao recuperar os dados de armazenamento não contidos no cache replicado.

No caso em que todas as instâncias ficam inativas (devido a uma paralisação de todo o sistema ou à reimplementação de todas as instâncias), os dados devem ser lidos no banco de dados (algo que, normalmente, é evitado na arquitetura baseada em espaço). Quando as instâncias de uma classe da unidade de processamento começam a ficar ativas, cada uma tenta pegar um bloqueio no cache. A primeira a obter o bloqueio se torna a proprietária temporária do cache; as outras ficam em espera até o bloqueio ser liberado (isso pode variar segundo o tipo de implementação do cache usado, mas, independentemente disso, haverá um proprietário primário do cache nessa situação). Para carregar o cache, a instância que ganhou o status de proprietária temporária envia uma mensagem para uma fila solicitando os dados. O componente da leitura de dados aceita a requisição de leitura e realiza a lógica de consulta do banco de dados necessária para recuperar os dados dos quais a unidade de processamento precisa. Conforme a leitura dos dados consulta os dados no BD, ela os envia para uma fila diferente (chamada data pump reverso). A unidade de processamento da proprietária do cache temporária recebe os dados do data pump reverso e carrega o cache. Assim que todos os dados são carregados, a proprietária libera o bloqueio no cache, todas as outras instâncias são sincronizadas e o processamento pode iniciar. Esse fluxo de processamento é mostrado na Figura 15-10.

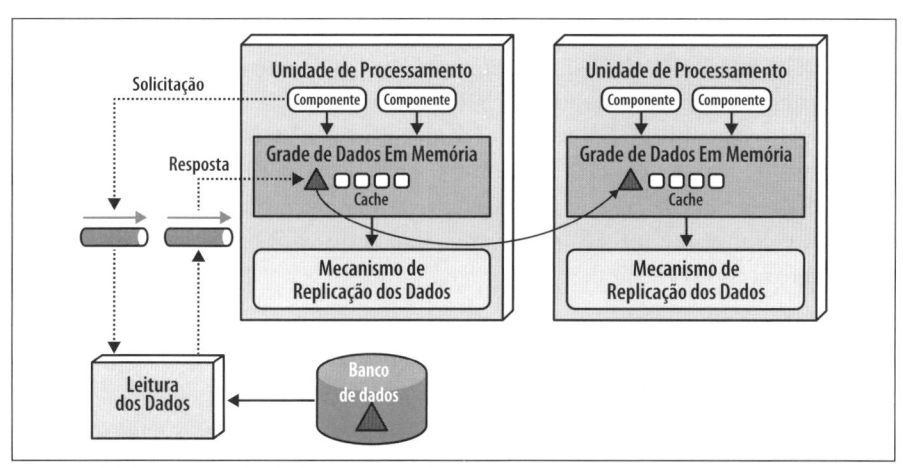

Figura 15-10. Leitura de dados com um data pump reverso

Como as gravações de dados, as leituras também podem se basear em domínio ou ser dedicadas a uma classe específica da unidade de processamento (como costuma ser o caso). A implementação também é igual às gravações de dados, ou seja, no serviço, no aplicativo ou no hub de dados.

As gravações e as leituras de dados basicamente formam o que costuma ser conhecido como *camada de abstração dos dados* (ou *camada de acesso dos dados* em alguns casos). A diferença entre as duas é a quantidade de conhecimento detalhado que as unidades de processamento têm em relação à estrutura das tabelas (ou esquema) no banco de dados. Uma camada de acesso dos dados significa que as unidades de processamento estão acopladas às estruturas de dados subjacentes no BD e usam apenas leituras e gravações de dados para acessar indiretamente o BD. Já uma camada de abstração dos dados significa que a unidade de processamento é desacoplada das estruturas subjacentes da tabela do BD por meio de contratos separados. Em geral, a arquitetura baseada em espaço conta com o modelo da camada de abstração dos dados para que o esquema de cache replicado em cada unidade possa ser diferente das estruturas subjacentes. Isso permite alterações incrementais no BD sem impactar necessariamente as unidades de processamento. Para facilitar essa alteração incremental, as gravações e as leituras dos dados contêm uma lógica de transformação para que se um tipo de coluna mudar, uma coluna ou uma tabela for omitida, as gravações e as leituras possam armazenar em buffer a alteração no BD até as alterações necessárias serem feitas nos caches da unidade de processamento.

Colisões de Dados

Ao usar um cache replicado em um estado ativo/ativo em que as atualizações podem ocorrer em qualquer instância do serviço contendo o mesmo cache nomeado, há a possibilidade de uma *colisão de dados* devido à latência da replicação. Essa colisão ocorre quando os dados são atualizados em uma instância do cache (cache A), e durante a replicação em outra instância do cache (cache B), os mesmos dados são atualizados por esse cache (cache B). Nesse caso, a atualização local no cache B será sobrescrita pela replicação dos antigos dados do cache A, e com a replicação, os mesmos dados no cache A serão sobrescritos pela atualização do cache B.

Para ilustrar o problema, pressuponha que existam duas instâncias do serviço (A e B) contendo um cache replicado do inventário do produto. O seguinte fluxo mostra o problema da colisão de dados

- A contagem do inventário atual dos widgets azuis é de 500 unidades
- O Serviço A atualiza o cache do inventário dos widgets azuis para 490 unidades (10 vendidas)
- Durante a replicação, o Serviço B atualiza o cache do inventário dos widgets azuis para 495 unidades (5 vendidas)
- O cache do Serviço B é atualizado com 490 unidades devido à replicação da atualização do Serviço A
- O cache do Serviço A atualiza com 495 unidades devido à replicação da atualização do Serviço B
- Ambos os caches nos Serviços A e B estão incorretos e sem sincronia (o inventário deveria ser de 485 unidades)

Existem vários fatores que influenciam quantas colisões de dados podem ocorrer: o número de instâncias da unidade de processamento contendo o mesmo cache, a taxa de atualização do cache, o tamanho e, finalmente, a latência da replicação do produto em cache. A fórmula usada para determinar a probabilidade de quantas colisões em potencial poderiam ocorrer com base nesses fatores é:

$$TaxaColisão = N * \frac{UR^2}{S} * RL$$

em que N representa o número das instâncias do serviço usando o mesmo cache nomeado, UR representa a taxa de atualização em milissegundos (ao quadrado), S é o tamanho do cache (em termos de número de linhas) e RL é a latência da replicação do processo em cache.

Essa fórmula é útil para determinar a porcentagem das colisões de dados que provavelmente ocorrerão e, consequentemente, a possibilidade de usar o cache replicado. Por exemplo, considere os seguintes valores para os fatores envolvidos no cálculo:

Taxa de atualização (UR):	20 atualizações/segundo
Número de instâncias (N):	5
Tamanho do cache (S):	50.000 linhas
Latência da replicação (RL):	100 milissegundos
Atualizações:	72.000 por hora
Taxa de colisão:	14,4 por hora
Porcentagem:	0,02%

Aplicar esses fatores na fórmula produz 72 mil atualizações por hora, com uma alta probabilidade de que 14 atualizações nos mesmos dados possam colidir. Dada a baixa porcentagem (0,02%), a replicação seria uma opção viável.

Variar a latência da replicação tem um grande impacto na consistência dos dados. Essa latência depende de muitos fatores, inclusive do tipo de rede e da distância física entre as unidades de processamento. Por isso, os valores da latência raramente são publicados e devem ser calculados e derivados de medidas reais em um ambiente de produção. O valor usado no exemplo anterior (100 milissegundos) é um bom número de planejamento se a latência da replicação real, um valor que normalmente usamos para determinar a quantidade de colisões de dados, está indisponível. Por exemplo, mudar a latência da replicação de 100 milissegundos para 1 milissegundo produz o mesmo número de atualizações (72 mil por hora), mas produz apenas a probabilidade de 0,1 colisão por hora! Esse cenário é mostrado na tabela a seguir:

Taxa de atualização (UR):	20 atualizações/segundo
Número de instâncias (N):	5
Tamanho do cache (S):	50.000 linhas
Latência da replicação (RL):	1 milissegundo (mudou de 100)
Atualizações:	72.000 por hora
Taxa de colisão:	0,1 por hora
Porcentagem:	0,0002%

O número de unidades de processamento contendo o mesmo cache nomeado (como representado pelo fator *número de instâncias*) também tem uma relação proporcional direta com o número de possíveis colisões de dados. Por exemplo, reduzir o número de unidades de processamento de 5 instâncias para 2 produz uma taxa de colisão de dados de apenas 6 por hora em 72 mil atualizações por hora:

Taxa de atualização (UR):	20 atualizações/segundo
Número de instâncias (N):	2 (mudou de 5)
Tamanho do cache (S):	50.000 linhas
Latência da replicação (RL):	100 milissegundos
Atualizações:	72.000 por hora
Taxa de colisão::	5,8 por hora
Porcentagem:	0,008%

O tamanho do cache é o único fator que é inversamente proporcional à taxa de colisão. Conforme o tamanho diminui, as taxas de colisão aumentam. Em nosso exemplo, reduzir o tamanho do cache de 50 mil linhas para 10 mil (mantendo todo o resto igual, como no primeiro exemplo) produz uma taxa de colisão de 72 por hora, muito mais alta do que com 50 mil linhas:

Taxa de atualização (UR):	20 atualizações/segundo
Número de instâncias (N):	5
Tamanho do cache (S):	10.000 linhas (mudou de 50.000)
Latência da replicação (RL):	100 milissegundos
Atualizações:	72.000 por hora
Taxa de colisão::	72,0 por hora
Porcentagem:	0,1%

Sob circunstâncias normais, a maioria dos sistemas não tem taxas de atualização consistentes em um período longo de tempo. Assim, ao usar esse cálculo, seria útil entender a taxa de atualização máxima durante o uso de pico e calcular as taxas de colisão mínima, normal e de pico.

Implementações na Nuvem Versus Locais

A arquitetura baseada em espaço oferece opções únicas quanto aos ambientes nos quais é implantada. A topologia inteira, inclusive as unidades de processamento, o middleware virtualizado, data pumps, leituras/gravações de dados e o banco de dados, pode ser implantada nos locais dos ambientes baseados em nuvem. Contudo, esse estilo de arquitetura também pode ser implantado entre esses ambientes, oferecendo um recurso único não encontrado em outros estilos.

Um recurso poderoso desse estilo (mostrado na Figura 15-11) é implantar os aplicativos via unidades de processamento e middleware virtualizado nos ambientes gerenciados baseados em nuvem, mantendo os bancos de dados físicos e dados correspondentes no local. Essa topologia suporta uma sincronização de dados baseados na nuvem muito eficiente devido aos data pumps assíncronos e ao eventual modelo de consistência desse estilo. O processamento transacional pode ocorrer em ambientes de nuvem dinâmicos e elásticos, preservando o gerenciamento de dados físico, o relatório e a análise dos dados em ambientes locais e seguros.

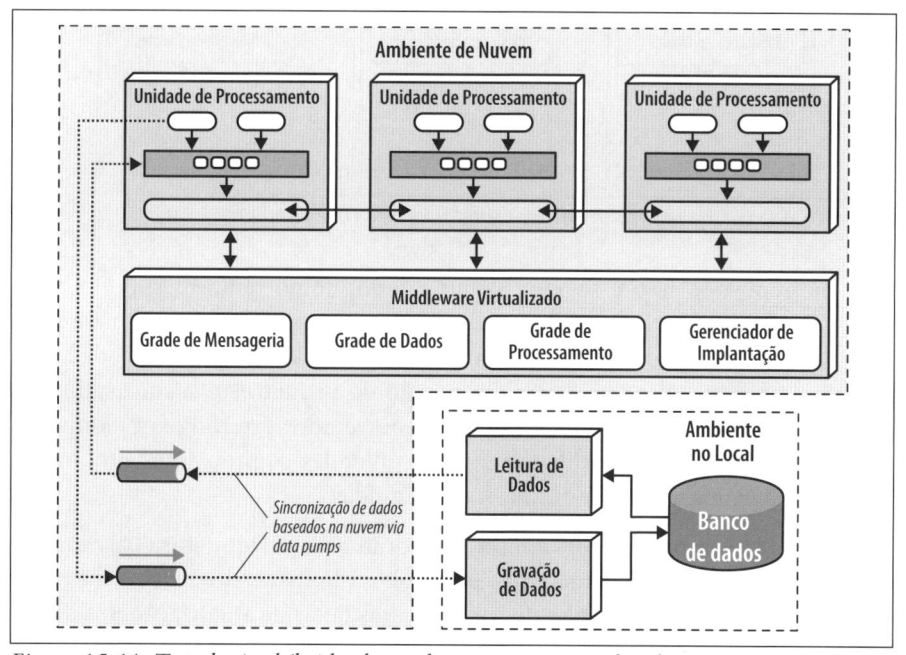

Figura 15-11. Topologias híbridas baseadas na nuvem e no local

Cache Replicado Versus Distribuído

A arquitetura baseada em espaço conta com o cache para o processamento transacional de um aplicativo. Remover a necessidade de leituras e gravações diretas em um BD possibilita que essa arquitetura tenha suporte para a alta escalabilidade, elasticidade e desempenho. Tal arquitetura conta muito com o cache replicado, embora o cache distribuído também possa ser usado.

Com o cache replicado, como na Figura 15-12, cada unidade de processamento contém sua própria grade de dados em memória que é sincronizada entre todas as unidades usando o mesmo cache nomeado. Quando ocorre uma atualização em um cache em qualquer unidade, as outras unidades são atualizadas automaticamente com as novas informações.

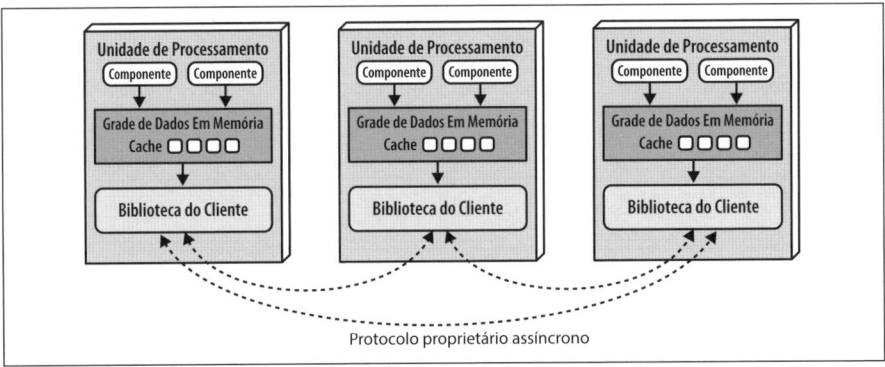

Figura 15-12. Cache replicado entre as unidades de processamento

O cache replicado não é só muitíssimo rápido, como também suporta altos níveis de tolerância a falhas. Como não há nenhum servidor central mantendo o cache, o cache replicado não tem um único ponto de falha. Porém pode haver exceções à regra com base na implementação do produto em cache usado. Alguns produtos requerem a presença de um controlador externo para monitorar e controlar a replicação dos dados entre as unidades de processamento, mas a maioria das empresas de produto evita esse modelo.

Embora o cache replicado seja o modelo padrão para a arquitetura baseada em espaço, há alguns casos em que não é possível usá-lo. Essas situações incluem altos volumes de dados (tamanho do cache) e altas taxas de atualização nos dados do cache. Os caches de memória internos com mais de 100MB podem causar problemas em relação à elasticidade e à alta escalabilidade devido à quantidade de memória usada por cada unidade de processamento. Essas unidades costumam ser implantadas em uma VM (ou, em alguns casos, representam a VM).

Cada VM tem apenas certa quantidade de memória disponível para o uso do cache interno, limitando o número de instâncias da unidade de processamento que podem ser iniciadas para processar situações com alta taxa de transferência. E mais, como em "Colisões de Dados", se a taxa de atualização dos dados de cache for muito alta, a grade de dados poderá não conseguir acompanhar essa alta taxa e assegurar a consistência dos dados em todas as instâncias da unidade de processamento. Nesses casos, o cache distribuído pode ser usado.

O cache distribuído, como na Figura 15-13, requer um servidor externo ou serviço dedicado para manter um cache centralizado. Nesse modelo, as unidades de processamento não armazenam dados na memória interna, mas usam um protocolo proprietário para acessar os dados a partir do servidor de cache central. O cache distribuído suporta altos níveis de consistência de dados porque os dados estão todos em um lugar e não precisam ser replicados. Mas esse modelo tem menos desempenho do que o cache replicado porque os dados do cache devem ser acessados remotamente, aumentando a latência geral do sistema. A tolerância a falhas também é um problema no cache distribuído. Se o servidor do cache com os dados fica inativo, nenhum dado pode ser acessado ou atualizado a partir de qualquer unidade de processamento, ficando inoperante. A tolerância a falhas pode ser amenizada espelhando o cache distribuído, mas isso traria problemas de consistência se o servidor do cache primário ficasse inativo de modo inesperado e os dados não chegassem ao servidor de cache espelhado.

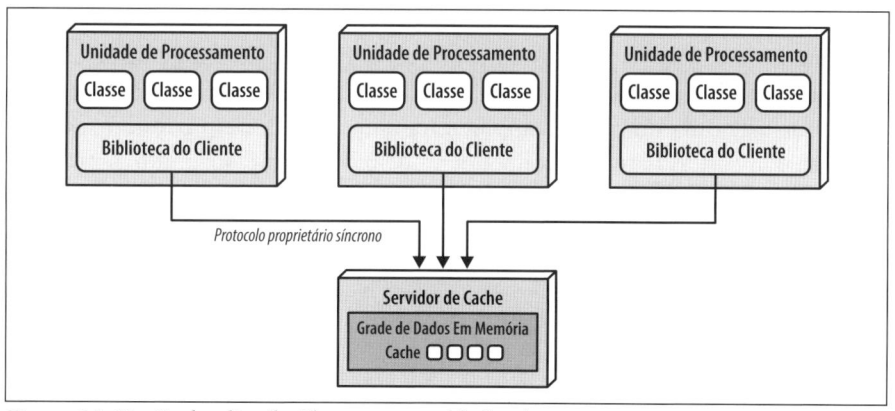

Figura 15-13. Cache distribuído entre as unidades de processamento

Quando o tamanho do cache é relativamente pequeno (abaixo de 100MB) e a taxa de atualização do cache é baixa o bastante a ponto de o mecanismo de replicação do produto de cache poder acompanhar as atualizações do cache, a decisão entre usar um cache replicado e um distribuído se torna uma questão de consistência dos dados versus desempenho e tolerância a falhas. Um cache distribuído sempre oferecerá uma melhor consistência dos dados acima de um cache replicado porque o cache dos dados está em um único lugar (em oposição a estar distribuído em várias unidades de processamento). Porém, desempenho e tolerância a falhas sempre serão melhores ao usar um cache replicado. Muitas vezes, essa decisão se resume ao tipo de dados que é colocado em cache nas unidades de processamento. A necessidade de dados altamente consistentes (como contagens do inventário dos produtos disponíveis) costuma assegurar um cache distribuído, ao passo que, em geral, os dados que não mudam muito (como dados de referência do tipo pares de nome/valor, códigos e descrição do produto) asseguram um cache replicado para uma pesquisa rápida. Alguns critérios de seleção que podem ser usados como guia para escolher quando usar um cache distribuído versus um replicado são listados no Quadro 15-1.

Quadro 15-1. Cache distribuído versus replicado

Critério de decisão	Cache replicado	Cache distribuído
Otimização	Desempenho	Consistência
Tamanho do cache	Pequeno (< 100MB)	Grande (> 500MB)
Tipo de dados	Relativamente estático	Altamente dinâmico
Frequência da atualização	Reativamente baixa	Alta taxa de atualização
Tolerância a falhas	Alta	Baixa

Ao escolher o tipo do modelo de cache a usar com a arquitetura baseada em espaço, lembre-se de que, na maioria dos casos, *ambos* os modelos serão aplicáveis em determinado contexto do aplicativo, ou seja, os caches replicado e distribuído não resolvem todos os problemas. Em vez de tentar fazer concessões por meio de um único modelo de cache consistente no aplicativo, utilize o ponto forte de cada um. Por exemplo, para uma unidade de processamento que mantém o inventário atual, escolha um modelo de cache distribuído para a consistência dos dados; para uma unidade de processamento que mantém o perfil do cliente, escolha um cache replicado para desempenho e tolerância a falhas.

Observações sobre o Near-Cache

Near-cache é um tipo de modelo híbrido de cache ligando as grades de dados em memória e um cache distribuído. Nesse modelo (Figura 15-14), o cache distribuído é referido como *full backing cache* e cada grade de dados in-memory contida em cada unidade de processamento é referida como *front cache*. O front cache sempre contém um subconjunto menor do full backing cache e utiliza uma *política de remoção* para excluir os itens mais antigos para que os mais novos possam ser adicionados. O front cache pode ser o que é conhecido como cache MRU (mais recentemente utilizado), contendo os itens usados mais recentes, ou um cache MFU (mais frequentemente usado), contendo os itens usados com mais frequência. Uma alternativa seria uma política de remoção com *substituição aleatória*, que pode ser usada no cache de front-end para que os itens sejam removidos de modo aleatório quando é necessário espaço para adicionar um novo item. A substituição aleatória (Random Replacement ou RR, em inglês) é uma boa política de remoção quando não há uma análise clara dos dados em relação a manter o de uso mais recente versus mais frequente.

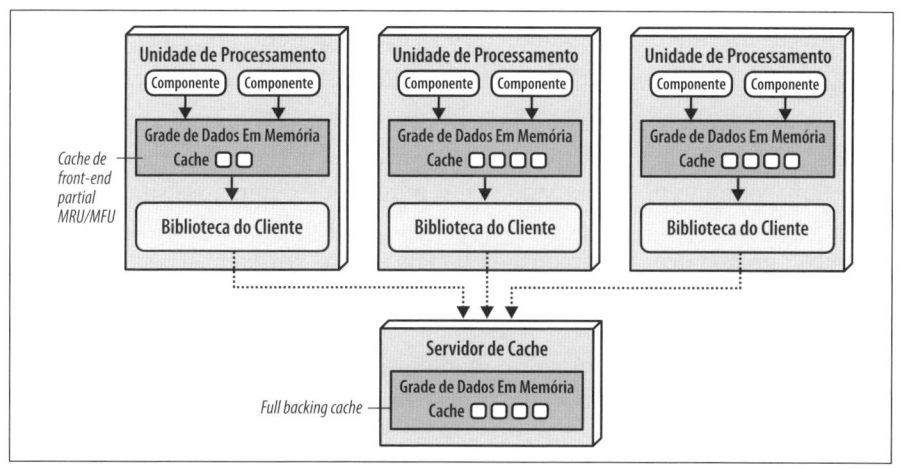

Figura 15-14. Topologia de near-cache

Embora os caches de front-end sejam sempre mantidos sincronizados com o full backing cache, os caches de front-end contidos em cada unidade de processamento não são sincronizados entre outras unidades de processamento que compartilham os mesmos dados. Isso significa que várias unidades de processamento que compartilham o mesmo contexto de dados (como perfil do cliente) provavelmente terão dados diferentes em seu front cache. Isso cria inconsistências no desempenho e na resposta entre as unidades porque cada unidade contém dados diferentes no front cache. Por isso, não recomendamos usar um modelo de near-cache para a arquitetura baseada em espaço.

Exemplos de Implementação

A arquitetura baseada em espaço é muito adequada para aplicativos com altos picos no volume de usuários ou requisições e aplicativos com taxa de transferência acima de 10 mil usuários simultâneos. Exemplos dessa arquitetura incluem aplicativos como sistemas de ingressos para concertos online e sistemas de leilão online. Os dois exemplos requerem desempenho, escalabilidade e níveis de elasticidade altos.

Sistema de Ingressos para Concertos

Os sistemas de ingressos para concertos têm um domínio de problema único no sentido de que o volume de usuários simultâneos é relativamente baixo até ser anunciado um concerto popular. Assim que os ingressos são colocados à venda, em geral os volumes de usuários têm um pico de várias centenas de usuários simultâneos para vários milhares (possivelmente dezenas de milhares, dependendo do concerto), todos tentando conseguir um ingresso (tomara que com bons lugares!). Os ingressos costumam esgotar em minutos, requerendo características de arquitetura que são oferecidas pela arquitetura baseada em espaço.

Existem muitos desafios associados a esse sistema. Primeiro, há apenas certo número de ingressos disponível, independentemente das preferências de lugar. A disponibilidade de assentos deve ser atualizada continuamente e disponibilizada o mais rápido possível, dado o alto número de requisições simultâneas. E mais, supondo que os lugares atribuídos são uma opção, a disponibilidade de assentos também deve ser atualizada o mais rápido possível. Acessar continuamente um banco de dados central de forma síncrona para esse tipo de sistema provavelmente não funcionaria; seria muito difícil para um BD típico lidar com dezenas de milhares de requisições simultâneas por meio das transações de banco de dados padrão nesse nível de escala e frequência de atualização.

A arquitetura baseada em espaço seria boa para um sistema de ingressos para concerto devido aos altos requisitos de elasticidade desse aplicativo. Um aumento instantâneo no número de usuários simultâneos esperando para comprar os ingressos seria imediatamente reconhecido pelo *gerenciador de implementação*, que, por sua vez, iniciaria um grande número de unidades de processamento para lidar com o grande volume de requisições. O ideal é que o gerenciador seja configurado para iniciar o número necessário de unidades de processamento um pouco *antes* de os ingressos serem colocados à venda, tendo essas instâncias em standby um pouco antes do aumento significativo na carga de usuários.

Sistema de Leilão Online

Os sistemas de leilão online (dar lances em itens em um leilão) compartilham as mesmas características dos sistemas de ingressos online descritos antes, ou seja, ambos requerem altos níveis de desempenho e elasticidade e ambos têm picos imprevisíveis na carga de usuários e requisições. Quando um leilão inicia, não há como determinar quantas pessoas participarão dele e, dessas pessoas, quantos lances simultâneos ocorrerão para cada valor pedido.

A arquitetura baseada em espaço seria boa para esse tipo de problema no sentido de que várias unidades de processamento podem ser iniciadas conforme a carga aumenta; e quando o leilão acalma, as unidades não usadas podem ser destruídas. Unidades de processamento individuais podem ser dedicadas a cada leilão, assegurando a consistência nos dados dos lances. E mais, devido à natureza assíncrona dos data pumps, esses dados podem ser enviados para outro processamento (como o histórico de lances, análise do lance e auditoria) sem muita latência, aumentando o desempenho geral do processo dos lances.

Classificações das Características da Arquitetura

Uma estrela na tabela de classificações das características na Figura 15-15 significa que a característica específica não é bem suportada na arquitetura, já cinco estrelas significam que a característica é um dos recursos mais fortes no estilo. A definição de cada característica identificada no placar pode ser encontrada no Capítulo 4.

Característica da arquitetura	Classificação de estrelas
Tipo de particionamento	Domínio e técnico
Número de quanta	1 a muitos
Implementabilidade	☆☆☆
Elasticidade	☆☆☆☆☆
Evolucionária	☆☆☆
Tolerância a falhas	☆☆☆
Modularidade	☆☆☆
Custo geral	☆☆
Desempenho	☆☆☆☆☆
Confiabilidade	☆☆☆☆
Escalabilidade	☆☆☆☆☆
Simplicidade	☆
Testabilidade	☆

Figura 15-15. Classificações das características da arquitetura baseada em espaço

Note que a arquitetura baseada em espaço maximiza a elasticidade, a escalabilidade e o desempenho (todos com cinco estrelas). São os atributos condutores e principais vantagens desse estilo. Os altos níveis das três características são conseguidos utilizando o cache de dados em memória e removendo o BD como uma restrição. Como resultado, é possível processar milhões de usuários simultâneos usando esse estilo de arquitetura.

Embora os altos níveis de elasticidade, escalabilidade e desempenho sejam vantagens aqui, há um trade-off, especificamente em relação à simplicidade geral e à testabilidade. A arquitetura baseada em espaço é um estilo muito complicado devido ao uso do cache e da eventual consistência do armazenamento de dados primário, que é o sistema definitivo de registro. Muito cuidado ao assegurar que nenhum dado seja perdido no caso de uma falha em uma das várias partes móveis nesse estilo (veja "Evitando a Perda de Dados", no Capítulo 14).

A testabilidade tem uma estrela devido à complexidade envolvida em simular os altos níveis de escalabilidade e elasticidade suportados no estilo. Testar centenas de milhares de usuários simultâneos na carga de pico é uma tarefa muito complicada e cara e, como resultado, a maioria dos testes de alto volume ocorre em ambientes de produção com uma carga extrema real. Isso produz um risco significativo para a operação normal em tal ambiente.

O custo é outro fator ao escolher esse estilo. A arquitetura baseada em espaço é relativamente cara, em grande parte devido a taxas de licença para produtos em cache e à alta utilização de recursos nos sistemas em nuvem e locais devido às altas escalabilidade e elasticidade.

É difícil identificar o particionamento da arquitetura baseada em espaço e, assim, nós a identificamos como particionada por domínio e tecnicamente. Essa arquitetura é particionada por domínio não apenas porque se alinha com um tipo específico de domínio (sistemas altamente elásticos e escaláveis), mas também por causa da flexibilidade das unidades de processamento. Essas unidades podem agir como serviços de domínio do mesmo modo que os serviços são definidos em uma arquitetura baseada em serviços ou de microsserviços. Ao mesmo tempo, a arquitetura baseada em espaço é tecnicamente particionada no sentido de que separa as preocupações sobre o processamento transacional com cache e o armazenamento de dados real no BD via data pumps. Unidades de processamento, data pumps, leituras/gravações de dados e BD formam uma camada técnica em termos de como as requisições são processadas, muito semelhantemente a como uma arquitetura com n camadas monolíticas é estruturada.

O número de quanta na arquitetura baseada em espaço pode variar com base em como a IU é planejada e a comunicação acontece entre as unidades de processamento. Como as unidades não se comunicam de modo síncrono com o BD, o próprio BD não faz parte da equação do quantum. Assim, os quanta em uma arquitetura baseada em espaço normalmente são delineados pela associação entre as várias IUs e as unidades de processamento. As unidades que se comunicam de modo síncrono entre si (ou pela grade de processamento para a orquestração) fariam parte do mesmo quantum arquitetural.

CAPÍTULO 16
Arquitetura Orientada a Serviços e Baseada em Orquestração

Os estilos de arquitetura, como os movimentos da arte, devem ser entendidos no contexto da época na qual se desenvolveram, e essa arquitetura exemplifica essa regra mais do que qualquer outra. A combinação das forças externas que costumam influenciar as decisões da arquitetura, junto a uma filosofia organizacional lógica, mas definitivamente desastrosa, condenou essa arquitetura à irrelevância. Mas é um ótimo exemplo de como certa ideia organizacional pode ter um sentido lógico, embora impeça as partes mais importantes do processo de desenvolvimento.

História e Filosofia

Esse estilo de arquitetura orientada a serviços apareceu quando os negócios se tornaram empresas no final dos anos 1990: fusão com empresas menores, crescimento em um ritmo acelerado e necessidade de uma TI mais sofisticada para incluir esse crescimento. Porém, os recursos computacionais eram escassos, preciosos e comerciais. A computação distribuída teve que ser disponibilizada e se tornou necessária, e muitas empresas precisaram de uma escalabilidade variável e de outras características vantajosas.

Muitos estímulos externos forçaram os arquitetos da época a seguirem com arquiteturas distribuídas com grandes limitações. Antes dos SOs de código aberto serem considerados confiáveis o bastante para um trabalho sério, tais sistemas eram caros e licenciados por máquina. Do mesmo modo, os servidores do banco de dados comerciais vinham com esquemas de licença intricados, fazendo os revendedores do servidor do aplicativo (que ofereciam um pool de conexões do banco de dados) lutarem com os revendedores do banco de dados. Assim, os arquitetos deviam reutilizar o máximo possível. Na verdade, a *reutilização* em todas as formas se tornou a filosofia dominante nessa arquitetura, com os efeitos colaterais vistos em "Reutilização... e Acoplamento".

Esse estilo também exemplifica até que ponto os arquitetos podem defender a ideia de particionamento técnico, que tinha boas motivações, mas consequências ruins.

Topologia

A topologia desse tipo de arquitetura orientada a serviços é mostrada na Figura 16-1.

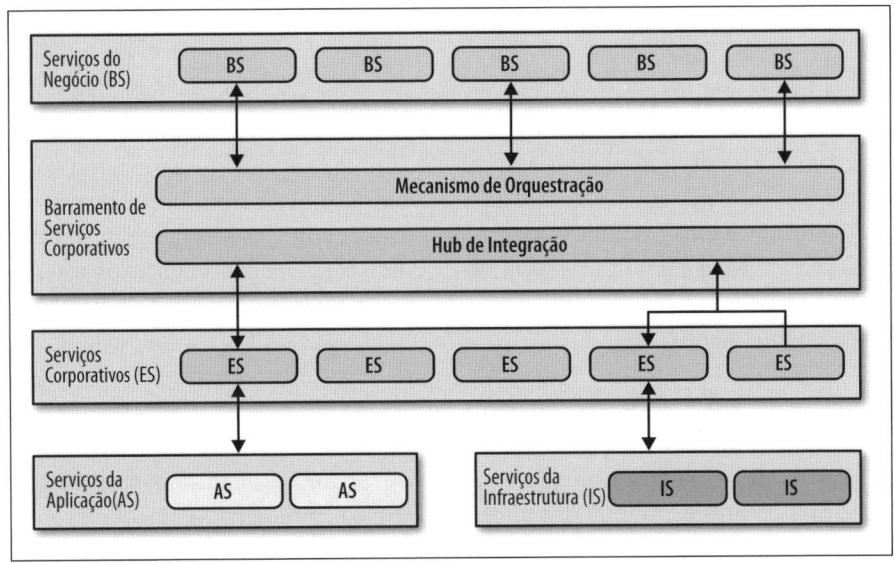

Figura 16-1. Topologia da arquitetura orientada a serviços e baseada em orquestração

Nem todos os exemplos desse estilo de arquitetura tiveram as camadas exatas mostradas na Figura 16-1, mas todos seguiram a mesma ideia de estabelecer a taxonomia dos serviços dentro da arquitetura, cada camada com uma responsabilidade específica.

A arquitetura orientada a serviços é distribuída; a demarcação exata dos limites não é mostrada na Figura 16-1 porque varia segundo a organização.

Taxonomia

A filosofia que orienta o arquiteto nessa arquitetura girava em torno da reutilização no nível da empresa. Muitas empresas grandes se aborreciam com quanto elas tinham que continuar a reescrever o software e atacaram com uma estratégia para resolver o problema aos poucos. Cada camada da taxonomia dava suporte a esse objetivo.

Serviços do Negócio

Serviços do negócio ficam no topo dessa arquitetura e fornecem o ponto de entrada. Por exemplo, serviços como `ExecuteTrade` ou `PlaceOrder` representam o comportamento do domínio. Um teste decisivo comum na época — um arquiteto poderia responder afirmativamente a pergunta "Estamos no negócio tal…" para cada um desses serviços?

Essas definições do serviço não tinham código, apenas entrada, saída e, às vezes, informações do esquema. Em geral eram definidas por usuários comerciais, daí o nome "serviços do negócio".

Serviços Corporativos

Serviços Corporativos têm implementações compartilhadas e menores. Em geral, uma equipe de desenvolvedores tem a tarefa de criar um comportamento atômico em torno de certos domínios do negócio: `CreateCustomer`, `CalculateQuote` etc. Esses serviços são os blocos de construção que compõem os serviços comerciais granulares grandes, ligados via mecanismo de orquestração.

Essa separação de responsabilidade flui a partir da meta de reutilização nessa arquitetura. Se os desenvolvedores conseguirem criar serviços menores da empresa no nível correto de granularidade, o negócio não terá que reescrever parte do fluxo de trabalho corporativo novamente. Aos poucos, aumentará a coleção de ativos reutilizáveis na forma de serviços reutilizáveis da empresa.

Infelizmente, a natureza dinâmica da realidade desafia essas tentativas. Os componentes corporativos não são materiais de construção, com soluções durando décadas. Mercados, mudanças na tecnologia, práticas de engenharia e muitos outros fatores confundem as tentativas de impor uma estabilidade no mundo do software.

Serviços do Aplicativo

Nem todos os serviços na arquitetura requerem o mesmo nível de granularidade ou reutilização dos Serviços Corporativos. Os *serviços do aplicativo* são serviços únicos com uma implementação. Por exemplo, talvez um aplicativo precise da geolocalização, mas a organização não deseja dedicar tempo nem esforço para tornar isso um serviço reutilizável. Um serviço do aplicativo, em geral pertencendo a uma equipe do aplicativo, resolve esses problemas.

Serviços da Infraestrutura

Serviços da infraestrutura fornecem as questões operacionais, como monitoramento, gerenciamento de logs, autenticação e autorização. Esses serviços tendem a ser implementações concretas, pertencendo a uma equipe de infraestrutura compartilhada que trabalha de perto com os profissionais de DevOps.

Mecanismo de Orquestração

O *mecanismo de orquestração* é o centro da arquitetura distribuída, unindo as implementações do serviço do negócio usando a orquestração, incluindo recursos como coordenação transacional e transformação da mensagem. Essa arquitetura costuma estar ligada a um banco de dados relacional ou a alguns, em vez de um database-per-service (banco de dados por serviço), como nas arquiteturas de microsserviços. Assim, o comportamento transacional é lidado de modo declarativo no mecanismo de orquestração, não no banco de dados.

Esse mecanismo define a relação entre os serviços do negócio e da empresa, como eles mapeiam juntos e onde ficam os limites da transação. Também age como um hub de integração, permitindo que os arquitetos integrem um código personalizado com pacotes e sistemas de software de herança.

Como o mecanismo é o centro da arquitetura, a lei de Conway (veja "Lei de Conway", no Capítulo 8) prevê corretamente que a equipe dos arquitetos de integração responsável por esse mecanismo se torna uma força política dentro da organização, sendo um gargalo burocrático.

Embora essa abordagem possa parecer atraente, na prática é um grande desastre. Descarregar o comportamento de transação em uma ferramenta de orquestração parecia bom, mas encontrar o nível certo de granularidade das transações ficou cada vez mais difícil. Ao passo que criar alguns serviços integrados em uma transação distribuída seja possível, a arquitetura fica cada vez mais complexa conforme os desenvolvedores precisam descobrir onde ficam os limites adequados da transação entre os serviços.

Fluxo das Mensagens

Todas as requisições passam pelo mecanismo de orquestração, o local dentro da arquitetura onde reside a lógica. Assim, o fluxo das mensagens passa pelo mecanismo, mesmo nas chamadas internas, como mostrado na Figura 16-2.

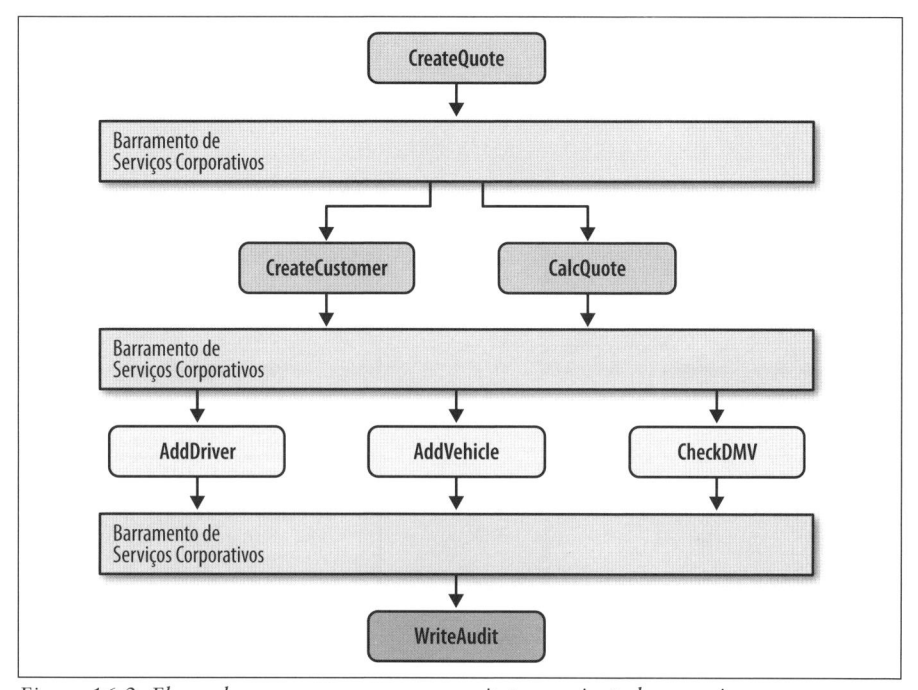

Figura 16-2. Fluxo das mensagens com a arquitetura orientada a serviços

Na Figura 16-2, o serviço no nível do negócio CreateQuote chama o barramento de serviço, que define o fluxo de trabalho que consiste em chamadas para CreateCustomer e CalculateQuote, com cada uma tendo chamadas para os serviços do aplicativo. O barramento de serviço age como o intermediário para todas as chamadas dentro dessa arquitetura, servindo como um hub de integração e um mecanismo de orquestração.

Reutilização... e Acoplamento

Um objetivo maior dessa arquitetura é a reutilização no nível do serviço, ou seja, a capacidade de criar aos poucos um comportamento comercial que possa ser reutilizado de forma incremental ao longo do tempo. Os arquitetos nessa arquitetura são instruídos a encontrar oportunidades de reutilização do modo mais agressivo possível. Por exemplo, considere a situação mostrada na Figura 16-3.

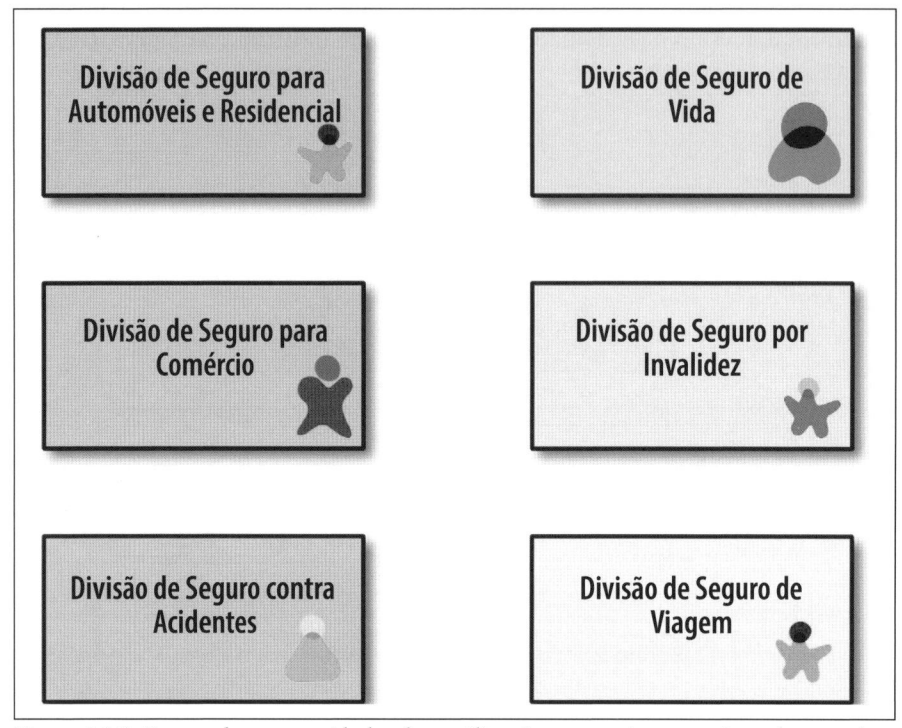

Divisão de Seguro para Automóveis e Residencial	Divisão de Seguro de Vida
Divisão de Seguro para Comércio	Divisão de Seguro por Invalidez
Divisão de Seguro contra Acidentes	Divisão de Seguro de Viagem

Figura 16-3. Buscando oportunidades de reutilização na arquitetura orientada a serviços

Na Figura 16-3, um arquiteto percebe que cada divisão na seguradora contém uma noção de Customer. Assim, a devida estratégia para a arquitetura orientada a serviços envolve extrair as partes do cliente em um serviço reutilizável, permitindo que os serviços originais referenciem o serviço Customer geral, mostrado na Figura 16-4.

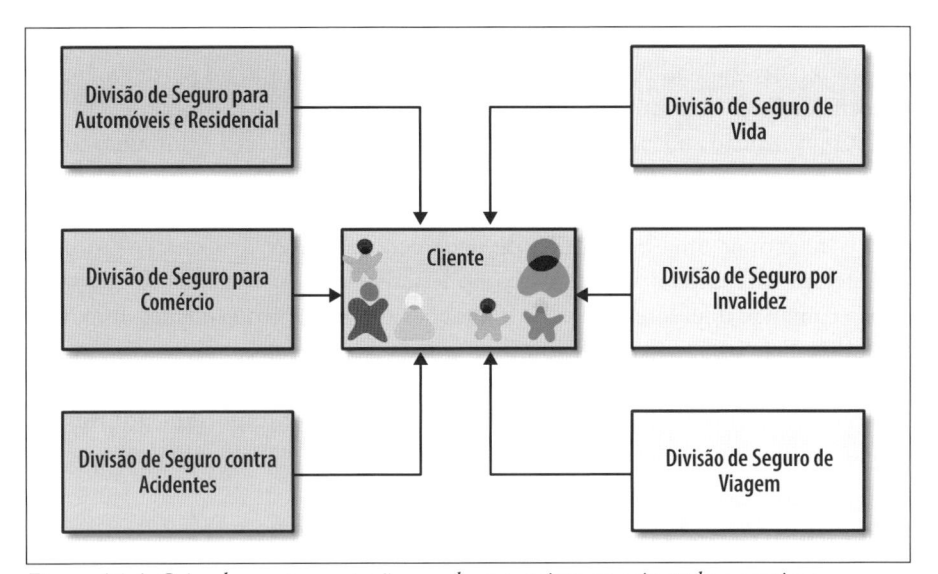

Figura 16-4. Criando a representação geral na arquitetura orientada a serviços

Na Figura 16-4, o arquiteto isolou todo o comportamento do cliente em um único serviço Customer, atingindo as metas óbvias de reutilização.

Contudo, os arquitetos só perceberam aos poucos os trade-offs negativos desse design. Primeiro, quando uma equipe cria um sistema basicamente em torno da reutilização, ela também incorre em uma enorme quantidade de acoplamento entre os componentes. Por exemplo, na Figura 16-4, uma alteração no serviço Customer repercute em todos os outros serviços, tornando a alteração arriscada. Assim, na arquitetura orientada a serviços, os arquitetos tentam fazer uma alteração incremental, com cada uma tendo um enorme efeito dominó em potencial. Isso, por sua vez, levou à necessidade de implementações coordenadas, teste geral e outros fatores que afetam a eficiência da engenharia.

Outro efeito colateral negativo de consolidar o comportamento em um único lugar: considere o caso do seguro para automóveis e por invalidez na Figura 16-4. Para dar suporte ao único serviço Customer, ele deve incluir todos os detalhes que a organização tem sobre os clientes. Um seguro para automóveis requer uma carteira de motorista, que é de propriedade da pessoa, não do veículo. Portanto, o serviço Customer terá que incluir detalhes sobre as carteiras de motorista que a *divisão de seguro por invalidez* não requer. E mais, a equipe que lida com a invalidez deve lidar com a complexidade extra de uma definição do cliente.

Talvez a revelação mais prejudicial dessa arquitetura tenha vindo com a percepção da inviabilidade de criar uma arquitetura tão focada no particionamento técnico. Embora faça sentido de um ponto de vista da filosofia de separação e reutilização, na prática era um pesadelo. Conceitos do domínio como `CatalogCheckout` foram distribuídos tão finamente nessa arquitetura que eram praticamente como poeira. Os desenvolvedores costumam trabalhar em tarefas como "adicionar uma nova linha de endereço a `CatalogCheckout`". Em uma arquitetura orientada a serviços, isso poderia envolver dezenas de serviços em várias camadas diferentes, além de alterações em um único esquema do banco de dados. E se os Serviços Corporativos atuais não forem definidos com a granularidade transacional correta, os desenvolvedores terão que mudar seu design ou criar um novo serviço quase idêntico para mudar o comportamento transacional. Muita coisa para a reutilização.

Classificações das Características da Arquitetura

Muitos critérios modernos que usamos para avaliar a arquitetura hoje não eram prioridades quando essa arquitetura era popular. Na verdade, o movimento de software ágil acabou de começar e ainda não entrou nas organizações que têm um tamanho que as torne propensas de usar essa arquitetura.

Uma estrela na tabela de classificações na Figura 16-5 significa que a característica específica não é muito suportada na arquitetura, já cinco estrelas significam que ela é um dos recursos mais fortes no estilo da arquitetura. A definição de cada característica identificada no placar pode ser encontrada no Capítulo 4.

Talvez a arquitetura orientada a serviços seja a arquitetura de finalidade geral mais tecnicamente particionada já experimentada! De fato, a reação contra as desvantagens dessa estrutura levou a arquiteturas mais modernas, como os microsserviços. Ela tem um quantum, mesmo que seja uma arquitetura distribuída por dois motivos. Primeiro, ela normalmente usa um banco de dados ou apenas alguns, criando pontos de acoplamento na arquitetura em muitas questões diferentes. Segundo, e mais importante, o mecanismo de orquestração age como um ponto de acoplamento gigante, ou seja, nenhuma parte da arquitetura pode ter características diferentes do mediador que orquestra todo o comportamento. Assim, essa arquitetura consegue ter as desvantagens das arquiteturas monolítica *e* distribuída.

Característica da Arquitetura	Classificação de estrelas
Tipo de particionamento	Técnico
Número de quanta	1
Implementabilidade	★
Elasticidade	★★★
Evolutionária	★
Tolerância a falhas	★★★
Modularidade	★★★
Custo geral	★
Desempenho	★★
Confiabilidade	★★
Escalabilidade	★★★★
Simplicidade	★
Testabilidade	★

Figura 16-5. Classificações da arquitetura orientada a serviços

Os objetivos da engenharia moderna, como implementabilidade e testabilidade, são um desastre na pontuação dessa arquitetura, porque têm um suporte ruim e não eram objetivos importantes (ou mesmo atraentes) na época.

Essa arquitetura tinha suporte para alguns objetivos, como elasticidade e escalabilidade, apesar das dificuldades de implementar esses comportamentos, pois os fornecedores da ferramenta se esforçaram bastante para tornar esses sistemas escaláveis, implementando a replicação de sessões em servidores de aplicativos e outras técnicas. Mas sendo uma arquitetura distribuída, o desempenho nunca foi um destaque desse estilo e era muitíssimo ruim porque cada requisição comercial era dividida em grande parte da arquitetura.

Devido a todos esses fatores, a simplicidade e o custo têm uma relação inversa que a maioria dos arquitetos prefere. Essa arquitetura foi um marco importante porque ensinou aos arquitetos a dificuldade das transações distribuídas no mundo real e os limites práticos do particionamento técnico.

CAPÍTULO 17
Arquitetura de Microsserviços

Microsserviços é um estilo de arquitetura extremamente popular que ganhou bastante força nos últimos anos. Neste capítulo, damos uma visão geral das características importantes que diferenciam essa arquitetura, em topologia e filosofia.

História

A maioria dos estilos de arquitetura recebe seu nome quando arquitetos notam certo padrão que continua reaparecendo; não há um grupo secreto de arquitetos que decide qual será o próximo grande movimento. Pelo contrário, no fim das contas, muitos deles tomam decisões comuns conforme o ecossistema de desenvolvimento de softwares muda e é alterado. Os melhores modos comuns de lidar e lucrar com essas mudanças se tornam os estilos da arquitetura que os outros emulam.

Os microsserviços diferem nesse sentido — foram nomeados bem antes de seu uso e popularizados por uma famosa postagem no blog de Martin Fowler e James Lewis intitulada "Microservices" (conteúdo em inglês), publicado em março de 2014. Eles reconheceram muitas características comuns nesse estilo de arquitetura relativamente novo e as descreveram. Seu blog ajudou a definir a arquitetura para arquitetos curiosos e os ajudou a entender a filosofia subjacente.

A arquitetura de microsserviços é muito inspirados pelas ideias no DDD (domain-driven design), um processo de design lógico para projetos de software. Um conceito em particular do DDD, o *contexto delimitado*, certamente inspirou os microsserviços. O conceito do contexto delimitado representa um estilo de desacoplamento. Quando um desenvolvedor define um domínio, esse domínio inclui muitas entidades e comportamentos, identificados em artefatos como código e esquemas do banco de dados. Por exemplo, um aplicação pode ter um domínio chamado `CatalogCheckout`, que inclui noções de itens do catálogo, clientes e pagamento. Em uma arquitetura monolítica tradicional, os desenvolvedores compartilhariam muitos desses conceitos, criando classes reutilizáveis e bancos de dados vinculados. Em um contexto delimitado, as partes internas, como código e esquemas de dados, são acopladas para produzirem um trabalho; mas nunca são acopladas a nada fora do contexto delimitado, como uma definição de banco de dados ou classe de outro contexto delimitado. Isso permite que cada contexto defina apenas o que precisa, em vez de incluir outros constituintes.

Embora a reutilização seja benéfica, lembre-se da Primeira Lei da Arquitetura de Software relacionada aos trade-offs. Um trade-off negativo da reutilização é o acoplamento. Quando um arquiteto projeta um sistema que favorece a reutilização, ele também favorece o acoplamento para conseguir tal reutilização, por herança ou composição.

Contudo, se o objetivo do arquiteto requer altos graus de desacoplamento, então ele favorece a duplicação acima da reutilização. O principal objetivo dos microsserviços é o alto desacoplamento, modelando fisicamente a noção lógica do contexto delimitado.

Topologia

A topologia dos microsserviços é mostrada na Figura 17-1.

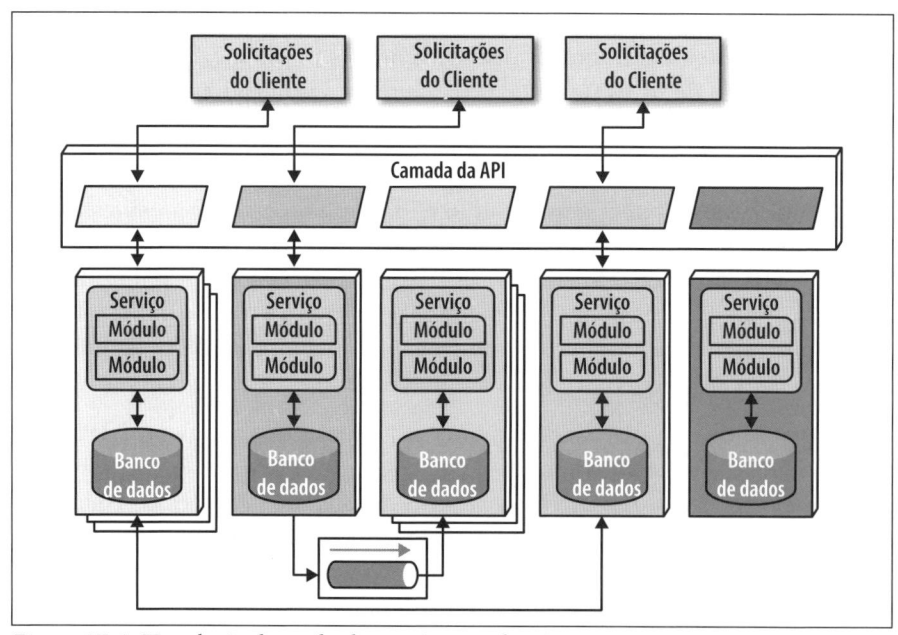

Figura 17-1. Topologia do estilo da arquitetura de microsserviços

Como mostrado na Figura 17-1, devido à sua natureza de finalidade única, o tamanho do serviço nos microsserviços é muito menor que em outras arquiteturas distribuídas, como a arquitetura orientada a serviços e baseada em orquestração. Os arquitetos esperam que cada serviço inclua todas as partes necessárias para operar de modo independente, inclusive bancos de dados e outros componentes dependentes. As diferentes características são apresentadas nas próximas seções.

Distribuída

Os microsserviços formam uma *arquitetura distribuída*: cada serviço roda em seu próprio processo, que originalmente implicava um computador físico, mas rapidamente evoluiu para máquinas virtuais e contêineres. Desacoplar os serviços nesse grau permite uma solução simples para um problema comum nas arquiteturas com muita infraestrutura multilocatária para hospedar as aplicações. Por exemplo, usar um serviço do aplicação para gerenciar várias aplicações em execução permite a reutilização operacional da largura de banda da rede, da memória, do espaço em disco e muitos outros benefícios. Porém, se todos as aplicações com suporte continuarem crescendo, por fim algum recurso ficará limitado na infraestrutura compartilhada. Outro problema envolve o isolamento inadequado entre as aplicações compartilhadas.

Separar cada serviço em seu próprio processo resolve todos os problemas trazidos pelo compartilhamento. Antes do desenvolvimento evolutivo dos SOs de fonte aberta disponíveis gratuitamente, combinados com o provisionamento de máquina automático, era impossível que cada domínio tivesse sua própria infraestrutura. Mas agora, com os recursos em nuvem e a tecnologia de contêiner, as equipes podem aproveitar os benefícios do desacoplamento extremo, nos níveis do domínio e operacional.

A performance costuma ser o efeito colateral negativo da natureza distribuída dos microsserviços. As chamadas da rede levam muito mais tempo que as chamadas de métodos e a verificação da segurança em cada extremidade adiciona um tempo extra de processamento, exigindo que os arquitetos pensem com cuidado nas implicações da granularidade ao planejarem o sistema.

Como a arquitetura de microsserviços é uma arquitetura distribuída, arquitetos experientes advertem sobre o uso de transações passando os limites de serviço, tornando a determinação da granularidade dos serviços o segredo do sucesso nessa arquitetura.

Contexto Delimitado

A filosofia condutora dos microsserviços é a noção do *contexto delimitado*: cada serviço modela um domínio ou um fluxo de trabalho. Assim, cada serviço inclui tudo o que precisa para operar dentro do aplicação, inclusive classes, outros subcomponentes e esquemas do banco de dados. Essa filosofia orienta muitas decisões que os arquitetos tomam nessa arquitetura. Por exemplo, em um bloco monolítico, é comum que os desenvolvedores compartilhem classes em comum, como `Address`, entre partes distintas do aplicação. Contudo, os microsserviços tentam evitar o acoplamento e, assim, um arquiteto que cria esse estilo de arquitetura prefere a duplicação ao acoplamento.

Os microsserviços levam ao extremo o conceito de uma arquitetura particionada por domínio. Cada serviço deve representar um domínio ou um subdomínio; de muitos modos, a arquitetura de microsserviços é a concretização física dos conceitos lógicos do design orientado a domínio.

Granularidade

Os arquitetos tentam encontrar a granularidade certa para os serviços nos microsserviços e, em geral, cometem o erro de tornar seus serviços pequenos demais, requerendo a criação de links de comunicação entre os serviços para fazer um trabalho bem-sucedido.

> O termo "microsserviço" é um *rótulo*, não uma *descrição*.
> — Martin Fowler

Em outras palavras, os criadores do termo precisavam chamar esse novo estilo de *algo* e escolheram "microsserviços" para contrastá-lo com o estilo de arquitetura dominante na época, a arquitetura orientada a serviços, que poderia ter sido chamada de "serviços gigantes". Mas muitos desenvolvedores adotam o termo "microsserviços" como um comando, não uma descrição, e criam serviços que são pequenos demais.

A finalidade dos limites de serviço nos microsserviços é capturar um domínio ou um fluxo de trabalho. Em alguns aplicações, esses limites naturais podem ser grandes para algumas partes do sistema, ou seja, alguns processos corporativos são mais acoplados que outros. Veja algumas diretrizes que os arquitetos podem usar para ajudar a encontrar os limites certos:

Finalidade
  O limite mais óbvio conta com a inspiração para o estilo de arquitetura, um domínio. O ideal é que cada microsserviço seja extremamente coeso

de modo funcional, contribuindo com um comportamento importante em nome do aplicação em geral.

Transações
Os contextos delimitados são fluxos de trabalho corporativos e, muitas vezes, as entidades que precisam cooperar em uma transação mostram aos arquitetos um bom limite de serviço. Como as transações causam problemas nas arquiteturas distribuídas, se os arquitetos conseguem projetar seu sistema para evitá-las, eles geram designs de projeto melhores.

Coreografia
Se um arquiteto cria um conjunto de serviços que oferece um excelente isolamento do domínio, mas requer uma grande comunicação para funcionar, o arquiteto pode considerar reagrupar esses serviços em um serviço maior para evitar o sobrecarga (overhead) de comunicação.

A iteração é o único modo de assegurar um bom design de serviço. Raramente os arquitetos descobrem a granularidade, as dependências de dados e os estilos de comunicação perfeitos na primeira vez. Porém, após iterar sobre as opções, um arquiteto tem uma boa chance de aprimorar o design.

Isolamento dos Dados

Outro requisito dos microsserviços, orientado pelo conceito do contexto delimitado, é o isolamento dos dados. Muitos outros estilos usam um banco de dados para a persistência. Mas os microsserviços tentam evitar o acoplamento, inclusive os esquemas e os bancos de dados compartilhados usados como pontos de integração.

O isolamento dos dados é outro fator que um arquiteto deve considerar ao ver a granularidade do serviço. Os arquitetos devem ter cuidado com a armadilha da entidade (vista em "Armadilha da entidade", no Capítulo 8) e não modelar somente seus serviços para lembrar entidades simples em um BD.

Os arquitetos estão acostumados a usar bancos de dados relacionais para unificar os valores em um sistema, criando uma única fonte confiável, o que não é mais uma opção ao distribuir dados na arquitetura. Assim, eles devem decidir como querem lidar com o problema: identificando um domínio como a fonte confiável para algum fato e coordenar com ela para recuperar os valores ou usando a replicação do BD ou o cache para distribuir as informações.

Embora esse nível de isolamento dos dados crie dores de cabeça, também fornece oportunidades. Agora que as equipes não são forçadas a se unificar em torno de um único BD, cada serviço pode escolher a ferramenta mais adequada, com base no preço, no tipo de armazenamento ou em muitos outros fatores. As equipes têm a vantagem, em um sistema altamente desacoplado, de mudar de ideia e escolher um BD mais adequado (ou outra dependência) sem afetar as outras equipes, que não têm permissão para acoplar os detalhes da implementação.

Camada da API

A maioria das imagens dos microsserviços inclui uma camada da API entre os consumidores do sistema (IUs ou chamadas de outros sistemas), mas é opcional. É comum porque oferece um bom local na arquitetura para realizar tarefas úteis, via indireção como um proxy ou uma ligação nas facilidades operacionais, como serviço de nomenclatura (abrangido em "Reutilização Operacional").

Embora uma camada da API possa ser usada para várias coisas, ela não deve ser usada como um mediador ou uma ferramenta de orquestração, caso o arquiteto queira se manter fiel à filosofia inerente dessa arquitetura: toda a lógica interessante nessa arquitetura deve ocorrer dentro de um contexto delimitado e colocar a orquestração ou outra lógica em um mediador viola essa regra. Isso também mostra a diferença entre os particionamentos técnico e por domínio na arquitetura: em geral, os arquitetos usam mediadores nas arquiteturas particionadas tecnicamente, já a arquitetura de microsserviços é bem particionados por domínio.

Reutilização Operacional

Como os microsserviços preferem a duplicação ao acoplamento, como os arquitetos lidam com as partes da arquitetura que realmente se beneficiam do acoplamento, como as preocupações operacionais do tipo monitoramento, log e circuit breakers? Uma das filosofias na arquitetura tradicional orientada a serviços era reutilizar o máximo possível de funcionalidades, por domínio e operacional, igualmente. Em microsserviços, os arquitetos tentam dividir essas duas preocupações.

Assim que uma equipe cria vários microsserviços, ela percebe que cada um tem elementos comuns com semelhanças. Por exemplo, se uma organização permite que cada equipe de serviços implemente o monitoramento por si só, como pode assegurar que cada equipe faça isso? E como ela lida com preocupações como upgrades? É de responsabilidade de cada equipe lidar com o upgrade para uma nova versão da ferramenta de monitoramento? E quanto tempo levará?

O padrão *sidecar* (separado) oferece uma solução para o problema, mostrado na Figura 17-2.

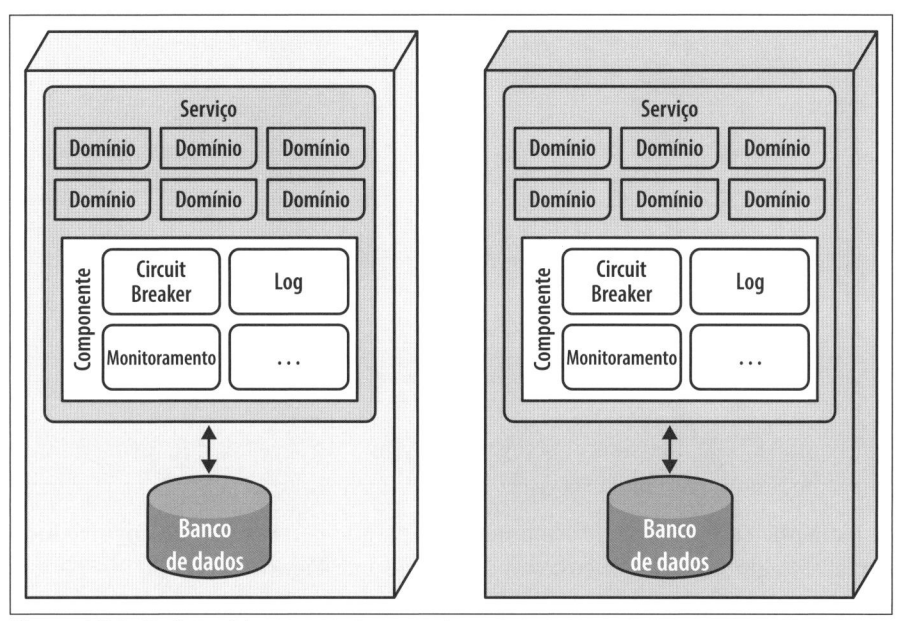

Figura 17-2. Padrão sidecar em microsserviços

Na Figura 17-2, as preocupações operacionais comuns aparecem em cada serviço como um componente separado, que pode ser de propriedade de equipes individuais ou de uma equipe de infraestrutura compartilhada. O componente sidecar lida com todas as preocupações operacionais que as equipes se beneficiam com um acoplamento. Assim, quando chegar o momento de fazer upgrade da ferramenta de monitoramento, a equipe de infraestrutura compartilhada poderá atualizar o sidecar e cada microsserviço receberá a nova funcionalidade.

Assim que as equipes entendem que cada serviço inclui um sidecar comum, elas podem criar uma *malha de serviços*, permitindo um controle unificado na arquitetura para preocupações como log e monitoramento. Os componentes sidecar comuns se conectam para formar uma interface operacional consistente em todos os microsserviços, como mostrado na Figura 17-3.

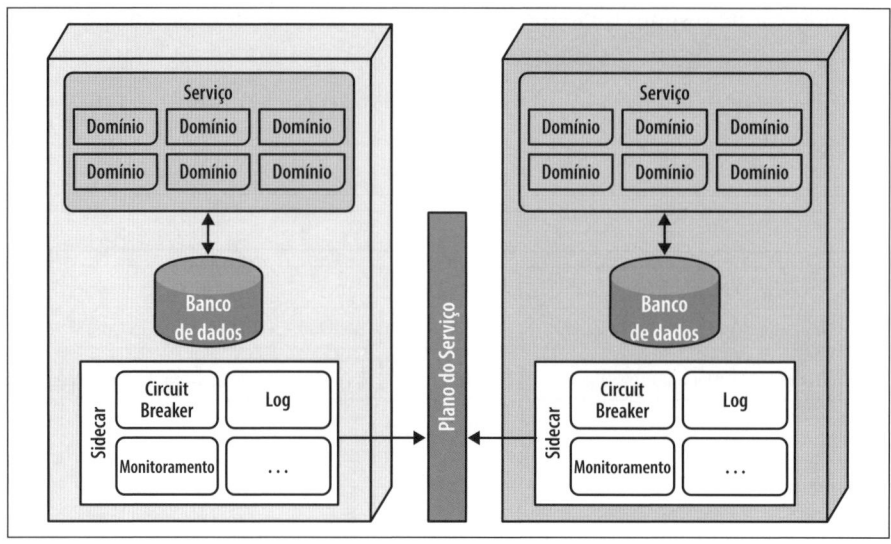

Figura 17-3. O plano do serviço conecta os sidecars em uma malha de serviços

Na Figura 17-3, cada sidecar se liga a um plano do serviço, que forma a interface consistente para cada serviço.

A malha de serviços em si forma um console que permite aos desenvolvedores um acesso global aos serviços, como mostrado na Figura 17-4.

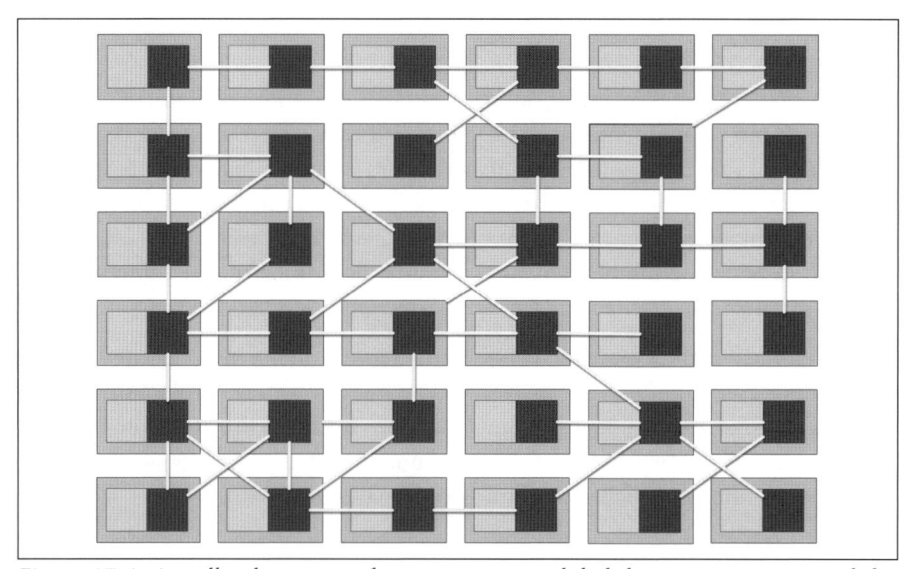

Figura 17-4. A malha de serviços forma uma visão global do aspecto operacional dos microsserviços

Cada serviço forma um nó na malha global, como na Figura 17-4. A malha de serviços forma um console que permite às equipes controlarem globalmente o acoplamento operacional, como níveis de monitoramento, log e outras preocupações operacionais transversais.

Os arquitetos usam a *descoberta de serviços* como um modo de incorporar elasticidade nas arquiteturas de microsserviços. Em vez de chamar um único serviço, uma requisição passa por uma ferramenta de descoberta de serviços, que pode monitorar o número e a frequência das requisições, assim como ativar novas instâncias dos serviços para lidar com a escala e a elasticidade. Muitas vezes, os arquitetos incluem a descoberta de serviços na malha de serviços, tornando-a parte de todo microsserviço. A camada da API costuma ser usada para hospedar a descoberta de serviços, permitindo um único lugar para que as interfaces do usuário ou outros sistemas de chamada encontrem e criem serviços de um modo elástico e consistente.

Front-ends

Os microsserviços favorecem o desacoplamento, que englobariam de modo ideal as IUs e as preocupações de back-end. Na verdade, a visão original dos microsserviços incluía a IU como parte do contexto delimitado, fiel ao princípio no DDD. Contudo, os aspectos práticos do particionamento requeridos pelas aplicações web e por outros limites externos dificultaram esse objetivo. Assim, dois estilos de interfaces do usuário aparecem normalmente para as arquiteturas de microsserviços; o primeiro é visto na Figura 17-5.

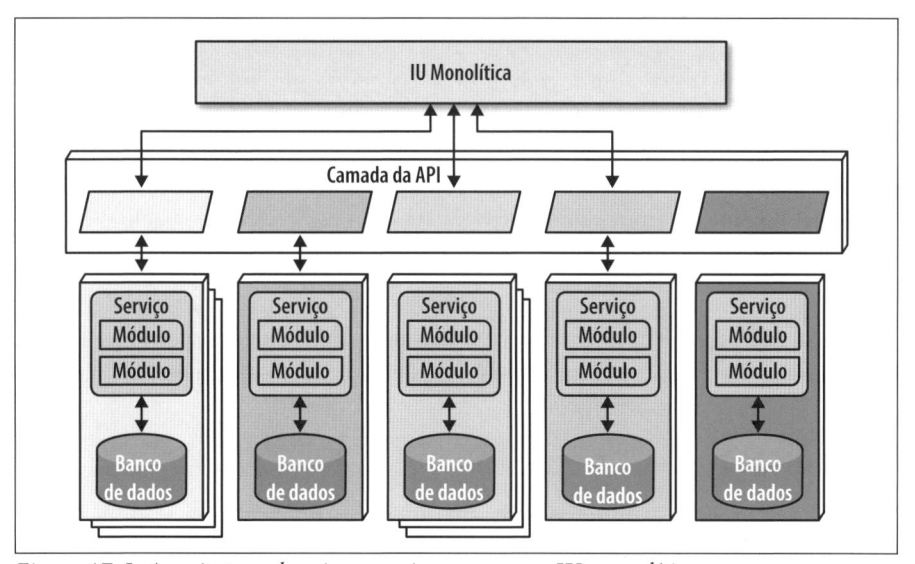

Figura 17-5. Arquitetura de microsserviços com uma IU monolítica

Na Figura 17-5, o front-end monolítico apresenta uma IU que faz chamadas atráves da camada da API para atender as requisições do usuário. O front-end pode ser um aplicação avançado para desktop, celular ou web. Por exemplo, muitas aplicações web agora usam a estrutura web do JavaScript para criar uma IU.

A segunda opção para as IUs usa *microfront-ends*, mostrados na Figura 17-6.

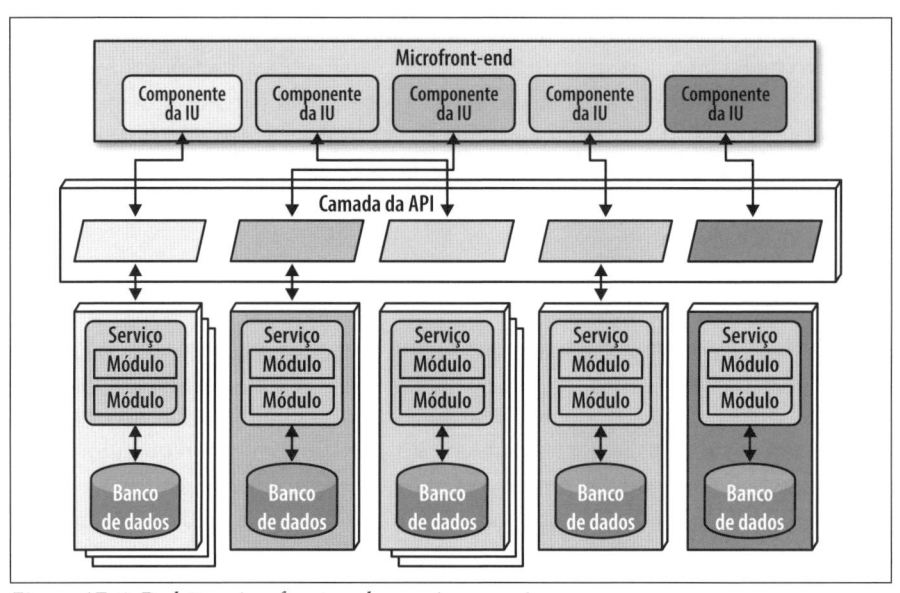

Figura 17-6. Padrão microfront-end em microsserviços

Na Figura 17-6, essa abordagem utiliza componentes no nível da IU para criar um nível síncrono de granularidade e isolamento na IU como serviços de back-end. Cada serviço emite a IU para esse serviço, que o front-end coordenada com os outros componentes da IU emitidos. Usando esse padrão, as equipes conseguem isolar os limites de serviço da IU para os serviços de back-end, unificando o domínio inteiro em uma equipe.

Os desenvolvedores podem implementar o padrão de microfront-end de vários modos, usando uma framework web baseada em componentes, como React, ou usando uma das várias estruturas de fonte aberta com suporte para esse padrão.

Comunicação

Nos microsserviços, arquitetos e desenvolvedores tentam uma granularidade adequada, o que afeta o isolamento dos dados e a comunicação. Encontrar o estilo de comunicação certo ajuda as equipes a manterem os serviços desacoplados, mas ainda coordenados de modos úteis.

Basicamente, os arquitetos devem decidir sobre uma comunicação *síncrona* ou *assíncrona*. A comunicação síncrona requer que o solicitante aguarde uma resposta do receptor da chamada. Em geral, as arquiteturas de microsserviços utilizam a *interoperabilidade heterogênea com reconhecimento de protocolo*. Vamos explicar esse termo para você:

Protocolo Reconhecido
Como os microsserviços normalmente não incluem um hub de integração central para evitar o acoplamento operacional, cada serviço deve saber como chamar os outros. Assim, é comum que os arquitetos padronizem como certos serviços chamam uns aos outros: certo nível de REST, filas de mensagem etc. Isso significa que os serviços devem saber (ou descobrir) qual protocolo usar para chamar os outros serviços.

Heterogênea
Como a arquitetura de microsserviços é uma arquitetura distribuída, cada serviço pode ser escrito em uma stack tecnológico diferente. *Heterogênea* sugere que os microsserviços suportam totalmente ambientes poliglotas, nos quais diferentes serviços usam diferentes plataformas.

Interoperabilidade
Descreve serviços que chamam uns aos outros. Embora os arquitetos nos microsserviços tentem desencorajar as chamadas de métodos transacionais, os serviços normalmente chamam outros serviços via rede para colaborar e enviar/receber informações.

Heterogeneidade Forçada

Um arquiteto conhecido, pioneiro no estilo de microsserviços, era responsável pela arquitetura em uma startup de gerenciamento de informações pessoais para dispositivos móveis. Como eles tinham um domínio de problema de rápida evolução, o arquiteto queria assegurar que nenhuma equipe de desenvolvimento criasse pontos de acoplamento entre si sem querer, prejudicando a capacidade das equipes de se mover com independência. Acabou que esse arquiteto tinha habilidades técnicas muito variadas nas equipes, designando que cada equipe de desenvolvimento usasse uma stacks tecnológicoss. Se uma equipe usava Java e a outra usava .NET, era impossível compartilhar as classes sem querer!

> Essa abordagem é o oposto da maioria das políticas de governança corporativa, que insistem em padronizar em um único stack tecnológico. O objetivo no mundo dos microsserviços não é criar o ecossistema mais complexo possível, mas escolher a tecnologia correta para o escopo específico do problema. Nem todo serviço precisa de um BD relacional de alta capacidade e impor isso a pequenas equipes as deixa lentas, em vez de beneficiá-las. Esse conceito utiliza a natureza altamente desacoplada dos microsserviços.

Para a comunicação assíncrona, os arquitetos costumam usar eventos e mensagens, utilizando internamente uma arquitetura baseada em eventos, vista no Capítulo 14; os padrões do broker e do mediador se manifestam nos microsserviços como *coreografia* e *orquestração*.

Coreografia e Orquestração

Coreografia utiliza o mesmo estilo de comunicação de uma arquitetura baseada em eventos do broker, ou seja, não há nenhum coordenador central nessa arquitetura, respeitando a filosofia do contexto delimitado. Assim, os arquitetos acham natural implementar eventos desacoplados entre os serviços.

Isomorfismo do domínio/arquitetura é uma característica principal que os arquitetos devem buscar ao analisarem a adequação de um estilo de arquitetura para certo problema. Esse termo descreve como a forma de uma arquitetura mapeia determinado estilo de arquitetura. Por exemplo, na Figura 8-7, a arquitetura tecnicamente particionada de Silicon Sandwiches suporta estruturalmente a customização, e o estilo de arquitetura de microkernel oferece a mesma estrutura geral. Portanto, os problemas que requerem um alto grau de customização ficam mais fáceis de implementar em um microkernel.

Do mesmo modo, como o objetivo do arquiteto em uma arquitetura de microsserviços favorece o desacoplamento, a forma dos microsserviços lembra o EDA do broker, tornando esses dois padrões simbióticos.

Na coreografia, cada serviço chama outros serviços quando necessário, sem um mediador central. Por exemplo, considere o cenário mostrado na Figura 17-7.

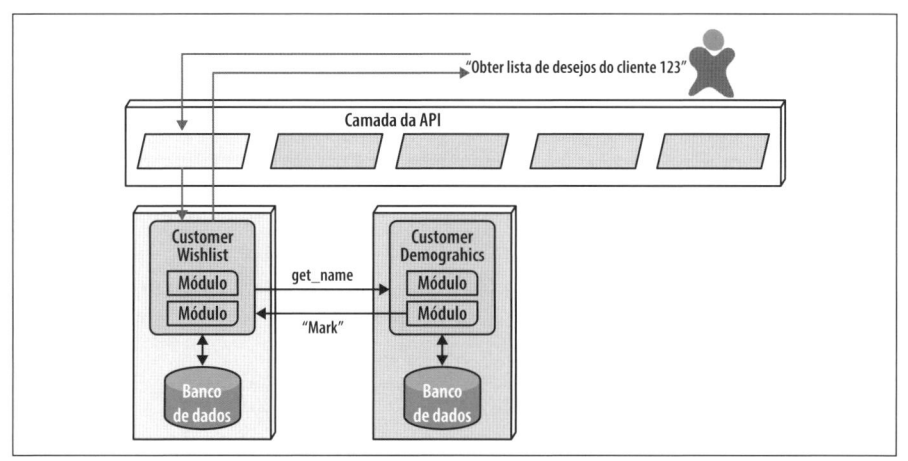

Figura 17-7. Usando a coreografia nos microsserviços para gerenciar a coordenação

Na Figura 17-7, o usuário solicita detalhes sobre a lista de desejos de um usuário. Como o serviço CustomerWishList não contém todas as informações necessárias, faz uma chamada para CustomerDemographics e recupera as informações que faltam, retornando o resultado para o usuário.

Como as arquiteturas de microsserviços não incluem um mediador global como outras arquiteturas baseadas em serviço, se um arquiteto precisar coordenar vários serviços, poderá criar seu próprio mediador localizado, como na Figura 17-8.

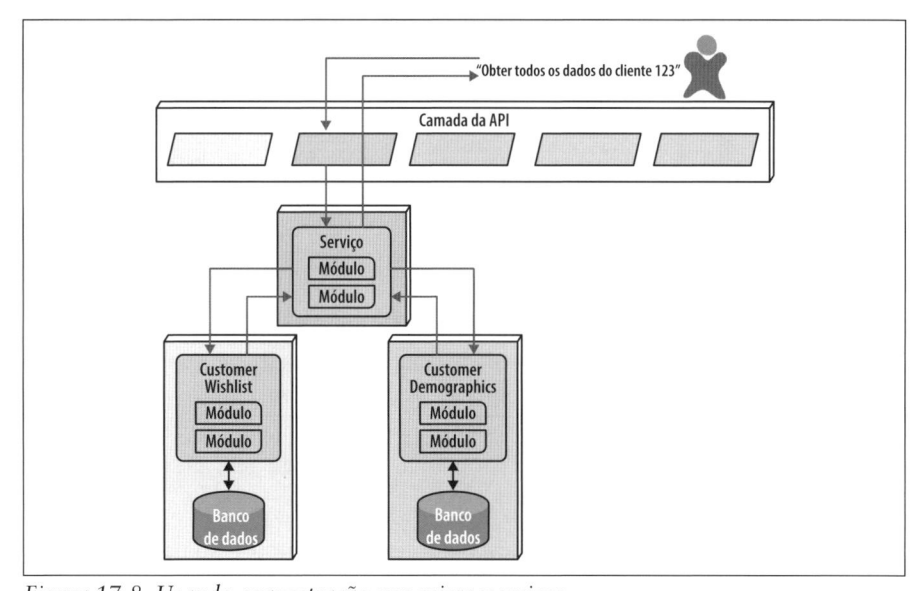

Figura 17-8. Usando orquestração nos microsserviços

Arquitetura de Microsserviços | 263

Na Figura 17-8, os desenvolvedores criam um serviço cuja única responsabilidade é coordenar a chamada para obter todas as informações para certo cliente. O usuário chama o mediador `Report CustomerInformation`, que faz chamada para os outros serviços necessários.

A Primeira Lei da Arquitetura de Software sugere que nenhuma solução é perfeita, com cada uma tendo trade-offs. Na coreografia, o arquiteto preserva a filosofia altamente desacoplada do estilo da arquitetura, assim aproveitando os benefícios máximos apontados pelo estilo. Porém, problemas comuns, como coordenação e tratamento de erros, ficam mais complexos nos ambientes coreografados.

Considere um exemplo com um fluxo de trabalho mais complexo, mostrado na Figura 17-9.

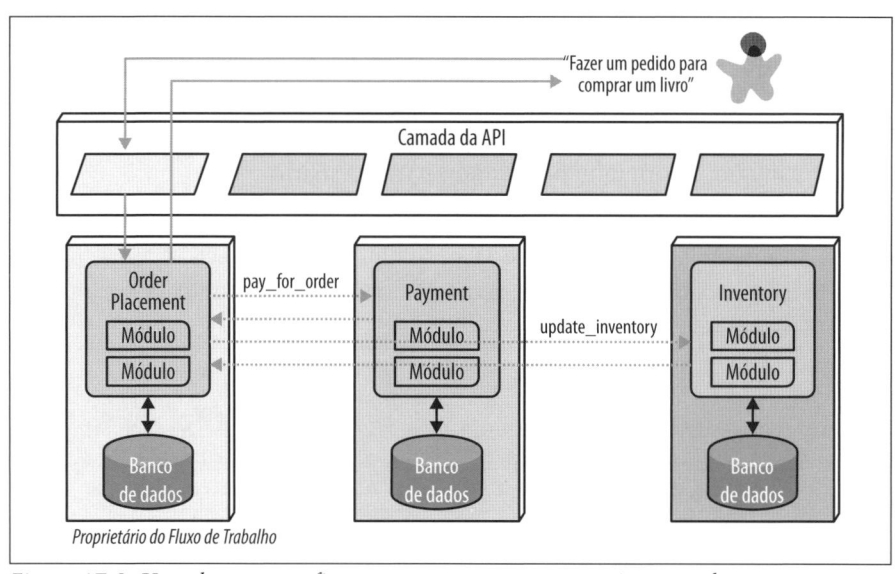

Figura 17-9. Usando coreografia para um processo corporativo complexo

Na Figura 17-9, o primeiro serviço chamado deve coordenar muitos outros serviços, basicamente agindo como um mediador, além de suas outras responsabilidades no domínio. Esse padrão se chama *controlador frontal* (front controller), em que um serviço coreografado nominalmente se torna um mediador mais complexo para algum problema. A desvantagem desse padrão é a complexidade extra no serviço.

Uma alternativa seria um arquiteto escolher usar a orquestração para os processos corporativos complexos, como na Figura 17-10.

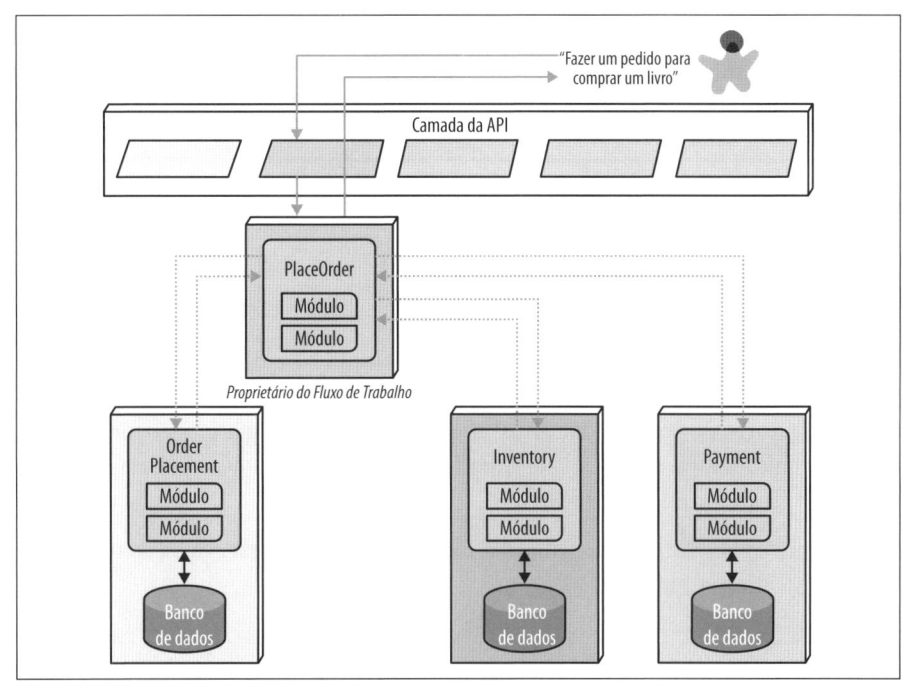

Figura 17-10. Usando orquestração para um processo corporativo complexo

Na Figura 17-10, o arquiteto cria um mediador para lidar com a complexidade e a coordenação requeridas para o fluxo de trabalho corporativo. Embora isso crie acoplamento entre os serviços, permite que o arquiteto foque a coordenação em um serviço, deixando os outros menos afetados. Muitas vezes, os fluxos de trabalho do domínio são acoplados por natureza, ou seja, o trabalho do arquiteto envolve encontrar a melhor maneira de representar esse acoplamento de modos que deem suporte aos objetivos do domínio e da arquitetura.

Transações e Sagas

Os arquitetos aspiram um extremo desacoplamento nos microsserviços, mas normalmente encontram o problema de como fazer a coordenação transacional nos serviços. Como o desacoplamento na arquitetura encoraja o mesmo nível nos bancos de dados, a atomicidade que era normal nas aplicações monolíticas se torna um problema nos distribuídos.

Criar transações nos limites de serviço viola o princípio básico do desacoplamento na arquitetura de microsserviços (e também cria o pior tipo de conascência dinâmica: a conascência de valor). O melhor conselho para os arquitetos que desejam fazer transações nos serviços é: *não faça isso*! Corrija os componentes da granularidade. Muitas vezes, os arquitetos que criam arquiteturas de microsserviços e precisam ligá-los com transações foram granulares demais em seu design. Os limites da transação são um dos indicadores comuns de granularidade do serviço.

> Não faça transações nos microsserviços; pelo contrário, corrija a granularidade!

Sempre há exceções. Por exemplo, pode existir uma situação em que dois serviços diferentes precisam de características da arquitetura muitíssimo diferentes, exigindo limites de serviço distintos, mas ainda precisam de uma coordenação transacional. Nesses casos, existem padrões para lidar com a orquestração da transação, com grandes trade-offs.

Um padrão transacional distribuído popular nos microsserviços é o padrão *saga*, mostrado na Figura 17-11.

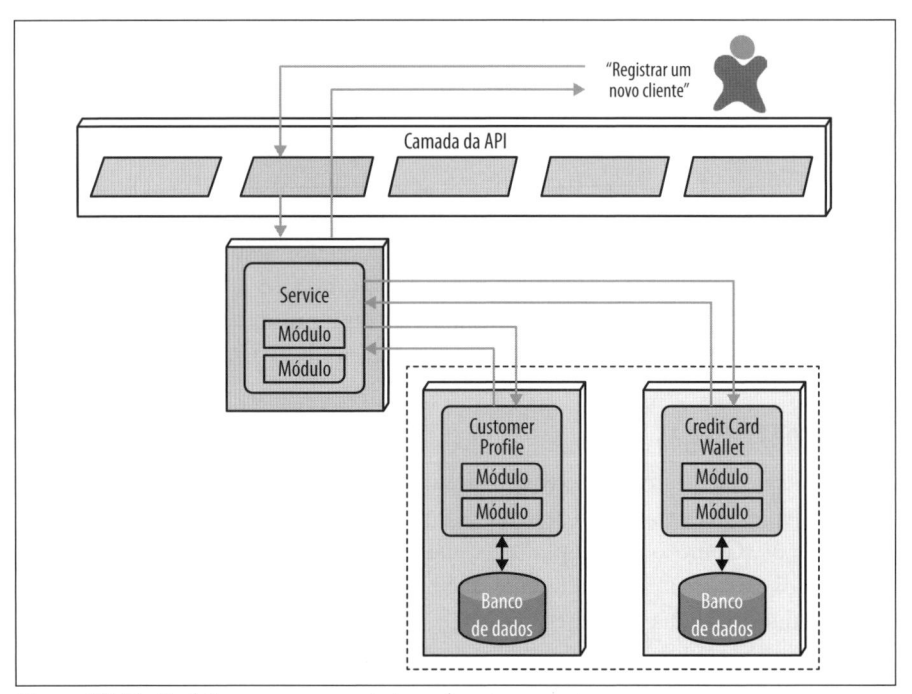

Figura 17-11. Padrão saga na arquitetura de microsserviços

Na Figura 17-11, um serviço age como um mediador em várias chamadas de serviço e coordena a transação. O mediador chama cada parte da transação, registra o sucesso ou o fracasso e coordena os resultados. Se tudo ocorre como o planejado, todos os valores nos serviços e seus bancos de dados contidos (contained databases) são atualizados de modo síncrono.

Em uma condição de erro, o mediador deve assegurar que nenhuma parte da transação tenha sucesso se uma parte falha. Considere a situação mostrada na Figura 17-12.

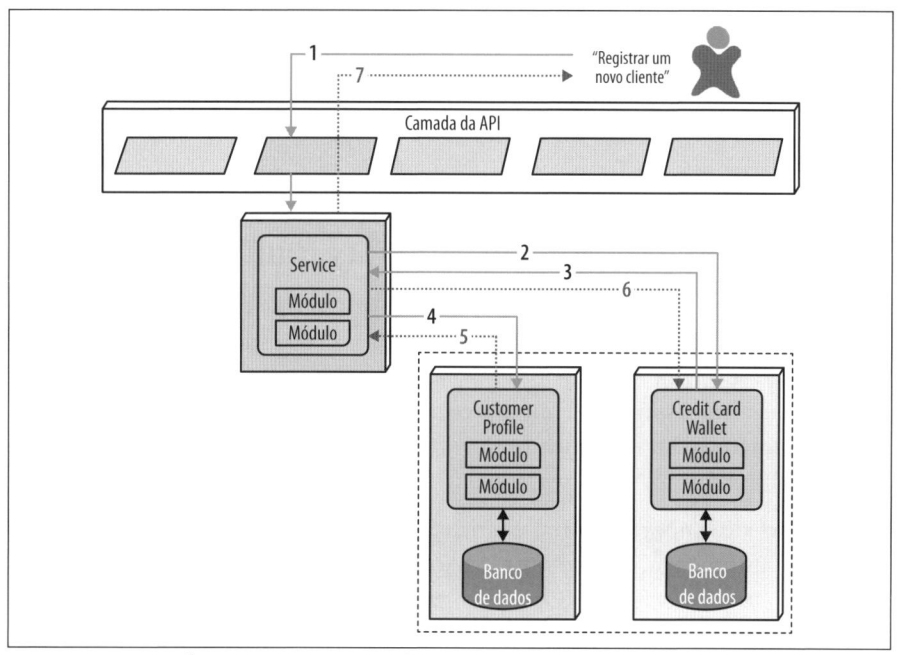

Figura 17-12. Padrão saga compensando as transações para as condições de erro

Na Figura 17-12, se a primeira parte da transação tem sucesso, embora a segunda parte falhe, o mediador deve enviar uma requisição a todas as partes da transação que tiveram êxito e orientá-las a desfazer a requisição anterior. Esse estilo de coordenação transacional se chama *estrutura da transação de compensação*. Os desenvolvedores implementam esse padrão normalmente fazendo com que cada requisição do mediador entre em um estado pending até o mediador indicar o sucesso geral. Contudo, esse design fica complexo se requisições assíncronas devem ser manipuladas, em especial se novas requisições aparecerem e forem dependentes do estado transacional pendente. Isso também cria muito tráfego de coordenação no nível da rede.

Em outra implementação de uma estrutura da transação de compensação, os desenvolvedores criam operações *do* e *undo* para cada operação potencialmente transacional. Isso permite menos coordenação durante as transações, mas as operações *undo* tendem a ser bem mais complexas que as operações *do*, mais do que dobrando o trabalho de design, implementação e depuração.

Embora seja possível que os arquitetos criem um comportamento transacional nos serviços, isso vai de encontro ao motivo para escolher o padrão de microsserviços. Sempre há exceções, portanto o melhor conselho para os arquitetos é usar o padrão saga com parcimônia.

> Por vezes, são necessárias algumas transações nos serviços; se for o recurso dominante da arquitetura, foram cometidos erros!

Classificações das Características da Arquitetura

O estilo da arquitetura de microsserviços mostra vários extremos na escala de classificações padrão, mostrada na Figura 17-13. Uma estrela significa que a característica específica não é bem suportada na arquitetura, já cinco estrelas significam que a característica é um dos recursos mais fortes no estilo. A definição de cada característica identificada na tabela de pontuação pode ser encontrada no Capítulo 4.

É notável o alto suporte para as práticas da engenharia moderna, como implementação automática, teste e outras não listadas. Os microsserviços não existiriam sem a revolução DevOps e a marcha incansável para automatizar as preocupações operacionais.

Como a arquitetura de microsserviços é uma arquitetura distribuída, ele tem muitas das deficiências inerentes nas arquiteturas compostas de partes conectadas durante a execução. Assim, a tolerância a falhas e a confiabilidade são impactadas quando é usada muita comunicação entre os serviços. Contudo, essas classificações apenas apontam para tendências na arquitetura; os desenvolvedores corrigem muitos problemas com a redundância e a escala via descoberta de serviços. Mas sob circunstâncias normais, serviços independentes com uma finalidade normalmente levam a uma alta tolerância a falhas, daí a alta classificação para essa característica em uma arquitetura de microsserviços.

Característica da arquitetura	Classificação de estrelas
Tipo de particionamento	Domínio
Número de quanta	1 a muitos
Implementabilidade	★★★★☆
Elasticidade	★★★★★
Evolutiva	★★★★★
Tolerância a falhas	★★★★☆
Modularidade	★★★★★
Custo geral	★
Desempenho	★★
Confiabilidade	★★★★
Escalabilidade	★★★★★
Simplicidade	★
Testabilidade	★★★★

Figura 17-13. Classificações para microsserviços

Os pontos altos dessa arquitetura são escalabilidade, elasticidade e ser evolutiva. Alguns dos sistemas mais escaláveis já escritos utilizaram esse estilo com grande sucesso. Do mesmo modo, como a arquitetura conta muito com a automação e a integração inteligente com o DevOps, os desenvolvedores também podem criar um suporte de elasticidade na arquitetura. Como a arquitetura favorece o alto desacoplamento no nível incremental, tem suporte para a prática corporativo moderna da alteração evolutiva, mesmo no nível da arquitetura. O negócio moderno muda rápido e o desenvolvimento de software tenta acompanhar. Criando uma arquitetura com unidades de implementação extremamente pequenas e altamente desacopladas, os arquitetos têm uma estrutura que pode suportar uma taxa de alteração mais rápida.

Performance costuma ser um problema nos microsserviços, ou seja, as arquiteturas distribuídas devem fazer muitas chamadas de rede para concluírem o trabalho, tendo um alto overhead na performance, e devem fazer verificações de segurança para checar a identidade e o acesso para cada extremidade. Existem muitos padrões no mundo dos microsserviços para aumentar a performance, inclusive o cache de dados inteligente e a replicação para evitar um excesso de chamadas da rede.

Performance é outro motivo para os microsserviços sempre usarem a coreografia, não a orquestração, pois um menor acoplamento permite uma comunicação mais rápida e menos gargalos.

Com certeza, a arquitetura de microsserviços é uma arquitetura centrada no domínio, em que cada limite do serviço deve corresponder aos domínios. Também tem os quanta mais distintos de qualquer arquitetura moderna; de muitos modos, exemplifica o que a medida quantum avalia. A filosofia condutora do desacoplamento extremo cria muitas dores de cabeça nessa arquitetura, mas produz enormes benefícios quando bem feito. Como em qualquer arquitetura, os arquitetos devem entender as regras para quebrá-las com inteligência.

Referências Adicionais

Embora nosso objetivo neste capítulo tenha sido tocar em alguns aspectos importantes desse estilo de arquitetura, há muitos recursos excelentes para se aprofundar e obter mais detalhes sobre o estilo. Informações adicionais e mais detalhadas podem ser encontradas sobre os microsserviços nas seguintes referências (todos sem publicação no Brasil):

- *Building Microservices*, de Sam Newman
- *Microservices vs. Service-Oriented Architecture*, de Mark Richards
- *Microservices AntiPatterns and Pitfalls*, de Mark Richards

CAPÍTULO 18
Escolhendo o Estilo de Arquitetura Certo

Depende! Com todas as opções disponíveis (e novas chegando quase que diariamente), gostaríamos de dizer qual você deveria usar, mas não podemos. Nada é mais contextual segundo vários fatores em uma organização e qual software ela cria. Escolher um estilo de arquitetura representa o ápice da análise e do pensamento sobre trade-offs para as características da arquitetura, considerações do domínio, metas estratégicas e muitas outras coisas.

Por mais contextual que seja a decisão, existe um conselho geral quanto a escolher um estilo de arquitetura certo.

A Mudança de "Moda" na Arquitetura

Os estilos de arquitetura preferidos mudam com o tempo, segundo inúmeros fatores:

Observações do passado
  Em geral, os novos estilos de arquitetura surgem das observações e dos pontos críticos de experiências anteriores. Os arquitetos têm experiência com sistemas no passado que influenciam seus pensamentos sobre os futuros sistemas. Eles devem contar com sua experiência anterior, pois é essa experiência que permitiu à pessoa se tornar um arquiteto em primeiro lugar. Muitas vezes, os novos designs da arquitetura refletem deficiências específicas dos estilos de arquitetura anteriores. Por exemplo, os arquitetos repensavam seriamente as implicações da reutilização do código após criarem arquiteturas que a representavam, então percebiam os trade-offs negativos.

Mudanças no ecossistema
  A mudança constante é um recurso confiável do ecossistema de desenvolvimento de software, pois tudo muda o tempo inteiro. A mudança em nos-

so ecossistema é particularmente caótica, tornando até o tipo de mudança impossível de prever. Por exemplo, há alguns anos, ninguém sabia o que era *Kubernetes*, e agora há várias conferências no mundo com milhares de desenvolvedores. Dentro de alguns anos, o Kubernetes pode ser substituído por outra ferramenta que não foi escrita ainda.

Novas capacidades

Quando surgem novas capacidades, a arquitetura não pode simplesmente substituir uma ferramenta por outra, mas deve mudar para um paradigma inteiramente novo. Por exemplo, alguns arquitetos ou desenvolvedores antecipara a mudança tectônica causada no mundo de desenvolvimento de software com o advento de contêineres, como Docker. Embora tenha sido uma etapa evolucionária, o impacto que teve em arquitetos, ferramentas, práticas de engenharia e muitos outros fatores surpreendeu grande parte do setor. A mudança constante no ecossistema também entrega uma nova coleção de ferramentas e capacidades com regularidade. Os arquitetos devem ficar de olho não só nas novas ferramentas, mas nos novos paradigmas. A tal coisa pode parecer algo novo que já temos, mas pode incluir sutilezas e outras alterações que faz dela um divisor de águas. Novas capacidades não precisam abalar o mundo inteiro do desenvolvimento; novos recursos podem ser uma pequena mudança que se alinha exatamente com os objetivos de um arquiteto.

Aceleração

Não só o ecossistema muda constantemente, mas a taxa de mudança também continua a aumentar. Novas ferramentas criam novas práticas de engenharia, que levam a um novo design e capacidades. Os arquitetos vivem em um estado de fluxo constante porque a mudança é generalizada e constante.

Mudanças no domínio

O domínio para o qual os desenvolvedores escrevem software muda e se altera constantemente, porque o negócio continua a evoluir ou por causa de fatores como fusões com outras empresas.

Mudanças na tecnologia

Conforme a tecnologia continua a se desenvolver, as organizações tentam acompanhar pelo menos algumas dessas mudanças, sobretudo aquelas com benefícios finais óbvios.

Fatores externos

Muitos fatores externos apenas associados perifericamente ao desenvolvimento de software podem orientar a mudança dentro da organização. Por exemplo, arquitetos e desenvolvedores podem estar bem contentes com certa ferramenta, mas o custo da licença se tornou um impedimento, forçando a migração para outra opção.

Independentemente de onde está uma organização em termos de arquitetura atual na moda, um arquiteto deve entender as tendências atuais do setor para tomar decisões inteligentes sobre quando seguir ou fazer exceções.

Critérios de Decisão

Ao escolher um estilo de arquitetura, um arquiteto deve levar em conta todos os vários fatores que contribuem para a estrutura do design de domínio. Basicamente, um arquiteto planeja duas coisas: qualquer domínio que foi especificado e todos os outros elementos estruturais requeridos para tornar o sistema um sucesso.

Os arquitetos devem entrar na decisão de design estando à vontade com o seguinte:

Domínio
Os arquitetos devem entender muitos aspectos importantes do domínio, sobretudo os que afetam as características operacionais da arquitetura. Eles não precisam obedecer aos especialistas, mas devem ter pelo menos uma boa compreensão geral dos aspectos maiores do domínio no design.

Características da arquitetura que impactam a estrutura
Os arquitetos devem descobrir e elucidar as características da arquitetura necessárias para dar suporte ao domínio e a outros fatores externos.

Arquitetura de Dados
Arquitetos e DBAs devem colaborador no banco de dados, no esquema e em outras preocupações relacionadas a dados. Não cobrimos muito a arquitetura de dados neste livro; ela tem uma especialização própria. Contudo, os arquitetos devem entender o impacto que o design de dados pode ter em seu design, em particular se o novo sistema precisa interagir com uma arquitetura de dados mais antiga e/ou em uso.

Fatores organizacionais
Muitos fatores externos podem influenciar o design. Por exemplo, o custo de fornecedor de serviço em nuvem específico pode impedir o design ideal. Ou talvez a empresa planeje fazer fusões e aquisições, o que encoraja um arquiteto a gravitar em torno de soluções abertas e arquiteturas de integração.

Conhecimento do processo, das equipes e das preocupações operacionais
Muitos fatores específicos do projeto influenciam o design de um arquiteto, como processo de desenvolvimento de software, interação (ou falta dela) com DevOps e processo QA. Por exemplo, se uma organização não tem maturidade com práticas de engenharia ágil, os estilos de arquitetura que contam com essas práticas para terem sucesso terão dificuldades.

Isomorfismo do domínio/arquitetura
Alguns domínios do problema correspondem à topologia da arquitetura. Por exemplo, o estilo da arquitetura de microkernel é muito adequado para um sistema que requer customização, ou seja, o arquiteto pode planejar customizações como plug-ins. Outro exemplo pode ser a análise do genoma, que requer inúmeras operações distintas e uma arquitetura baseada em espaço, que oferece muitos processos distintos.

Do mesmo modo, alguns domínios do problema podem ser bem inadequados para alguns estilos de arquitetura. Por exemplo, sistemas altamente escaláveis têm problemas com grandes designs monolíticos porque os arquitetos acham difícil dar suporte a muitos usuários simultâneos em uma base de código altamente acoplada. Um domínio do problema que inclui uma grande quantidade de acoplamento semântico combina mal com uma arquitetura altamente desacoplada e distribuída. Por exemplo, uma aplicação de seguradora que consiste em formulários com várias páginas, cada uma baseada no contexto das páginas anteriores, seria difícil de modelar nos microsserviços. Esse é um problema altamente acoplado que trará desafios de design para os arquitetos em uma arquitetura desacoplada; uma arquitetura menos acoplada, como a baseada em serviço, seria mais adequada para esse problema.

Levando tudo isso em conta, o arquiteto deve fazer várias determinações:

Monolítico versus distribuído
Usando os conceitos de quantum vistos antes, o arquiteto deve determinar se um conjunto de características da arquitetura será suficiente para o design ou se partes distintas do sistema precisam de características diferentes. Um conjunto implica que um bloco monolítico é adequado (embora outros fatores possam orientar um arquiteto para usar uma arquitetura distribuída), já as diferentes características da arquitetura implicam uma arquitetura distribuída.

Onde os dados devem residir?
Se a arquitetura é monolítica, é comum que os arquitetos pressuponham um único ou alguns bancos de dados relacionais. Em uma arquitetura dis-

tribuída, o arquiteto deve decidir quais serviços persistem os dados, o que também implica pensar sobre como os dados devem fluir na arquitetura para criar fluxos de trabalho. Os arquitetos devem considerar a estrutura e o comportamento ao planejarem a arquitetura e não ter medo de iterar o design para encontrar combinações melhores.

Qual será o estilo de comunicação entre os serviços? Síncrono ou assíncrono?
Assim que o arquiteto determina o particionamento dos dados, sua próxima consideração no design é a comunicação entre os serviços: síncrona ou assíncrona? A comunicação síncrona é mais conveniente na maioria dos casos, mas pode levar à falta de escalabilidade, confiabilidade e outras características indesejáveis. A comunicação assíncrona pode ter benefícios únicos em termos de desempenho e escala, mas pode apresentar muitas dores de cabeça: sincronização dos dados, impasses, condições de corrida, depuração etc.

Como a comunicação síncrona apresenta menos desafios de design, implementação e depuração, os arquitetos devem usar a síncrona por padrão quando possível e a assíncrona quando necessário.

> Use a síncrona por padrão e a assíncrona quando necessário.

A saída desse processo de design é a topologia da arquitetura, levando em conta qual estilo de arquitetura (e hibridizações) o arquiteto escolheu, os registros de decisão da arquitetura sobre as partes do design que precisaram de mais esforço do arquiteto e as funções de aptidão para proteger importantes princípios e características operacionais da arquitetura.

Estudo de Caso Monolítico: Silicon Sandwiches

No kata da arquitetura Silicon Sandwiches, após investigar as características da arquitetura, determinamos que um único quantum era suficiente para implementar o sistema. E mais, é uma aplicação simples sem um grande orçamento, portanto a simplicidade do monolítico agrada.

Contudo, criamos dois designs de componentes diferentes para Silicon Sandwiches: um particionado por domínio e outro particionado tecnicamente. Dada a simplicidade da solução, criaremos designs para cada um e veremos os trade-offs.

Monolítico Modular

Um bloco monolítico modular cria componentes centrados no domínio com um banco de dados, implantado como um quantum; o design monolítico modular para Silicon Sandwiches aparece na Figura 18-1.

É um bloco monolítico com um banco de dados relacional, implementado com uma única IU web (com considerações de design cuidadosas para dispositivos móveis) para manter baixo o custo geral. Se tempo e recursos são suficientes, o arquiteto deve considerar criar a mesma separação de tabelas e outros ativos do BD, como os componentes do domínio, permitindo que essa arquitetura migre para uma arquitetura distribuída com mais facilidade se requisitos futuros garantirem isso.

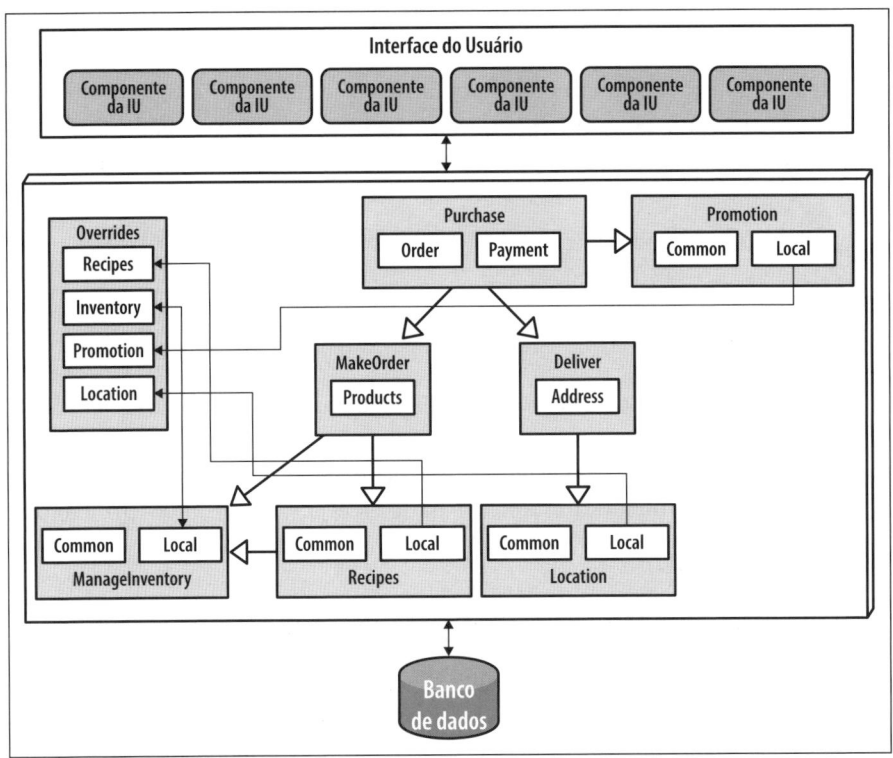

Figura 18-1. Implementação monolítica modular de Silicon Sandwiches

Como o estilo da arquitetura em si não lida inerentemente com a customização, o arquiteto deve assegurar que o recurso faça parte do design de domínio. Nesse caso, ele projeta um endpoint Override onde os desenvolvedores podem fazer upload de customizações individuais. Como consequência, o arquiteto deve assegurar que cada componente do domínio referencie o componente Override para cada característica personalizável; isso criaria uma função de aptidão perfeita.

Microkernel

Uma das características da arquitetura que o arquiteto identificou em Silicon Sandwiches foi a customização. Vendo o isomorfismo do domínio/arquitetura, um arquiteto pode escolher implementar usando um microkernel, como na Figura 18-2.

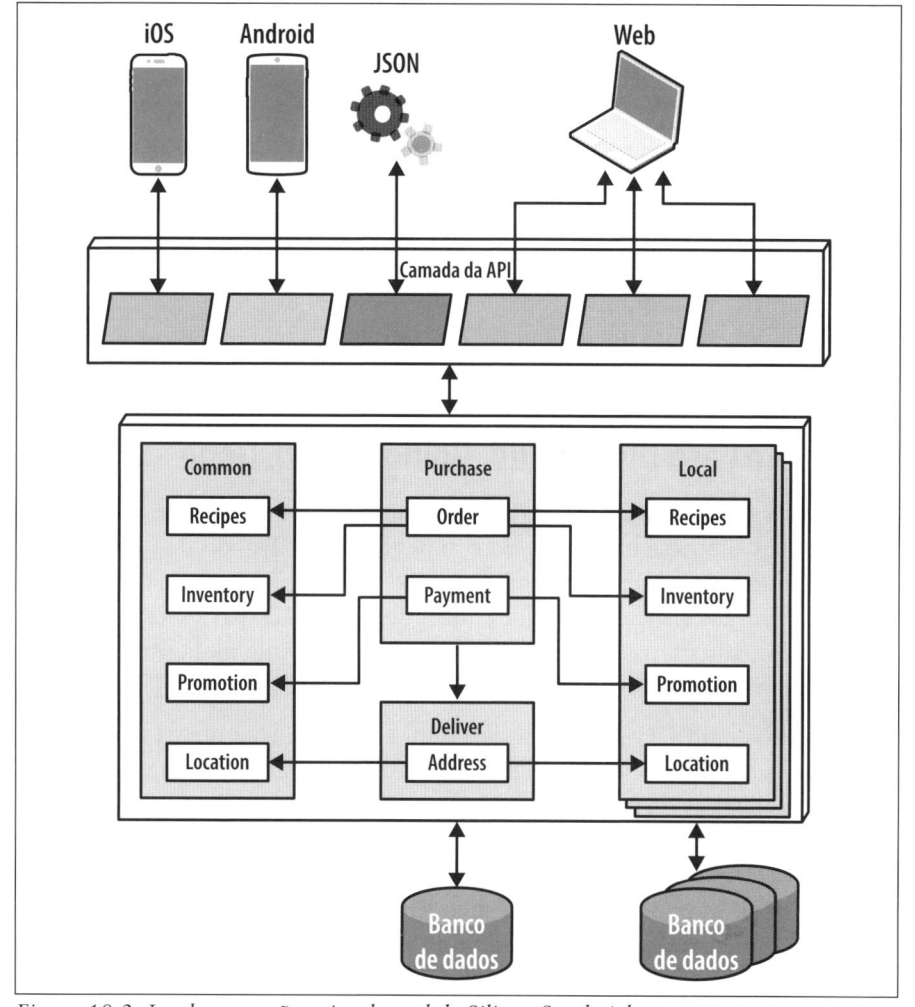

Figura 18-2. Implementação microkernel de Silicon Sandwiches

Na Figura 18-2, o sistema central consiste nos componentes do domínio e em um banco de dados relacional. Como no design anterior, uma sincronização cuidadosa entre os domínios e o design dos dados permitirá uma futura migração do central para uma arquitetura distribuída. Cada customização aparece em um plug-in, as comuns em um conjunto de plug-ins (com um banco de dados correspondente) e uma série de plug-ins locais, cada com seus próprios dados. Como nenhum plug-in precisa ser acoplado a outros plug-ins, eles podem manter seus dados, deixando os plug-ins desacoplados.

Outro elemento de design único aqui utiliza o padrão Back-ends para Front-ends (BFF), tornando a camada da API um adaptador de microkernel fino. Fornece informações gerais do back-end e os adaptadores BFF traduzem as informações genéricas no formato adequado para o dispositivo de front-end. Por exemplo, o BFF para iOS levará a saída genérica do back-end e a personalizará para o que a aplicação iOS nativa espera: formato dos dados, paginação, latência e outros fatores. Criar cada adaptador BFF permite IUs mais ricas e a capacidade de expandir para dar suporte a outros dispositivos no futuro, um dos benefícios do estilo microkernel.

A comunicação na arquitetura Silicon Sandwiches pode ser síncrona, ou seja, a arquitetura não requer um desempenho extremo nem tem requisitos de elasticidade, e nenhuma das operações será demorada.

Estudo de Caso Distribuído: Going, Going, Gone

O kata Going, Going, Gone (GGG) apresenta desafios de arquitetura mais interessantes. Com base na análise do componente em "Estudo de Caso: Going, Going, Gone: Descobrindo os Componentes", no Capítulo 8, essa arquitetura precisa de características da arquitetura diferentes para partes variadas dela. Por exemplo, características como disponibilidade e escalabilidade diferirão entre as funções, como leiloeiro e proponente.

Os requisitos para GGG também declaram explicitamente certos níveis ambiciosos de escala, elasticidade, desempenho e muitas outras características operacionais capciosas da arquitetura. O arquiteto precisa escolher um padrão que permita um alto grau de customização em um nível bem granular dentro da arquitetura. Das arquiteturas candidatas distribuídas, a orientada a eventos de baixo nível ou microsserviços correspondem mais às características. Das duas, os microsserviços têm um melhor suporte para as características diferentes da arquitetura operacional; as arquiteturas baseadas puramente em eventos em geral não separam as partes por causa dessas características operacionais, mas são baseadas no estilo de comunicação, orquestrado versus coreografado.

Conseguir o desempenho declarado será um desafio nos microsserviços, mas os arquitetos costumam lidar com qualquer ponto fraco de uma arquitetura planejando sua inclusão. Por exemplo, embora os microsserviços ofereçam altos graus de escalabilidade por natureza, em geral os arquitetos precisam lidar com preocupações específicas de desempenho causadas por um excesso de orquestração, separação de dados excessivamente agressiva etc.

Uma implementação de GGG usando microsserviços é mostrada na Figura 18-3.

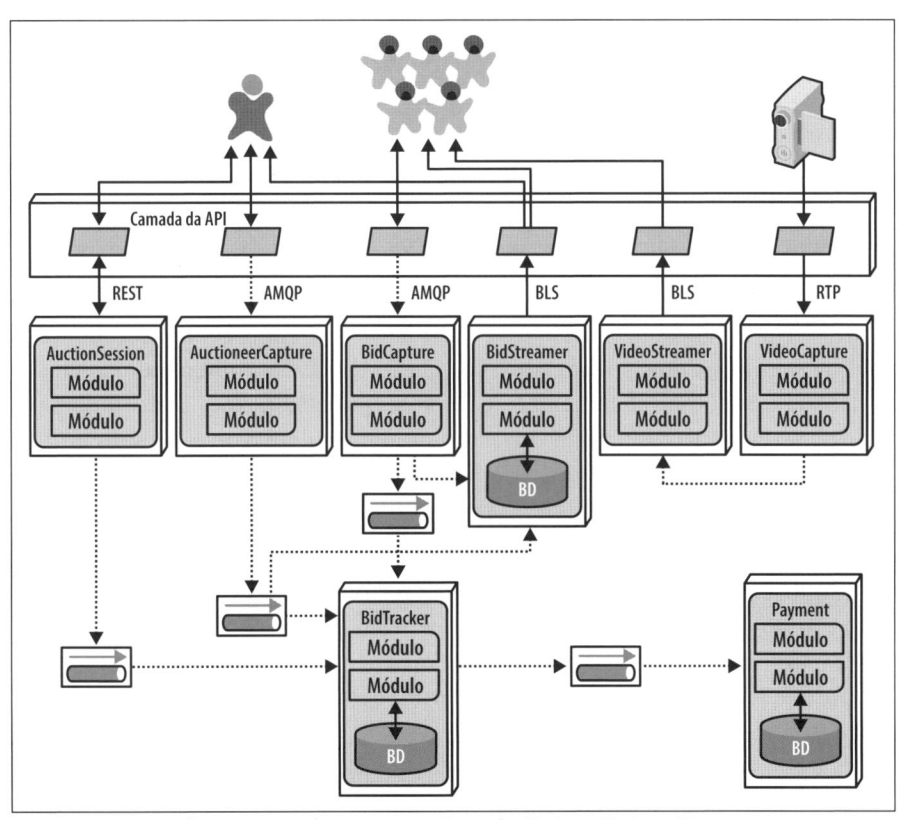

Figura 18-3. Implementação de microsserviços de Going, Going, Gone

Na Figura 18-3, cada componente individual se torna serviços na arquitetura, um componente correspondente e uma granularidade do serviço. GGG tem três IUs distintas:

Proponente
   Os vários proponentes para o leilão virtual.

Leiloeiro
Um por leilão.

Streamer
O serviço responsável pelo streaming de vídeo e o stream do lance para os proponentes. Note que é um stream de somente leitura, permitindo otimizações não disponíveis se fossem necessárias atualizações.

Os serviços a seguir aparecem no design da arquitetura GGG:

BidCapture
Captura as entradas do proponente online e as envia de modo assíncrono para `Bid Tracker`. Esse serviço não precisa de persistência porque age como um condutor para os lances virtuais.

BidStreamer
Retorna os lances para os participantes online em um stream de alto desempenho, de somente leitura.

BidTracker
Rastreia os lances de `Auctioneer Capture` e `Bid Capture`. É o componente que unifica os dois streams de informação diferentes, ordenando os lances ao máximo possível em tempo real. Note que as conexões de entrada para esse serviço são assíncronas, permitindo que os desenvolvedores usem filas de mensagem como buffers para lidar com taxas muito diferentes do fluxo de mensagem.

Auctioneer Capture
Captura os lances para o leiloeiro. O resultado da análise de quanta em "Estudo de Caso: Going, Going, Gone: Descobrindo os Componentes" no Capítulo 8 levou o arquiteto a separar `Bid Capture` e `Auctioneer Capture` porque têm características da arquitetura bem diferentes.

Auction Session
Isso gerencia o fluxo de trabalho dos leilões individuais.

Payment
Um provedor de pagamento terceirizado que lida com as informações de pagamento após `Auction Session` ter concluído o leilão.

Video Capture
Captura o stream de vídeo do leilão virtual.

Video Streamer
Envia por stream o vídeo do leilão para os proponentes online.

O arquiteto teve o cuidado de identificar os estilos de comunicação síncrono e assíncrono nessa arquitetura. A escolha pela comunicação assíncrona é basicamente orientada pela inclusão das diferentes características operacionais da arquitetura entre os serviços. Por exemplo, se o serviço Payment pode processar apenas um novo pagamento a cada 500ms e muitos leilões terminam ao mesmo tempo, a comunicação síncrona entre os serviços causaria limites de tempo e outras dores de cabeça quanto à confiabilidade. Mas usando filas de mensagem, o arquiteto pode adicionar confiabilidade a uma parte crítica da arquitetura que mostra fragilidade.

Na análise final, o design determinou cinco quanta, identificados na Figura 18-4.

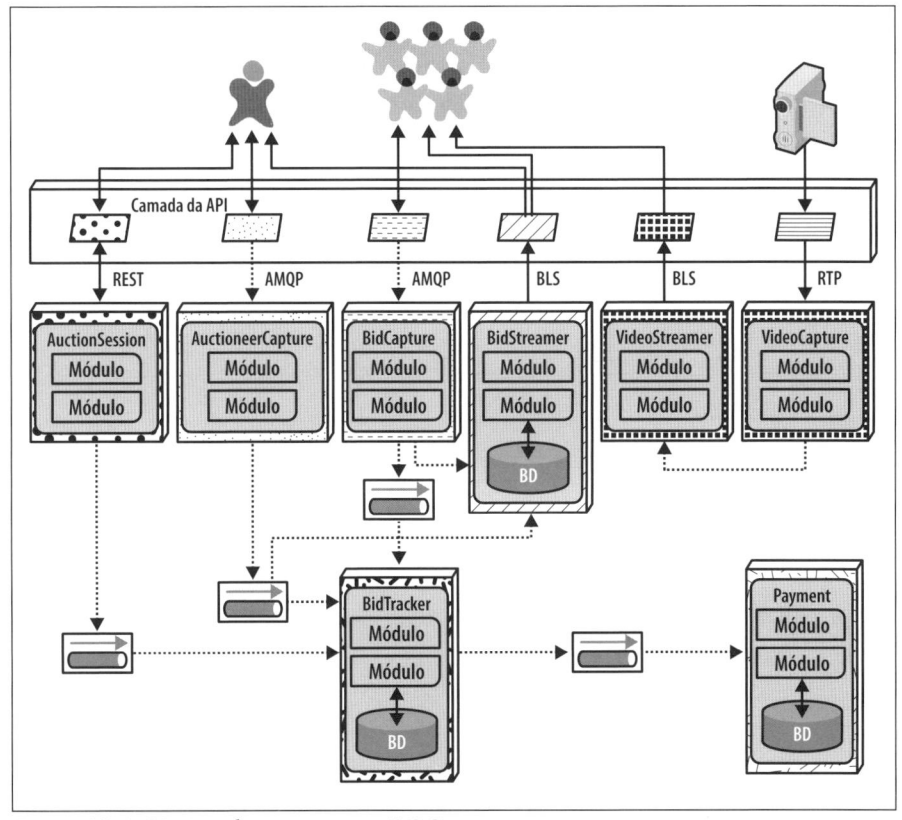

Figura 18-4. Limites de quanta para GGG

Na Figura 18-4, o design inclui quanta para Payment, Auctioneer, Bidder, Bidder Streams e Bid Tracker, correspondendo mais ou menos aos serviços.

Escolhendo o Estilo de Arquitetura Certo | 281

Várias instâncias são indicadas por pilhas de contêineres no diagrama. Usar a análise de quantum no estágio de design do componente permitiu ao arquiteto identificar com mais facilidade os limites do serviço, dos dados e das comunicação.

Observe que este não é o design "certo" para GGG e certamente não é o único. Nem sugerimos que seja o melhor design possível, mas parece ter o conjunto *menos pior* de trade-offs. Escolher microsserviços, então usar eventos e mensagens de modo inteligente, permite que a arquitetura tire o máximo de um padrão de arquitetura genérico, ainda criando uma base para desenvolvimento e expansão futuros.

PARTE III
Técnicas e Habilidades Sociais

Um arquiteto de software eficiente não deve entender apenas os aspectos técnicos da arquitetura de software, mas também as técnicas básicas e as habilidades sociais necessárias para pensar como arquiteto, orientar as equipes de desenvolvimento e comunicar com eficiência a arquitetura para os vários stakeholders. Esta seção do livro lida com as principais técnicas e habilidades sociais necessárias para se tornar um arquiteto de software eficiente.

CAPÍTULO 19
Decisões da Arquitetura

Uma das expectativas essenciais de um arquiteto é tomar decisões de arquitetura. Em geral, essas decisões envolvem a estrutura da aplicação ou do sistema, mas podem envolver decisões de tecnologia também, em particular quando tais decisões impactam as características da arquitetura. Independentemente do contexto, uma boa decisão de arquitetura é aquela que ajuda a orientar as equipes de desenvolvimento ao fazer escolhas técnicas certas. Tomar decisões de arquitetura envolve reunir bastante informação relevante, justificar a decisão, documentá-la e comunicar a decisão com eficiência para os stakeholders apropriados.

Antipadrões da Decisão de Arquitetura

Há certa arte em tomar decisões de arquitetura. Sem nenhuma surpresa, surgem vários antipadrões da arquitetura ao tomar decisões como arquiteto. O programador Andrew Koenig define um antipadrão como algo que parece uma boa ideia no começo, mas leva a problemas. Outra definição de antipadrão é um processo repetido que produz resultados negativos. Os três antipadrões maiores da arquitetura que podem surgir (e geralmente surgem) ao tomar decisões da arquitetura são *Cobertura dos Ativos*, *Feitiço do Tempo* e *Arquitetura Baseada em E-mail*. Normalmente esses três antipadrões seguem um fluxo progressivo: dominar o antipadrão Cobertura dos Ativos leva ao Feitiço do Tempo, e dominar esse antipadrão leva à Arquitetura Baseada em E-mail. Tomar decisões da arquitetura com eficiência e precisão requer que um arquiteto domine todos os três antipadrões.

Antipadrão Cobertura dos Ativos

O primeiro antipadrão que surge ao tentar tomar decisões da arquitetura é a Cobertura dos Ativos. Esse antipadrão ocorre quando um arquiteto evita ou adia tomar uma decisão da arquitetura com o medo de fazer a escolha errada.

Existem meios de dominar esse antipadrão. O primeiro é esperar até o *último momento responsável* para tomar uma decisão importante da arquitetura. Esse último momento significa esperar até você tenha informação suficiente para justificar e validar sua decisão, mas não aguardar muito tempo a ponto de atrasar as equipes de desenvolvimento ou cair no antipadrão *Paralisia de Análise*. O segundo modo de evitar esse antipadrão é colaborar continuamente com as equipes de desenvolvimento e assegurar que a decisão tomada possa ser implementada como o esperado. Isso tem vital importância, porque não é viável, como arquiteto, saber cada detalhe sobre certa tecnologia e todas as questões associadas. Colaborando de perto com as equipes de desenvolvimento, o arquiteto pode responder rápido a uma mudança na decisão da arquitetura se ocorrem problemas.

Para ilustrar isso, suponha que um arquiteto tome a decisão de que todos os dados de referência relacionados ao produto (descrição, peso e dimensões do produto) sejam armazenados em cache em todas as instâncias do serviço que precisam dessa informação usando um cache replicado de somente leitura, com a réplica primária pertencendo ao serviço de catálogos. Um cache replicado significa que, se houvesse mudanças nas informações do produto (ou um novo produto fosse adicionado), o serviço de catálogo atualizaria seu cache, que então seria replicado em todos os outros serviços que requerem esses dados por meio de um produto em cache (na memória) replicado. Uma boa justificativa para essa decisão seria reduzir o acoplamento entre os serviços e compartilhar de modo efetivo os dados sem ter que fazer uma chamada entre os serviços. Contudo, as equipes de desenvolvimento que implementam essa decisão de arquitetura acham que, devido a certos requisitos de escalabilidade de alguns serviços, essa decisão exigiria mais memória no processo do que está disponível. Colaborando de perto com as equipes de desenvolvimento, o arquiteto toma conhecimento rapidamente sobre o problema e ajusta a decisão de arquitetura para incluir essas situações.

Antipadrão Feitiço do Tempo

Assim que um arquiteto domina o antipadrão Cobertura dos Ativos e começa a tomar decisões, surge um segundo antipadrão: Feitiço do Tempo. Esse antipadrão ocorre quando as pessoas não sabem por que uma decisão foi tomada, então continuam discutindo sem parar. O antipadrão Feitiço do Tempo tem esse nome por causa do filme *Feitiço do Tempo,* de Bill Murray, em que o dia 2 de fevereiro se repete todos os dias.

O Feitiço do Tempo ocorre porque, assim que um arquiteto toma uma decisão da arquitetura, ele não dá uma justificativa para a decisão (ou uma justificativa completa). Ao justificar as decisões da arquitetura, é importante dar uma explicação técnica e comercial. Por exemplo, um arquiteto pode tomar a decisão de dividir uma aplicação monolítica em serviços separados para desacoplar os aspectos funcionais da aplicação para que cada parte use menos recursos da VM e possa ser mantida e implementada separadamente. Embora seja um bom exemplo de justificativa técnica, falta a justicava comercial, ou seja, por que o negócio deve pagar por essa refatoração arquitetural? Uma boa explicação comercial para essa decisão pode ser entregar uma nova funcionalidade comercial mais rápido, melhorando a entrada no mercado. Outra pode ser reduzir os custos associados ao desenvolvimento e ao lançamento de novos recursos.

Fornecer valor comercial ao justificar as decisões é de vital importância para qualquer decisão da arquitetura. Também é um bom teste decisivo para determinar se a decisão deve ser tomada em primeiro lugar. Se certa decisão da arquitetura não fornece nenhum valor comercial, então talvez não seja boa e deva ser reconsiderada.

Quatro das justificativas comerciais mais comuns incluem custo, colocação no mercado, satisfação do usuário e posicionamento estratégico. Ao focar essas justificativas comuns, é importante levar em conta o que é importante para os acionistas da empresa. Justificar certa decisão apenas com base na economia dos custos pode não ser a decisão correta se os acionistas estão menos preocupados com o custo e mais com o tempo de entrada no mercado.

Antipadrão Arquitetura Baseada em E-mail

Assim que um arquiteto toma decisões e justifica por completo essas decisões, surge um terceiro antipadrão: *Arquitetura Baseada em E-mail.* Esse antipadrão é onde as pessoas se perdem, esquecem ou nem sabem que uma decisão de arquitetura foi tomada, portanto não podem implementar tal decisão. O antipadrão é sobre comunicar com eficiência suas decisões da arquitetura. O e-mail é uma ótima ferramenta de comunicação, mas cria um sistema ruim de repositório de documentos.

Existem muitos modos de aumentar a eficiência da comunicação das decisões da arquitetura, evitando o antipadrão Arquitetura Baseada em E-mail. A primeira regra para comunicar as decisões não é incluir a decisão no corpo de um e-mail. Incluir a decisão da arquitetura no corpo cria vários sistemas de registro dessa decisão. Muitas vezes detalhes importantes (inclusive a justificativa) são omitidos no e-mail, criando o antipadrão Feitiço do Tempo mais uma vez. Além disso, se essa decisão da arquitetura mudou ou foi substituída, como as pessoas podem receber a decisão revisada? Uma abordagem melhor seria simplesmente mencionar a natureza e o contexto da decisão no corpo do e-mail e fornecer um link para o sistema de registro para a decisão da arquitetura real e detalhes correspondentes (um link para uma página wiki ou um documento no sistema de arquivos).

A segunda regra para comunicar com eficiência as decisões da arquitetura é notificar apenas as pessoas realmente importantes. Uma boa técnica é escrever no corpo do e-mail algo como:

"Oi, Sandra. Tomei uma decisão importante em relação à comunicação entre os serviços que impacta você diretamente. Veja a decisão seguindo este link..."

Observe a frase na primeira parte: "decisão importante em relação à comunicação entre os serviços". Aqui é mencionado o contexto da decisão, mas não a decisão em si. A segunda parte é ainda mais importante: "que impacta você diretamente". Se uma decisão da arquitetura não impacta a pessoa diretamente, então por que incomodá-la com a decisão da arquitetura? É um ótimo teste decisivo para determinar quais stakeholders (inclusive os desenvolvedores) devem ser notificados diretamente sobre a decisão da arquitetura. A segunda frase fornece um link para o local da decisão da arquitetura para que ela fique em apenas um lugar e, por isso, um sistema de registro para a decisão.

Significante para a Arquitetura

Muitos arquitetos acreditam que se uma decisão da arquitetura envolve qualquer tecnologia específica, então não é uma decisão da arquitetura, mas uma decisão técnica. Nem sempre é assim. Se um arquiteto toma a decisão de usar certa tecnologia porque ela dá suporte direto a determinada característica da arquitetura (como desempenho ou escalabilidade), então é uma decisão da arquitetura.

Michael Nygard, um arquiteto de software conhecido e autor do livro *Release It!* (sem publicação no Brasil), abordou o problema de por quais decisões um arquiteto deve ser responsável (e, consequentemente, o que é uma decisão da arquitetura) criando o termo *significativo para a arquitetura*. Segundo Michael, as decisões significativas para a arquitetura são as que afetam a estrutura, as características não funcionais, as dependências, as interfaces ou as técnicas de construção.

Estrutura se refere às decisões que impactam os padrões ou os estilos da arquitetura sendo usada. Um exemplo é a decisão de compartilhar dados entre um conjunto de microsserviços. Essa decisão impacta o contexto delimitado do microsserviço e, assim, afeta a estrutura da aplicação.

As *características não funcionais* são as características da arquitetura ("atributos") que são importantes para a aplicação ou o sistema que está sendo desenvolvido ou mantido. Se uma escolha de tecnologia impacta o desempenho, e ele é um aspecto importante da aplicação, então ela se torna uma decisão da arquitetura.

Dependências se referem a acoplar pontos entre componentes e/ou serviços dentro do sistema, impactando a disponibilidade, a modularidade, a agilidade, o testabilidade, a confiabilidade gerais etc.

Interfaces se referem a como serviços e componentes são acessados e orquestrados, em geral por meio de um gateway, hub de integração, barramento de serviço ou proxy da API. Em geral, as interfaces envolvem definir contratos, inclusive a versão e a estratégia de descontinuação desses contratos. As interfaces impactam outros usos do sistema, por isso são significantes para a arquitetura.

Por fim, *técnicas de construção* se referem às decisões sobre plataformas, estruturas, ferramentas e até processos que, embora sejam técnicos por natureza, podem impactar algum aspecto da arquitetura.

Registros de Decisão da Arquitetura

Um dos modos mais eficientes de documentar as decisões da arquitetura é com *ADRs* (Registros de Decisão da Arquitetura). Os ADRs foram divulgados pela primeira vez por Michael Nygard em um blog e, mais tarde, marcados como "adotar" no periódico Technology Radar da ThoughtWorks. Um ADR consiste em um pequeno arquivo de texto (em geral uma ou duas páginas) descrevendo uma decisão de arquitetura específica. Embora possam ser escritos usando texto normal, eles costumam vir com um tipo de formato de documento de texto, como AsciiDoc ou Markdown. Uma alternativa seria um ADR também ser escrito usando um modelo de página wiki.

Há também ferramentas disponíveis para gerenciar os ADRs. Nat Pryce, coautor do livro *Growing Object-Oriented Software Guided by Tests* (sem publicação no Brasil), escreveu uma ferramenta de código aberto para ADRs chamada ADR-tools, que fornece uma interface da linha de comando para gerenciar os

ADRs, inclusive os esquemas de numeração, os locais e a lógica substituída. Micha Kops, engenheiro de software alemão, escreveu um blog sobre como usar as ADR-tools com ótimos exemplos sobre como elas podem ser usadas para gerenciar os registros de decisão da arquitetura.

Estrutura Básica

A estrutura básica de um ADR consiste em cinco seções principais: *Título*, *Status*, *Contexto*, *Decisão* e *Consequências*. Em geral, adicionamos duas seções extras como parte da estrutura básica: *Conformidade* e *Notas*. Essa estrutura (como mostrado na Figura 19-1) pode ser estendida para incluir qualquer outra seção considerada necessária, contanto que o modelo fique consistente e conciso. Um bom exemplo poderia ser adicionar uma seção *Alternativas* se for preciso fornecer uma análise de todas as outras possíveis soluções alternativas.

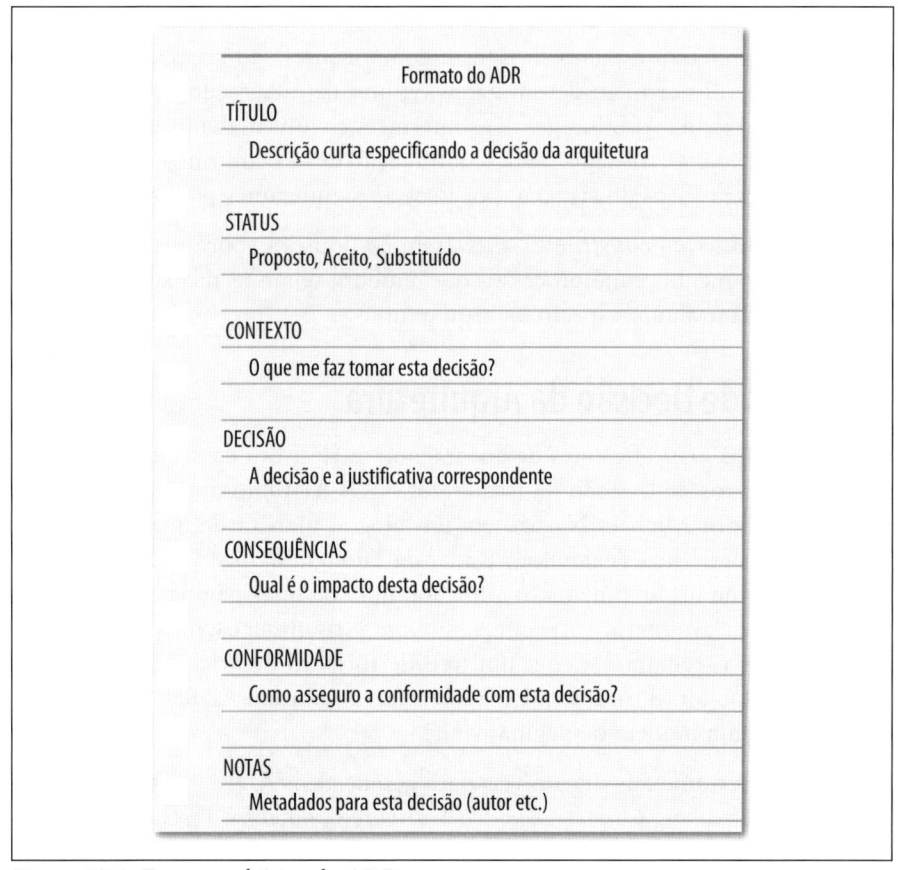

```
Formato do ADR

TÍTULO
    Descrição curta especificando a decisão da arquitetura

STATUS
    Proposto, Aceito, Substituído

CONTEXTO
    O que me faz tomar esta decisão?

DECISÃO
    A decisão e a justificativa correspondente

CONSEQUÊNCIAS
    Qual é o impacto desta decisão?

CONFORMIDADE
    Como asseguro a conformidade com esta decisão?

NOTAS
    Metadados para esta decisão (autor etc.)
```

Figura 19-1. Estrutura básica do ADR

Título

O título de um ADR costuma ser numerado em sequência e contém uma pequena frase descrevendo as decisões da arquitetura. Por exemplo, a decisão é usar mensageria assíncrona entre o Serviço de Pedido e o Serviço de Pagamento, mostrando: "42. Uso de Mensageria Assíncrona Entre os Serviços de Pedido e Pagamento". O título deve ser descritivo o bastante para não haver ambiguidades sobre a natureza e o contexto da decisão, mas, ao mesmo tempo, deve ser curto e conciso.

Status

O status de um ADR pode ser marcado como *Proposto*, *Aceito* ou *Substituído*. O status *Proposto* significa que a decisão deve ser aprovada por um tomador de decisão de nível mais alto ou algum órgão de governança da arquitetura (como uma comissão de avaliação da arquitetura). O status *Aceito* significa que a decisão foi aprovada e está pronta para a implementação. Um status *Substituído* indica que a decisão mudou e foi substituída por outro ADR. O status Substituído sempre pressupõe que o status ADR anterior era aceito, ou seja, um ADR proposto nunca seria substituído por outro ADR, mas continuaria a ser modificado até ser aceito.

O status Substituído é um modo poderoso de manter um registro histórico das decisões tomadas, por que foram tomadas naquele momento, qual é a nova decisão e por que foi alterada. Em geral, quando um ADR é substituído, ele é marcado com a decisão que o substituiu. Do mesmo modo, a decisão que substitui outro ADR é marcada com o ADR que ela substituiu. Por exemplo, suponha que o ADR 42 ("Uso de Mensageria Assíncrona Entre os Serviços de Pedido e Pagamento") tenha sido aprovado anteriormente, mas devido às últimas mudanças na implementação e localização do Serviço de Pagamento, agora REST deve ser usado entre os dois serviços (ADR 68). O status ficaria assim:

> *ADR 42. Uso de Mensageria Assíncrona Entre os Serviços de Pedido e Pagamento*
>
> Status: Substituído por 68
>
> *ADR 68. Uso de REST entre os Serviços de Pedido e Pagamento*
>
> Status: Aceito, substitui 42

O link e o caminho do histórico entre os ADRs 42 e 68 impedem a inevitável pergunta "e o uso da mensageria?" em relação ao ADR 68.

> ## ADRs e RFC (Requisição de Comentários)
>
> Se um arquiteto deseja enviar um ADR preliminar para comentários (o que às vezes é uma boa ideia quando ele deseja validar várias suposições e afirmações com um público maior de stakeholders), recomendamos criar um novo status chamado *RFC* (Requisição de Comentários) e especificar um prazo de quando a revisão estaria concluída. Essa prática impede o inevitável antipadrão Paralisia de Análise, em que a decisão é discutida para sempre, mas nunca tomada de fato. Assim que a data é atingida, o arquiteto pode analisar todos os comentários feitos sobre o ADR, fazer qualquer ajuste necessário na decisão, tomar a decisão final e definir o status para Proposto (a menos que o arquiteto consiga aprovar ele mesmo a decisão e, nesse caso, o status seria definido para Aceito). Um exemplo de um status RFC para um ADR seria assim:
>
> STATUS
>
> *Requisição de Comentários, Prazo 09 jan 2010*

Outro aspecto importante da seção Status de um ADR é que ela faz um arquiteto ter as conversas necessárias com seu chefe ou arquiteto responsável sobre os critérios com os quais ele mesmo pode aprovar uma decisão da arquitetura ou se deve ser aprovada por um arquiteto de nível mais alto, uma comissão de avaliação da arquitetura ou algum outro órgão de governança da arquitetura.

Os três critérios que formam um bom ponto de partida para essas conversas são custo, impacto entre as equipes e segurança. O custo pode incluir a compra do software e taxas de licença, custos adicionais com hardware, além do nível geral de esforço para implementar a decisão da arquitetura. O nível dos custos do esforço pode ser estimado multiplicando o número estimado de horas para implementar a decisão da arquitetura pela taxa *FTE* (equivalente em tempo integral) padrão da empresa. O proprietário ou o gerente do projeto normalmente tem a quantia de FTE. Se o custo da decisão da arquitetura excede certa quantia, então deve ser definida para o status Proposto e aprovada por outra pessoa. Se a decisão impacta outras equipes ou sistemas, ou tem alguma implicação na segurança, não pode ser autoaprovada pelo arquiteto, mas por um órgão de governança de nível mais alto ou arquiteto responsável.

Assim que os critérios e os limites correspondentes são estabelecidos e acordados (como "custos acima de €5 mil devem ser aprovados pela comissão de avaliação da arquitetura"), esse critério deve ser bem documentado para que todos os arquitetos que criam ADRs saibam quando podem ou não aprovar suas próprias decisões da arquitetura.

Contexto

A seção Contexto de um ADR especifica as forças em ação, ou seja, "qual situação me faz tomar esta decisão?" Tal seção do ADR permite que o arquiteto descreva a situação ou o problema específico e colabore de modo conciso nas possíveis alternativas. Se um arquiteto precisa documentar a análise de cada alternativa em detalhes, então uma seção Alternativas extra pode ser adicionada ao ADR, em vez de a análise ser acrescentada à seção Contexto.

A seção Contexto também fornece um modo de documentar a arquitetura. Descrevendo o contexto, o arquiteto também descreve a arquitetura. É um modo eficiente de documentar uma área específica da arquitetura de um jeito claro e conciso. Continuando com o exemplo da seção anterior, o contexto pode ser o seguinte: "O serviço de pedido deve passar informações ao serviço de pagamento para pagar um pedido sendo feito atualmente. Isso poderia ser feito usando REST ou uma mensageria assíncrona." Observe que essa declaração concisa não só especificou o cenário, como também as alternativas.

Decisão

A seção Decisão do ADR contém a decisão da arquitetura, junto com uma justificativa completa para a decisão. Michael Nygard introduziu uma ótima maneira de declarar uma decisão da arquitetura usando uma voz muito afirmativa e de comando, ao invés de uma passiva. Por exemplo, a decisão de usar mensageria assíncrona entre os serviços mostraria *"usaremos* mensageria assíncrona entre os serviços". Isso é um jeito muito melhor de declarar uma decisão do que *"Acho* que a mensageria assíncrona entre os serviços seria a melhor escolha." Note aqui que não está claro qual é a decisão nem mesmo se uma decisão foi tomada, apenas a opinião do arquiteto é declarada.

Talvez um dos aspectos mais poderosos da seção Decisão dos ADRs seja que ela permite que um arquiteto enfatize mais o *por que*, em vez de *como*. Entender por que uma decisão foi tomada é muito mais importante do que entender como algo funciona. A maioria dos arquitetos e dos desenvolvedores pode identificar como as coisas funcionam vendo os diagramas do contexto, mas não por que uma decisão foi tomada. Saber por que ela foi tomada e a justificativa correspondente para a decisão ajuda as pessoas a entenderem melhor o contexto do problema e evita possíveis erros refatorando outra solução que pode gerar problemas.

Para mostrar isso, considere uma decisão da arquitetura original de anos atrás para usar a estrutura gRPC (Remote Procedure Call) do Google como um meio de se comunicar entre dois serviços. Sem entender por que a decisão foi tomada, outro arquiteto escolheu sobrescrever a decisão vários anos depois e usar a mensageria para desacoplar mais os serviços. Contudo, implementar esse refatoramento de repente causa um grande aumento na latência, que, por sua vez, causa limites de tempo nos sistemas upstream. Entender que o uso original do gRPC era para reduzir muito a latência (às custas de serviços muito acoplados) teria evitado a ocorrência do refatoramento em primeiro lugar.

Consequências

A seção Consequências de um ADR também é muito importante. Ela documenta o impacto geral de uma decisão da arquitetura. Toda decisão que um arquiteto toma tem algum impacto, bom e ruim. Ter que especificar o impacto de uma decisão da arquitetura faz o arquiteto pensar se esses impactos pesam mais que os benefícios da decisão.

Outro bom uso dessa seção é documentar a análise de trade-off associada à decisão da arquitetura. Esses trade-offs poderiam se basear em custo ou trade-offs contrários a outras características da arquitetura ("atributos"). Por exemplo, considere a decisão de usar a mensageria assíncrona (disparar e esquecer) para postar uma avaliação em um site. A justificativa para essa decisão é aumentar muito a resposta da requisição de avaliação da postagem de 3.100 milissegundos para 25 milissegundos porque os usuários não precisariam aguardar que a avaliação real fosse postada (apenas que a mensageria fosse enviada para uma fila). Embora seja uma boa justificativa, outra pessoa pode argumentar que ela é ruim devido à complexidade do tratamento de erro associado a uma requisição assíncrona ("o que acontece se alguém posta uma avaliação com palavras impróprias?"). Desconhecida para a pessoa que contesta a decisão, essa questão já tinha sido discutida com os acionistas da empresa e outros arquitetos, e foi resolvida de uma perspectiva do trade-off de que era mais importante ter o aumento na resposta e lidar com o tratamento de erro complexo do que aguardar de modo síncrono para dar um feedback para o usuário, informando que a avaliação foi postada com sucesso. Utilizando ADRs, essa análise de trade-off pode ser incluída na seção Consequências, fornecendo uma imagem completa do contexto (e dos trade-offs) da decisão da arquitetura, assim evitando a situação.

Conformidade

A seção Conformidade de um ADR não é uma das seções padrão nele, mas algo que recomendados. Ela faz o arquiteto pensar sobre como a decisão da arquitetura será medida e controlada de uma perspectiva da conformidade. O arquiteto deve decidir se a verificação da conformidade dessa decisão deve ser manual ou se pode ser automatizada usando uma função de aptidão. Se pode ser automatizada com uma função de aptidão, então o arquiteto pode especificar nessa seção como a função de aptidão seria escrita e se há outras alterações na base de código que são necessárias para mediar essa decisão da arquitetura quanto à conformidade.

Por exemplo, considere a seguinte decisão da arquitetura em uma arquitetura com n camadas tradicionais, como na Figura 19-2. Todos os objetos compartilhados usados pelos objetos comerciais na camada comercial residirão na camada de serviços compartilhados para isolar e conter a funcionalidade compartilhada.

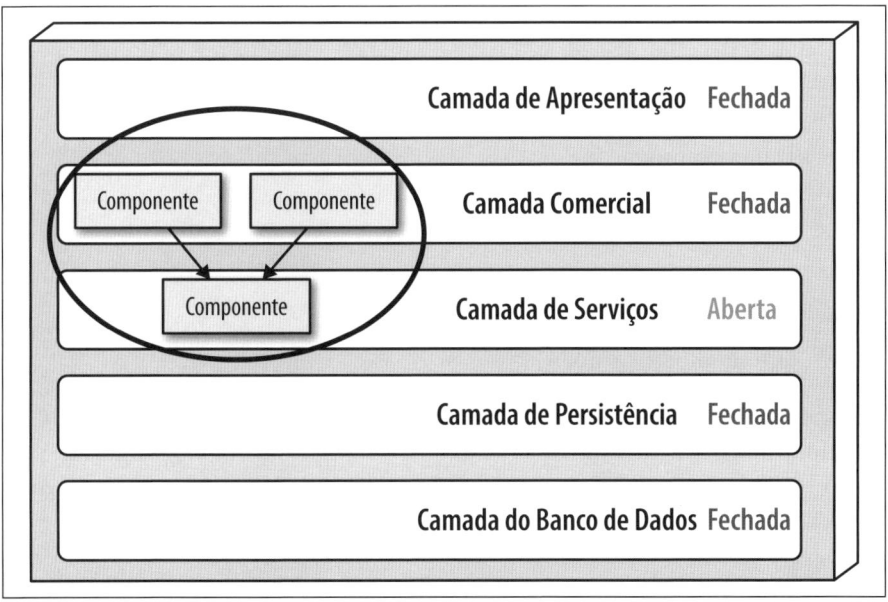

Figura 19-2. Exemplo de uma decisão da arquitetura

Essa decisão da arquitetura pode ser medida e controlada automaticamente usando ArchUnit em Java ou NetArchTest em C#. Por exemplo, usando ArchUnit em Java, o teste da função de aptidão automática fica assim:

```
@Test
public void shared_services_should_reside_in_services_layer() {
    classes().that().areAnnotatedWith(SharedService.class)
        .should().resideInAPackage("..services..")
        .because("All shared services classes used by business " +
                "objects in the business layer should reside in the services " +
                "layer to isolate and contain shared logic")
        .check(myClasses);
}
```

Observe que essa função de aptidão automática exigiria novas histórias escritas para criar uma nova anotação Java (`@SharedService`) e adicionar essa anotação a todas as classes compartilhadas. Essa seção também especifica qual é o teste, onde ele pode ser encontrado, como será executado e quando.

Notas

Outra seção que não faz parte de um ADR padrão, mas recomendamos adicionar é Notas. Ela inclui vários metadados sobre o ADR, como:

- Autor original
- Data de aprovação
- Aprovado por
- Data da substituição
- Data da última modificação
- Modificado por
- Última modificação

Mesmo ao armazenar ADRs em um sistema de controle de versão (como Git), metainformações extras são úteis além do que o repositório pode suportar, portanto recomendados adicionar essa seção, independentemente de como e onde os ADRs estão armazenados.

Armazenando ADRs

Assim que um arquiteto cria um ADR, ele deve ser armazenado em algum lugar. A despeito de onde os ADRs estão armazenados, cada decisão da arquitetura deve ter seu próprio arquivo ou página wiki. Alguns arquitetos gostam de manter os ADRs em um repositório Git com o código-fonte. Mantê-los nesse repositório permite que o ADR tenha o controle de versão e seja rastreado também. Contudo, para as organizações maiores, não recomendamos essa prática por vários motivos. Primeiro, todos que precisam ver a decisão da arquitetura podem não ter acesso ao repositório Git. Segundo, esse não é um bom local para armazenar os ADRs com um contexto fora do repositório Git da aplicação (como decisões da arquitetura de integração, decisões da arquitetura corporativa ou decisões comuns a toda aplicação).

Por isso, recomendamos armazenar os ADRs em uma wiki (usando um modelo wiki) ou em um diretório compartilhado em um servidor de arquivos compartilhados que possa ser acessado facilmente por uma wiki ou outro software de apresentação de documentos. A Figura 19-3 mostra um exemplo dessa estrutura de diretórios (ou estrutura de navegação da página wiki).

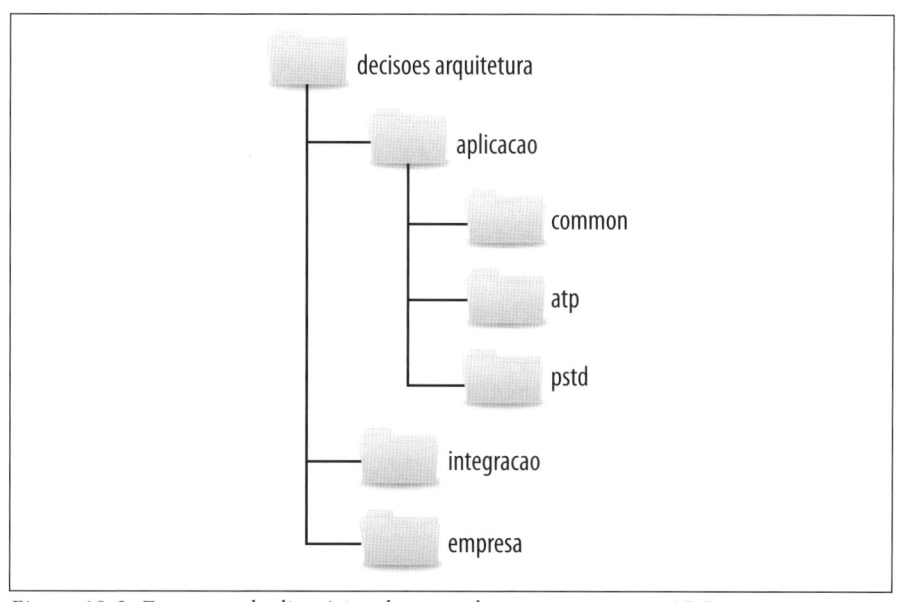

Figura 19-3. Estrutura de diretórios de exemplo para armazenar ADRs

O diretório *aplicacao* contém as decisões da arquitetura específicas de algum tipo de contexto da aplicação. Esse diretório é subdividido em outros. O subdiretório *common* é para as decisões da arquitetura que se aplicam a todos as aplicações, como "Todas as classes relacionadas à estrutura conterão uma anotação (@Estrutura em Java) ou atributo ([Estrutura] em C#) identificando a classe como pertencendo ao código da estrutura subjacente". Os subdiretórios no diretório *aplicacao* correspondem à aplicação ou ao contexto do sistema específico, e contêm decisões da arquitetura específicas dessa aplicação ou sistema (nesse exemplo, as aplicações ATP e PSTD). O diretório *integraçao* contém os ADRs que envolvem a comunicação entre aplicação, sistemas ou serviços. Os ADRs da arquitetura da empresa ficam no diretório *empresa*, indicando que são decisões da arquitetura globais e que impactam todos os sistemas e aplicações. Um exemplo de ADR da arquitetura da empresa seria "Todo acesso a um banco de dados do sistema será apenas a partir do sistema proprietário", evitando o compartilhamento de bancos de dados em vários sistemas.

Ao armazenar ADRs em uma wiki (nossa recomendação), a mesma estrutura descrita antes se aplica, com cada estrutura do diretório representando uma página inicial de navegação. Cada ADR seria representado como uma única página wiki dentro de cada página inicial de navegação (Aplicaçao, Integraçao ou Empresa).

Os nomes do diretório ou da página inicial indicados nesta seção são apenas uma recomendação. Cada empresa pode escolher os nomes adequados à sua situação, contanto que sejam consistentes entre as equipes.

ADRs como Documentação

Documentar a arquitetura de software sempre foi um tópico difícil. Embora alguns padrões estejam surgindo para diagramar a arquitetura (como o Modelo C4 do arquiteto de software Simon Brown ou o padrão The Open Group ArchiMate), não existe tal padrão para documentar a arquitetura de software. É onde entram os ADRs.

Os ADRs podem ser usados de um modo eficiente para documentar uma arquitetura de software. A seção Contexto de um ADR é uma excelente oportunidade para descrever a área específica do sistema que requer que uma decisão da arquitetura seja tomada. Essa seção também é uma oportunidade para descrever as alternativas. Talvez o mais importante seja que a seção Decisão descreve os motivos para certa decisão ser tomada, que é de longe a melhor forma de documentação da arquitetura. A seção Consequências adiciona a parte final dessa documentação, descrevendo aspectos adicionais de determinada decisão, como a análise de trade-off, ao priorizar o desempenho e não a escalabilidade.

Usando ADRs para Padrões

Poucas pessoas gostam de padrões. Na maioria das vezes, eles parecem existir mais para controlar as pessoas e como elas fazem as coisas do que para serem úteis. Usar ADRs para os padrões pode mudar essa prática ruim. Por exemplo, a seção Contexto de um ADR descreve a situação que força certo padrão. A seção Decisão de um ADR pode ser usada não apenas para indicar apenas qual é o padrão, porém o mais importante é o motivo da necessidade de o padrão existir. É um modo maravilhoso de conseguir qualificar se certo padrão deve existir em primeiro lugar. Se um arquiteto não consegue justificar o padrão, então talvez ele não seja um bom padrão para criar e aplicar. Além disso, quanto mais os desenvolvedores entendem por que existe certo padrão, mais provável será segui-lo (e não desafiá-lo). A seção Consequências de um ADR é outro ótimo lugar para um arquiteto qualificar se um padrão é válido e deve ser criado. Nessa seção, o arquiteto deve considerar e documentar quais são as implicações e as consequências de certo padrão que está sendo criado. Analisando as consequências, o arquiteto pode decidir que o padrão não deve ser aplicado afinal.

Exemplo

Existem muitas decisões da arquitetura em nosso "Caso de Estudo: Going, Going, Gone", no Capítulo 7. O uso de microsserviços orientados a evento, a divisão das IUs do proponente e do leiloeiro, o uso do RTP (Protocolo de Transporte em Tempo Real) para a captura de vídeo, o uso de uma camada da API e o uso de mensageria para publicar e assinar são apenas algumas dezenas de decisões da arquitetura tomadas nesse sistema de leilão. Toda decisão da arquitetura tomada em um sistema, independentemente do quão óbvia possa ser, deve ser documentada e justificada.

A Figura 19-4 mostra uma das decisões da arquitetura no sistema de leilão Going, Going, Gone, que é o uso da mensageria para publicar e assinar (pub/sub) entre a captura do lance, o streamer do lance e os serviços de controle do lance.

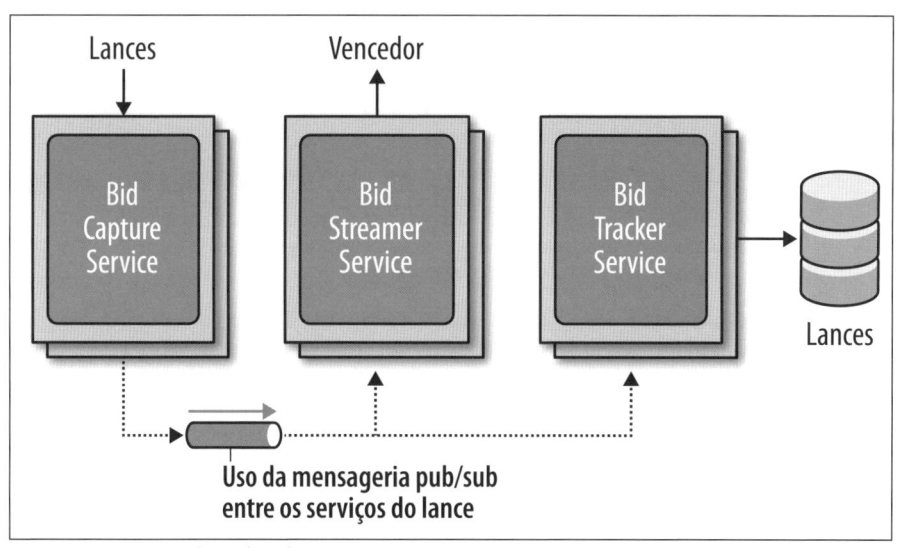

Figura 19-4. Uso de pub/sub entre os serviços

O ADR para essa decisão da arquitetura poderia ser similar à Figura 19-5:

ADR 76. Mensageria Pub/Sub assíncrona entre os serviços do lance

STATUS
Aceito

CONTEXTO
Bid Capture Service, ao receber um lance de um proponente online ou de um proponente presente via leiloeiro, deve encaminhar o lance para Bid Streamer Service e Bidder Tracker Service. Isso pode ser feito usando a mensagem p2p (ponto a ponto) assíncrona, mensagem pub/sub (publicar e assinar) assíncrona ou REST via Camada da API do Leilão Virtual.

DECISÃO
Usaremos a messageria pub/sub assíncrona entre Bid Capture Service, Bid Streamer Service e Bidder Tracker Service.

Bid Capture Service não precisa de nenhuma informação retornada de Bid Streamer Service ou Bidder Tracker Service.

Bid Streamer Service deve receber lances na ordem exata em que foram aceitos por Bid Capture Service. Usar mensagens e filas assegura automaticamente a ordem dos lances no stream.

Usar uma mensageria pub/sub assíncrona aumentará a performance do processo de lances e permitirá estender as informações dos lances.

CONSEQUÊNCIAS
Exigiremos cluster e uma alta disponibilidade das filas de mensagens.

Os eventos internos dos lances evitarão as verificações de segurança feitas na camada da API.
ATUALIZAÇÃO: Na análise da reunião ARB em 14 de abril de 2020, ARB decidiu que era uma concessão aceitável e nenhuma outra verificação de segurança seria necessária para os eventos do lance entre esses serviços.

CONFORMIDADE
Usaremos um código manual periódico e análises do design para assegurar que a mensageria pub/sub assínrona seja usada entre Bid Capture Service, Bid Streamer Service e Bidder Tracker Service.

NOTAS
Autor: Subashini Nadella
Aprovado por: Membros da Reunião ABR, 14 de abril de 2020
Última atualização: 15 de abril de 2020 por Subashini Nadella

---

Figura 19-5. ADR 76. Mensageria Pub/Sub assíncrona entre os serviços do lance

CAPÍTULO 20
Analisando o Risco da Arquitetura

Toda arquitetura tem um risco associado, seja envolvendo disponibilidade, escalabilidade ou integridade de dados. Analisar esse risco é uma das principais atividades da arquitetura. Analisando-o continuamente, o arquiteto pode lidar com as deficiências na arquitetura e tomar uma ação corretiva para mitigar o risco. Neste capítulo, apresentamos algumas das principais técnicas e práticas para qualificar o risco, criar avaliações de risco e identificá-lo como uma atividade chamada *risk storming* (refletir sobre os aspectos da qualidade).

Matriz de Risco

O primeiro problema que surge ao avaliar o risco da arquitetura é determinar se ele deve ser classificado como baixo, médio ou alto. Em geral, há muita subjetividade nessa classificação, criando confusão sobre quais partes da arquitetura são realmente de alto risco versus médio risco. Por sorte, existe uma matriz de risco que os arquitetos podem usar para ajudar a reduzir o nível de subjetividade e qualificar o risco associado a certa área da arquitetura.

A matriz de risco da arquitetura (mostrada na Figura 20-1) usa duas dimensões para qualificar o risco: o impacto geral do risco e a probabilidade de ele ocorrer. Cada dimensão tem uma classificação baixa (1), média (2) e alta (3). Esses números são multiplicados em cada grade da matriz, fornecendo um número objetivo que representa o risco. Os números 1 e 2 são considerados de baixo risco, os números 3 e 4 são de risco médio, já os números de 6 a 9 são de alto risco.

Figura 20-1. Matriz para determinar o risco da arquitetura

Para ver como a matriz de risco pode ser usada, suponha que exista uma preocupação com a disponibilidade em relação a certo banco de dados central primário usado na aplicação. Primeiro, considere a dimensão do impacto, ou seja, qual é o impacto geral se o banco de dados cai ou fica indisponível? Aqui, um arquiteto pode julgar que é de alto risco, tornando isso um risco 3 (médio), 6 (alto) ou 9 (alto). Contudo, após aplicar a segunda dimensão (probabilidade do risco ocorrer), o arquiteto percebe que o BD está em servidores altamente disponíveis apenas em uma configuração de cluster e que, portanto, a probabilidade de que o BD fique indisponível é baixa. Assim, a interseção entre o alto impacto e a baixa probabilidade dá ao risco geral a classificação 3 (risco médio).

> Ao utilizar a matriz de risco para qualificar o risco, considere primeiro a dimensão do impacto, depois a dimensão da probabilidade.

Avaliações do Risco

A matriz de risco descrita na seção anterior pode ser usada para criar o que se chama *avaliação do risco*. Essa avaliação é um relatório resumido do risco geral de uma arquitetura em relação a algum critério de avaliação contextual e significativo.

As avaliações do risco podem variar muito, mas, em geral, contêm o risco (qualificado com a matriz de risco) e algum *critério de avaliação* com base nos serviços ou nas áreas do domínio de uma aplicação. Esse formato do relatório de avaliação do risco básico é mostrado na Figura 20-2, em que um cinza claro (1-2) é de baixo risco, um cinza médio (3-4) é de médio risco e um cinza escuro (6-9) é de alto risco. Em geral essas cores são outras, como verde (baixo), amarelo (médio) e vermelho (alto), mas a tonalidade pode ser útil para a exibição em preto e branco e pessoas daltônicas.

CRITÉRIO DE RISCO	Registrar cliente	Fechar catálogo	Realizar pedido	Enviar pedido	RISCO TOTAL
Escalabilidade	2	6	1	2	11
Disponibilidade	3	4	2	1	10
Desempenho	4	2	3	6	15
Segurança	6	3	1	1	11
Integridade dados	9	6	1	1	17
RISCO TOTAL	24	21	8	11	

Figura 20-2. Exemplo de uma avaliação do risco padrão

O risco quantificado com a matriz de risco pode ser acumulado pelo critério de risco e também pelas áreas do serviço ou do domínio. Por exemplo, note, na Figura 20-2, que o risco acumulado para a integridade dos dados é a área de risco mais alta, totalizando 17, já o risco acumulado para a Disponibilidade é de apenas 10 (o menor risco). O risco relativo de cada área do domínio pode também ser determinado pelo exemplo da avaliação do risco. Aqui, o registro do cliente tem a maior área de risco, ao passo que realizar o pedido é o menor risco. Esses números relativos podem ser rastreados para demonstrar melhorias ou degradação do risco em certa categoria de risco ou área do domínio.

Embora o exemplo de avaliação do risco na Figura 20-2 contenha todos os resultados da análise, ela raramente é apresentada assim. Filtrar é essencial para indicar visualmente certa mensagem em determinado contexto. Por exemplo, suponha que um arquiteto esteja em uma reunião com a finalidade de apresentar as áreas do sistema que têm alto risco. Em vez de apresentar a avaliação de risco como ilustrada na Figura 20-2, o filtro pode ser usado para mostrar apenas as áreas de alto risco (como na Figura 20-3), melhorando a relação geral entre sinal/ruído e apresentando uma imagem clara do estado do sistema (bom ou ruim).

CRITÉRIO DE RISCO	Registrar cliente	Fechar catálogo	Realizar pedido	Enviar pedido	RISCO TOTAL
Escalabilidade		6			6
Disponibilidade					0
Desempenho				6	6
Segurança	6				6
Integridade dados	9	6			15
RISCO TOTAL	15	12	0	6	

Figura 20-3. Filtrando a avaliação de risco com apenas o alto risco

Outro ponto na Figura 20-2 é que esse relatório de avaliação mostra apenas uma captura no tempo; ele não mostra se as coisas estão melhorando ou piorando, ou seja, a Figura 20-2 não mostra a direção do risco. Apresentar essa direção é um problema. Se uma seta para cima ou para baixo fosse usada para indicar a direção, o que significaria a seta para cima? As coisas estão melhorando ou piorando? Passamos anos perguntando às pessoas se uma seta para cima significava que as coisas melhoravam ou pioravam, e quase 50% delas disseram que a seta para cima significava que as coisas pioravam progressivamente, já quase 50% disseram que essa seta indicava melhoria. O mesmo acontece com as setas para a esquerda e a direita. Por isso, ao usar setas para indicar a direção, deve haver uma legenda. Porém, descobrimos que isso também não funciona. Assim que o usuário rola além da chave, ele fica confuso de novo.

Em geral usamos o símbolo de direção universal adição (+) e subtração (-) ao lado da classificação de risco para indicar a direção, como na Figura 20-4. Observe na Figura 20-4 que, embora a performance do registro do cliente seja média (4), a direção é um sinal de menos, indicando que está piorando progressivamente e indo para um alto risco. Por outro lado, note que a escalabilidade de fechar o catálogo é alta (6) com um sinal de mais, mostrando que está melhorando. As classificações de risco sem sinal de mais ou menos indicam que o risco é estável, não melhorando nem piorando.

CRTÉRIO DE RISCO	Registrar cliente	Fechar catálogo	Realizar pedido	Enviar pedido	RISCO TOTAL
Escalabilidade	2	6 +	1	2	11
Disponibilidade	3	4	2 −	1	10
Desempenho	4 −	2 +	3 −	6 +	15
Segurança	6 −	3	1	1	11
Integridade dados	9 +	6 −	1 −	1	17
RISCO TOTAL	24	21	8	11	

Figura 20-4. Mostrando a direção do risco com sinais de mais e menos

Por vezes, até os sinais de adição e subtração podem ser confusos para algumas pessoas. Outra técnica para indicar a direção é utilizar uma seta junto com o número da classificação de risco. Essa técnica, mostrada na Figura 20-5, não requer legenda porque a direção é clara. E mais, o uso de tons ou cores (seta vermelha para pior, verde para melhor) deixa ainda mais clara a direção do risco.

CRITÉRIO DE RISCO	Registrar cliente	Fechar catálogo	Realizar pedido	Enviar pedido	RISCO TOTAL
Escalabilidade	2	6 ↑4	1	2	11
Disponibilidade	3	4	2 ↓3	1	10
Desempenho	4 ↓6	2 ↑1	3 ↓4	6 ↑4	15
Segurança	6 ↓9	3	1	1	11
Integridade dados	9 ↑6	6 ↓9	1 ↓2	1	17
RISCO TOTAL	24	21	8	11	

Figura 20-5. Mostrando a direção do risco com setas e números

A direção do risco pode ser determinada usando medidas contínuas com as funções de aptidão descritas antes no livro. Analisando objetivamente cada critério de risco, podem ser observadas tendências, fornecendo a direção de cada critério de risco.

Risk Storming

Nenhum arquiteto consegue determinar sozinho o risco geral de um sistema. Há dois motivos para isso. Primeiro, um arquiteto pode não ver ou ignorar uma área de risco; segundo, bem poucos arquitetos têm total conhecimento de cada parte do sistema. É onde o *risk storming* pode ajudar.

Risk storming é um exercício de colaboração usado para determinar o risco da arquitetura em certa dimensão. As dimensões comuns (áreas de risco) incluem tecnologia não comprovada, performance, escalabilidade, disponibilidade (inclusive dependências de transição), perda de dados, pontos únicos de falha e segurança. Embora grande parte dos esforços de risk storming envolva vários arquitetos, é inteligente incluir os principais desenvolvedores e os responsáveis técnicos também. Além de darem uma perspectiva da implementação para o risco da arquitetura, envolver desenvolvedores os ajuda a ter uma melhor compreensão da arquitetura.

O esforço de risk storming envolve uma parte individual e uma de colaboração. Na parte individual, todos os participantes atribuem individualmente (sem colaboração) um risco às áreas da arquitetura usando a matriz de risco descrita na seção anterior. Essa parte sem colaboração do risk storming é essencial para que os participantes não influenciem nem direcionem a atenção para certas áreas da arquitetura. Na parte de colaboração, todos trabalham juntos para chegar a um consenso nas áreas de risco, discutem sobre o risco e criam soluções para mitigá-lo.

Um diagrama da arquitetura é usado para as duas partes do esforço de risk storming. Para as avaliações de risco globais, em geral é usado um diagrama da arquitetura abrangente, já o risk storming em áreas específicas da aplicação usaria um diagrama da arquitetura contextual. É responsabilidade do arquiteto conduzir o esforço de risk storming para assegurar que esses diagramas fiquem atualizados e disponíveis para todos os participantes.

A Figura 20-6 mostra um exemplo de arquitetura que usaremos para mostrar o processo de risk storming. Nessa arquitetura, um Balanceador de Carga (Elastic Load Balancer) interage com cada instância EC2 que contém servidores web (Nginx) e serviços da aplicação. Os serviços da aplicação fazem chamadas para um banco de dados MySQL, um cache Redis e um banco de dados MongoDB para o gerenciamento de logs. Também fazem chamadas para Servidores de

Expansão (Push Expansion Servers). Esses serviços, por sua vez, se comunicam com o banco de dados MySQL, o cache Redis e o gerenciamento de logs do MongoDB.

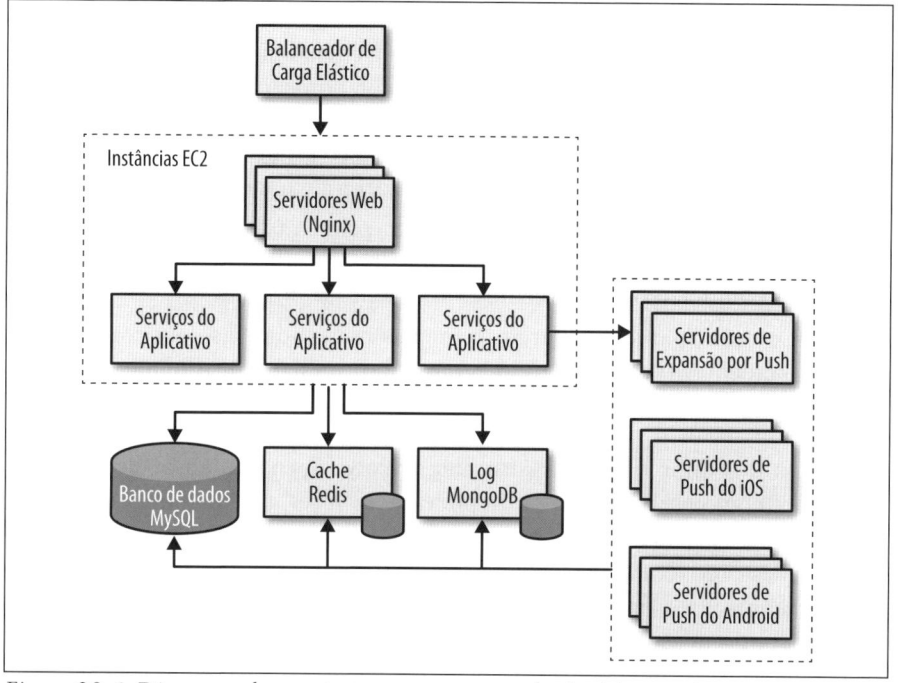

Figura 20-6. Diagrama da arquitetura para o exemplo de risk storming

O risk storming é dividido em três atividades básicas:

1. Identificação
2. Consenso
3. Mitigação

A identificação é sempre uma atividade individual e sem colaboração, já o consenso e a mitigação são sempre em colaboração e envolvem todos os participantes trabalhando juntos no mesmo ambiente (pelo menos virtualmente). Cada atividade básica é detalhada nas próximas seções.

Identificação

A atividade de *identificação* do risk storming envolve cada participante identificar individualmente as áreas de risco na arquitetura. As etapas a seguir descrevem a parte da identificação no esforço de risk storming:

1. O arquiteto que realiza o risk storming envia um convite a todos os participantes um ou dois dias antes da colaboração do esforço. O convite contém o diagrama da arquitetura (ou o local de onde encontrá-lo), a dimensão do risk storming (a área de risco sendo analisada nesse esforço), a data quando a colaboração ocorrerá e o local.
2. Usando a matriz de risco descrita na primeira seção deste capítulo, os participantes analisam individualmente a arquitetura e classificam o risco como baixo (1-2), médio (3-4) ou alto (6-9).
3. Os participantes preparam pequenas notas adesivas com cores correspondentes (verde, amarelo e vermelho) e escrevem o número de risco adequado (encontrado na matriz de risco).

A maioria dos esforços de risk storming envolve apenas analisar determinada dimensão (como performance), mas pode haver vezes, devido à disponibilidade da equipe ou a problemas de tempo, em que várias dimensões são analisadas em um único esforço (como performance, escalabilidade e perda de dados). Quando isso acontece, os participantes escrevem a dimensão ao lado do número do risco nas notas adesivas para que todos fiquem cientes da dimensão específica. Por exemplo, suponha que três participantes acharam risco em um BD central. Todos os três identificaram o risco como alto (6), mas um participante descobriu um risco relacionado à disponibilidade e dois descobriram um risco a respeito da performance. Essas duas dimensões seriam debatidas separadamente.

> Sempre que possível, restrinja os esforços de risk storming a uma dimensão. Isso permite que os participantes foquem sua atenção nessa dimensão específica e evita confusão sobre várias áreas de risco sendo identificadas na mesma área da arquitetura.

Consenso

A atividade de *consenso* no esforço de risk storming é altamente colaborativa, com o objetivo de chegar a um acordo entre todos os participantes quanto ao risco na arquitetura. Essa atividade é mais eficiente quando uma versão grande e impressa do diagrama da arquitetura é disponibilidade e colocada na parede. No lugar de uma grande versão impressa, uma versão eletrônica pode ser exibida em uma grande tela.

No início da sessão de risk storming, os participantes começam colocando notas adesivas no diagrama da arquitetura na área onde eles descobriram um risco individualmente. Se for usada uma versão eletrônica, o arquiteto que faz a sessão consulta cada participante e coloca eletronicamente o risco no diagrama na área da arquitetura onde ele foi identificado (veja a Figura 20-7).

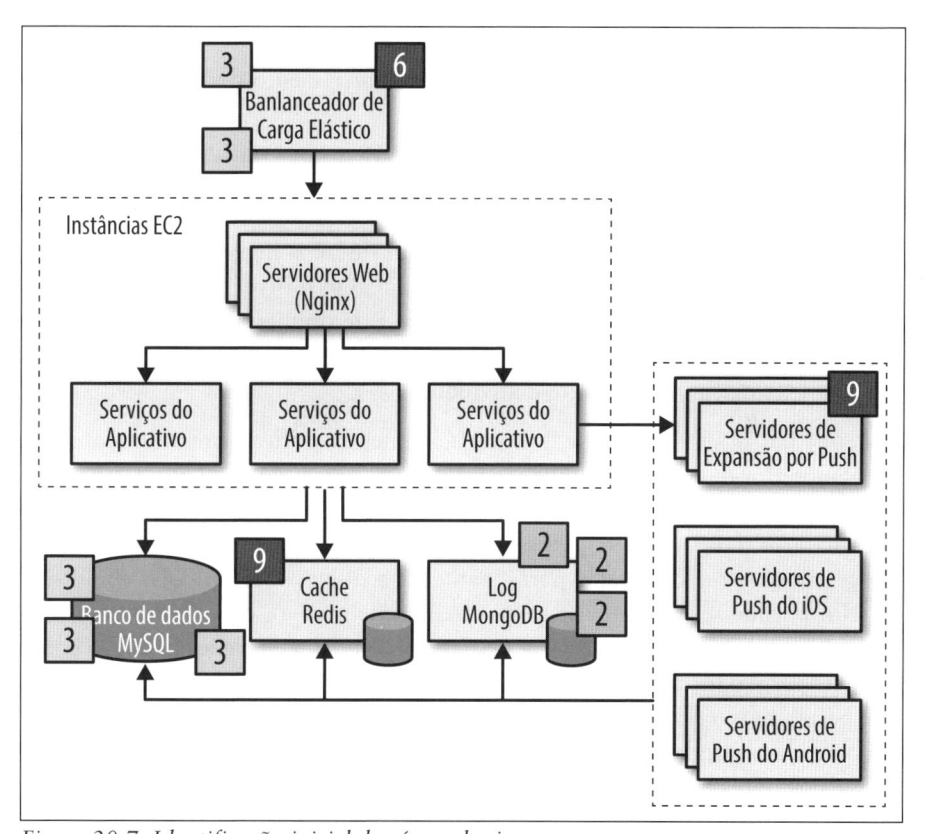

Figura 20-7. Identificação inicial das áreas de risco

Assim que todas as notas adesivas são colocadas, a parte de colaboração do risk storming pode iniciar. O objetivo dessa atividade é analisar as áreas de risco como uma equipe e chegar a um consenso em termos de qualificação do risco. Note que várias áreas de risco foram identificadas na arquitetura, como na Figura 20-7:

1. Dois participantes identificaram individualmente o Balanceador de Carga como de risco médio (3), já um participante o identificou como de alto risco (6).
2. Um participante identificou individualmente os Servidores de Expansão por Push como de alto risco (9).
3. Três participantes identificaram individualmente o banco de dados MySQL como de médio risco (3).
4. Um participante identificou individualmente o cache Redis como de alto risco (9).
5. Três participantes identificaram o Gerenciamento de Logs do MongoDB como de baixo risco (2).
6. Todas as outras áreas da arquitetura não foram consideradas como tendo risco e, por isso, não há notas adesivas em nenhuma outra área.

Os itens 3 e 5 na lista anterior não precisam de mais debate nessa atividade, uma vez que todos os participantes acordaram com o nível e a qualificação do risco. Porém observe que houve uma diferença de opinião no item 1 na lista, e os itens 2 e 4 tiveram apenas um participante identificando o risco. Esses itens precisam ser discutidos durante a atividade.

O item 1 na lista mostrou que dois participantes identificaram individualmente o Balanceador de Carga como de médio risco (3), ao passo que um participante o identificou como de alto risco (6). Nesse caso, os outros dois participantes pedem que o terceiro participante explique por que ele identificou o risco como alto. Suponha que o terceiro participante diga que atribuiu o risco como sendo alto porque se o Balanceador de Carga ficar inativo, o sistema inteiro não poderá ser acessado. Embora seja verdade e realmente eleve a classificação do impacto geral para ser alta, os outros dois participantes convencem o terceiro de que há um baixo risco disso acontecer. Após um debate, o terceiro participante concorda, reduzindo o nível do risco para médio (3). Mas o primeiro e o segundo participantes podem não ter visto certo aspecto do risco no Balanceador, daí a necessidade de colaboração na atividade de risk storming.

Com isso, considere o item 2 na lista anterior em que um participante identificou individualmente os Servidores de Expansão por Push como de alto risco (9) e nenhum outro participante o identificou com risco. Nesse caso, todos os outros participantes perguntam ao participante que identificou o risco por que ele foi classificado como alto. Então o participante diz que teve experiências ruins com os Servidores de Expansão por Push ficando sempre inativos sob alta carga, algo que ocorre nessa arquitetura em particular. Esse exemplo mostra o valor do risk storming — sem o envolvimento desse participante, ninguém teria visto o alto risco (até estar em produção, claro!).

O item 4 na lista é um caso interessante. Um participante identificou o cache Redis como de alto risco (9), já nenhum outro viu risco na arquitetura. Os outros participantes perguntam qual é a razão do alto risco nessa área e um participante responde: "O que é cache Redis?" Nesse caso, Redis era desconhecido para o participante, daí o alto risco nessa área.

Para as tecnologias não comprovadas ou desconhecidas, sempre atribua uma classificação de risco mais alto (9), uma vez que a matriz de risco não pode ser usada para essa dimensão.

O exemplo do item 4 na lista mostra por que é inteligente (e importante) reunir os desenvolvedores nas sessões de risk storming. Não só os desenvolvedores podem aprender mais sobre a arquitetura, como o fato de que um participante (que, nesse caso, era um desenvolvedor na equipe) não conhecer certa tecnologia fornece ao arquiteto informações valiosas relacionadas ao risco geral.

Esse processo continua até todos os participantes acordarem nas áreas de risco identificadas. Assim que as notas adesivas são consolidadas, a atividade termina e a próxima pode começar. O resultado final dessa atividade é mostrado na Figura 20-8.

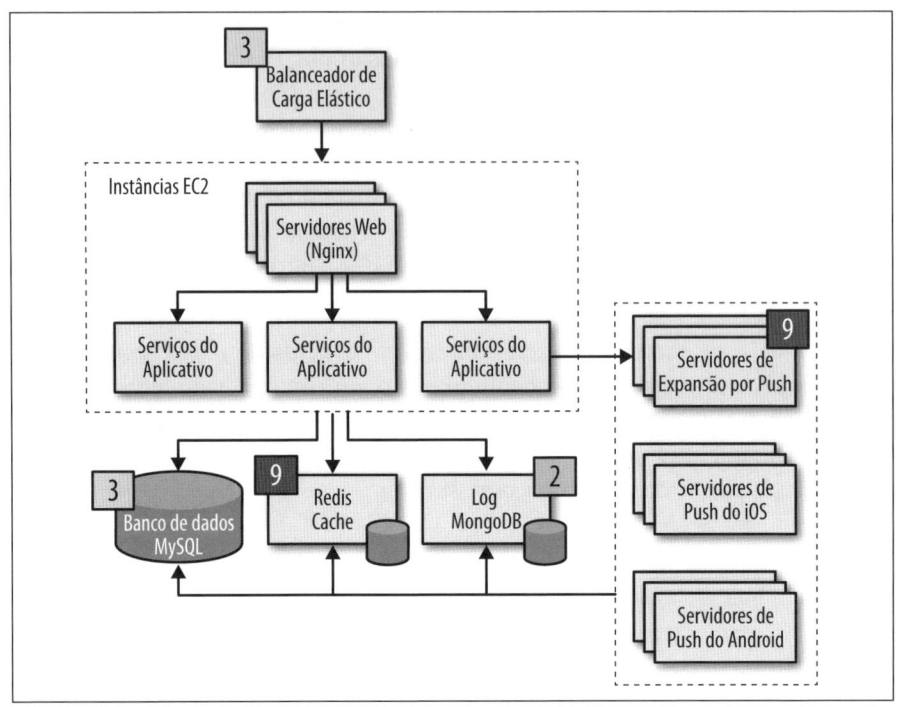

Figura 20-8. Consenso das áreas de risco

Mitigação

Assim que todos os participantes acordam quanto à qualificação das áreas de risco da arquitetura, ocorre a atividade final e mais importante: a *mitigação do risco*. A mitigação do risco dentro de uma arquitetura costuma envolver mudanças ou melhorias em certas áreas dela que poderiam ser consideradas perfeitas como estavam.

Essa atividade, que também normalmente é de colaboração, busca meios de reduzir ou eliminar o risco identificado na primeira atividade. Pode haver casos em que a arquitetura original precisa ser totalmente alterada com base na identificação do risco, já outros podem ser um refatoramento simples da arquitetura, como adicionar uma fila para controle de carga para reduzir um problema de gargalo na taxa de transferência.

Independentemente das mudanças requeridas na arquitetura, em geral essa atividade gera um custo adicional. Por isso, os principais stakeholders costumam decidir se o custo compensa o risco. Por exemplo, suponha que, em uma sessão de risk storming, o banco de dados central foi identificado como sendo de risco médio (4) em relação à disponibilidade geral do sistema. Nesse caso, os participantes concordaram que colocar o BD em cluster, combinado com a divisão em bancos de dados físicos separados, mitigaria o risco. Contudo, embora o risco fosse muito reduzido, a solução custaria US$20 mil. Então o arquiteto faria uma reunião com o principal acionista da empresa para discutir esse trade-off. Durante a negociação, o empresário decide que o preço é alto demais e o custo não compensa o risco. Em vez de desistir, o arquiteto sugere uma abordagem diferente. Que tal ignorar o cluster e dividir o banco de dados em duas partes? O custo nesse caso cai para US$8 mil, ainda mitigando grande parte do risco. Nesse caso, o acionista concorda com a solução.

O cenário anterior mostra o impacto que o risk storming pode ter não apenas na arquitetura geral, mas também nas negociações entre arquitetos e acionistas da empresa. O risk storming, combinado com as avaliações de risco descritas no início deste capítulo, fornece um excelente veículo para identificar e rastrear o risco, melhorando a arquitetura e lidando com as negociações entre os principais stakeholders.

Análise de Risco da História com a Metodologia Ágil

O risk storming pode ser usado para outros aspectos do desenvolvimento de software além de apenas a arquitetura. Por exemplo, utilizamos o risk storming para determinar o risco geral da conclusão da história do usuário em certa iteração Ágil (e, como consequência, a avaliação de risco geral dessa iteração) durante a preparação da história. Usando a matriz de risco, o risco da história do usuário pode ser identificado pela primeira dimensão (o impacto geral se a história não for concluída dentro da iteração) e pela segunda dimensão (a probabilidade de a história não ser concluída). Utilizando a mesma matriz de risco da arquitetura, as equipes conseguem identificar as histórias de alto risco, rastrear com cuidado e priorizar.

Exemplos de Risk Storming

Para mostrar o poder do risk storming e como ele pode melhorar a arquitetura geral de um sistema, considere o exemplo de um sistema de call center para dar suporte a enfermeiros que aconselham pacientes sobre várias condições de saúde. Os requisitos para tal sistema são os seguintes:

- O sistema usará um mecanismo de diagnóstico de terceiros que apresenta perguntas e guia enfermeiros ou pacientes em relação a problemas médicos.

- Os pacientes podem ligar usando o call center para falar com um enfermeiro ou escolher usar um site de autoatendimento que acessa diretamente o mecanismo de diagnóstico, pulando os enfermeiros.
- O sistema deve suportar 250 enfermeiros simultâneos em todo o país e até centenas de milhares de pacientes simultâneos no autoatendimento em todo o país.
- Os enfermeiros podem acessar os prontuários dos pacientes usando a troca de prontuários, mas os pacientes não podem acessar seus próprios prontuários.
- O sistema deve cumprir a lei de portabilidade e responsabilidade de convênio médico (HIPAA nos EUA) em relação aos prontuários. Isso significa que é essencial que ninguém, exceto os enfermeiros, tenha acesso aos prontuários.
- O sistema deve ser capaz de lidar com surtos e alto volume durante a época de gripe e resfriados.
- O roteamento das chamadas para os enfermeiros se baseia no perfil do enfermeiro (como necessidades bilíngues).
- O mecanismo de diagnóstico de terceiros pode lidar com cerca de 500 requisições por segundo.

O arquiteto do sistema criou a arquitetura de alto nível mostrada na Figura 20-9. Nessa arquitetura, há três IUs separadas baseadas na web: uma para o autoatendimento, outra para os enfermeiros que recebem as chamadas e uma terceira para os funcionários administrativos adicionarem e manterem o perfil da enfermagem e as definições da configuração. A parte do call center do sistema consiste em um receptor de chamadas que as recebe e no roteador de chamadas, que as roteia para o próximo enfermeiro disponível com base no perfil dele (note como o roteador acessa o banco de dados central para obter informações sobre o perfil do enfermeiro). No centro dessa arquitetura está o gateway da API do sistema de diagnóstico, que faz verificações de segurança e direciona a requisição para o devido serviço de back-end.

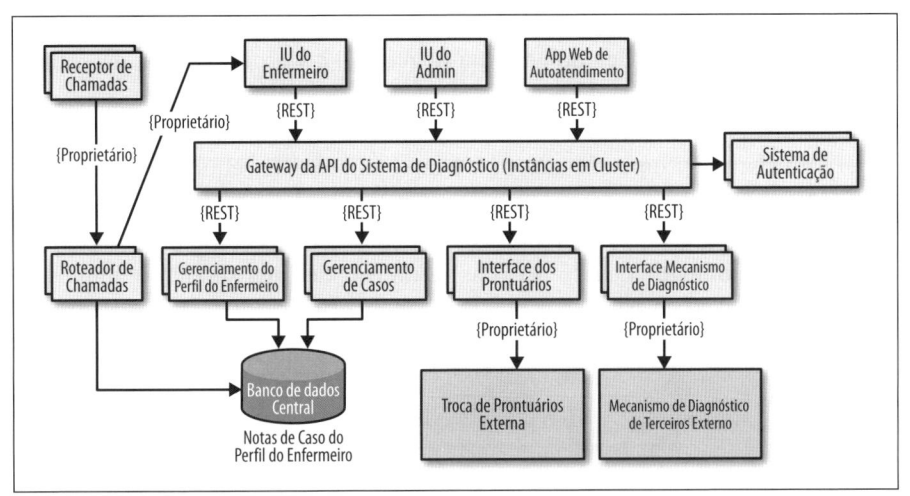

Figura 20-9. Arquitetura de alto nível para o exemplo do sistema de diagnóstico dos enfermeiros

Existem quatro serviços principais nesse sistema: serviço de gerenciamento de casos, serviço de gerenciamento do perfil do enfermeiro, interface para a troca de prontuários e mecanismo externo de diagnóstico de terceiros. Todas as comunicações usam REST, com exceção dos protocolos proprietários (patenteados) para os sistemas externos e os serviços do call center.

O arquiteto examinou essa arquitetura inúmeras vezes e acredita que ela esteja pronta para a implementação. Como uma autoavaliação, estude os requisitos e o diagrama da arquitetura na Figura 20-9, e tente determinar o nível de risco nela em termos de disponibilidade, elasticidade e segurança. Após determinar o nível de risco, determine quais mudanças seriam necessárias na arquitetura para mitigar o risco. As seções a seguir contêm cenários que podem ser usados como comparação.

Disponibilidade

Durante o primeiro exercício de risk storming, o arquiteto escolheu focar a disponibilidade primeiro, uma vez que a disponibilidade do sistema é essencial para o sucesso dele. Após a identificação no risk storming e das atividades de colaboração, os participantes propuseram as seguintes áreas de risco usando a matriz de risco (como na Figura 20-10):

- O uso de um BD central foi identificado como de alto risco (6) devido ao alto impacto (3) e à probabilidade média (2).

- A disponibilidade do mecanismo de diagnóstico foi identificada como de alto risco (9) devido ao alto impacto (3) e à probabilidade desconhecida (3).
- A disponibilidade da troca de prontuários foi identificada como de baixo risco (2), uma vez que não é um componente requerido para o sistema rodar.
- Outras partes do sistema não foram consideradas como de risco para a disponibilidade devido a várias instâncias de cada serviço e do cluster do gateway da API.

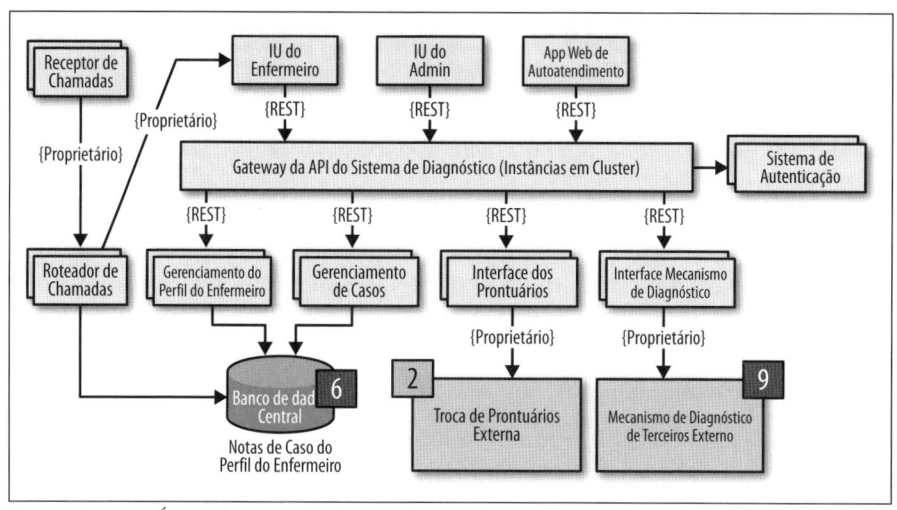

Figura 20-10. Áreas de risco da disponibilidade

Durante o esforço de risk storming, todos os participantes acordaram que embora os enfermeiros possam fazer anotações de casos manualmente se o banco de dados fica inativo, o roteador de chamadas não pode funcionar se o BD não está disponível. Para mitigar o risco do banco de dados, os participantes escolheram dividir o único BD físico em dois separados: um banco de dados em cluster contendo as informações do perfil do enfermeiro e outro banco de dados com uma instância para as notas dos casos. Essa mudança de arquitetura não só lida com as questões relacionadas à disponibilidade do BD, como também ajudou a proteger as notas dos casos contra o acesso do administrativo. Uma opção para mitigar esse risco seria colocar as informações do perfil do enfermeiro em cache no roteador de chamadas. Porém, como a implementação do roteador de chamadas era desconhecida e pode ser um produto de terceiros, os participantes seguiram com a abordagem do banco de dados.

Mitigar o risco da disponibilidade dos sistemas externos (mecanismo de diagnóstico e troca de prontuários) é muito mais difícil de gerenciar devido à falta de controle desses sistemas. Um modo de mitigar esse risco é pesquisar se há um SLA (Acordo de Nível de Serviço) ou um SLO (Objetivo de Nível de Serviço) publicado para cada sistema. Um SLA costuma ser um acordo contratual e tem valor legal, já um SLO não. Com base na pesquisa, o arquiteto descobriu que o SLA para o mecanismo de diagnóstico tem garantia de estar 99,99% disponível (52,60 minutos de tempo inativo por ano) e a troca de prontuários tem a garantia de 99,9% de disponibilidade (8,77 horas de inatividade por ano). Com base no risco relativo, essas informações são suficientes para remover o risco identificado.

As mudanças correspondentes na arquitetura após essa sessão de risk storming são mostradas na Figura 20-11. Observe que dois DBs são usados agora e também SLAs são publicados no diagrama da arquitetura.

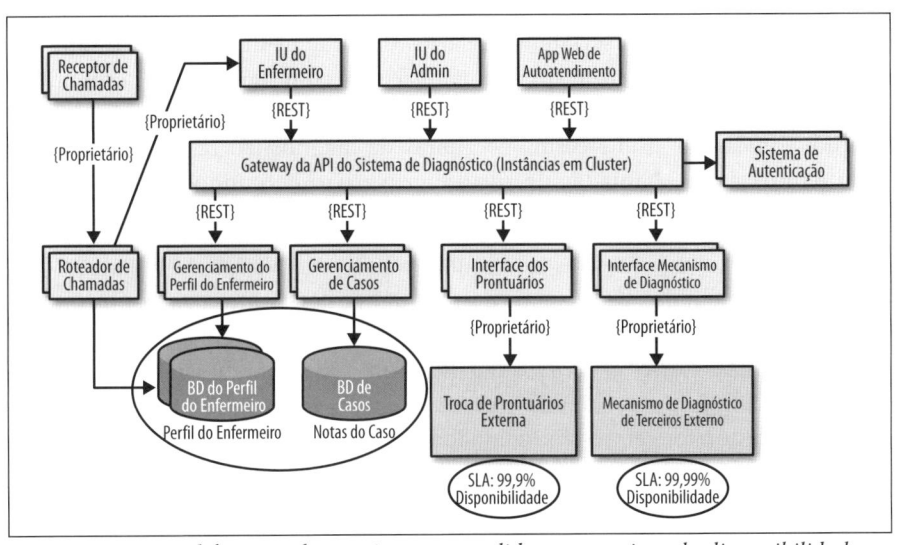

Figura 20-11. Modificações da arquitetura para lidar com o risco da disponibilidade

Elasticidade

No segundo exercício de risk storming, o arquiteto escolheu focar a elasticidade, ou seja, picos na carga de usuários (conhecidos como escalabilidade variável). Embora haja apenas 250 enfermeiros (que fornece um regulador automático para a maioria dos serviços), a parte do autoatendimento do sistema pode acessar o mecanismo de diagnóstico assim como os enfermeiros, aumentando muito o número de requisições na interface de diagnóstico. Os participantes estavam preocupados com os surtos e com a época de gripe, quando a carga antecipada do sistema aumentaria muito.

Durante a sessão de risk storming, todos os participantes identificaram a interface do mecanismo de diagnóstico como de alto risco (9). Com apenas 500 requisições por segundo, os participantes calcularam que não havia meios de a interface conseguir acompanhar a taxa de transferência antecipada, em particular com a arquitetura atual usando REST como o protocolo de interface.

Um modo de mitigar esse risco é utilizar filas assíncronas (mensagens) entre o gateway da API e a interface do mecanismo de diagnóstico para fornecer um ponto de retorno se as chamadas no mecanismo de diagnóstico são armazenadas em backup. Embora seja uma boa prática, ela ainda não mitiga o risco, pois os enfermeiros (assim como os pacientes no autoatendimento) esperariam muito tempo para terem respostas do mecanismo e essas requisições provavelmente expirariam. Usar o que é conhecido como Ambulance Pattern (padrão ambulância) daria aos enfermeiros uma prioridade mais alta em relação ao autoatendimento. Por isso, seriam necessários dois canais de mensagem. Embora essa técnica ajude a mitigar o risco, ainda não lida com os tempos de espera. Os participantes decidiram que, além da técnica da fila para fornecer um ponto de retorno, colocar em cache certas perguntas de diagnóstico relacionadas a um surto removeria as chamadas de surto e gripe, não chegando na interface do mecanismo de diagnóstico.

As mudanças correspondentes na arquitetura são mostradas na Figura 20-12. Observe que, além dos dois canais de fila (um para os enfermeiros outro para os pacientes em autoatendimento), há um novo serviço chamado *Servidor de Cache para Diagnóstico de Surtos* que lida com todas as requisições relacionadas a certa pergunta relacionada a surto ou gripe. Com essa arquitetura feita, o fator limitador foi removido (chamadas para o mecanismo de diagnóstico), permitindo dezenas de milhares de requisições simultâneas. Sem um esforço de risk storming, esse risco poderia não ter sido identificado até acontecer um surto ou até a época de gripes.

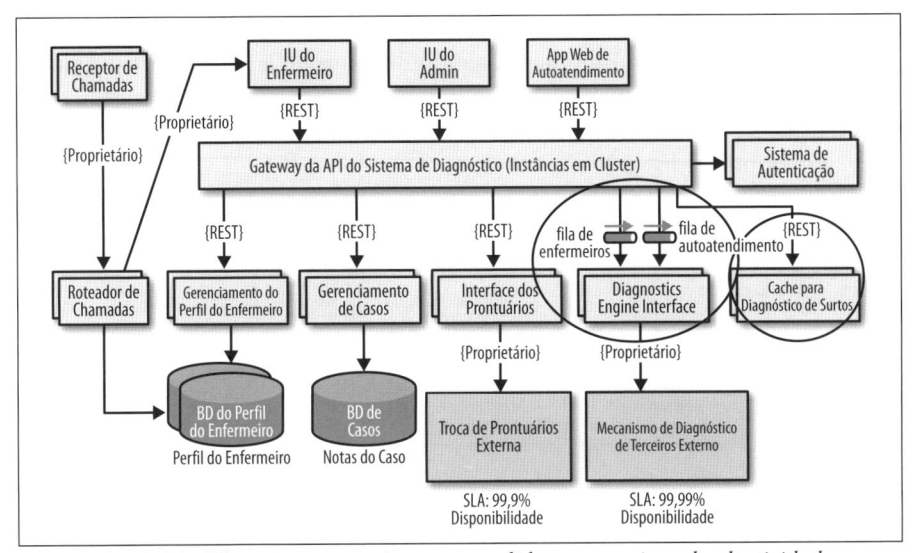

Figura 20-12. Modificações na arquitetura para lidar com o risco da elasticidade

Segurança

Encorajado com os resultados dos dois primeiros esforços de risk storming, o arquiteto decide fazer uma sessão de risk storming final sobre outra característica importante da arquitetura que deve ter suporte no sistema para garantir seu sucesso: a segurança. Devido aos requisitos regulatórios HIPAA, o acesso aos prontuários via interface de troca de prontuários deve ser seguro, permitindo que apenas enfermeiros os acessem se necessário. O arquiteto acredita que isso não é um problema devido às verificações de segurança no gateway da API (autenticação e autorização), mas está curioso para saber se os participantes encontram outros elementos de risco da segurança.

Durante o risk storming, todos os participantes identificaram o gateway da API do Sistema de Diagnóstico como de alto risco da segurança (6). O raciocínio para essa classificação alta foi o alto impacto da equipe admin ou dos pacientes em autoatendimento acessando os prontuários (3) em combinação com a probabilidade média (2). A possibilidade de ocorrência do risco não foi classificada como alta por causa das verificações de segurança para cada chamada da API, mas ainda classificada como média porque todas as chamadas (autoatendimento, admin e enfermeiros) passam pelo mesmo gateway da API. O arquiteto, que classificou o risco apenas como baixo (2), ficou convencido, durante a atividade de consenso do risk storming, que o risco era, de fato, alto a precisava de mitigação.

Todos os participantes acordaram que ter gateways da API separados para cada tipo de usuário (admin, autoatendimento/diagnóstico e enfermeiros) evitaria que as chamadas da IU web para o admin ou o autoatendimento chagassem na interface de troca de prontuários. O arquiteto concordou, criando a arquitetura final, como mostrado na Figura 20-13.

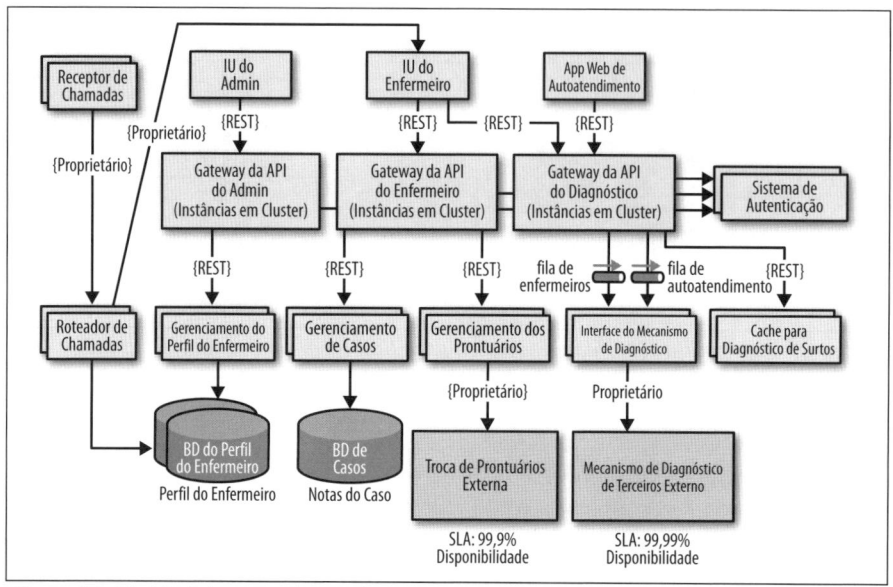

Figura 20-13. Modificações finais da arquitetura para lidar com o risco da segurança

O cenário anterior mostra o poder do risk storming. Colaborando com outros arquitetos, desenvolvedores e principais stakeholders nas dimensões do risco que são essenciais para o sucesso do sistema, áreas de risco são identificadas que, caso contrário, teriam passado despercebidas. Compare as Figuras 20-9 e 20-13, e observe a grande diferença na arquitetura antes e depois do risk storming. Essas importantes mudanças lidam com questões de disponibilidade, elasticidade e segurança na arquitetura.

O risk storming não é um processo de ocorrência única. Pelo contrário, é contínuo durante a vida de qualquer sistema para capturar e mitigar as áreas de risco que ocorrem em produção. A frequência do risk storming depende de muitos fatores, inclusive da frequência da mudança, dos esforços de refatoração da arquitetura e do desenvolvimento incremental da arquitetura. É normal passar por um esforço de risk storming em certa dimensão depois de um recurso maior ser adicionado ou no final de cada iteração.

CAPÍTULO 21
Diagramando e Apresentando a Arquitetura

Os arquitetos recém-formados normalmente comentam sobre o quão surpresos eles estão com a variadade do trabalho, que vai além do conhecimento técnico e da experiência, o que lhes permitiu exercerem a função de arquiteto em primeiro lugar. Em particular, comunicação efetiva se torna essencial para o sucesso de um arquiteto. Independentemente do quanto brilhantes sejam as ideias técnicas de um arquiteto, se ele não consegue convencer os gerentes a financiá-las e os desenvolvedores a criá-las, esse brilhantismo nunca se manifestará.

Diagramar e apresentar as arquiteturas são duas habilidades sociais essenciais para os arquitetos. Embora existam livros inteiros sobre cada tópico, veremos alguns pontos de destaque de cada.

Esses dois temas aparecem juntos porque têm algumas características parecidas: cada um forma uma representação visual importante de uma visão da arquitetura, apresentada com uma mídia diferente. Contudo, a consistência da representação é o conceito que liga ambos.

Ao descrever visualmente uma arquitetura, muitas vezes o criador deve mostrar diferentes visões da arquitetura. Por exemplo, é possível que o arquiteto mostre uma visão geral da topologia inteira da arquitetura, então detalhe partes individuais para entrar nas minúcias do design. Porém, se o arquiteto mostra uma parte sem indicar onde ela está na arquitetura geral, isso confunde os observadores. *Consistência da apresentação* é a prática de sempre mostrar a relação entre as partes de uma arquitetura em diagramas ou apresentações antes de mudar a exibição.

Por exemplo, se um arquiteto quisesse descrever os detalhes de como os plug-ins se relacionam na solução Silicon Sandwiches, a arquitetura mostraria a topologia inteira, então detalharia a estrutura de plug-ins, mostrando aos observadores a relação entre eles; um exemplo é mostrado na Figura 21-1.

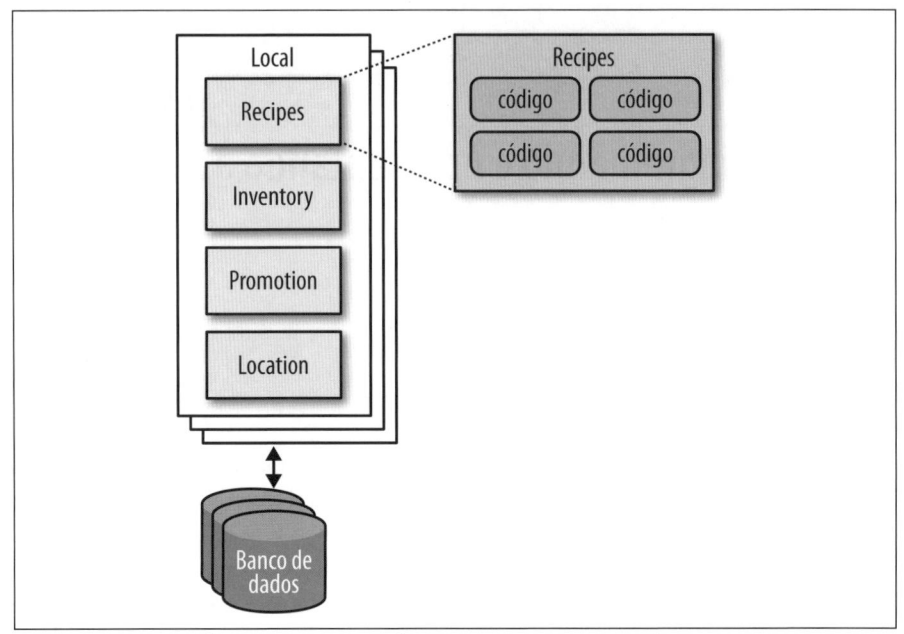

Figura 21-1. Usando a consistência da representação para indicar o contexto em um diagrama maior

Um uso cuidadoso da consistência da representação assegura que os observadores entendam o escopo dos itens apresentados, eliminando uma fonte comum de confusão.

Diagramando

A topologia da arquitetura é sempre de interesse para arquitetos e desenvolvedores porque captura como a estrutura se encaixa e forma uma compreensão compartilhada valiosa na equipe. Assim, os arquitetos devem aprimorar suas habilidades de diagramação para uma precisão extrema.

Ferramentas

A geração atual de ferramentas de diagramação para arquitetos é extremamente avançada, e um arquiteto deve se especializar na ferramenta escolhida. Contudo, antes de optar por uma bela ferramenta, não ignore os artefatos de baixa fidelidade, em especial no início do processo de design. Criar artefatos de design muito efêmeros impede que os arquitetos se apeguem demais ao que eles criaram, um antipadrão denominado *Apego Irracional pelo Artefato*.

> ## Apego Irracional pelo Artefato
>
> ... é a relação proporcional entre o apego irracional de uma pessoa a algum artefato e o tempo que levou para produzi-lo. Se um arquiteto cria um belo diagrama usando uma ferramenta como a Visio, que leva duas horas, ele tem um apego irracional por esse artefato, que é mais ou menos proporcional à quantidade de tempo investido, e isso também significa que ele será mais apegado a um diagrama de quatro horas do que a um que levou duas horas.
>
> Um dos benefícios da abordagem de baixo ritual usada no desenvolvimento de software ágil gira em torno de criar artefatos JIT, com o mínimo de cerimônia possível (isso ajuda a explicar a dedicação de muitos profissionais ágeis às fichas e às notas adesivas). Usar ferramentas de baixa tecnologia permite que os membros da equipe descartem o que não está certo, liberando-os para experimentar e permitir que a verdadeira natureza do artefato surja por meio de revisão, colaboração e debate.

A variação favorita de um arquiteto sobre a foto do celular de um quadro branco (junto com o inevitável "Não Apague!") usa um tablet anexado a um retroprojetor no lugar de um quadro branco. Isso tem muitas vantagens. Primeiro, o tablet tem uma tela ilimitada e pode aceitar quantos desenhos uma equipe talvez precise. Segundo, permite copiar/colar situações "hipotéticas" que encobrem a original quando feita em um quadro branco. Terceiro, as imagens capturadas em um tablet já estão digitalizadas e não têm o inevitável brilho associado às fotos de celular nos quadros brancos.

Por fim, um arquiteto precisa criar belos diagramas em uma ferramenta elegante, mas assegurar que a equipe tenha iterado no design o suficiente para investir tempo ao capturar algo.

Existem ferramentas avançadas para criar diagramas em toda plataforma. Embora não defendamos necessariamente uma ou outra (ficamos bem felizes usando a OmniGraffle para todos os diagramas neste livro), os arquitetos devem procurar, pelo menos, esta base de recursos:

Camadas

Ferramentas de desenho muitas vezes têm o suporte de camadas, que os arquitetos devem aprender bem. Uma camada permite ao desenhista vincular um grupo de itens de modo lógico para permitir ocultar/mostrar camadas individuais. Usando camadas, um arquiteto pode criar um diagrama completo, mas ocultar grandes detalhes quando eles não são necessários. Usar camadas também permite que os arquitetos criem imagens de modo incremental para as apresentações posteriores (veja "Construções Incrementais").

Moldes/templates
Os moldes permitem que um arquiteto crie uma biblioteca de componentes visuais em comum, muitas vezes compostos por outras formas básicas. Por exemplo, neste livro, os leitores veem imagens padrão de coisas como microsserviços, que existem como um único item no molde dos autores. Criar um molde para padrões e artefatos comuns em uma organização gera consistência nos diagramas da arquitetura e permite que o arquiteto crie novos diagramas com rapidez.

Ímãs
Muitas ferramentas de desenho dão assistência quando desenham linhas entre as formas. Os ímãs representam os lugares nessas formas onde as linhas se conectam automaticamente, fornecendo um alinhamento automático e outras sutilezas visuais. Algumas ferramentas permitem que o arquiteto adicione mais ímãs ou criem seus próprios para personalizar como as conexões ficam em seus diagramas.

Além desses recursos úteis específicos, a ferramenta deve, claro, ter suporte para linhas, cores e outros artefatos visuais, assim como a capacidade de exportar em vários formatos.

Padrões da Diagramação: UML, C4 e ArchiMate

Existem vários padrões formais para os diagramas técnicos no software.

UML

UML (Unified Modeling Language) foi um padrão que uniu três filosofias de design concorrentes que coexistiam nos anos 1980. Ele devia ser o melhor de todos, mas, como muitas coisas planejadas pelo comitê, falhou em criar muito impacto fora das organizações que obrigavam seu uso.

Arquitetos e desenvolvedores ainda usam a classe UML e diagramas de sequência para comunicar a estrutura e o fluxo de trabalho, mas grande parte dos outros tipos de diagrama UML caiu em desuso.

C4

C4 é uma técnica de diagramação desenvolvida por Simon Brown para lidar com as deficiências no UML e modernizar sua abordagem. Os quatro Cs em C4 significam:

Contexto
Representa o contexto inteiro do sistema, inclusive os papéis dos usuários e as dependências externas.

Contêiner
Os limites físicos (e muitas vezes lógicos) da implementação e os contêineres na arquitetura. Essa visão forma um ponto de encontro eficaz para profissionais de operações e arquitetos.

Componente
A visão do sistema que o componente tem; isso se alinha bem com a visão do sistema de um arquiteto.

Classe
C4 usa o mesmo estilo de diagramas de classe do UML, que são eficientes; portanto, não é preciso substituí-los.

Se uma empresa busca padronizar com uma técnica de diagramação, o C4 é uma boa alternativa. Contudo, como todas as outras ferramentas de diagramação técnica, ela não consegue expressar todo tipo de design que uma arquitetura pode realizar. O C4 é mais adequado para arquiteturas monolíticas, em que as relações entre contêiner e componentes podem diferir, e é menos adequado para as arquiteturas distribuídas, como os microsserviços.

ArchiMate

ArchiMate (uma combinação de Arquitetura+Animação) é uma linguagem de modelagem da arquitetura corporativa de código aberto com suporte para descrição, análise e visualização da arquitetura dentro e entre os domínios comerciais. ArchiMate é um padrão técnico do The Open Group e oferece uma linguagem de modelagem mais leve para os ecossistemas corporativos. O objetivo do ArchiMate é ser "o menor possível", não cobrindo todo cenário de caso extremo. Como tal, se tornou uma escolha popular entre muitos arquitetos.

Diretrizes do Diagrama

Independentemente de se um arquiteto usa sua própria linguagem de modelagem ou uma formal, ele deve desenvolver seu próprio estilo ao criar os diagramas e deve se sentir livre para pegar emprestadas as representações que ele considera particularmente eficientes. Veja algumas diretrizes gerais a usar ao criar diagramas técnicos.

Títulos

Verifique se todos os elementos do diagrama têm títulos ou são bem conhecidos pelo público. Use rotação e outros efeitos para fazer os títulos "colarem" na coisa associada, fazendo um uso eficiente do espaço.

Linhas

As linhas devem ser grossas o bastante para serem vistas. Se as linhas indicam um fluxo de informação, então use setas para indicar o tráfego direcional ou bidirecional. Diferentes tipos de seta podem sugerir uma semântica variada, mas os arquitetos devem ser consistentes.

Em geral, um dos poucos padrões que existem nos diagramas da arquitetura é que as linhas sólidas tendem a indicar uma comunicação síncrona e as linhas pontilhadas indicam a assíncrona.

Formas

Embora as linguagens de modelagem formais descritas tenham formas padrão, não existe nenhuma forma universal no mundo de desenvolvimento de software. Assim, cada arquiteto tende a criar seu próprio conjunto padrão de formas, por vezes divulgando-o em toda a organização para criar uma linguagem padrão.

Costumamos usar caixas tridimensionais para indicar artefatos de implementação e retângulos para indicar um contêiner, mas não temos nenhuma legenda em particular além disso.

Rótulos

Os arquitetos devem rotular cada item em um diagrama, sobretudo se há alguma chance de ambiguidade por parte dos leitores.

Cores

Muitas vezes, os arquitetos não usam cores o bastante; muitas vezes, os livros são impressos em preto e branco, portanto arquitetos e desenvolvedores se acostumaram aos desenhos monocromáticos. Apesar de ainda preferirmos o monocromático, usamos a cor quando isso ajuda a diferenciar um artefato de outro. Por exemplo, ao discutir as estratégias de comunicação dos microsserviços em "Comunicação", no Capítulo 17, usamos tonalidades para indicar que dois microsserviços diferentes participam da coordenação, não duas instâncias do mesmo serviço como reproduzido na Figura 21-2.

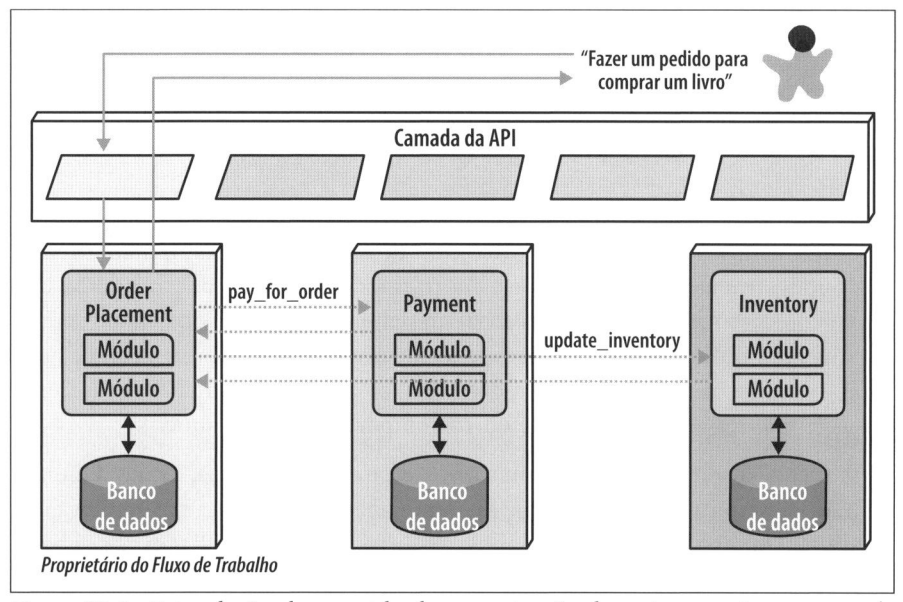

Figura 21-2. Reprodução do exemplo de comunicação dos microsserviços mostrando diferentes serviços com tonalidades

Legendas

Se as formas são ambíguas por algum motivo, inclua uma legenda no diagrama indicando claramente o que cada forma representa. Nada pior do que um diagrama que leva a erros de interpretação, que é pior do que nenhum diagrama.

Apresentação

Outra habilidade social requerida pelos arquitetos modernos é a capacidade de fazer apresentações eficientes usando ferramentas como PowerPoint e Keynote. São a língua franca das organizações modernas, e as pessoas na organização esperam um uso competente delas. Infelizmente, diferentemente dos processadores de texto e das planilhas, ninguém parece passar muito tempo estudando como usar bem essas ferramentas.

Neal, um dos coautores deste livro, escreveu um livro vários anos atrás intitulado *Presentation Patterns* (sem publicação no Brasil), sobre adotar a abordagem de padrões/antipadrões comum no mundo do software e aplicá-la nas apresentações técnicas.

O livro *Presentation Patterns* faz uma importante observação sobre a diferença fundamental entre criar um documento versus uma apresentação para mostrar um caso para algo, *no tempo*. Em uma apresentação, o apresentador controla com que rapidez uma ideia se desdobra, já o leitor de um documento controla isso. Assim, uma das habilidades mais importantes que um arquiteto pode aprender com sua ferramenta de apresentação escolhida é como manipular o tempo.

Manipulando o Tempo

As ferramentas de apresentação oferecem dois modos de manipular o tempo nos slides: transições e animações. As transições movem slide por slide e as animações permitem ao designer criar movimento em um slide. Em geral, as ferramentas de apresentação permitem apenas uma transição por slide, mas muitas animações para cada elemento: entrar (aparecer), sair (desaparecer) e ações (como movimento, escala e outro comportamento dinâmico).

Embora as ferramentas ofereçam vários efeitos chamativos, como bigornas caindo, os arquitetos usam transição e animações para ocultar os limites entre os slides. Um antipadrão comum mostrado em *Presentation Patterns* se chama Cookie-Cutter e estabelece que as ideias não têm uma contagem de palavras predeterminada e, assim, os designers não devem preencher o conteúdo artificialmente para que pareçam completar um slide. Do mesmo modo, muitas ideias são maiores que um único slide. Usar combinações sutis de transições e animações, como dissolver, permite que os apresentadores ocultem os limites de um slide individual, unindo um conjunto deles para contar uma história. Para indicar o fim de um pensamento, os apresentadores devem usar uma transição diferente e distinta (como uma porta ou um cubo) para dar uma indicação visual de que está indo para um tópico diferente.

Construções Incrementais

O livro *Presentation Patterns* mostra Bullet-Riddled Corpse como um antipadrão comum das apresentações corporativas, em que todo slide é basicamente as notas do orador, projetadas para todos verem. A maioria dos leitores tem a experiência angustiante de assistir a um slide cheio de texto aparecendo durante uma apresentação, lendo tudo (porque ninguém resiste e lê assim que ele aparece), sentado por 10 minutos enquanto o apresentar lê devagar os pontos para o público. Não é de se admirar que tantas apresentações corporativas sejam maçantes!

Ao apresentar, o orador tem dois canais de informação: verbal e visual. Colocando muito texto nos slides, então dizendo basicamente as mesmas palavras, o apresentador sobrecarrega um canal de informação e priva o outro. A melhor solução é usar construções incrementais para os slides, aumentando as informações (gráficas, espera-se) conforme a necessidade, não tudo de uma vez.

Por exemplo, digamos que um arquiteto crie uma apresentação explicando os problemas de usar a ramificação (git branches) de features e queira falar sobre as consequências negativas de manter as ramificações ativas por muito tempo. Considere o slide gráfico mostrado na Figura 21-3.

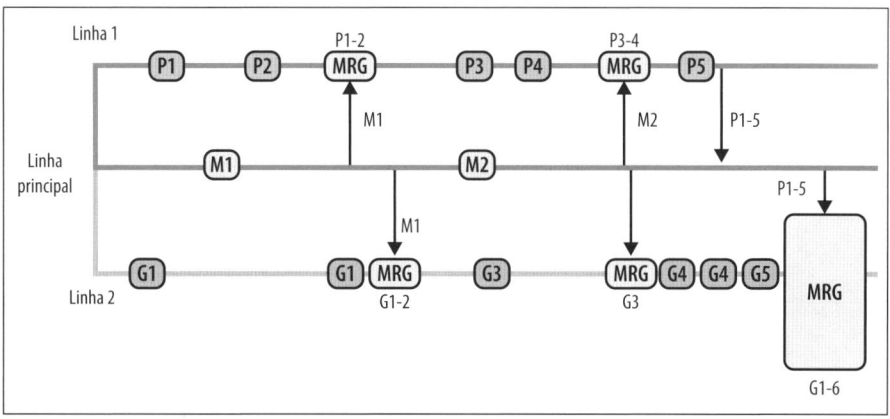

Figura 21-3. Versão ruim de um slide mostrando um antipadrão negativo

Na Figura 21-3, se o apresentador mostra o slide inteiro de cara, o público pode ver que algo ruim acontece perto do final, mas ele deve esperar a exposição para chegar nesse ponto.

Em vez disso, o arquiteto deve usar a mesma imagem, mas ocultar partes dela ao mostrar o slide (usando uma caixa branca sem borda) e expor uma parte por vez (fazendo desaparecer na caixa que cobre), como mostrado na Figura 21-4.

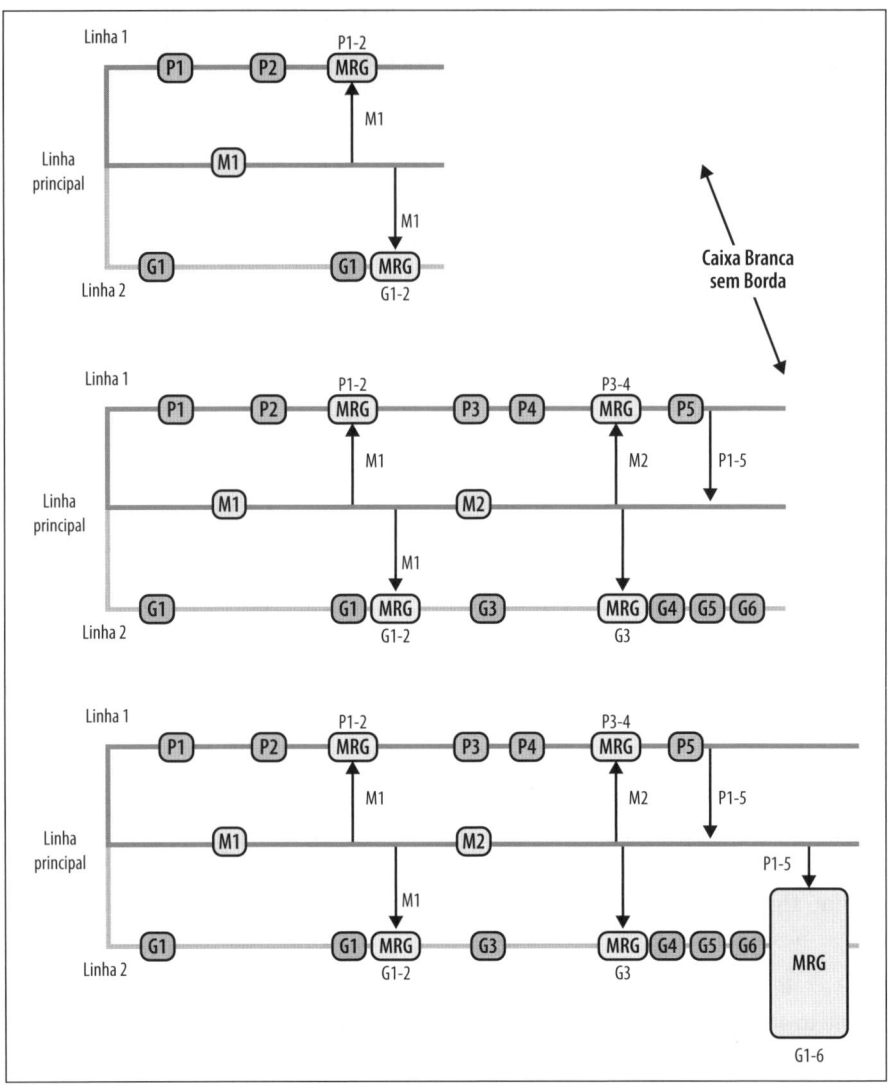

Figura 21-4. Uma versão de incremento melhor que mantém o suspense

Na Figura 21-4, o apresentador ainda tem uma chance de manter o suspense vivo, tornando a fala inerentemente mais interessante.

Usar animações e transições junto com construções incrementais permite que o apresentador faça apresentações mais atraentes e divertidas.

Infodecks Versus Apresentações

Alguns arquitetos usam slides em ferramentas como PowerPoint e Keynote, mas nunca realmente as apresentam. Pelo contrário, eles são enviados por e-mail como um artigo de revista, e cada pessoa os lê segundo seu próprio ritmo. *Infodecks* são slides que não devem ser projetados, mas resumem as informações em gráficos, basicamente usando uma ferramenta de apresentação como um pacote de editoração eletrônica.

A diferença entre essas duas mídias é a abrangência do conteúdo e o uso de transições e animações. Se alguém passa o slide como um artigo de revista, o autor dos slides não precisa adicionar elementos do tempo. A outra diferença principal entre infodecks e apresentações é a quantidade de material. Como os infodecks são individuais, eles contêm todas as informações que o criador deseja passar. Ao fazer uma apresentação, os slides devem ser (intencionalmente) a metade da apresentação, com a outra metade sendo a pessoa em pé falando!

Os Slides São Metade da História

Um erro comum que os apresentadores cometem é criar o conteúdo inteiro da apresentação nos slides. Contudo, se os slides são abrangentes, o apresentador deve poupar a todos o tempo de ficar sentados durante uma apresentação e lhes enviar por e-mail como um slide! Os apresentadores cometem o erro de adicionar material demais aos slides quando podem tornar os pontos importantes mais convincentes. Lembre-se: os apresentadores têm dois canais de informação, portanto usá-los estrategicamente pode adicionar mais energia à mensagem. Um ótimo exemplo é o uso estratégico da invisibilidade.

Invisibilidade

Invisibilidade é um padrão simples em que o apresentador insere um slide preto vazio na apresentação para focar de novo a atenção apenas no orador. Se alguém tem dois canais de informação (slides e orador) e desativa um deles (os slides), automaticamente adiciona mais ênfase ao orador. Assim, se um apresentador deseja fazer uma observação, insira um slide vazio; todos na sala focarão sua atenção no orador porque agora ele é a única coisa interessante na sala para olhar.

Aprender o básico de uma ferramenta de apresentação e algumas técnicas para fazer apresentações melhores é um ótimo acréscimo às habilidades dos arquitetos. Se um arquiteto tem uma ótima ideia, mas não consegue descobrir um meio de apresentá-la com eficiência, ele nunca terá a chance de realizar essa visão. Arquitetura requer colaboração; para ter colaboradores, os arquitetos devem convencer as pessoas a embarcar nessa visão. Os palanques corporativos modernos são as ferramentas de apresentação, portanto vale a pena aprender a usá-las bem.

CAPÍTULO 22
Tornando as Equipes Eficientes

Além de criar uma arquitetura técnica e tomar decisões de arquitetura, um arquiteto de software também é responsável por orientar a equipe de desenvolvimento na implementação da arquitetura. Os arquitetos de software que fazem isso bem criam equipes de desenvolvimento eficientes que trabalham de perto para resolver problemas e criar soluções vencedoras. Embora pareça óbvio, muitas vezes vimos arquitetos ignoraram as equipes de desenvolvimento e trabalharem em ambientes de silo ao criar uma arquitetura. Então essa arquitetura é passada para uma equipe de desenvolvimento que tenta implementá-la corretamente. Ser capaz de tornar as equipes produtivas é um dos modos eficientes e bem-sucedidos que diferenciam os arquitetos de software. Neste capítulo, apresentamos algumas técnicas básicas que um arquiteto pode utilizar para tornar eficientes as equipes de desenvolvimento.

Limites da Equipe

Nossa experiência diz que um arquiteto de software pode influenciar muito o sucesso ou o fracasso de uma equipe de desenvolvimento. As equipes que se sentem deixadas de fora ou estranguladas pelos arquitetos de software (e também pela arquitetura) muitas vezes não têm os níveis certos de orientação e conhecimento sobre vários limites no sistema e, como consequência, não implementam a arquitetura corretamente.

Uma das funções de um arquiteto de software é criar e comunicar os limites, ou a duração, nos quais os desenvolvedores podem implementar a arquitetura. Os arquitetos podem criar muita ou pouca limitação ou as limitações certas. Esses limites são mostrados na Figura 22-1. O impacto de ter muito ou pouco limite afeta diretamente a capacidade das equipes de implementarem com sucesso a arquitetura.

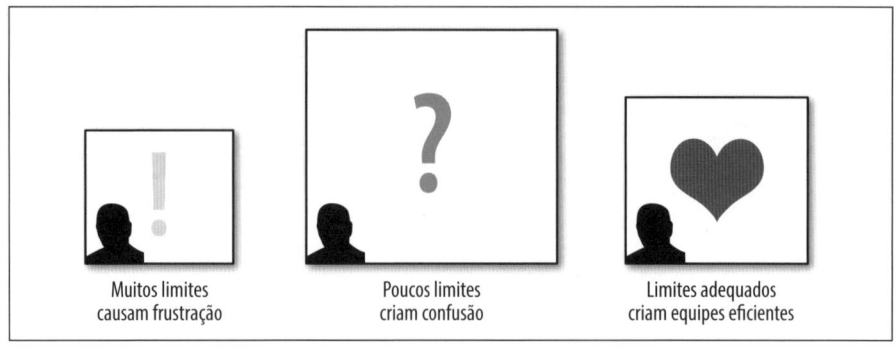

Figura 22-1. Tipos de limite criados por um arquiteto de software

Os arquitetos que criam muitas restrições formam um limite apertado em torno das equipes de desenvolvimento, impedindo o acesso a muitas ferramentas, bibliotecas e práticas necessárias para implementar o sistema com eficiência. Isso causa frustração na equipe, em geral fazendo com que os desenvolvedores saiam do projeto, indo para ambientes mais alegres e saudáveis.

O oposto também pode acontecer. Um arquiteto de software pode criar restrições muito liberais (ou nenhuma), deixando todas as decisões importantes da arquitetura para a equipe de desenvolvimento. Nesse cenário, que é tão ruim quanto os limites apertados, a equipe basicamente assume o papel do arquiteto de software, fazendo a comprovação dos conceitos e lutando com as decisões de design sem a devida orientação, resultando em improdutividade, confusão e frustração.

Um arquiteto de software eficiente tenta fornecer o nível certo de orientação e restrições para que a equipe tenha as ferramentas e as bibliotecas certas para implementar a arquitetura com eficiência. O resto deste capítulo é dedicado a como criar esses limites eficientes.

Personalidades do Arquiteto

Existem três tipos básicos de personalidades do arquiteto: *arquiteto controlador* (Figura 22-2), *arquiteto folgado* (Figura 22-3) e *arquiteto eficiente* (Figura 22-5). Cada personalidade corresponde a certo tipo de limite visto na seção anterior sobre as restrições da equipe: os arquitetos controladores produzem muitos limites, os arquitetos folgados produzem poucos limites e os arquitetos eficientes, os tipos certos de limite.

Controlador

Figura 22-2. Arquiteto controlador (iStockPhoto)

O arquiteto controlador tenta controlar cada aspecto detalhado do processo de desenvolvimento de software. Cada decisão que um arquiteto controlador toma normalmente é granular e de baixo nível, resultando em limites demais na equipe de desenvolvimento.

Esses arquitetos produzem os muitos limites apertados examinados na seção anterior. Um controlador pode impedir a equipe de desenvolvimento de baixar qualquer biblioteca útil de código aberto ou de terceiros e insistir que as equipes escrevam tudo do zero usando a API da linguagem. Os controladores também podem colocar muitos limites nas convenções de nomenclatura, design das classes, tamanho do método etc. Pode até chegar ao ponto de escreverem um pseudocódigo para as equipes de desenvolvimento. Basicamente, os arquitetos controladores roubam a arte da programação dos desenvolvedores, resultando em frustração e falta de respeito pelo arquiteto.

É muito fácil se tornar um controlador, sobretudo na transição de desenvolvedor para arquiteto. A função de um arquiteto é criar os blocos de construção da aplicação (os componentes) e determinar as interações entre eles. A função do desenvolvedor nesse esforço é pegar esses componentes e determinar como eles serão implementados usando diagramas de classe e padrões de projeto. Contudo, na transição, também é muito tentador querer criar os diagramas de classe e padrões de projeto, uma vez que essa era a função anterior do arquiteto recém-nomeado.

Por exemplo, suponha que um arquiteto crie um componente (bloco de construção da arquitetura) para gerenciar os dados de referência no sistema. Esses dados consistem em pares estáticos de nome/valor usados no site, além de coisas como código do produto e código do armazenamento (dados estáticos usados no sistema). A função do arquiteto é identificar o componente (nesse caso, Reference Manager), determinar o conjunto central de operações desses componentes (por exemplo, GetData, SetData, ReloadCache, NotifyOnUpdate etc.) e quais componentes precisam interagir com Reference Manager. O arquiteto controlador pode achar que o melhor modo de *implementar* esse componente é com um padrão de carregamento paralelo (*parallel loader*) utilizando um cache interno, com um framework de dados particular para esse cache. Embora possa ser um design eficiente, não é o único. O mais importante é que a função do arquiteto não é mais propor o design interno para Reference Manager — isso é função do desenvolvedor.

Como veremos em "Quanto Controle?", às vezes um arquiteto precisa desempenhar o papel de controlador, dependendo da complexidade do projeto e do nível de habilidade da equipe. Mas na maioria dos casos, um arquiteto controlador prejudica a equipe de desenvolvimento, não dá a orientação certa, atrapalha e é ineficiente ao liderar a equipe na implementação da arquitetura.

Arquiteto Folgado

Figura 22-3. Arquiteto folgado (iStockPhoto)

O arquiteto folgado é o tipo que não codificou por muito tempo (se alguma vez fez isso) e não leva em conta os detalhes da implementação ao criar uma arquitetura. Em geral, ele é desconectado das equipes de desenvolvimento, nunca está por perto ou simplesmente pula de projeto em projeto assim que os diagramas da arquitetura iniciais são concluídos.

Em alguns casos, o folgado simplesmente lida com a situação em termos de tecnologia ou domínio corporativo, portanto não consegue liderar nem orientar as equipes do ponto de vista do problema técnico ou corporativo. Por exemplo, o que os desenvolvedores fazem? Eles codificam, claro. Escrever o código do programa é realmente difícil de fingir; um desenvolvedor escreve o código do programa ou não. Contudo, o que um arquiteto faz? Ninguém sabe! A maioria desenha muitas linhas e caixas, mas o quão detalhado deve ser o arquiteto nos diagramas? Eis um segredinho da arquitetura: é muito fácil fingir ser um arquiteto!

Imagine um arquiteto folgado que lida com uma situação ou não tem tempo para projetar uma solução adequada para um sistema de trading de ações. Nesse caso, o diagrama da arquitetura pode lembrar o mostrado na Figura 22-4. Não há nada de errado nessa arquitetura, apenas que o nível é alto demais para ser usado por alguém.

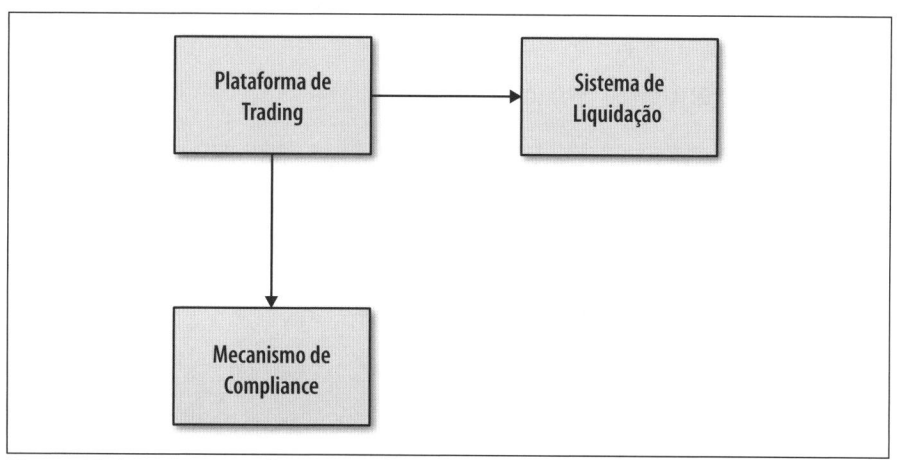

Figura 22-4. Arquitetura do sistema de trading criado por um arquiteto folgado

Os arquitetos folgados criam poucos limites para as equipes de desenvolvimento, como visto na seção anterior. Nesse cenário, as equipes acabam assumindo o papel do arquiteto, basicamente fazendo o trabalho que ele deveria fazer. A velocidade e a produtividade da equipe têm problemas como resultado e as equipes ficam confusas sobre como o sistema deveria funcionar.

Como o arquiteto controlador, é muito fácil de tornar um arquiteto folgado. O maior indicador de que um arquiteto pode estar se enquadrando na personalidade do folgado é não ter tempo suficiente para passar com as equipes de desenvolvimento que implementam a arquitetura (ou escolher não passar um tempo com as equipes). Tais equipes precisam do suporte e da orientação do arquiteto, e precisam que ele esteja disponível para responder perguntas técnicas ou relacionadas ao negócio quando elas surgem. Outros indicadores de um arquiteto folgado são os seguintes:

- Não entender totalmente o domínio corporativo, problema corporativo ou a tecnologia usada
- Não ter experiência prática suficiente no desenvolvimento de software
- Não considerar as implicações associadas à implementação da solução da arquitetura

Em alguns casos, não é intenção de um arquiteto se tornar folgado, mas "acontece" ao se dividir muito entre projetos ou equipes de desenvolvimento, perdendo o contato com o domínio da tecnologia ou do negócio. Um arquiteto pode evitar essa personalidade se envolvendo mais na tecnologia sendo usada no projeto e entendendo o problema e o domínio do negócio.

Arquiteto Eficiente

Figura 22-5. Arquiteto de software eficiente (iStockPhoto)

Um arquiteto de software eficiente produz os limites e as restrições certos na equipe, assegurando que os membros trabalhem bem juntos e tenham o nível certo de orientação. O arquiteto eficiente também assegura que a equipe tenha as ferramentas e as tecnologias corretas e adequadas. E mais, eles removem qualquer obstáculo que possa estar no caminho das equipes de desenvolvimento para atingirem seus objetivos.

Embora pareça óbvio e fácil, não é. Existe certa arte em se tornar um líder eficiente na equipe de desenvolvimento. Ser um arquiteto de software eficiente requer trabalhar de perto e colaborar com a equipe, ganhando o respeito dela também. Veremos outros modos de se tornar tal arquiteto nos capítulos seguintes nesta parte do livro. Mas agora, apresentaremos algumas diretrizes para saber quanto controle um arquiteto de software eficiente deve exercer em uma equipe de desenvolvimento.

Quanto Controle?

Ser um arquiteto de software eficiente é saber quanto controle exercer em determinada equipe de desenvolvimento. Esse conceito é conhecido como Liderança Elástica e é largamente pregado pelo autor e consultor Roy Osherove. Desviaremos um pouco do trabalho que Osherove fez nessa área e focaremos os fatores específicos da arquitetura de software.

Saber o quanto um arquiteto de software eficiente deve ser controlador e folgado envolve cinco fatores principais. Esses fatores também determinam quantas equipes (ou projetos) um arquiteto de software pode gerenciar por vez:

Familiaridade na equipe
O quanto os membros da equipe se conhecem bem? Eles trabalharam juntos antes em um projeto? Em geral, quanto melhor os membros se conhecem, menos controle é necessário porque eles começam se auto-organizando. Por outro lado, quanto mais novos os membros da equipe, mais controle é necessário para ajudar a facilitar a colaboração entre eles e reduzir as panelinhas na equipe.

Tamanho da equipe
Qual o tamanho da equipe? (Consideramos mais de doze desenvolvedores na mesma equipe como sendo uma equipe grande, quatro ou menos como sendo pequena.) Quanto maior a equipe, mais controle é necessário. Quanto menor, menos controle. Isso é detalhado em "Sinais de Aviso da Equipe".

Experiência geral
   Quantos membros da equipe são sênior? Quantos são júnior? É uma equipe mista de desenvolvedores júnior e sênior? O quanto eles conhecem a tecnologia e o domínio corporativo? Equipes com muitos desenvolvedores júnior requerem mais controle e mentoria, já as equipes com mais desenvolvedores sênior requerem menos controle. Nos últimos casos, o arquiteto passa do papel de mentor para ser um facilitador.

Complexidade do projeto
   O projeto é altamente complexo ou apenas um site simples? Os projetos altamente complexos requerem um arquiteto mais disponível para a equipe e para ajudar nos problemas que surgem, daí ser necessário mais controle na equipe. Os projetos relativamente simples são diretos e não requerem muito controle.

Duração do projeto
   O projeto é curto (dois meses), longo (dois anos) ou tem uma duração média (seis meses)? Quanto menor a duração, menos controle é necessário; por outro lado, quanto mais tempo leva o projeto, mais controle.

Embora a maioria dos fatores faça sentido em relação a mais ou menos controle, o fator de duração do projeto pode não parecer fazer sentido. Como indicado na lista anterior, quanto menor a duração do projeto, menos controle é necessário; quanto maior a duração, mais controle. Por intuição, isso pode parecer o oposto, mas não é o caso. Considere um projeto rápido de dois meses. Dois meses não é muito tempo para qualificar os requisitos, experimentar, desenvolver o código, testar todo cenário e liberar para produção. Nesse caso, o arquiteto deve agir mais como um folgado, pois a equipe de desenvolvimento já tem uma boa ideia da urgência. Um arquiteto controlador apenas atrapalharia e possivelmente atrasaria o projeto. Por outro lado, considere um projeto com duração de dois anos. Nesse cenário, os desenvolvedores relaxam, não pensando na urgência, possivelmente planejando férias e longos almoços. Mais controle é necessário por parte do arquiteto para assegurar que o projeto avance no prazo e que as tarefas complexas sejam realizadas primeiro.

É normal, na maioria dos projetos, que esses fatores sejam utilizados para determinar o nível de controle no início; mas conforme o sistema se desenvolve, esse nível muda. Portanto, aconselhamos que esses fatores sejam analisados continuamente durante o ciclo de vida de um projeto para determinar quanto controle exercer na equipe de desenvolvimento.

Para mostrar como cada fator pode ser usado para determinar o nível de controle que um arquiteto deve ter sobre a equipe, imagine uma escala fixa de 20 pontos para cada fator. Os valores com menos pontuam mais para um arquiteto folgado (menos controle e envolvimento), já os valores com mais pontuam para um arquiteto controlador (mais controle e envolvimento). Essa escala é mostrada na Figura 22-6.

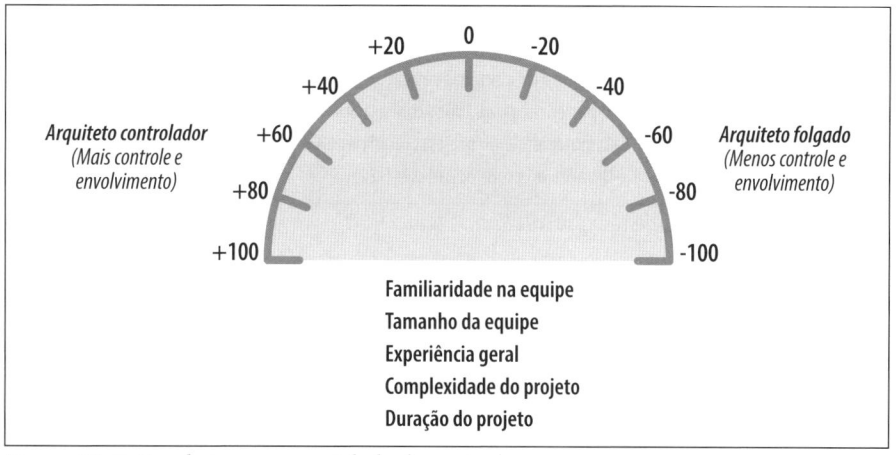

Figura 22-6. Escala para a quantidade de controle

A aplicação dessa escala não é exata, claro, mas ajuda ao determinar o controle relativo para exercer em uma equipe. Por exemplo, considere o cenário do projeto mostrado na Tabela 22-1 e na Figura 22-7. Como visto na tabela, os fatores apontam para um controlador (+20) ou um folgado (-20). Esses fatores somam e têm uma pontuação -60 acumulada, indicando que o arquiteto deve atuar mais no papel de folgado e não atrapalhar a equipe.

Tabela 22-1. Cenário 1, exemplo da quantidade de controle

Fator	Valor	Pontuação	Personalidade
Familiaridade na equipe	Novos membros da equipe	+20	Controlador
Tamanho da equipe	Pequeno (4 membros)	-20	Arquiteto folgado
Experiência geral	Todos com experiência	-20	Arquiteto folgado
Complexidade do projeto	Relativamente simples	-20	Arquiteto folgado
Duração do projeto	2 meses	-20	Arquiteto folgado
Pontuação acumulada		-60	Arquiteto folgado

```
                    +20   0   -20
              +40              -40
Arquiteto controlador +60        -60  Arquiteto folgado
(Mais controle e                        (Menos controle e
envolvimento)    +80             -80    envolvimento)
              +100              -100
```

Familiaridade na equipe: novos membros da equipe (+20)
Tamanho da equipe: pequeno (4 membros) (-20)
Experiência geral: todos com experiência (-20)
Complexidade do projeto: relativamente simples (-20)
Duração do projeto: 2 meses (-20)

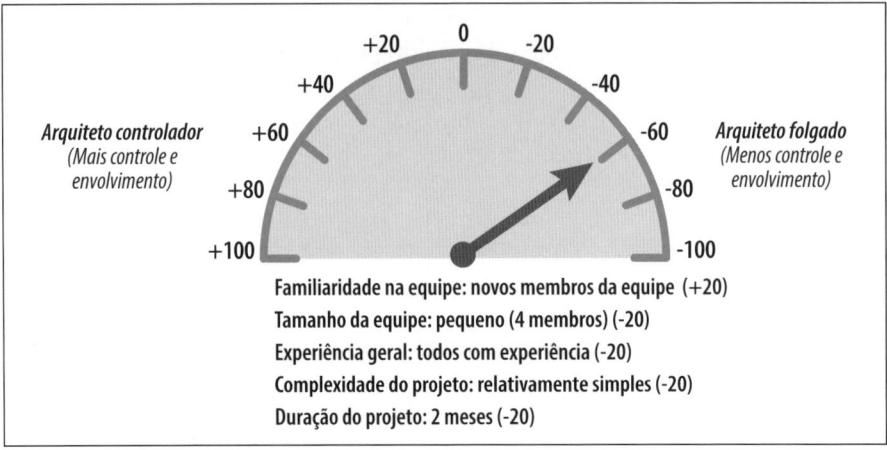

Figura 22-7. Quantidade de controle para o cenário 1

No cenário 1, todos esses fatores são levados em conta para demonstrar que um arquiteto de software eficiente deve desempenhar o papel de facilitador no início e não se envolver demais nas interações diárias com a equipe. O arquiteto será necessário para responder perguntas e assegurar que a equipe fique nos trilhos, mas, em grande parte, não deve intervir e deve deixar a equipe experiente fazer o que faz de melhor, ou seja, desenvolver o software rápido.

Considere outro tipo de cenário descrito na Tabela 22-2 e mostrado na Figura 22-8, em que os membros da equipe se conhecem bem, mas a equipe é grande (doze membros) e consiste em grande parte em desenvolvedores júnior (sem experiência). O projeto é relativamente complexo, com uma duração de seis meses. Nesse caso, a pontuação acumulada é +20, indicando que o arquiteto eficiente deve se envolver nas atividades diárias na equipe e assumir o papel de mentor e coach, mas não a ponto de atrapalhar a equipe.

Tabela 22-2. Cenário 2, exemplo da quantidade de controle

Fator	Valor	Pontuação	Personalidade
Familiaridade na equipe	Se conhece bem	-20	Arquiteto folgado
Tamanho da equipe	Grande (12 membros)	+20	Controlador
Experiência geral	Em grande parte júnior	+20	Controlador
Complexidade do projeto	Alta complexidade	+20	Controlador
Duração do projeto	6 meses	-20	Arquiteto folgado
Pontuação acumulada		+20	Controlador

```
                    +20   0   -20
             +40              -40
Arquiteto controlador +60        -60   Arquiteto folgado
   (Mais controle e                    (Menos controle e
     envolvimento)   +80         -80     envolvimento)
             +100             -100
         Familiaridade na equipe: se conhece bem (-20)
         Tamanho da equipe: grande (12 membros) (+20)
         Experiência geral: em grande parte júnior (+20)
         Complexidade do projeto: alta complexidade (+20)
         Duração do projeto: 6 meses (-20)
```

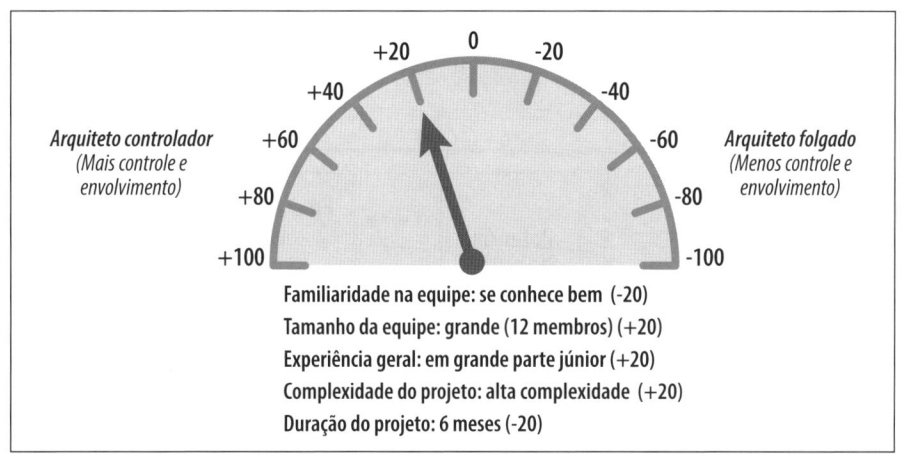

Figura 22-8. Quantidade de controle do cenário 2

É difícil objetivar esses fatores, pois alguns (como experiência geral da equipe) podem ter mais peso que outros. Nesses casos, as métricas podem ser facilmente ponderadas ou modificadas para se ajustarem a determinado cenário ou condição. Não importa, a mensagem principal aqui é que a quantidade de controle e envolvimento que um arquiteto de software tem na equipe varia segundo esses cinco fatores principais e, levando isso em conta, um arquiteto consegue avaliar que tipo de controle exercer na equipe e a duração na qual as equipes de desenvolvimento podem trabalhar (muito limite e restrição ou pouco limite).

Sinais de Aviso da Equipe

Como indicado na seção anterior, o tamanho da equipe é um dos fatores que influenciam a quantidade de controle que um arquiteto deve exercer na equipe de desenvolvimento. Quanto maior a equipe, mais controle é necessário; quanto menor, menos controle. Três fatores entram em cena ao considerar o tamanho da equipe de desenvolvimento mais eficiente:

- Perda de processo
- Ignorância plural
- Difusão da responsabilidade

Perda de processo, também conhecida como lei de Brooks, foi originalmente criada por Fred Brooks em seu livro *O mítico homem-mês: Ensaios sobre engenharia de software* (Alta Books). A ideia básica da perda de processo é que quanto mais pessoas você adiciona a um projeto, mais tempo ele leva. Como mostrado na Figura 22-9, o *potencial do grupo* é definido pelos esforços coletivos de todos na equipe. Contudo, em qualquer equipe, a *produtividade real* sempre será menor que o potencial do grupo, com a diferença sendo a *perda de processo* da equipe.

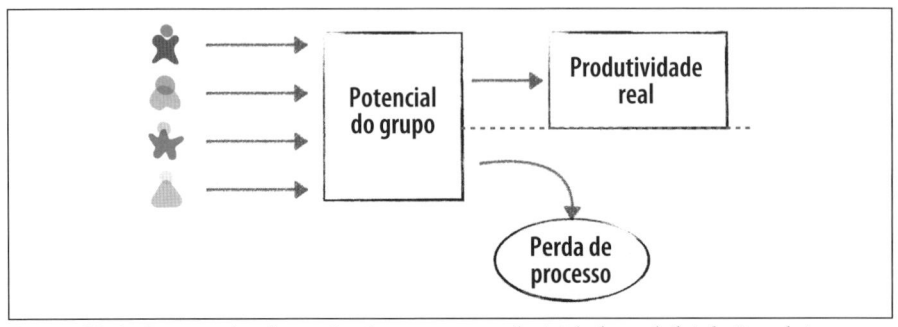

Figura 22-9. O tamanho da equipe impacta a produtividade real (lei de Brooks)

Um arquiteto de software eficiente observará a equipe de desenvolvimento e procurará a perda de processo. Essa perda é um bom fator ao determinar o tamanho certo da equipe para determinado projeto ou esforço. Uma indicação da perda de processo são os frequentes conflitos de merge ao enviar código para um repositório. Isso indica que os membros da equipe provavelmente estão batendo cabeça e trabalhando no mesmo código. Procurar áreas de paralelismo na equipe e fazer os membros trabalharem em serviços ou áreas separadas da aplicação é um modo de evitar a perda de processo. Sempre que um novo membro da equipe entrar em um projeto, se não houver áreas para criar fluxos de trabalho paralelos, um arquiteto eficiente perguntará por que um membro novo foi adicionado e demonstrará para o gerente do projeto o impacto negativo que mais uma pessoa terá na equipe.

Ignorância plural também ocorre quando a equipe fica muito grande. Essa ignorância é quando todos concordam (mas rejeitam em particular) uma norma porque acham que não estão vendo algo óbvio. Por exemplo, suponha que, em uma grande equipe, a maioria concorda que usar mensagens entre dois serviços remotos seja a melhor solução, enquanto uma pessoa acha que é uma ideia boba por causa de um firewall seguro entre os dois serviços. Em vez de falar, essa pessoa também concorda com o uso da mensagem porque tem medo de não ter visto algo óbvio ou possa ser vista como tola se falasse (mas, em particular, rejeita a ideia). Nesse caso, a pessoa que rejeita a norma estava certa, pois a mensagem não funcionaria devido a um firewall seguro entre dois serviços remotos. Se ela tivesse falado (e o tamanho da equipe fosse menor), a solução original teria sido questionada e outro protocolo (como REST) seria usado, o que seria uma solução melhor nessa situação.

O conceito de ignorância plural ficou famoso com a história infantil dinamarquesa "A Roupa Nova do Rei", de Hans Christian Andersen. Na história, o rei é convencido de que sua roupa nova é invisível para qualquer um indigno de realmente vê-la. Ele desfila pelo lugar totalmente nu, perguntando a todos os seus súditos se gostam de suas roupas novas. Todos eles, com medo de serem considerados estúpidos ou indignos, respondem que as roupas novas são as melhores. Essa estupidez continua até uma criança finalmente gritar para o rei que ele não estava usando nada.

Um arquiteto de software eficiente deve observar continuamente as expressões faciais e a linguagem corporal durante uma reunião de colaboração ou discussão e agir como facilitador se perceber a ignorância plural. Nesse caso, o arquiteto pode interromper e perguntar à pessoa o que ela pensa sobre a solução proposta e ficar do lado dela, apoiando-a quando falar.

O terceiro fator que indica o tamanho certo da equipe se chama *difusão da responsabilidade*. Ela se baseia no fato de que, conforme o tamanho da equipe aumenta, isso afeta a comunicação negativamente. Confusão sobre quem é responsável pelo quê na equipe e coisas sendo largadas são bons sinais de uma equipe grande demais.

Veja a imagem na Figura 22-10. O que você observa?

Figura 22-10. Difusão da responsabilidade

A imagem mostra uma pessoa ao lado de um carro quebrado no acostamento de uma pequena estrada rural. Nesse cenário, quantas pessoas poderiam parar e perguntar ao motorista se está tudo bem? Como é uma estrada pequena em uma comunidade pequena, é possível que muitas pessoas passem. Porém, quantas vezes motoristas ficam parados no acostamento de uma grande rodovia em uma grande cidade, com milhares de carros simplesmente passando sem ninguém parar e perguntar se tudo está bem? Sempre. Esse é um bom exemplo de difusão da responsabilidade. Conforme as cidades ficam mais movimentadas e cheias, as pessoas pressupõem que o motorista já ligou ou que a ajuda está a caminho devido ao grande número de pessoas vendo o evento. Mas, na maioria dos casos, a ajuda não está a caminho, e o motorista fica parado com um celular descarregado ou por tê-lo esquecido, incapaz de ligar e pedir ajuda.

Um arquiteto eficiente não só ajuda a orientar a equipe de desenvolvimento na implementação da arquitetura, como também assegura que ela seja saudável, feliz e trabalhe junto para atingir uma meta em comum. Procurar esses três sinais de aviso e, por consequência, auxiliar na correção deles ajuda a garantir uma equipe de desenvolvimento eficiente.

Utilizando Checklists

Pilotos de avião usam checklists em cada voo, mesmo que sejam mais experientes e veteranos. Eles têm checklists para a decolagem, para o pouso e para milhares de outras situações, sendo casos extremos comuns ou não. Eles usam checklists porque uma configuração (como colocar os flaps a 10°) ou um procedimento (como obter autorização em uma área de controle do terminal) faltante da aeronave pode significar a diferença entre um voo seguro e um desastre.

O Dr. Atul Gawande escreveu um excelente livro chamado *Checklist — Como fazer as coisas benfeitas* (Sextante), no qual ele descreve o poder das checklists para procedimentos cirúrgicos. Alarmado com a alta taxa de infecções por estafilococos nos hospitais, o Dr. Gawande criou checklists cirúrgicas para tentar reduzi-la. No livro, ele demonstra que as taxas dessa infecção nos hospitais que usam checklists caíram para quase zero, enquanto as taxas nos hospitais de controle que não as utilizam continuaram a crescer.

As checklists funcionam. Elas são um excelente veículo para assegurar que tudo seja coberto e cuidado. Se elas funcionam tão bem, por que o setor de desenvolvimento de software não as utiliza? Acreditamos muito, segundo nossa experiência pessoal, que as checklists fazem uma grande diferença na eficiência das equipes de desenvolvimento. Contudo, há problemas nessa afirmação. Primeiro a maioria dos desenvolvedores de software não pilota aviões nem faz cirurgias cardíacas abertas, ou seja, eles não precisam de checklists para tudo. O segredo para tornar as equipes eficientes é saber quando utilizar checklists ou não.

Considere a checklist na Figura 22-11 para criar uma nova tabela do banco de dados.

Feito	Descrição da tarefa
☐	Determinar nomes e tipos do campo da coluna do banco de dados
☐	Preencher formulário de requisição da tabela do banco de dados
☐	Obter permissão para nova tabela do banco de dados
☐	Enviar formulário de requisição para grupo do banco de dados
☐	Verificar tabela quando criada

Figura 22-11. Exemplo de checklist ruim

Isso não é uma checklist, mas um conjunto de etapas procedurais e, como tal, não deve estar em uma checklist. Por exemplo, a tabela do banco de dados não deve ser verificada se o formulário não foi enviado ainda! Qualquer processo que tenha um fluxo procedural de tarefas dependentes não deve estar em uma checklist. Processos simples e muito conhecidos que são executados com frequência sem erro também não precisam de uma checklist.

Os processos que são bons candidatos para as checklist são os que não têm nenhuma ordem procedural nem tarefas dependentes, assim como os que tendem a ter erros ou etapas muitas vezes esquecidas ou ignoradas. O segredo para criar checklists eficientes é não exagerar tornando tudo uma checklist. Os arquitetos acham que as checklists, de fato, tornam as equipes de desenvolvimento mais eficientes e, assim, começam a tornar tudo uma checklist, o que é conhecido como *lei dos rendimentos decrescentes*. Quanto mais checklists um arquiteto cria, menos chance de os desenvolvedores usá-las. Outro segredo do sucesso ao criar checklists é que elas sejam o mais curtas possível, ainda incluindo todas as etapas necessárias em um processo. Em geral, os desenvolvedores não seguirão as checklists muito grandes. Procure os itens que podem ser realizados com automação e remova-os da checklist.

> Não se preocupe em declarar o óbvio em uma checklist. É o óbvio que normalmente é ignorado ou esquecido.

Três checklists importantes que achamos mais eficientes são *completude de código do desenvolvedor*, *testes unitários e funcionais* e *entregas do software*. Cada checklist é examinada nas próximas seções.

> ### Efeito Hawthorne
>
> Uma das questões associadas à introdução de checklists em uma equipe de desenvolvimento é fazer os desenvolvedores realmente usarem-nas. É muito comum que alguns fiquem sem tempo e simplesmente marquem todos os itens em certa checklist como concluídos sem realmente ter realizado as tarefas.
>
> Um dos modos de lidar com isso é conversando com a equipe sobre a importância de usar as checklists e como elas podem fazer uma diferença na equipe. Peça que os membros da equipe leiam o livro *Checklist — Como fazer as coisas benfeitas,* de Atul Gawande, para entenderem bem o poder de uma checklist e verifique se cada membro entende o raciocínio por trás de cada checklist e por que está sendo usada. Fazer os desenvolvedores colaborarem no que deve ou não estar na checklist também ajuda.
>
> Quando tudo mais falha, os arquitetos podem chamar o que é conhecido como Efeito Hawthorne. Esse efeito significa basicamente que se as pessoas sabem que estão sendo observadas ou monitoradas, o comportamento delas muda e normalmente farão a coisa certa. Exemplos incluem câmeras bem visíveis nos prédios que realmente não funcionam nem estão de fato gravando nada (é muito comum!) e um software de monitoramento de site (quantos desses relatórios são de fato vistos?).
>
> O Efeito Hawthorne pode ser usado para reger o uso das checklists também. Um arquiteto pode informar à equipe que usar checklists é essencial para a eficiência dela e, como resultado, todas as checklists serão verificadas para garantir que a tarefa foi realmente feita, quando, na verdade, o arquiteto faz uma verificação pontual e ocasional das checklists quanto à correção. Utilizando esse efeito, é muito menos provável que os desenvolvedores pulem os itens ou os marquem como concluídos quando, na verdade, a tarefa não foi feita.

Checklist da Completude de código do desenvolvedor

Essa checklist é uma ferramenta eficiente de se usar, em particular quando um desenvolvedor de software declara que "finalizou" o código. Também é útil para definir o que é conhecido como "definição de feito". Se tudo na checklist está concluído, então o desenvolvedor pode declarar que realmente finalizou o código.

Coisas a incluir na checklist da completude de código do desenvolvedor:

- Codificar e formatar padrões não incluídos nas ferramentas automáticas
- Itens esquecidos com frequência (como exceções absorvidas)
- Padrões específicos do projeto
- Instruções ou procedimentos especiais da equipe

A Figura 22-12 mostra um exemplo de checklist da completude de código do desenvolvedor.

Feito	Descrição da tarefa
☐	Executar limpeza e formatação do código
☐	Executar ferramenta de validação da fonte personalizada
☐	Verificar se logs de autidoria está escrito para todas as atualizações
☐	Verificar se não há exceções absorvidas
☐	Verificar valores hardcoded e converter em constantes
☐	Verificar se apenas métodos públicos chamam setFailure()
☐	Incluir @ServiceEntrypoint na classe API do serviço

Figura 22-12. Exemplo de uma checklist da completude de código do desenvolvedor

Note as tarefas óbvias "Executar limpeza e formatação do código" e "Verificar se não há exceções absorvidas" na checklist. Quantas vezes um desenvolvedor teve pressa no final do dia ou no final de uma iteração e esqueceu de executar a limpeza ou a formatação do código no IDE? Muitas. No livro *Checklist — Como fazer as coisas benfeitas*, Gawande descobriu esse mesmo fenômeno em relação aos procedimentos cirúrgicos; os óbvios muitas vezes eram sempre os esquecidos.

Note também as tarefas específicas do projeto nos itens 2, 3, 6 e 7. Embora sejam bons itens em uma checklist, um arquiteto sempre deve examiná-la para saber se algum item pode ser automatizado ou escrito como um plug-in para um verificador de validação de código. Por exemplo, embora "Incluir @ServiceEntrypoint na classe de serviço API" possa não ter uma verificação automática, certamente "Verificar se apenas métodos públicos chamam setFailure()" pode (é uma verificação automática simples com qualquer ferramenta de rastreamento de código). Verificar áreas de automação ajuda a reduzir o tamanho e o ruído em uma checklist, tornando-a mais eficiente.

Checklist dos Testes Unitários e Funcionais

Talvez uma das mais eficientes seja a checklist dos testes unitários e funcionais. Ela contém alguns testes de caso extremos e mais incomuns que os desenvolvedores de software tendem a esquecer de testar. Sempre que alguém do QA encontra um problema no código com base em certo caso de teste, o caso deve ser adicionado a essa checklist.

Normalmente essa checklist em particular é uma das maiores devido a todos os testes que podem ser executados no código. A finalidade dela é garantir o código mais completo possível para que quando o desenvolvedor terminar com a checklist, o código esteja basicamente pronto para a produção.

Alguns itens encontrados em uma checklist de testes unitários e funcionais:

- Caracteres especiais no texto e nos campos numéricos
- Intervalos mínimo e máximo de valores
- Casos de teste incomuns e extremos
- Campos que faltam

Como a checklist da completude de código do desenvolvedor, qualquer item que possa ser escrito como teste automático deve ser removido da checklist. Por exemplo, suponha que haja um item na checklist para a aplicação de trading de ações para testar ações negativas (como BUY para –1.000 ações da Apple [AAPL]). Se essa verificação for automatizada em um teste unitário ou funcional no conjunto de testes, então o item deverá ser removido da checklist.

Por vezes, os desenvolvedores não sabem por onde começar ao escrever testes unitários ou quantos deles escrever. Essa checklist fornece um modo de assegurar que cenários de teste gerais ou específicos sejam incluídos no processo de desenvolvimento do software. Essa checklist também é eficiente ao fechar a lacuna entre desenvolvedores e verificadores em ambientes que têm essas atividades realizadas por equipes separadas. Quanto mais as equipes de desenvolvimento fazem um teste de conclusão, mais fácil é o trabalho das equipes de teste, permitindo que elas foquem em certos cenários corporativos não cobertos nas checklists.

Checklist de Release do Software

Lançar versão de software para produção talvez seja um dos aspectos mais sujeitos a erros do ciclo de vida de desenvolvimento do software e, assim, contribuem para uma ótima checklist. Isso evita compilações e implementações com falhas, reduzindo muito a quantidade de risco associada ao liberar um software.

A checklist de release do software costuma ser a mais volátil das checklists no sentido de que muda continuamente para lidar com novos erros e circunstâncias sempre que uma implementação falha ou tem problemas.

Alguns itens normalmente incluídos na checklist de release do software:

- Mudanças de configuração nos servidores ou nos servidores de configuração externos
- Bibliotecas de terceiros adicionadas ao projeto (JAR, DLL etc.)
- Atualizações do banco de dados e scripts de migração do banco de dados correspondentes

Sempre que uma compilação ou uma implementação falha, o arquiteto deve analisar a causa-raiz e adicionar uma entrada correspondente à checklist de release. Assim, o item será verificado na próxima compilação ou implementação, evitando que o problema ocorra de novo.

Dando Orientação

Um arquiteto de software também pode tornar as equipes eficientes dando orientação no uso dos princípios de design de projeto. Isso também ajuda a dar limites (restrições), como descrito na primeira seção deste capítulo, nos quais os desenvolvedores podem trabalhar para implementar a arquitetura. Uma comunicação eficiente desses princípios é um dos segredos para criar uma equipe de sucesso.

Para ilustrar, considere dar orientação a uma equipe de desenvolvimento quanto ao uso do que costuma ser chamado de *pilha em camadas* — a coleção de bibliotecas de terceiros (como arquivos JAR e DLLs) que compõem a aplicação. Em geral as equipes de desenvolvimento têm muitas perguntas relacionadas à pilha em camadas, inclusive se podem tomar suas próprias decisões sobre várias bibliotecas e quais são boas ou não.

Usando esse exemplo, um arquiteto de software eficiente pode dar orientação à equipe de desenvolvimento primeiro fazendo o desenvolvedor responder às seguintes perguntas:

1. Há sobreposições entre a biblioteca proposta e a funcionalidade existente no sistema?
2. O que justifica a biblioteca proposta?

A primeira pergunta orienta os desenvolvedores a analisarem as bibliotecas existentes para saber se a funcionalidade fornecida pela nova biblioteca pode ser atendida com uma biblioteca ou uma funcionalidade existente. Nossa experiência diz que, às vezes, os desenvolvedores ignoram essa atividade, criando muita funcionalidade duplicada, sobretudo em grandes projetos com grandes equipes.

A segunda pergunta leva o desenvolvedor a questionar por que a nova biblioteca ou funcionalidade é de fato necessária. Aqui, um arquiteto eficiente pedirá uma justificativa técnica e uma corporativa para o motivo de a biblioteca extra ser necessária. Pode ser uma técnica poderosa para conscientizar a equipe de desenvolvimento quanto a necessidade de justificativas comerciais.

> ## O Impacto das Justificativas Comerciais
>
> Um dos autores (Mark) era o arquiteto responsável em um projeto baseado em Java bem complexo com uma grande equipe de desenvolvimento. Um dos membros da equipe estava particularmente obcecado pela linguagem de programação Scala e queria muito usá-la no projeto. O desejo de usar o Scala acabou atrapalhando tanto que vários membros da equipe principal informaram a Mark que eles planejavam sair do projeto e ir para outro ambiente "menos tóxico". Mark convenceu dois membros importantes a adiarem sua decisão um pouco e conversarem com o entusiasmado pelo Scala. Mark disse ao entusiasta que ele daria suporte ao uso do Scala no projeto, mas a pessoa teria que dar uma justificativa corporativo para o uso por causa dos custos de treinamento e esforço de reescrita envolvidos. O entusiasma ficou em êxtase e disse que seria para já, saindo da reunião dizendo: "Obrigado, você é o melhor!"
>
> No dia seguinte o cara do Scala entrou no escritório totalmente transformado. Ele logo se aproximou de Mark e pediu para falar com ele. Ambos foram para a sala de reunião e o entusiasta disse de imediato (e com humildade): "Obrigado." Ele explicou para Mark que poderia propor todos os motivos técnicos no mundo para usar o Scala, mas nenhuma vantagem técnica tinha valor corporativo em termos das características da arquitetura necessárias (atributos): custo, orçamento e prazo. Na verdade, o entusiasta percebeu que o aumento em custo, orçamento e prazo não traria nenhum benefício.
>
> Percebendo o quanto estava atrapalhando, o entusiasta rapidamente se transformou em um dos melhores e mais úteis membros na equipe, tudo porque lhe pediram para dar uma justificativa corporativa para algo que ele queria no projeto. Essa consciência aumentada das justificativas não só o tornou um desenvolvedor de software melhor, como também contribuiu para uma equipe mais forte e saudável.
>
> PS: os dois desenvolvedores ficaram no projeto até o fim.

Continuando com o exemplo de administrar a pilha em camadas, outra técnica eficiente de comunicar os princípios do design é com explicações gráficas sobre em que a equipe de desenvolvimento pode tomar decisões ou não. A ilustração na Figura 22-13 é um exemplo de gráfico (além de orientação) para controlar a pilha em camadas.

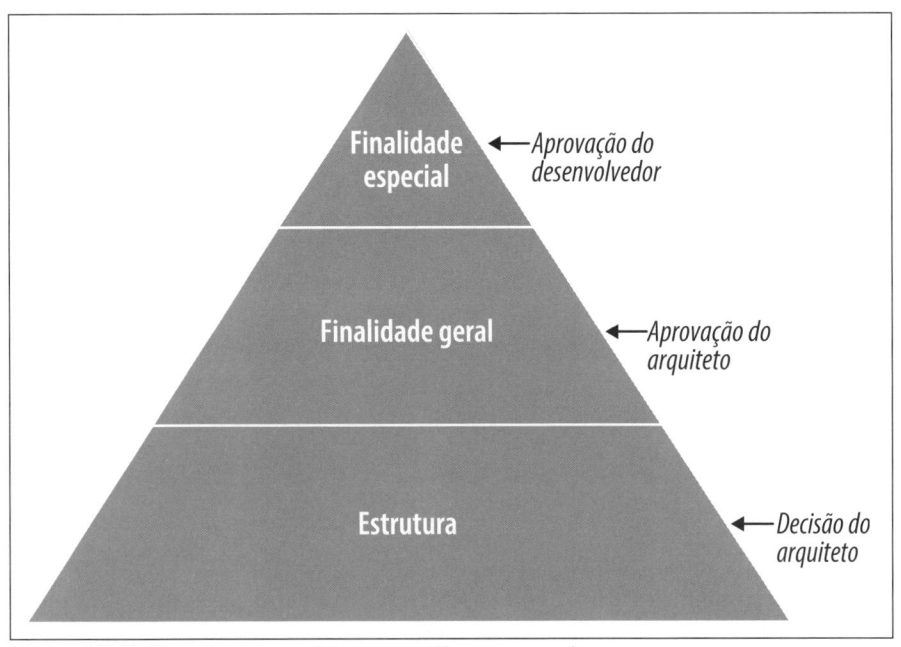

Figura 22-13. Dando orientação para a pilha em camadas

Na Figura 22-13, um arquiteto daria exemplos do que cada categoria da biblioteca de terceiros conteria, então a orientação (o princípio do design) em termos do que os desenvolvedores podem ou não fazer (o limite descrito na primeira seção do capítulo). Por exemplo, há três categorias definidas para qualquer biblioteca de terceiros:

Finalidade especial
São as bibliotecas específicas usadas para coisas como apresentação em PDF, escaneamento de códigos de barras e circunstâncias que não garantem a escrita de um software personalizado.

Finalidade geral
Essas bibliotecas são camadas adicionadas sobre a API da linguagem e incluem coisas como Apache Commons e Guava para Java.

Framework
>Essas bibliotecas são usadas para coisas como persistência (Hibernate) e inversão de controle (Spring), ou seja, elas compõem uma camada inteira ou uma framework da aplicação, e são altamente invasivas.

Uma vez colocadas em categorias (as categorias anteriores são só um exemplo, podem haver muito mais definidas), o arquiteto cria o limite em torno do princípio do design. No exemplo da Figura 22-13, note que para essa aplicação ou projeto em particular, o arquiteto especificou que, para as bibliotecas de finalidade especial, o desenvolvedor pode tomar a decisão e não precisa consultar o arquiteto quanto a essa biblioteca. Mas observe que, para a finalidade geral, o arquiteto indicou que o desenvolvedor pode realizar uma análise de sobreposição e justificativa para fazer a recomendação, mas a categoria da biblioteca requer aprovação do arquiteto. Por fim, para as bibliotecas do framework, isso é decisão do arquiteto, isto é, as equipes de desenvolvimento não devem nem realizar uma análise dessas bibliotecas; o arquiteto decidiu assumir a responsabilidade para esse tipo de biblioteca.

Resumo

Fazer com que as equipes de desenvolvimento se tornem eficientes é um trabalho complicado. Requer muita experiência e prática, além de fortes habilidades pessoais (que veremos nos capítulos posteriores neste livro). Dito isso, as técnicas simples descritas neste capítulo sobre liderança elástica, utilização de checklists e dar orientação por comunicar com eficiência os princípios do design, de fato, funcionam e se mostraram eficientes ao tornar o trabalho das equipes de desenvolvimento mais inteligente e eficaz.

Alguém poderia questionar o papel de um arquiteto para tais atividades, atribuindo ao gerente de desenvolvimento ou de projeto o esforço de fazer com que as equipes se tornem eficientes. Discordamos dessa premissa. Um arquiteto de software não só fornece orientação técnica para a equipe, como também lidera a equipe na implementação da arquitetura. A relação próxima de colaboração entre um arquiteto de software e uma equipe de desenvolvimento permite ao arquiteto observar a dinâmica da equipe, daí facilitar as mudanças para tornar a equipe mais eficaz. É exatamente isso que diferencia um arquiteto técnico de um arquiteto de software eficiente.

CAPÍTULO 23
Habilidades de Negociação e Liderança

É difícil ter habilidades de negociação e liderança. Leva anos de experiência em liderança, prática e "lições aprendidas" para obter as habilidades necessárias para se tornar um arquiteto de software eficiente. Sabendo que este livro não transforma um arquiteto em um especialista em negociação e liderança da noite para o dia, os técnicos introduziram este capítulo para dar um bom ponto de partida para obter essas habilidades importantes.

Negociação e Facilitação

No começo deste livro, listamos as expectativas essenciais de um arquiteto, e a última delas foi: um arquiteto de software deve entender o clima político da empresa e conseguir lidar bem com a política. O motivo para essa expectativa principal é que quase toda decisão que um arquiteto de software toma será questionada. Elas serão questionadas por desenvolvedores que acham que sabem mais que o arquiteto e têm uma abordagem melhor, além de outros arquitetos na organização que acham que têm uma ideia ou um modo melhor de abordar o problema. Por fim, as decisões serão questionadas pelos stakeholders, que argumentarão que a decisão é cara demais ou levará muito tempo.

Considere a decisão de um arquiteto em usar o cluster do banco de dados e a federação (usar instâncias separadas do banco de dados com escopo no domínio físico) para mitigar o risco relacionado à disponibilidade geral em um sistema. Embora seja uma boa solução para o problema de disponibilidade do BD, ela também é cara. Nesse exemplo, o arquiteto deve negociar com os principais acionistas da empresa (aqueles que pagam pelo sistema) para chegar a um acordo sobre o trade-off entre disponibilidade e custo.

A negociação é uma das habilidades mais importantes que um arquiteto de software pode ter. Os arquitetos de software eficientes entendem a política da organização, têm fortes habilidades de negociação e facilitação e conseguem superar os desacordos quando eles ocorrem, criando soluções com as quais todos os stakeholders concordam.

Negociando com os Acionistas da Empresa

Considere o seguinte cenário real (cenário 1) envolvendo um principal acionista da empresa e o arquiteto responsável:

Cenário 1

O patrocinador sênior e vice-presidente do projeto insiste que um novo sistema de trading deve dar suporte a cinco noves de disponibilidade (99,999%). Porém, o arquiteto responsável está convencido, com base em pesquisa, cálculos e conhecimento do domínio do negócio e da tecnologia, que três noves de disponibilidade (99,9%) seriam suficientes. O problema é que o patrocinador do projeto não gosta de estar errado ou ser corrigido e realmente odeia pessoas que são condescendentes. O patrocinador não é muito técnico (mas acha que é) e, como resultado, tende a se envolver nos aspectos não funcionais dos projetos. O arquiteto deve convencer o patrocinador do projeto, com a negociação, de que três noves (99,9%) de disponibilidade seriam suficientes.

Nesse tipo de negociação, o arquiteto de software deve ter o cuidado de não ser egoísta e forçar demais em sua análise, mas também assegurar que nada mostre que estão errados durante a negociação. Há várias técnicas de negociação principais que um arquiteto pode usar para ajudar nessa negociação com o acionista.

Aproveite o uso da gramática e do jargão para entender melhor a situação.

Frases como "devemos ter zero tempo de inatividade" e "precisei desses recursos ontem" em geral são irrelevantes, mas dão informações valiosas ao arquiteto sobre como entrar em uma negociação. Por exemplo, quando é perguntado ao patrocinador do projeto quando certo recurso é necessário e ele responde "precisei dele ontem", isso indica para o arquiteto do software que a entrada no mercado é importante para esse stakeholder. Do mesmo modo, a frase "o sistema deve ser muito rápido" significa que o desempenho é uma grande preocupação. A frase "zero tempo de inatividade" significa que a disponibilidade é essencial na aplicação. Um arquiteto de software eficiente utilizará essa gramática sem sentido para entender melhor as preocupações reais e, como consequência, aproveitar o uso dela durante a negociação.

Considere o cenário 1 descrito antes. Aqui, o principal patrocinador do projeto deseja cinco noves de disponibilidade. Utilizar essa técnica informa ao arquiteto que a disponibilidade é muito importante. Isso leva a uma segunda técnica de negociação:

> Reúna o máximo de informação possível *antes* de entrar em uma negociação.

A frase "cinco noves" é uma gramática que indica alta disponibilidade. Contudo, o que são exatamente cinco noves de disponibilidade? Pesquisar isso com antecedência e reunir conhecimento antes da negociação produz as informações mostradas no Quadro 23-1.

Quadro 23-1. Noves de disponibilidade

Porcentagem do tempo ativo	Tempo inativo por ano (dia)
90,0% (um nove)	36 dias 12h (2,4h)
99,0% (dois noves)	87h46min (14min)
99,9% (três noves)	8h46min (86seg)
99,99% (quatro noves)	52min 33seg (7seg)
99,999% (cinco noves)	5min 35seg (1seg)
99,9999% (seis noves)	31,5seg (86ms)

"Cinco noves" de disponibilidade são 5 minutos e 35 segundos de tempo inativo por ano ou 1 segundo por dia de tempo inativo não planejado. Bem ambicioso, mas também muito caro e desnecessário para o exemplo anterior. Colocar as coisas em horas e minutos (ou nesse caso, em segundos) é um modo muito melhor de conversar do que ficar preso no vocabulário dos noves.

Negociar o cenário 1 incluiria validar as preocupações do acionista ("entendo que a disponibilidade é muito importante para esse sistema"), então trazer a negociação do vocabulário dos noves para a linguagem das horas e dos minutos razoáveis do tempo inativo não planejado. Três noves (que o arquiteto considerava bons o suficiente) têm uma média de 86 segundos de tempo inativo não planejado por dia, certamente um número razoável, dado o contexto do sistema de trading global descrito no cenário. O arquiteto sempre pode recorrer a esta dica:

> Quando tudo mais falhar, declare as coisas em termos de custo e tempo.

Recomendamos guardar essa tática de negociação por último. Vimos muitas negociações começarem com o pé esquerdo devido a declarações abertas como "Isso custará muito dinheiro" ou "Não temos tempo para isso". Tempo e dinheiro (e esforço envolvido) certamente são os principais fatores em qualquer negociação, mas devem ser usados como um último recurso para que outras justificativas e raciocínios mais importantes sejam tentados primeiro. Assim que um acordo é feito, então custo e tempo podem ser considerados, caso sejam atributos importantes para a negociação.

Outra técnica de negociação importante é sempre lembrar do seguinte, sobretudo nas situações descritas no cenário 1:

> Aproveite a regra "dividir e conquistar" para qualificar as demandas ou os requisitos.

O antigo guerreiro chinês Sun Tzu escreveu no livro *A arte da guerra* (Novo Século): "Se suas forças estão unidas, separe-as." Essa mesma táctica de "dividir e conquistar" também pode ser aplicada por um arquiteto durante as negociações. Considere o cenário 1 descrito antes. Nesse caso, o patrocinador do projeto insiste nos cinco noves (99,999%) de disponibilidade para o novo sistema de trading. Porém, o *sistema inteiro* precisa de cinco noves de disponibilidade? Qualificar o requisito para a área específica do sistema que realmente requer cinco noves de disponibilidade reduz o escopo dos requisitos difíceis (e caros) e o escopo da negociação também.

Negociando com Outros Arquitetos

Considere o seguinte cenário real (cenário 2) entre um arquiteto responsável e outro arquiteto no mesmo projeto:

Cenário 2

O arquiteto responsável em um projeto acredita que a mensageria assíncrona seria a abordagem certa para a comunicação entre um grupo de serviços para aumentar o desempenho e a escalabilidade. Mas o outro arquiteto novamente discorda e insiste que REST seria uma escolha melhor, pois o REST sempre é mais rápido do que a mensageria e pode escalar também ("veja você mesmo fazendo uma pesquisa no Google!"). Não é o primeiro debate acalorado entre os dois arquitetos nem será o último. O arquiteto responsável deve convencer o outro de que a mensageria é a solução certa.

Nesse cenário, certamente o arquiteto responsável pode dizer para o outro arquiteto que a opinião dele não importa e ignorá-la com base na posição hierárquica no projeto. Porém, isso só levará a mais animosidade entre os dois e criará uma relação pouco saudável e sem colaboração, com a consequência de acabar tendo um impacto negativo na equipe de desenvolvimento. A seguinte técnica ajudará nessas situações:

> Lembre-se sempre de que *a demonstração vence a discussão*.

Em vez de discutir com o outro arquiteto sobre o uso de REST versus mensageria, o arquiteto responsável deve demonstrar para o outro como a mensageria seria uma escolha melhor em seu ambiente específico. Todo ambiente é diferente, sendo por isso que uma simples pesquisa no Google nunca produzirá a resposta correta. Fazendo uma comparação entre as duas opções em um ambiente de produção e mostrando ao outro arquiteto os resultados, provavelmente a discussão seria evitada.

Outra técnica importante de negociação que funciona nessas situações é:

> Evite ser muito questionador ou levar as coisas para o lado pessoal em uma negociação; uma liderança calma combinada com raciocínio claro e conciso sempre vencerão uma negociação.

Essa técnica é uma ferramenta muito poderosa ao lidar com relações adversas como a descrita no cenário 2. Assim que as coisas ficam muito pessoais ou questionadoras, o melhor a fazer é parar a negociação e voltar mais tarde quando ambas as partes se acalmarem. Discussões ocorrerão entre arquitetos; contudo, lidar com essas situações com uma liderança calma em geral forçará a outra pessoa a recuar quando as coisas esquentarem demais.

Negociando com os Desenvolvedores

Os arquitetos de software eficientes não utilizam seu título como arquiteto para dizer aos desenvolvedores o que fazer. Ao contrário, eles trabalham com as equipes de desenvolvimento para ganharem respeito para que, quando uma requisição for feita pela equipe de desenvolvimento, ela não acabe em discussões ou ressentimentos. Trabalhar com as equipes de desenvolvimento pode ser difícil às vezes. Em muitos casos, essas equipes se sentem desconectadas da arquitetura (e também do arquiteto) e, como resultado, se sentem deixadas de lado em relação às decisões que o arquiteto toma. É um exemplo clássico do antipadrão da arquitetura *Torre de Marfim*. Os arquitetos na torre de marfim são aqueles que simplesmente ditam do alto, falando o que fazer para as equipes de desenvolvimento sem consideração com a opinião ou com as preocupações delas. Em geral, isso leva à perda de respeito do arquiteto e a uma eventual quebra da dinâmica da equipe. Uma técnica de negociação que pode ajudar a lidar com essa situação é sempre dar uma justificativa:

> Ao convencer os outros desenvolvedores para que adotem uma decisão da arquitetura ou façam uma tarefa específica, dê uma justificativa em vez de "ditar do alto".

Dar um motivo, explicando por que algo precisa ser feito, aumenta as probabilidades de que os desenvolvedores concordem com a requisição. Por exemplo, considere a seguinte conversa entre um arquiteto e um desenvolvedor em relação a fazer uma consulta simples em uma arquitetura com n camadas tradicionais:

> **Arquiteto:** "Você deve passar pela camada de negócio para fazer a chamada."
>
> **Desenvolvedor:** "Não. É muito mais rápido só chamar o banco de dados direto."

Existem várias coisas erradas nessa conversa. Primeiro, note o uso das palavras "você deve". Essa voz de comando não é só humilhante, mas uma das piores maneiras de começar uma negociação ou uma conversa. Note também que o desenvolvedor respondeu à demanda do arquiteto com um motivo para contrapor a demanda (passar pela camada de negócio será mais lento e levará mais tempo). Agora considere uma abordagem alternativa para essa demanda:

> **Arquiteto:** "Como o controle de mudanças é mais importante para nós, formamos uma arquitetura em camadas fechadas. Isso significa que todas as chamadas para o BD precisam vir da camada de negócio."
>
> **Desenvolvedor:** "Certo, entendi. Mas, nesse caso, como lidarei com os problemas de desempenho para as consultas mais simples?"

Observe aqui que o arquiteto está dando a justificativa para a demanda de que todas as requisições precisam passar pela camada de negócio da aplicação. Dar a justificativa ou o motivo primeiro sempre é uma boa abordagem. Na maioria das vezes, assim que uma pessoa ouve algo do qual discorda, ela para de ouvir. Por declarar o motivo primeiro, o arquiteto assegura que a justificativa será ouvida. Observe também que o arquiteto removeu a natureza pessoal da demanda. Sem dizer "você deve" ou "você precisa", o arquiteto transformou a demanda em uma simples declaração do fato ("isso significa..."). Agora veja a resposta do desenvolvedor. Note que a conversa mudou de desacordo nas restrições da arquitetura em camadas para uma pergunta sobre como aumentar o desempenho para as chamadas simples. Agora arquiteto e desenvolvedor podem interagir em uma conversa de colaboração para encontrar meios de tornar mais rápidas as consultas simples, ainda preservando as camadas fechadas na arquitetura.

Outra tática de negociação eficiente ao negociar com um desenvolvedor ou tentar convencê-lo a aceitar certo design ou decisão da arquitetura em desacordo é fazê-lo chegar à solução sozinho. Isso cria uma situação de ganho mútuo, em que o arquiteto não pode perder. Por exemplo, suponha que um arquiteto escolha entre duas estruturas: X e Y. O arquiteto vê que a Estrutura Y não atende aos requisitos de segurança para o sistema e naturalmente escolhe a X. Um desenvolvedor na equipe discorda e insiste que a Estrutura Y ainda seria a melhor escolha. Em vez de discutir o caso, o arquiteto fala para o desenvolvedor que a equipe usará a Estrutura Y se ele puder mostrar como lidar com os requisitos de segurança se tal estrutura for usada. Acontecerá uma das duas coisas:

1. O desenvolvedor não conseguirá demonstrar que a Estrutura Y atenderá aos requisitos de segurança e entenderá de imediato que ela não pode ser usada. Fazendo o desenvolvedor chegar à solução sozinho, o arquiteto automaticamente consegue adesão e acordo para a decisão de usar a Estrutura X basicamente tornando-a a decisão do desenvolvedor. É uma vitória.

2. O desenvolvedor encontra um modo de lidar com os requisitos de segurança com a Estrutura Y e o demonstra para o arquiteto. É uma vitória também. Nesse caso, o arquiteto não viu algo na Estrutura Y e também acabou sendo uma estrutura melhor que a outra.

> Se um desenvolvedor discorda de uma decisão, faça-o chegar à solução sozinho.

Só com a colaboração da equipe de desenvolvimento é que o arquiteto consegue ter o respeito da equipe e formular soluções melhores. Quanto mais os desenvolvedores respeitarem um arquiteto, mais fácil será para o arquiteto negociar com os desenvolvedores.

Arquiteto de Software como um Líder

Um arquiteto de software também é um líder, alguém que pode orientar uma equipe de desenvolvimento na implementação da arquitetura. Afirmamos que cerca de 50% de ser um arquiteto de software eficiente é ter boas habilidades pessoais, de facilitação e liderança. Nesta seção, veremos várias técnicas principais de liderança que um arquiteto de software eficiente pode utilizar para liderar as equipes de desenvolvimento.

Os 4 Cs da Arquitetura

Todo dia, as coisas parecem ficar cada vez mais complicadas, com uma complexidade aumentada nos processos comerciais ou uma complexidade aumentada dos sistemas e até da arquitetura. Existe complexidade na arquitetura e no desenvolvimento de software, e sempre existirá. Algumas arquiteturas são muito complexas, como as que suportam seis noves de disponibilidade (99,9999%) — que equivale ao tempo de inatividade não planejado de cerca de 86 milissegundos por dia ou 31,5 segundos por ano. Isso é conhecido como *complexidade essencial*, ou seja, "temos um grande problema".

Uma das armadilhas em que muitos arquitetos caem é adicionar uma complexidade desnecessária às soluções, aos diagramas e à documentação. Os arquitetos (assim como os desenvolvedores) parecem amar a complexidade. Citando Neal:

> Os desenvolvedores são atraídos pela complexidade como moscas pelo mel; com frequência tendo o mesmo resultado.

Considere o diagrama na Figura 23-1 que ilustra os maiores fluxos de informação dos sistemas de processamento de back-end em um banco global muito grande. Essa complexidade é necessária? Ninguém sabe a resposta porque o arquiteto tornou isso complexo. Isso se chama *complexidade acidental*, ou seja, "criamos um grande problema". Às vezes os arquitetos fazem isso para provar seu valor quando as coisas parecem muito simples ou assegurar que sejam sempre mantidos no ciclo de discussões e decisões tomadas em relação ao negócio ou à arquitetura. Outros arquitetos fazem isso para manter a segurança do trabalho. Seja qual for o motivo, introduzir uma complexidade acidental em algo que não é complexo é um dos melhores modos de se tornar um líder ineficiente como arquiteto.

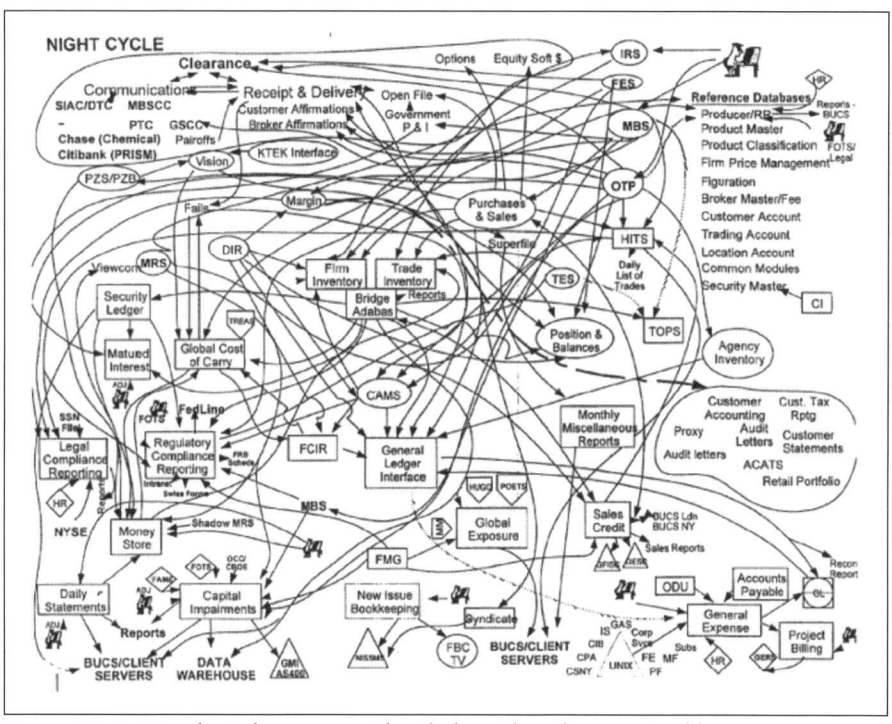

Figura 23-1. Introduzindo uma complexidade acidental em um problema

Um modo eficiente de evitar a complexidade acidental é o que chamados de os *4 Cs* da arquitetura: *comunicação, colaboração, clareza* e *consciência*. Esses fatores (mostrados na Figura 23-2) funcionarão juntos para criar um comunicador e um colaborador eficientes na equipe.

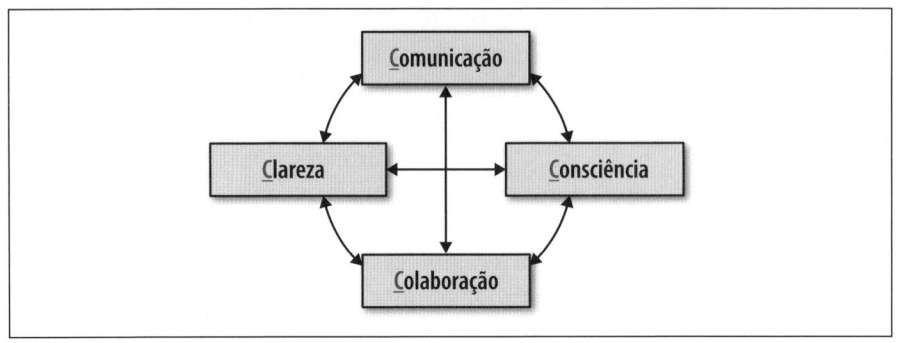

Figura 23-2. Os 4 Cs da arquitetura

Como líder, facilitador e negociador, é fundamental que um arquiteto de software consiga se comunicar com eficiência e de um modo claro e conciso. É igualmente importante que um arquiteto também consiga colaborar com os desenvolvedores, os acionistas da empresa e outros arquitetos para discutir e formular soluções juntos. Focar os 4 Cs da arquitetura ajuda um arquiteto a ter o respeito da equipe e se tornar o braço direito no projeto, alguém que todos procuram não só para dúvidas, mas conselhos, mentoria, coaching e liderança.

Seja Pragmático, Mas Visionário

Um arquiteto de software eficiente deve ser pragmático, mas visionário. Isso não é tão fácil quanto parece e requer muita maturidade e grande prática para conseguir. Para entender melhor essa afirmação, considere a definição de visionário:

Visionário
    Pensar sobre ou planejar o futuro com imaginação ou sabedoria.

Ser visionário significa aplicar pensamento estratégico em um problema, e é exatamente isso que um arquiteto deve fazer. Muitas vezes, arquitetura é sobre planejar o futuro e assegurar que a vitalidade arquitetural (a validade de uma arquitetura) permaneça assim por muito tempo. Porém muitas vezes os arquitetos se tornam teóricos em seu planejamento e design, criando soluções que se tornam muito difíceis de entender ou até implementar. Agora considere a definição de pragmático:

Pragmático
    Lidar com coisas de modo sensível e realista, baseado em considerações práticas, não teóricas.

Embora os arquitetos precisem ser visionários, eles também precisam aplicar soluções práticas e realistas. Ser pragmático é levar em consideração todos os fatores e as restrições a seguir ao criar uma solução da arquitetura:

- Restrições no orçamento e outros fatores de custo
- Restrições de tempo e outros fatores de tempo
- Habilidades e nível de habilidades da equipe de desenvolvimento
- Trade-offs e implicações associadas a uma decisão da arquitetura
- Limites técnicos de um design ou uma solução proposta da arquitetura

Um bom arquiteto de software é alguém que tenta encontrar um equilíbrio adequado entre ser pragmático ainda tendo imaginação e sabedoria para resolver problemas (veja a Figura 23-3). Por exemplo, considere a situação em que um arquiteto tem um problema difícil para lidar com a elasticidade (aumentos repentinos e importantes desconhecidos na carga de usuários simultâneos). Um visionário pode propor um modo elaborado de lidar com isso usando uma malha de dados complexa, que é uma coleção de bancos de dados distribuídos e baseados em domínio. Na teoria, pode ser uma boa abordagem, mas ser pragmático significa aplicar raciocínio e praticidade na solução. Por exemplo, a empresa já usou antes uma malha de dados? Quais são os trade-offs de usar tal malha? Isso realmente resolveria o problema?

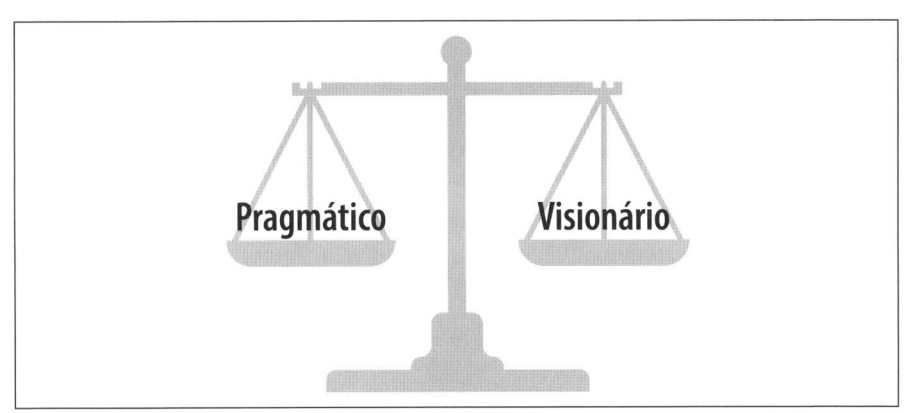

Figura 23-3. Bons arquitetos encontram equilíbrio entre ser pragmático, mas visionário

Manter um bom equilíbrio entre ser pragmático, mas visionário, é um excelente modo de ter respeito como arquiteto. Os acionistas da empresa gostarão das soluções visionárias que se encaixam nas restrições e os desenvolvedores gostarão de ter uma solução prática (ao invés de teórica) para implementar.

Um arquiteto pragmático primeiro veria qual é o fator de limitação quando precisa de altos níveis de elasticidade. O banco de dados é o gargalo? Talvez seja um gargalo em relação a alguns serviços chamados ou outras fontes externas necessárias. Encontrar e isolar o gargalo seria a primeira abordagem prática para o problema. Na verdade, mesmo que seja o banco de dados, alguns dados poderiam ser colocados em cache para que o banco de dados não precise ser acessado?

Liderando as Equipes Dando o Exemplo

Os arquitetos de software ruins utilizam seu título para obrigar as pessoas a fazerem o que eles querem que façam. Os arquitetos eficientes pedem que as pessoas façam coisas não utilizando seu título como arquiteto, mas liderando com o exemplo, não com o título. Isso é sobre ter o respeito das equipes de desenvolvimento, dos acionistas da empresa e de outras pessoas na organização (por exemplo, o responsável pelas operações, os gerentes de desenvolvimento e os proprietários do produto).

A clássica história de "liderar dando o exemplo, não com o título" envolve um capitão e um sargento em uma batalha militar. O capitão de alta patente, que em grande parte fica separado das tropas, comanda todas as tropas para elas avançarem durante a batalha e tomarem uma montanha bem difícil. Contudo, em vez de ouvir o capitão, os soldados, cheios de dúvidas, olham para o sargento de patente menor para saberem se devem tomar ou não a montanha. O sargento examina a situação, balança a cabeça de leve e os soldados imediatamente avançam sentindo confiança para tomar a montanha.

A moral da história é que a patente e o título significam muito pouco em relação a liderar pessoas. O cientista da computação Gerald Weinberg ficou famoso por dizer: "Não importa o problema, as pessoas são o problema." A maioria acha que resolver problemas técnicos não tem relação com as habilidades das pessoas, mas com o *conhecimento técnico*. Embora ter conhecimento técnico certamente seja necessário para resolver um problema, é apenas parte da equação geral para resolver qualquer um. Suponha, por exemplo, que um arquiteto esteja em reunião com uma equipe de desenvolvedores para resolver um problema que apareceu na produção. Um dos desenvolvedores faz uma sugestão e o arquiteto responde com:

— Bem, *é* uma ideia tola.

Não só o desenvolvedor deixará de dar mais sugestões, como nenhum outro ousará dizer nada. Nesse caso, o arquiteto encerrou de fato a colaboração da equipe inteira na solução.

Ter o respeito e liderar equipes é sobre ter habilidades pessoais básicas. Considere o seguinte diálogo entre um arquiteto e um cliente ou equipe de desenvolvimento quanto a um problema no desempenho da aplicação:

Desenvolvedor: "Como resolveremos esse problema no desempenho?"

Arquiteto: "O que você precisa fazer é usar um cache. Isso corrigiria o problema."

Desenvolvedor: "Não me diga o que fazer."

Arquiteto: "O que estou dizendo é que isso corrigiria o problema."

Usando as palavras "o que você precisa fazer é..." ou "você deve", o arquiteto força sua opinião no desenvolvedor e basicamente encerra a colaboração. É um bom exemplo de usar a comunicação, não a colaboração. Agora considere o diálogo reformulado:

Desenvolvedor: "Como resolveremos esse problema no desempenho?"

Arquiteto: "Já considerou usar um cache? Isso pode corrigir o problema."

Desenvolvedor: "Hmmm, não tínhamos pensado nisso. O que você acha?"

Arquiteto: "Bem, se colocarmos um cache aqui...

Observe o uso das palavras "você considerou..." ou "o que você acha..." no diálogo. Fazendo uma pergunta, o controle volta para o desenvolvedor ou o cliente, criando uma conversa de colaboração em que arquiteto e desenvolvedor trabalham juntos para formularem uma solução. O uso da gramática tem vital importância ao tentar criar um ambiente colaborativo. Ser líder como arquiteto não é apenas ser capaz de colaborar com outras pessoas para criar uma arquitetura, mas também ajudar a promover a colaboração na equipe agindo como facilitador. Como arquiteto, tente observar a dinâmica da equipe e notar quando ocorrem situações como no primeiro diálogo. Chamar de lado os membros da equipe e treiná-los no uso da gramática como um meio de colaboração não só criará uma dinâmica melhor da equipe, mas também ajudará a gerar respeito entre os membros dela.

Outra técnica básica de habilidades pessoais que pode ajudar a gerar respeito e relações saudáveis entre um arquiteto e a equipe de desenvolvimento é sempre tentar usar o nome da pessoa na conversa ou na negociação. Elas não apenas gostam de ouvir seu nome durante uma conversa, como isso também ajuda a gerar familiaridade. Pratique lembrar os nomes das pessoas e usá-los com frequência. Como alguns nomes são difíceis de pronunciar, faça a pronúncia certa, então pratique até ficar perfeita. Sempre que perguntamos o nome de alguém, repetimos para a pessoa e perguntamos se é o modo certo de pronunciar. Se não estiver correto, repetimos o processo até acertar.

Se um arquiteto se encontra com alguém pela primeira vez ou apenas às vezes, sempre aperte a mão dela e faça contato visual. Um aperto de mãos é uma habilidade pessoal importante que remonta à época medieval. A ligação física que ocorre durante um aperto de mãos simples permite que as duas pessoas saibam que são amigas, não adversárias, e forma um vínculo entre elas. Contudo, por vezes, é difícil acertar até em um simples aperto de mãos.

Ao apertar a mão de alguém, seja firme (mas não esmagador) enquanto olha a pessoa nos olhos. Desviar o olhar enquanto cumprimenta é sinal de desrespeito e a maioria das pessoas notará isso. E mais, não demore apertando as mãos. De dois e três segundos, um aperto de mãos firme é tudo que é necessário para iniciar uma conversa ou cumprimentar alguém. Há também o problema de exagerar na técnica do aperto e deixar a outra pessoa desconfortável o bastante para não querer se comunicar ou colaborar com você. Por exemplo, imagine um arquiteto de software que chega toda manhã e começa a apertar a mão de todos. Não só é um pouco estranho, como cria uma situação de desconforto. Mas imagine um arquiteto que deve se encontrar com a responsável pelas operações todo mês. É a oportunidade perfeita para ficar de pé e dizer "Olá, Rute. Feliz por ver você de novo", e dar um aperto de mão rápido e firme. Saber quando apertar as mãos ou não faz parte da arte complexa das habilidades pessoais.

Um arquiteto de software, como líder, facilitador e negociador, deve ter o cuidado de preservar os limites que existem entre as pessoas em todos os níveis. O cumprimento, como descrito antes, é uma técnica eficiente e profissional de formar um vínculo físico com a pessoa com quem você se comunica ou colabora. Mas embora o aperto de mãos seja bom, um abraço em um cenário profissional não é, independentemente do ambiente. Um arquiteto pode achar que ele é um exemplo de mais conexão física e vínculo, mas tudo que faz é deixar a outra pessoa no trabalho mais desconfortável e, o mais importante, pode levar a possíveis questões de assédio no local de trabalho. Evite abraçar, independentemente do ambiente profissional, e fique com o aperto de mãos (a menos, é claro, que todos na empresa se abracem, o que seria… estranho).

Por vezes, é melhor transformar uma solução em um favor como um modo de fazer alguém realizar algo que poderia não querer fazer. Em geral, as pessoas não gostam de receber ordens sobre o que fazer, mas, em grande parte, elas querem ajudar os outros. É da natureza humana. Considere a seguinte conversa entre um arquiteto e o desenvolvedor em relação ao esforço de refatorar uma arquitetura durante uma iteração corrida:

> **Arquiteto:** "Preciso que você divida o serviço de pagamentos em cinco serviços diferentes, com cada um tendo funcionalidade para cada tipo de pagamento que aceitamos, como crédito na loja, cartão de crédito, PayPal, cartão-presente e pontos de recompensa, para fornecer uma melhor tolerância a falhas e escalabilidade no site. Não deve levar muito tempo."
>
> **Desenvolvedor:** "Não mesmo, cara. Há muita coisa acontecendo na iteração para isso. Sinto muito, não posso."
>
> **Arquiteto:** "Ouça, é importante e precisa ser feito nessa iteração."
>
> **Desenvolvedor:** "Sinto muito, não dá. Talvez um dos outros desenvolvedores possa fazer. Estou muito ocupado."

Observe a resposta do desenvolvedor. É uma rejeição imediata da tarefa, mesmo que o arquiteto a justificasse para uma melhor tolerância a falhas e escalabilidade. Nesse caso, note que o arquiteto está *dizendo* ao desenvolver para fazer algo que ele simplesmente está ocupado demais para fazer. Note também que a demanda nem inclui o nome da pessoa! Agora considere a técnica de transformar a requisição em um favor:

> **Arquiteto:** "Oi, Sridhar. Ouça, estou com um problema. Realmente preciso que o serviço de pagamento seja dividido em serviços separados para cada tipo de pagamento e ter uma melhor tolerância a falhas e escalabilidade, e esperei muito para fazer isso. Há um jeito de você encaixar isso nessa interação? Isso me ajudaria muito."
>
> **Desenvolvedor:** "(Pausa)... Estou muito ocupado nessa iteração. Mas quer saber? Verei o que posso fazer."
>
> **Arquiteto:** "Obrigado, Sridhar. Agradeço muito sua ajuda. Fico devendo essa."
>
> **Desenvolvedor:** "Tudo bem. Verei se pode ser feito nessa iteração."

Primeiro, observe o uso repetido do nome da pessoa na conversa. Usar o nome torna a conversa mais pessoal, familiar, em vez de uma demanda profissional. Segundo, note que o arquiteto admite que tem um "problema" e que dividir os serviços realmente "ajudaria muito". Essa técnica nem sempre funciona, mas recorrer à natureza humana básica de ajudar uns aos outros tem uma maior probabilidade de sucesso que na primeira conversa. Experimente a técnica na próxima vez em que tiver essa situação e veja os resultados. Na maioria dos casos, os resultados serão muito mais positivos do que dizer para alguém o que fazer.

Para liderar uma equipe e se tornar um líder eficiente, um arquiteto de software deve tentar se tornar o braço direito dela, ou seja, a pessoa que os desenvolvedores procuram com suas questões e problemas. Um arquiteto de software eficiente agarrará a oportunidade e tomará a iniciativa de liderar a equipe, independentemente do título ou da função na equipe. Quando um arquiteto de software observa alguém com um problema técnico, ele deve intervir e oferecer ajuda ou orientação. O mesmo acontece nas situações não técnicas. Suponha que um arquiteto observe um membro da equipe que chega no trabalho parecendo deprimido e chateado; claramente tem algo acontecendo. Nesse caso, o arquiteto eficiente notaria a situação e se ofereceria para conversar, algo como "Ei, Antonio, estou indo pegar um café. Por que não vamos juntos?", então, durante o percurso pergunta se está tudo bem. Isso pelo menos dá mais abertura para uma discussão pessoal; e melhor, é uma oportunidade para orientar e instruir em um nível mais pessoal. Porém um líder eficiente também reconhecerá quando não ser muito insistente e recuar, lendo vários sinais verbais e expressões faciais.

Outra técnica para começar a ter o respeito como líder e se tornar o braço direito na equipe é promover almoços informais periódicos para falar sobre uma técnica ou uma tecnologia específica. Todos que leem este livro têm uma habilidade ou um conhecimento em particular que os outros não têm. Promovendo uma sessão de almoço informal periódica, o arquiteto não só consegue mostrar sua capacidade técnica, como também pratica suas competências oral e de mentoria. Por exemplo, promova um almoço na revisão dos padrões de projeto ou nos últimos recursos do lançamento da linguagem de programação. Isso não apenas fornece informações valiosas para os desenvolvedores, como também começa a identificá-lo como líder e mentor na equipe.

Integração com a Equipe de Desenvolvimento

Em geral a agenda de um arquiteto está cheia de reuniões, com a maioria se sobrepondo, como a agenda mostrada na Figura 23-4. Se a agenda de um arquiteto de software é assim, então quando o arquiteto tem tempo para se integrar na equipe de desenvolvimento, ajudar a orientar e instruir e está disponível para dúvidas ou preocupações quando elas surgem? Infelizmente, as reuniões são um mal necessário no mundo de TI. Elas acontecem com frequência e sempre acontecerão.

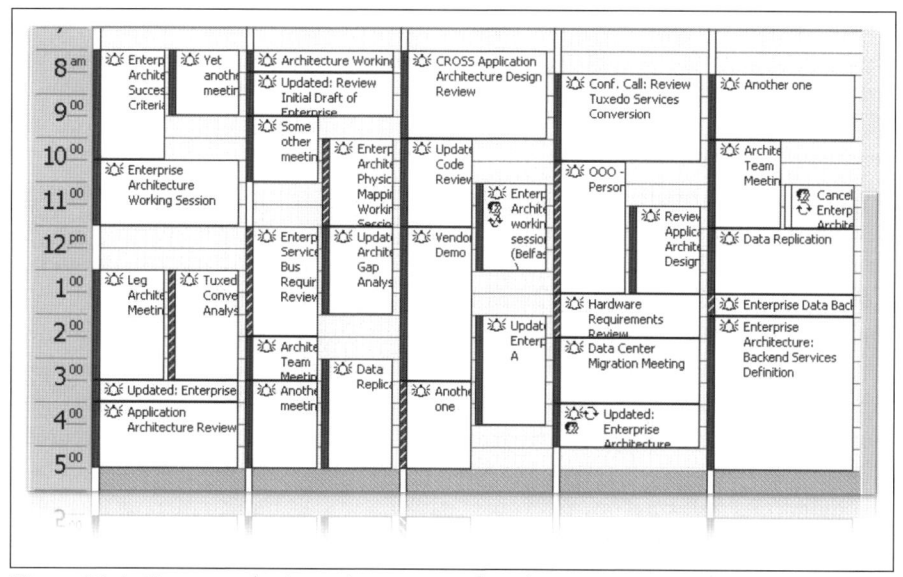

Figura 23-4. Uma agenda típica do arquiteto de software

O segredo para ser um arquiteto de software eficiente é ter mais tempo para a equipe de desenvolvimento, e isso significa controlar as reuniões. Existem dois tipos de reuniões das quais um arquiteto pode participar: as impostas a ele (o arquiteto é convidado) e as impostas por ele (o arquiteto chama para a reunião). Essas reuniões são mostradas na Figura 23-5.

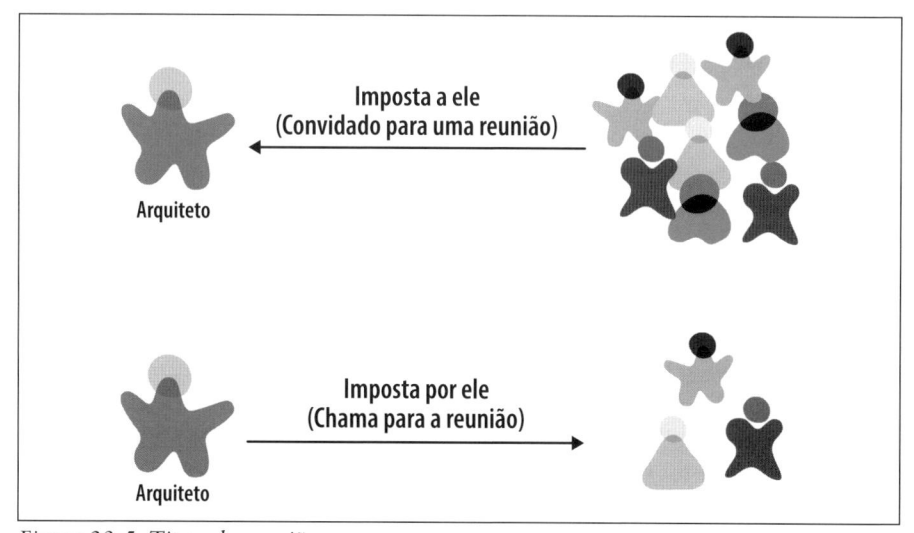

Figura 23-5. Tipos de reunião

Habilidades de Negociação e Liderança | 371

As reuniões *impostas a ele* são as mais difíceis de controlar. Devido ao número de stakeholders com quem um arquiteto de software deve se comunicar e colaborar, os arquitetos são convidados para quase toda reunião agendada. Quando convidado, um arquiteto de software eficiente sempre deve perguntar ao organizador por que ele é necessário na reunião. Muitas vezes, os arquitetos são convidados simplesmente para mantê-los no ciclo das informações sendo discutidas. É para isso que servem as notas da reunião. Perguntando o motivo, um arquiteto pode começar a qualificar quais reuniões devem ter sua presença e quais podem ser ignoradas. Outra técnica relacionada que ajuda a reduzir o número de reuniões com a participação do arquiteto é pedir a pauta dela antes de aceitar o convite. O organizador da reunião pode achar que o arquiteto é necessário, mas vendo a pauta, o arquiteto consegue decidir se realmente precisa participar dela ou não. E mais, muitas vezes não é preciso ficar na reunião inteira. Examinando a pauta, um arquiteto pode otimizar seu tempo aparecendo quando as informações relevantes são discutidas ou sair depois que uma discussão importante termina. Não perca tempo em uma reunião se você pode passar esse tempo trabalhando com a equipe de desenvolvimento.

Peça a pauta da reunião antes para ajudá-lo a decidir se você é realmente necessário nela ou não.

Outra técnica eficiente para manter uma equipe de desenvolvimento nos trilhos e ter o seu respeito é colocar alguém da equipe em uma reunião quando os desenvolvedores são convidados. Em vez de ter o responsável técnico participando da reunião, vá no lugar dele, em particular se o responsável e o arquiteto são convidados. Isso mantém a equipe de desenvolvimento focada na tarefa em mãos, em vez de participar continuamente das reuniões também. Embora tirar as reuniões dos membros úteis da equipe aumente o tempo de um arquiteto nas reuniões, isso também aumenta a produtividade da equipe de desenvolvimento.

As reuniões que um arquiteto impõe aos outros (o arquiteto chama para a reunião) às vezes também são uma necessidade, mas devem ser mantidas no mínimo absoluto. São as reuniões que um arquiteto controla. Um arquiteto de software eficiente sempre perguntará se a reunião para a qual ele chama é mais importante do que o trabalho que está sendo retirado dos membros da equipe. Muitas vezes, um e-mail é suficiente para comunicar alguma informação importante, economizando a todos o tempo perdido. Ao chamar para uma reunião como arquiteto, sempre defina uma pauta e siga-a. Muitas vezes, as reuniões para as quais um arquiteto chama saem dos trilhos devido a algum outro problema, e esse outro problema pode não ser relevante para os outros na reunião. E mais, como arquiteto, preste muita atenção no fluxo do desenvolvedor e verifique se não o atrapalha chamando para uma reunião. O fluxo é um estado de espírito que os desenvolvedores muitas vezes têm, quando o cérebro está 100% envolvido em certo problema, permitindo total atenção e máxima criatividade. Por exemplo, um desenvolvedor pode estar trabalhando em um algoritmo ou parte do código muito difícil, e literalmente passam-se horas, mas que parecem apenas minutos. Ao chamar para uma reunião, um arquiteto sempre deve tentar agendar para a primeira coisa na manhã, logo depois do almoço ou perto do fim do dia, mas não durante o dia, quando a maioria dos desenvolvedores vivencia o estado de fluxo.

Além de gerenciar as reuniões, outra coisa que um arquiteto de software eficiente pode fazer para se integrar melhor na equipe de desenvolvimento é sentar com essa equipe. Sentar em uma baia distante da equipe envia a mensageria de que o arquiteto é especial, e essas paredes físicas em torno da baia são uma mensageria clara de que ele não deve ser chateado nem perturbado. Sentar junto com uma equipe de desenvolvimento envia a mensageria de que o arquiteto é uma parte integral da equipe e está disponível para perguntas ou preocupações conforme elas surgem. Mostrando fisicamente que ele faz parte da equipe de desenvolvimento, o arquiteto consegue mais respeito e ajuda melhor a orientar e instruir a equipe.

Por vezes, não é possível que o arquiteto sente com uma equipe de desenvolvimento. Nesses casos, o melhor que ele pode fazer é circular continuamente para ser visto. Os arquitetos que ficam em um andar diferente ou sempre em seus escritórios ou baias, e nunca são vistos, possivelmente não podem ajudar a orientar a equipe de desenvolvimento durante a implementação da arquitetura. Separe o tempo na manhã, depois do almoço ou no final do dia, e reserve-o para conversar com a equipe, ajudar nos problemas, responder às perguntas e fazer o coach e a mentoria básicos. As equipes de desenvolvimento gostam desse tipo de comunicação e o respeitarão por conseguir tempo para ela durante o dia. O mesmo acontece com os outros stakeholders. Parar para dizer "olá" para o chefe de operações enquanto vai pegar mais café é um excelente modo de manter a comunicação aberta e disponível com os acionistas da empresa e outros principais stakeholders.

Resumo

As dicas de negociação e liderança apresentadas e examinadas neste capítulo são para ajudar o arquiteto de software a ter uma relação de colaboração melhor com a equipe de desenvolvimento e outros stakeholders. São as habilidades necessárias que um arquiteto deve ter para se tornar um arquiteto de software eficiente. Embora as dicas apresentadas aqui sejam boas para iniciar a jornada para se tornar um líder eficiente, talvez a melhor dica de todas venha de uma citação de Theodore Roosevelt, o 26º presidente dos EUA:

> *O ingrediente mais importante para a fórmula de sucesso é saber como lidar com as pessoas.*
>
> — Theodore Roosevelt

CAPÍTULO 24
Desenvolvendo uma Trajetória Profissional

Tornar-se arquiteto requer tempo e esforço, mas pelos muitos motivos descritos neste livro, gerenciar a trajetória profissional depois de se tornar arquiteto é igualmente arriscado. Embora não possamos traçar uma trajetória específica para você, podemos indicar algumas práticas que vimos que funcionam bem.

Um arquiteto deve continuar a aprender durante sua carreira. O mundo da tecnologia muda em um ritmo vertiginoso. Um dos ex-colegas de Neil era um renomado especialista em Clipper. Ele lamentava não poder pegar o enorme conhecimento (agora inútil) em Clipper e substituí-lo por outra coisa. Ele também especulava (e isso ainda é uma questão aberta): algum grupo na história aprendeu e descartou tanto conhecimento detalhado em sua existência quanto os desenvolvedores de software?

Todo arquiteto deve ficar de olho nos recursos relevantes, em tecnologia e negócios, e adicioná-los ao seu estoque pessoal. Infelizmente, recursos vão e vêm rapidamente, sendo por isso que não listamos nenhum neste livro. Conversar com colegas ou especialistas sobre quais recursos eles usam para se manterem atuais é um bom modo de buscar as últimas novidades, sites e grupos que são ativos em certa área de interesse. Durante seu dia, os arquitetos também devem ter um tempo para manter a amplitude utilizando esses recursos.

Regra dos 20 Minutos

Como mostrado na Figura 2-6, a amplitude da tecnologia é mais importante para os arquitetos do que a profundidade. Porém manter a amplitude requer tempo e esforço, algo que os arquitetos devem incorporar em seu dia. Mas como alguém no mundo tem tempo para acessar vários sites para ler artigos, assistir a apresentações e ouvir a podcasts? A resposta é... poucas pessoas têm tempo para isso. Desenvolvedores e arquitetos tentam equilibrar o trabalho normal, passar um tempo com a família, ficar disponível para os filhos, conseguir um tempo pessoal para interesses e passatempos e tentar desenvolver suas carreiras, ao mesmo tempo que tentam acompanhar as últimas tendências e palavras da moda.

Uma técnica que usamos para manter esse equilíbrio é algo que chamamos de *regra dos 20 minutos*. A ideia dessa técnica, como visto na Figura 24-1, é dedicar *pelo menos* 20 minutos por dia à sua carreira como arquiteto aprendendo algo novo ou se aprofundando em um tópico específico. A Figura 24-1 mostra exemplos de alguns recursos nos quais passar 20 minutos por dia, como InfoQ, DZone Refcardz e ThoughtWorks Technology Radar (conteúdos em inglês). Passe no mínimo 20 minutos no Google pesquisando palavras da moda diferentes ("as coisas que você não sabe que não sabe", do Capítulo 2) para aprender um pouco sobre elas, promovendo conhecimento para as "coisas que você sabe que não sabe". Ou talvez passe 20 minutos se aprofundando em certo tópico para conhecer um pouco mais sobre ele. A intenção dessa técnica é conseguir um tempo para desenvolver uma carreira como arquiteto e ter uma amplitude técnica contínua.

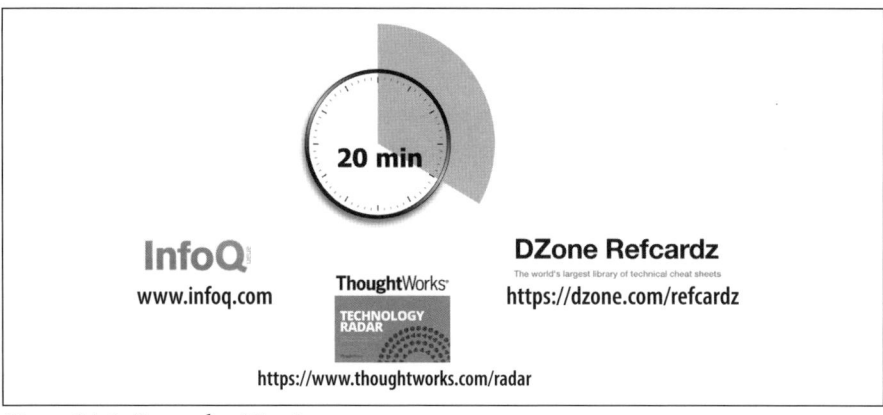

Figura 24-1. Regra dos 20 minutos

Muitos arquitetos adotam o conceito e o plano de reservar 20 minutos no almoço ou à noite após o trabalho para isso. O que vivenciamos é que raramente funciona. A hora do almoço está cada vez menor, tornando-se mais um momento para colocar a conversa em dia no trabalho, em vez de um tempo para pausar e comer. As noites são ainda piores; as situações mudam, planos são feitos, o tempo com a família fica mais importante e a regra dos 20 minutos nunca acontece.

Recomendamos utilizar a regra dos 20 minutos como a primeira coisa na manhã, quando o dia está começando. Mas há um problema nesse conselho também. Por exemplo, qual é a primeira coisa que um arquiteto faz depois de chegar no trabalho de manhã? Bem, a primeira coisa é pegar uma incrível xícara de café ou chá. Certo, nesse caso, qual é a segunda coisa depois de pegar a xícara — verificar o e-mail. Assim que ele verifica o e-mail, acontece uma distração, as respostas dos e-mails são escritas e o dia acaba. Portanto, recomendamos fazer a regra dos 20 minutos como a primeira coisa da manhã, logo depois de pegar a xícara de café ou chá, e antes de verificar o e-mail. Vá trabalhar um pouco mais cedo. Fazer isso aumentará a amplitude técnica do arquiteto e ajudará a desenvolver o conhecimento requerido para se tornar um arquiteto de software competente.

Desenvolvendo um Radar Pessoal

Em grande parte dos anos 1990 e no começo dos anos 2000, Neal foi CTO de uma pequena empresa de treinamento e consultoria. Quando ele começou nela, a plataforma primária era o Clipper, uma ferramenta de desenvolvimento de aplicações rápida para criar aplicações DOS com arquivos dBASE. Até o dia em que desapareceu. A empresa viu o surgimento do Windows, mas o mercado de negócios ainda era em DOS... até deixar de ser de forma brusca. Essa lição deixou marcas: ignore o progresso da tecnologia por sua conta e risco.

Também ensinou uma importante lição sobre as bolhas da tecnologia. Quando investido pesadamente em uma tecnologia, um desenvolvedor entra em uma bolha mimética, que também serve como câmara de eco. As bolhas criadas pelos fornecedores são muito perigosas, pois os desenvolvedores nunca ouvem elogios honestos de dentro delas. Contudo, o maior perigo de Viver na Bolha é quando ela começa a estourar, e os desenvolvedores dentro dela só percebem isso quando é tarde demais.

O que eles não tinham era um radar da tecnologia: um documento vivo para avaliar os riscos e as recompensas das tecnologias existentes e nascentes. O conceito de radar vem da ThoughtWorks; primeiro descreveremos como esse conceito surgiu, então como usá-lo para criar um radar pessoal.

Radar da Tecnologia da ThoughtWorks

ThoughtWorks Technology Advisory Board (TAB) é um grupo de líderes da tecnologia sênior na ThoughtWorks, criado para ajudar a diretora de tecnologia, a Dra. Rebecca Parsons, a tomar decisões sobre as direções e as estratégias para a empresa e seus clientes. Esse grupo se encontra presencialmente duas vezes ao ano. Um dos resultados desse encontro foi o Technology Radar. Com o tempo, ele foi crescendo e se tornou o Technology Radar semestral.

O TAB aos poucos estabeleceu uma produção do Radar semestral. Então, como sempre acontece, ocorreram efeitos colaterais inesperados. Neal falava em algumas conferências, os participantes o procuravam e agradeciam por ajudar a produzir o Radar, dizendo que a empresa deles tinha começado a produzir uma versão própria.

Neal também percebeu que essa era a resposta para uma eterna pergunta nos painéis dos palestrantes em todo lugar: "Como você (palestrante) acompanha a tecnologia? Como descobre o que buscar em seguida? A resposta, claro, é que todos eles têm alguma forma de radar interno.

Partes

O ThoughtWorks Radar consiste em quatro quadrantes que tentam cobrir grande parte do cenário de desenvolvimento de software:

Ferramentas
Ferramentas no espaço de desenvolvimento de software, tudo, desde ferramentas do desenvolvedor, como IDEs, até ferramentas de integração no nível da empresa

Linguagens e frameworks
Linguagens de computação, bibliotecas e frameworks, em geral de código aberto

Técnicas
Qualquer prática que ajude no desenvolvimento de software em geral; pode incluir processos de desenvolvimento de software, práticas de engenharia e recomendações

Plataformas
Plataformas de tecnologia, inclusive bancos de dados, fornecedores de serviços em nuvem e SOs

Anéis

O Radar tem quatro anéis, listados aqui do externo para o interno:

Evite
A intenção original do anel evite era "esperar por enquanto" para representar as tecnologias que eram muito novas para serem bem avaliadas ainda, ou seja, tecnologias que estavam chamando muita atenção, mas ainda sem comprovação. O anel evite evoluiu para "não iniciar nada novo com essa tecnologia". Não faz mal usar nos projetos existentes, mas os desenvolvedores devem pensar duas vezes ao usá-lo para um novo desenvolvimento.

Avalie
O anel avalie indica que uma tecnologia vale a pena explorar com o objetivo de entender como afetará uma organização. Os arquitetos devem investir certo esforço (como picos de desenvolvimento, projetos de pesquisa e sessões de conferência) para ver se ele terá impacto na organização. Por exemplo, ficou visível que muitas empresas grandes passaram por essa fase ao formularem uma estratégia para dispositivos móveis.

Experimente
O anel experimente é para as tecnologias que valem a pena buscar; é importante entender como desenvolver essa capacidade. Agora é hora de pilotar um projeto de baixo risco para que arquitetos e desenvolvedores possam entender bem a tecnologia.

Adote
Para as tecnologias no anel adote, a ThoughtWorks sente que o setor deve adotar esses itens.

Uma visão de exemplo do Radar aparece na Figura 24-2.

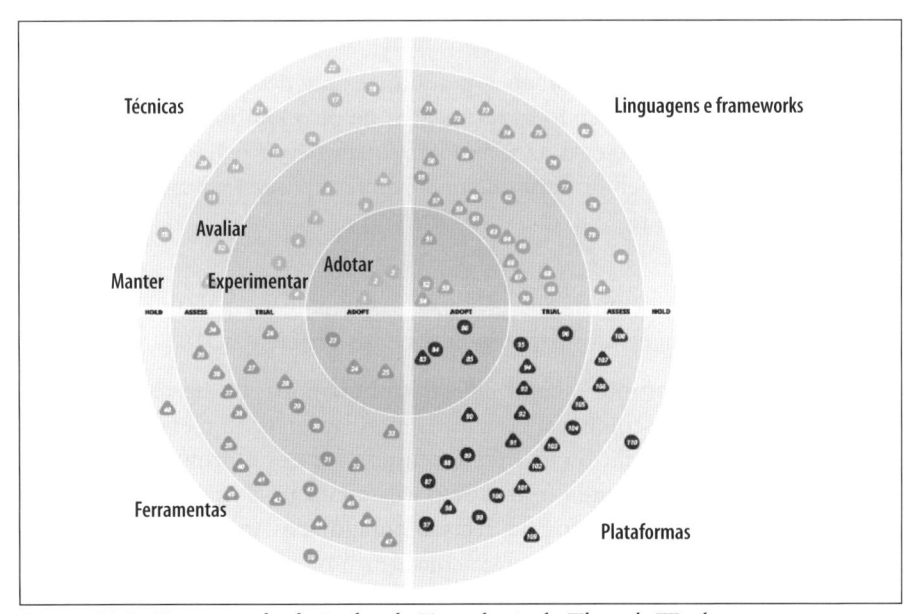

Figura 24-2. Um exemplo de Radar da Tecnologia da ThoughtWorks

Na Figura 24-2, cada ponto representa uma tecnologia ou uma técnica diferente, com anotações curtas associadas. Embora a ThoughtWorks use o radar para divulgar suas opiniões sobre o mundo do software, muitos desenvolvedores e arquitetos também o utilizam como a ferramenta descrita em "Partes de Visualização Open Source" para criar o mesmo visual usado pela ThoughtWorks como um modo de organizar seu pensamento sobre em que investir tempo.

Ao usar o radar para o uso pessoal, sugerimos mudar os significados dos quadrantes assim:

Evite

Um arquiteto pode incluir não apenas tecnologias e técnicas para evitar, mas também hábitos que tenta parar. Por exemplo, um arquiteto do mundo .NET pode estar acostumado a ler as últimas notícias/fofocas em fóruns sobre o funcionamento interno das equipes. Embora seja divertido, pode ser uma informação de baixo valor. Colocar isso em espera cria um lembrete para ele evitar coisas problemáticas.

Avalie

Os arquitetos devem usar a *avaliação* para promover tecnologias sobre as quais ouviram coisas boas, mas não tiveram tempo de avaliar ainda; veja "Usando a Rede Social". Esse anel forma uma área de preparação para uma pesquisa mais séria em algum momento no futuro.

Experimente

O anel *experimente* indica uma pesquisa e um desenvolvimento ativos, como um arquiteto fazendo experimentos de pico em uma base de código maior. Esse anel representa as tecnologias que valem a pena passar um tempo para entender melhor para que um arquiteto possa realizar uma análise de trade-off eficiente.

Adote

O anel *adote* representa as coisas novas que empolgam mais um arquiteto e as práticas recomendadas para resolver certos problemas.

É perigoso ter uma atitude liberal em relação ao portfólio de tecnologia. A maioria dos técnicos escolhe tecnologias de maneira mais ou menos específica, com base no que é popular ou no que seu empregador está promovendo. Criar um radar da tecnologia ajuda o arquiteto a formalizar seu raciocínio sobre a tecnologia e equilibrar critérios de decisão antagônicos (o fator "mais legal" da tecnologia e ser menos provável de conseguir um novo trabalho versus um grande mercado de trabalho, porém com menos trabalho interessante). Os arquitetos devem tratar seu portfólio de tecnologia como se fosse um portfólio financeiro: de muitos modos, são a mesma coisa. O que um analista financeiro fala sobre o portfólio? Diversifique!

Os arquitetos devem escolher algumas tecnologias e/ou habilidades que têm uma ampla demanda e rastrear essa demanda. Mas também podem querer experimentar estratégias tecnológicas, como a código aberto ou o desenvolvimento para dispositivos móveis. Há inúmeros relatos sobre os desenvolvedores que se libertaram da servidão das baias trabalhando até tarde da noite em projetos de código aberto que ficaram populares, puderam ser comprados e decidiram o destino de suas carreiras. Esse é outro motivo para focar a amplitude, não a profundidade.

Os arquitetos devem reservar um tempo para ampliar seu portfólio de tecnologia e criar um radar fornece uma boa base. Porém o exercício é mais importante que o resultado. Criar a visualização dá uma desculpa para pensar sobre essas coisas, e para os arquitetos ocupados, encontrar uma desculpa para conseguir tempo em uma agenda corrida é o único modo desse raciocínio acontecer.

Partes de Visualização Open Source

Atendendo a pedidos, a ThoughtWorks lançou uma ferramenta em novembro de 2016 para ajudar os tecnólogos a criarem sua própria visualização do radar. Quando a ThoughtWorks faz esse exercício para empresas, ela captura a saída da reunião em uma planilha, com uma página para cada quadrante. A ferramenta ThoughtWorks Build Your Own Radar usa uma planilha do Google como entrada e gera a visualização do radar usando uma tela HTML 5. Assim, embora a parte importante do exercício seja as conversas geradas, também gera visualizações úteis.

Usando a Rede Social

Onde um arquiteto consegue encontrar novas tecnologias e técnicas para colocar no anel avalie do radar? No livro de Andrew McAfee, *Enterprise 2.0* (sem publicação no Brasil), ele faz uma observação interessante sobre redes sociais em geral. Ao pensar na rede de contatos de uma pessoa, existem três categorias, como mostrado na Figura 24-3.

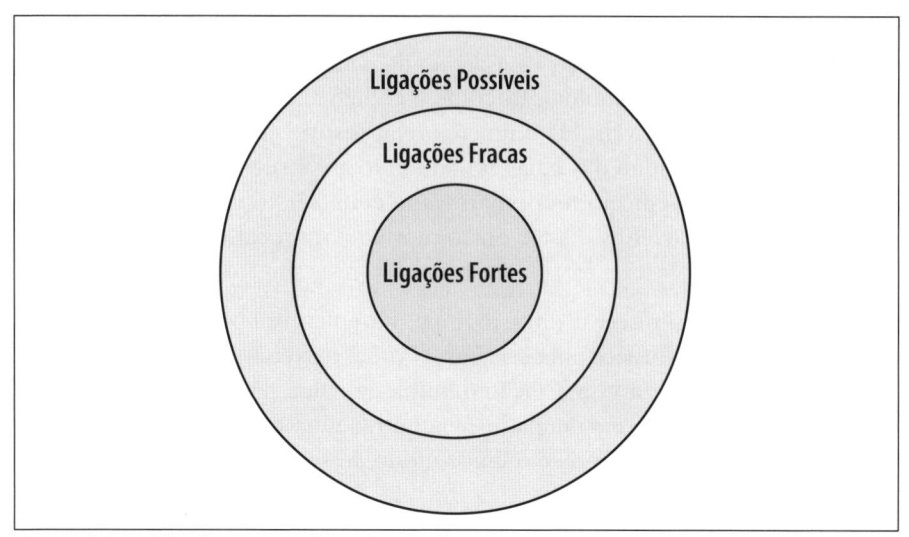

Figura 24-3. Círculos sociais das relações de uma pessoa

Na Figura 24-3, as *ligações fortes* representam os familiares, os colegas de trabalho e outras pessoas em contato regular com a pessoa. Um teste decisivo para o quanto essas conexões são próximas: é possível dizer o que uma pessoa em suas ligações fortes pediu no almoço pelo menos um dia da semana passada. As *ligações fracas* são conhecidos casuais, parentes distantes e outras pessoas vistas apenas algumas vezes por ano. Antes das redes sociais, era difícil manter contato com esse círculo de pessoas. Por fim, as *ligações possíveis* representam as pessoas que você não conheceu ainda.

A observação mais interessante de McAfee sobre essas conexões foi que o próximo trabalho de alguém muito provavelmente virá mais de uma ligação fraca do que de uma forte. As pessoas com ligação forte sabem tudo dentro do grupo fortemente ligado; são pessoas que se veem o tempo todo. Já as ligações fracas dão conselhos de fora da experiência normal de alguém, inclusive novas ofertas de trabalho.

Usando as características das redes sociais, os arquitetos conseguem usar as redes para melhorar sua amplitude técnica. Usando profissionalmente uma rede social como o Twitter, os arquitetos devem encontrar técnicos cujo conselho eles respeitam e seguem. Isso permite que os arquitetos criem uma rede sobre tecnologias novas e interessantes para avaliar e acompanhar as mudanças rápidas no mundo da tecnologia.

Conselhos de Despedida

Como consigo ótimos designers? Os ótimos designers fazem design, claro.
— Fred Brooks

Então como podemos conseguir ótimos arquitetos se eles têm apenas a oportunidade de fazer alguns poucos projetos em suas carreiras?
— Ted Neward

A prática é o modo comprovado de desenvolver habilidades e ficar melhor em qualquer coisa na vida... inclusive na arquitetura. Encorajamos que os arquitetos novos e existentes continuem aprimorando suas habilidades para a amplitude individual da tecnologia, mas também para o ofício de planejar a arquitetura. Para tanto, verifique os katas da arquitetura. Modelada segundo os katas usados como exemplos aqui, encorajamos que os arquitetos usem isso para praticar e desenvolver habilidades na arquitetura.

Uma pergunta comum que sempre ouvimos sobre katas: há um guia de resposta em algum lugar? Infelizmente não existe tal gabarito. Para citar o autor, Neal:

Não existem respostas certas ou erradas na arquitetura, apenas *trade-offs*.

Quando começamos a usar o exercício de katas da arquitetura durante as aulas de treinamento ao vivo, no começo mantivemos os desenhos que os alunos produziram com o objetivo de criar um repositório de respostas. Mas desistimos logo, porque percebemos que tínhamos artefatos incompletos, ou seja, as equipes tinham capturado a topologia e explicado suas decisões na aula, mas não tiveram tempo de criar os registros de decisão da arquitetura. Embora o modo como elas implementaram suas soluções fosse interessante, o motivo era muito mais interessante porque ele contém os trade-offs considerados ao tomar a decisão. Manter apenas o motivo era apenas metade da história. Portanto, nossos últimos conselhos de despedida: sempre aprenda, sempre pratique e *faça alguma arquitetura*!

APÊNDICE
Perguntas de Autoavaliação

Capítulo 1: Introdução

1. Quais são as quatro dimensões que definem a arquitetura de software?
2. Qual é a diferença entre uma decisão da arquitetura e um princípio de design de software?
3. Liste as oito expectativas essenciais de um arquiteto de software.
4. Qual é a Primeira Lei da Arquitetura de Software?

Capítulo 2: Pensamento Arquitetônico

1. Descreva a abordagem tradicional da arquitetura versus desenvolvimento e explique por que essa abordagem não funciona mais.
2. Liste os três níveis de conhecimento na pirâmide de conhecimento e dê um exemplo de cada.
3. Por que é mais importante para um arquiteto focar a amplitude técnica do que a profundidade técnica?
4. Quais são os modos de manter sua profundidade técnica e continuar trabalhando como arquiteto?

Capítulo 3: Modularidade

1. O que se entende por *conascência*?
2. Qual é a diferença entre conascência estática e dinâmica?
3. O que significa *conascência de tipo*? É uma conascência estática ou dinâmica?

4. Qual é a forma mais forte de conascência?
5. Qual é a forma mais fraca de conascência?
6. Qual é preferível em uma base de código — conascência estática ou dinâmica?

Capítulo 4: Definição das Características da Arquitetura

1. Quais os três critérios que um atributo deve atender para ser considerado uma característica da arquitetura?
2. Qual é a diferença entre uma característica implícita e explícita? Dê um exemplo de cada.
3. Dê um exemplo de característica operacional.
4. Dê um exemplo de característica estrutural.
5. Dê um exemplo de característica transversal.
6. Qual característica da arquitetura é mais importante de se ter — disponibilidade ou desempenho?

Capítulo 5: Identificando as Características da Arquitetura

1. Dê um bom motivo de por que é uma boa prática limitar o número de características ("atributos") que uma arquitetura deve suportar.
2. Verdadeiro ou falso: a maioria das características da arquitetura vem dos requisitos de negócio e das histórias do usuário.
3. Se um acionista da empresa declara que a entrada no mercado (ou seja, obter novos recursos e correções de erros enviados para os usuários o mais rápido possível) é a preocupação comercial mais importante, a quais características a arquitetura precisaria dar suporte?
4. Qual é a diferença entre escalabilidade e elasticidade?
5. Você descobriu que sua empresa passará por várias aquisições maiores para aumentar bastante sua base de clientes. Com quais características da arquitetura você deve se preocupar?

Capítulo 6: Medindo e Controlando as Características da Arquitetura

1. Por que a complexidade ciclomática é uma métrica tão importante para analisar a arquitetura?

2. O que é função de aptidão da arquitetura? Como ela pode ser usada para analisar uma arquitetura?
3. Dê um exemplo de função de aptidão da arquitetura para medir a escalabilidade de uma arquitetura.
4. Qual é o critério mais importante de uma característica da arquitetura para permitir que arquitetos e desenvolvedores criem funções de aptidão?

Capítulo 7: Escopo das Características da Arquitetura

1. O que é quantum da arquitetura e por que ele é importante para a arquitetura?
2. Pressuponha um sistema consistindo em uma IU com quatro serviços implantados de forma independente, cada um com seu próprio banco de dados separado. Esse sistema teria um único quantum ou quatro? Por quê?
3. Pressuponha um sistema com uma parte da administração gerenciando dados de referência estáticos (como o catálogo de produtos e informações do depósito) e uma parte voltada para o cliente gerenciando a colocação dos pedidos. Quantos quanta esse sistema deveria ter e por quê? Se você prevê vários quanta, o quantum admin e o quantum do cliente poderiam compartilhar um banco de dados? Em caso afirmativo, em qual quantum o banco de dados precisaria residir?

Capítulo 8: Pensamento Baseado em Componentes

1. Definimos o termo *componente* como um bloco de construção de uma aplicação, como algo que uma aplicação faz. Em geral, um componente consiste em um grupo de classes ou arquivos-fonte. Como os componentes normalmente são manifestados dentro de uma aplicação ou um serviço?
2. Qual é a diferença entre particionamento técnico e particionamento do domínio? Dê um exemplo de cada.
3. Qual é a vantagem do particionamento do domínio?
4. Sob quais circunstâncias o particionamento técnico seria uma escolha melhor em relação ao particionamento do domínio?
5. O que é armadilha da entidade? Por que ela não é uma boa abordagem para a identificação do componente?

6. Quando podemos escolher a abordagem do fluxo de trabalho, e não a abordagem Ator/Ações, ao identificar os componentes essenciais?

Capítulo 9: Estilos de Arquitetura

1. Liste oito falácias da computação distribuída.
2. Cite três desafios que as arquiteturas distribuídas têm, mas as arquiteturas monolíticas não têm.
3. O que é stamp coupling?
4. Quais são os modos de lidar com o stamp coupling?

Capítulo 10: Estilo de Arquitetura em Camadas

1. Qual é a diferença entre camada aberta e fechada?
2. Descreva o conceito das camadas de isolamento e quais os benefícios dele.
3. O que é o padrão sinkhole da arquitetura?
4. Quais são as principais características da arquitetura que orientariam o uso de uma arquitetura em camadas?
5. Por que a testabilidade não é bem suportada no estilo da arquitetura em camadas?
6. Por que a agilidade não é bem suportada no estilo da arquitetura em camadas?

Capítulo 11: Estilo de Arquitetura Pipeline

1. Os canais podem ser bidirecionais em uma arquitetura pipeline?
2. Cite quatro tipos de filtros e sua finalidade.
3. Um filtro pode enviar dados por vários canais?
4. O estilo de arquitetura pipeline é particionado tecnicamente ou por domínio?
5. De que modo a arquitetura pipeline dá suporte à modularidade?
6. Dê dois exemplos do estilo de arquitetura pipeline.

Capítulo 12: Estilo de Arquitetura Microkernel

1. Qual é o outro nome do estilo de arquitetura microkernel?

2. Sob quais situações é bom que os componentes de plug-in sejam dependentes de outros?
3. Quais são as ferramentas e as estruturas que podem ser usadas para gerenciar os plug-ins?
4. O que você faria se tivesse um plug-in de terceiros que não está em conformidade com o contrato de plug-in padrão no sistema central?
5. Dê dois exemplos do estilo de arquitetura microkernel.
6. O estilo de arquitetura microkernel é tecnicamente particionado ou particionado por domínio?
7. Por que a arquitetura microkernel é sempre um quantum da arquitetura?
8. O que é isomorfismo do domínio/arquitetura?

Capítulo 13: Estilo de Arquitetura Baseada em Serviços

1. Quantos serviços existem em uma arquitetura típica baseada em serviços?
2. É preciso dividir um banco de dados na arquitetura baseada em serviços?
3. Sob quais circunstâncias você talvez queira dividir um banco de dados?
4. Qual técnica você pode usar para gerenciar as alterações no banco de dados dentro de uma arquitetura baseada em serviços?
5. Os serviços do domínio requerem um contêiner (como Docker) para rodar?
6. Quais características da arquitetura são bem suportadas pelo estilo de arquitetura baseado em serviço?
7. Por que a elasticidade não é bem suportada em uma arquitetura baseada em serviços?
8. Como você pode aumentar o número de quanta em uma arquitetura baseada em serviços?

Capítulo 14: Estilo de Arquitetura Baseada em Eventos

1. Quais são as diferenças básicas entre as topologias do broker e do mediador?
2. Para ter um melhor controle do fluxo de trabalho, você usaria uma topologia do mediador ou do broker?

3. Em geral, a topologia do intermediário utiliza um modelo "publicar e assinar" com tópicos ou um modelo de ponto a ponto com filas?
4. Cite duas vantagens básicas das comunicações assíncronas.
5. Dê um exemplo de requisição típica no modelo baseado em requisições.
6. Dê um exemplo de requisição típica em um modelo baseado em eventos.
7. Qual é a diferença entre iniciar um evento e processar um evento na arquitetura baseada em eventos?
8. Quais são as técnicas para impedir a perda de dados ao enviar e receber mensagens de uma fila?
9. Quais são as três características que orientam o uso da arquitetura baseada em eventos?
10. Quais são as características que não são bem suportadas na arquitetura baseada em eventos?

Capítulo 15: Estilo de Arquitetura Baseada em Espaço

1. De onde vem o nome da arquitetura baseada em espaço?
2. Qual é o aspecto básico da arquitetura baseada em espaço que a diferencia dos outros estilos de arquitetura?
3. Cite os quatro componentes que compõem o middleware virtualizado em uma arquitetura baseada em espaço.
4. Qual é o papel da grade de mensageria?
5. Qual é o papel de uma gravação de dados na arquitetura baseada em espaço?
6. Sob quais condições um serviço precisaria acessar dados por meio da leitura de dados?
7. Um cache pequeno aumenta ou diminui as chances de uma colisão de dados?
8. Qual é a diferença entre um cache replicado e um distribuído? Normalmente, qual é usado na arquitetura baseada em espaço?
9. Liste três características com mais suporte na arquitetura baseada em espaço.
10. Por que a taxa de testabilidade é tão baixa na arquitetura baseada em espaço?

Capítulo 16: Arquitetura Orientada a Serviços e Baseada em Orquestração

1. Qual é a principal motivação por trás de uma arquitetura orientada a serviços?
2. Quais são os quatro tipos básicos de serviço em uma arquitetura orientada a serviços?
3. Liste alguns fatores que levaram à queda da arquitetura orientada a serviços.
4. A arquitetura orientada a serviços é particionada tecnicamente ou por domínio?
5. Como a reutilização do domínio é abordada no SOA? Como a reutilização operacional é abordada?

Capítulo 17: Arquitetura de Microsserviços

1. Por que o contexto delimitado é tão essencial para a arquitetura de microsserviços?
2. Quais são os três modos de determinar se você tem o nível certo de granularidade em um microsserviço?
3. Qual funcionalidade pode estar contida em um padrão sidecar?
4. Qual a diferença entre orquestração e coreografia? Qual suporta os microsserviços? Algum estilo de comunicação é mais fácil nos microsserviços?
5. O que é saga nos microsserviços?
6. Por que a agilidade, a testabilidade e a implementabilidade são bem suportadas nos microsserviços?
7. Quais são os dois motivos para o desempenho normalmente ser um problema nos microsserviços?
8. Os microsserviços são uma arquitetura particionada por domínio ou tecnicamente?
9. Descreva uma topologia em que um ecossistema de microsserviços pode ser apenas um quantum.
10. Como se lidou com a reutilização do domínio nos microsserviços? Como se lidou com a reutilização operacional?

Capítulo 18: Escolhendo o Estilo de Arquitetura Certo

1. De que modo a arquitetura de dados (estrutura dos modelos de dados lógicos e físicos) influencia a escolha do estilo da arquitetura?
2. Como influencia sua escolha do estilo de arquitetura usado?
3. Descreva as etapas que um arquiteto usa para determinar o estilo da arquitetura, o particionamento dos dados e os estilos de comunicação.
4. Qual fator leva um arquiteto a usar uma arquitetura distribuída?

Capítulo 19: Decisões da Arquitetura

1. O que é o antipadrão Cobertura dos Ativos?
2. Quais são as técnicas para evitar o antipadrão Arquitetura Baseada em E-mail?
3. Quais são os cinco fatores que Michael Nygard define para identificar algo como significativo para a arquitetura?
4. Quais são as cinco seções básicas de um registro de decisão da arquitetura?
5. Em qual seção de um ADR você costuma adicionar a justificativa para uma decisão da arquitetura?
6. Pressupondo que você não precisa de uma seção Alternativas separada, em qual seção de um ADR você listaria as alternativas para a solução proposta?
7. Quais são os três critérios básicos nos quais você marcaria o status de um ADR como Proposto?

Capítulo 20: Analisando o Risco da Arquitetura

1. Quais são as duas dimensões da matriz de avaliação de risco?
2. Quais são os modos de mostrar a direção de certo risco em uma avaliação de risco? Você consegue pensar em outros modos de indicar se o risco está melhorando ou piorando?
3. Por que é necessário que o risk storming seja um exercício de colaboração?
4. Por que é necessário que a atividade de identificação no risk storming seja uma atividade individual, e não uma de colaboração?

5. O que você faria se três participantes identificassem um risco como alto (6) para certa área da arquitetura, mas outro participante o identificasse apenas como médio (3)?
6. Qual classificação de risco (1-9) você atribuiria às tecnologias não comprovadas ou desconhecidas?

Capítulo 21: Diagramando e Apresentando a Arquitetura

1. O que é o apego irracional pelo artefato e por que ele é importante em relação a documentar e diagramar a arquitetura?
2. Os 4 Cs se referem a que na técnica de modelagem C4?
3. Ao diagramar a arquitetura, o que significam as linhas pontilhadas entre os componentes?
4. O que é o antipadrão bullet-riddled corpse? Como você pode evitar esse antipadrão ao criar apresentações?
5. Quais são os dois canais básicos de informação que o apresentador tem ao fazer uma apresentação?

Capítulo 22: Tornando as Equipes Eficientes

1. Quais são os três tipos de personalidades da arquitetura? Qual tipo de limite cada personalidade cria?
2. Quais são os cinco fatores que entram na determinação do nível de controle que você deve mostrar na equipe?
3. Quais são os três sinais de aviso que você pode ver ao determinar se sua equipe está ficando muito grande?
4. Liste três checklists básicas que seriam boas para uma equipe de desenvolvimento.

Capítulo 23: Habilidades de Negociação e Liderança

1. Por que a negociação é tão importante para um arquiteto?
2. Cite algumas técnicas de negociação que podem ser empregadas quando um acionista da empresa insiste em cinco noves de disponibilidade, mas apenas três noves são realmente necessários.
3. O que você pode entender quando um acionista diz que "Precisava disso para ontem"?
4. Por que é importante deixar por último uma discussão sobre tempo e custo em uma negociação?

5. O que é a regra "dividir e conquistar"? Como ela pode ser aplicada ao negociar as características da arquitetura com um acionista da empresa? Dê um exemplo.
6. Liste os 4 Cs da arquitetura.
7. Explique por que é importante que um arquiteto seja pragmático e visionário.
8. Quais são as técnicas para gerenciar e reduzir a quantidade de reuniões para as quais você é convidado?

Capítulo 24: Desenvolvendo uma Trajetória Profissional

1. O que é a regra dos 20 minutos, e quando é melhor aplicá-la?
2. O que são os quatro anéis no radar da tecnologia da ThoughtWorks e o eles que significam? Como podem ser aplicados em seu radar?
3. Descreva a diferença entre profundidade e amplitude do conhecimento tal como aplicada aos arquitetos de software. Qual delas os arquitetos devem querer maximizar?

Índice

Símbolos
20 minutos, regra, 376

A
ACID, 136, 172, 207
acoplamento, 44, 92
    aferente, 45
    eferente, 45
ADRs, 289
    estrutura básica, 290
amplitude técnica, 10, 25
amplitude técnica
    contínua, 376
AMQP, protocolo, 34
análise de trade-off, xiv
animações, 328
antipadrão, 322, 360
    Arquitetura Baseada em E-mail, 287
    Cobertura dos Ativos, 286
    definição, 285
    Feitiço do Tempo, 286
    Paralisia da Análise, 286
Antipadrão do Homem das Cavernas Congelado, 30
Apego Irracional pelo Artefato, 322
aperto de mãos, 368
API
    camada, 256
    aprendizado, 61
apresentação
    consistência, 321
ArchiMate, 325
ArchUnit, 87
arquiteto
    personalidades, 334
arquiteto de software
    função, 7, 103
arquitetos de software
    função, xiii
arquitetura
    4 Cs, 363
    antipadrões, 285
    baseada em espaço, 218
    baseada em evento, 183
    baseada em serviço, 167
    característica, 55
    classificações, 144
    cliente/servidor, 126
    distribuída, 253
    documentar, 298
    duas camadas, 126
    em camadas, 137
    estilos, 128, 271
    front-end e back-end, 126
    híbrida, 212
    microkernel, 153
    particionada por domínio, 178
    pipeline, 147
    separação das preocupações, 139
    significativo para, 288
    três camadas, 126
arquitetura de software, xiv
    características, 5
    decisões, 6
    definição, 3
    escopo, 91
    estrutura, 4
    princípios do design, 6
arquitetura e design
    diferença, 23
arquitetura evolucionária, 17
arquitetura particionada
    por domínio, 109
    tecnicamente, 110
ator/ações, abordagem, 115
axioma, xiii

B
BASE, 172
BASE, transações, 136
BFF, padrão, 278
biblioteca, 101, 174
biblioteca compartilhada, 158
biblioteca de terceiros, 353
bolhas da tecnologia, 377
BPEL, 191
Brook, lei, 343
Bullet-Riddled Corpse, 328

C

C4, 325
cache
 de front-end, 236
 distribuído, 235
 MFU, 236
 MRU, 236
 replicado, 234
cache replicado, 286
camada
 aberta, 141
 de abstração dos
  dados, 229
 de acesso dos dados, 229
 de isolamento, 140
 fechada, 139
características da arquitetura
 explícitas, 70
 implícitas, 74
características não
  funcionais, 289
Chaos Monkey, 89
checklist
 conclusão de código do
  desenvolvedo, 349
 testes unitários e
  funcionais, 350
 usar, 346
CID, 209
coesão, 40, 93
 medidas de, 41
coesão funcional, 92
colisão de dados, 230
comandos, 199
compatibilidade, 61
complexidade
 acidental, 363
 essencial, 362
complexidade ciclomática, 79
 bom valor, 81
componente, 101
 federado, 185

granularidade, 113
componentes de plug-in, 157
comunicação
 assíncrona, 200, 262
 síncrona, 208, 261
conascência, 49, 92
 dinâmica, 50, 92
  assíncrona, 92
  síncrona, 92
 estática, 49, 92
 propriedade, 51
 síncrona, 93
confiabilidade, 74
conhecimento
  particionado, 26
consenso, 309
consistência eventual, 136
consumidores
  concorrentes, 214
contexto delimitado, 251, 254
controlador, arquiteto, 335
controlador frontal, 264
Conway, lei, 106
Cookie-Cutter, 328
CORBA, 127
coreografia, 182, 262
critério de avaliação, 303
CRUD, 114

D

data pump, 225
 reverso, 229
DCOM, 127
DDD, 94
delegação do mediador, 192
dependências, 289
dependências cíclicas, 85–86
descoberta do serviço, 259
desenvolvimento orientado a
 testes (TDD), 81–82
design
 decisão, 273

Design Orientado a Domínios
 (DDD), 94
DevOps, 83
diagramação, 322
diagramas
 diretrizes, 326
 ferramentas, 323
difusão da
 responsabilidade, 345
disponibilidade, 74

E

eficiente, arquiteto, 339
elasticidade, 71
engenharia do caos, 90
entidade
 armadilha, 113
escalabilidade, 70
escala elástica, 13
escala fixa, 341
espaço de tuplas, 218
estilo de arquitetura, 121, 123
 distribuído, 128
 monolítico, 128
estrutura, 289
estudo de caso
 Going, Going, Gone,
  95–99, 278
 descobrindo os
  componentes, 116
 Silicon Sandwiches, 69, 275
 particionamento, 108
 Vasa, 66
evento de processamento, 185
evento iniciador, 185
eventos, 199
extensão arquitetural, 186

F

falácias da computação
 distribuída, 128
 confiabilidade da rede, 129
 custo do transporte, 134

homogeneidade da
    rede, 134
largura de banda, 130
latência, 130
mudança de topoligia, 132
múltiplos
    administradores, 133
rede insegura, 132
federação, 176, 355
fila
    canais, 318
fila temporária, 210
filtros, 148
    consumidor, 148
    produtor, 148
    transformador, 148
    verificador, 148
fluxo de trabalho,
    abordagem, 115
fluxo do desenvolvedor, 373
folgado, arquiteto, 336
FTE, taxa, 292
full backing cache, 236
função de adequação, 17, 83
    da arquitetura, 84

G
gargalos, 217
gerenciador de implantação,
    225, 238
Git, repositório, 296
governança, 83
grade de dados, 221
grade de mensagem, 220
grade de processamento, 224
Grande Bola de Lama,
    antipadrão, 124
granularidade, 254
gravação dos dados, 227

I
ID de correlação, 209

identificação, 308
ignorância plural, 344
incógnitas desconhecidas, 15
infodecks, 331
interfaces, 289
interfaces do usuário
    estilos, 259
intermediário do evento, 185
internacionalização, 74
interoperabilidade, 61
interoperabilidade
    heterogênea, 261
invisibilidade, 331
isolamento dos dados, 255
isomorfismo do domínio, 262

J
Java, 40
justificativa comercial, 352
justificativas comerciais, 287

K
kata, 95, 108
katas, 383
Kent Beck, 14

L
LCOM
    definição, 43
    métrica, 43
lei dos rendimentos
    decrescentes, 347
Leis da Arquitetura de
    Software, 20
leituras de dados, 228
Liderança Elástica, 339
ligações
    fortes, 382
    fracas, 382
    possíveis, 382
limites, 334
lista dos membros, 223
logs do sistema, 135

M
malha de serviços, 258
Manobra de Conway
    Inversa, 106
mapeamento relacional de
    objetos (ORM), 114
mecanismo de
    orquestração, 244
medidas objetivas, 79
Melvin Conway, 106
mensagem
    solicitação-resposta, 208
métrica
    abstração, 45
    distância, 47
    distância da sequência
        principal, 46, 86
    instabilidade, 46
microfront-end, padrão, 260
microkernel, 277
microsserviços, 251
middleware virtualizado, 220
mitigação, 312
modelo
    baseado em solicitação, 183
modo de confirmação do
    cliente, 206
modularidade, 37, 85
módulo
    definição, 38
monolítico, estilo
    em camadas, 105
    modular, 105
motivações comerciais, 34
MTTR, 146, 152
MVC, padrão de design, 105

N
Naked Objects, 114
namespace
    conceito, 39
near-cache, 236

negociação, 355
NetArchTest, 89
n-tier, arquitetura, 137
nuvem, 233

O

objetos de entidade, 174
orçamentos de peso K, 78
Organização Internacional para Padronização (ISO), 61
ORM, 114
orquestração, 182
orquestrador de solicitação, 183

P

padrões da arquitetura, 121
padrões de arquitetura, 123
padrões formais, 324
particionamento, 104
   de alto nível, 104
   técnico de alto nível, 105
pensamento arquitetônico, 23
perda de dados, 205
perda do processo, 343
personalização, 75
Pets.com, 13–14
pilha em camadas, 351
pipes, 148
pirâmide do conhecimento, 26
plug-in
   contratos, 162
   registro, 161
plug-ins, 278
POCs, 35
política de remoção, 236
portfólio da tecnologia, 381
potencial do grupo, 343
pragmático, 364
preocupações do domínio, 67
processador de evento, 185

processadores de solicitação, 183
produtividade real, 344
profundidade técnica, 27
Programação Extrema (XP), 14
programação modular, 39

Q

quantum
   da arquitetura, 92
   definição, 92

R

radar
   anéis, 378
   quadrantes, 378
radar pessoal, 377
representante, 201
reuniões
   controlar, 371
reutilização, 242
RFC, 292
risco
   avaliação, 302
   matriz, 301
risk storming, 301, 306
   atividades básicas, 307

S

saga, padrão, 266
sagas transacionais, 136
segurança, 74
serialização, 127
serviço, 102
serviços
   da empresa, 243
   da infraestrutura, 244
   do aplicativo, 244
   do negócio, 243
serviços do domínio, 167
silos do aplicativo, 12
Simian Army, 89
sinkhole, antipadrão, 143

sistema central, 154
SLA, 317
slides, 331
SLO, 317
stamp coupling, 131
substituição aleatória, 237

T

técnicas de construção, 289
Template Method
   padrão de design, 75
tempo
   manipular, 328
Thomas McCabe, 79
ThoughtWorks Technology Advisory Board (TAB), 377
topologia
   intermediário, 184
   mediador, 184
Torre de Marfim, 360
transação de compensação, 267
transações, 255
transições, 328
transmissão, 208
tratamento de erro, 201

U

último momento responsável, 286
UML, 324
unidade de processamento, 219

V

variância, 6
visionário, 364

Z

zona
   de dor, 48
   de inutilidade, 48

Sobre os Autores

Mark Richards é um arquiteto de software experiente envolvido em arquitetura, design, implementação de microsserviços e outras arquiteturas distribuídas. É fundador do *DeveloperToArchitect.com*, um site dedicado a ajudar os desenvolvedores na sua jornada de desenvolvedores para arquitetos de software.

Neal Ford é diretor, arquiteto de software e especialista em memes na ThoughtWorks, uma consultoria de TI global com foco no desenvolvimento e entrega de software de ponta a ponta. Antes de entrar para a ThoughtWorks, Neal também foi diretor de tecnologia no DSW Group, Ltd., uma firma nacional e reconhecida de treinamento e desenvolvimento.

Colofão

O animal na capa do livro *Fundamentos da Engenharia de Software* é o anacã (*Deroptyus accipitrinus*), nativo da América do Sul, sendo conhecido por vários nomes, como *loro cacique* em espanhol ou *anacã, papagaio-de-coleira* e *vanaquiá* em português. Essa ave do Novo Mundo faz sua casa nas copas e nos buracos das árvores da floresta amazônica, onde se alimenta de frutas da embaúba, conhecida como "dedos de cobra", além dos frutos duros de várias palmeiras.

Como único membro do gênero *Deroptyus*, o anacã é diferenciado por suas penas de um vermelho forte que cobre a nuca. Quando ele se sente animado ou ameaçado, essas penas se "separaram", revelando o azul brilhante que se destaca em cada ponta. A cabeça tem uma coroa branca e olhos amarelos, com bochechas marrons riscadas com branco. O peito e a barriga do anacã são cobertos pelas mesmas penas vermelhas e azuis, contrastando com as penas verdes brilhantes em camadas das costas.

Entre dezembro e janeiro, o anacã encontra seu parceiro de vida, então começam a colocar de 2 a 4 ovos por ano. Durante os 28 dias em que a fêmea encuba os ovos, o macho lhe dá cuidados e apoio. Cerca de 10 semanas depois, o jovem está pronto para começar a crescer na natureza, iniciando sua vida de 40 anos na maior floresta tropical do mundo.

Embora o status de preservação atual do anacã seja designado como Pouco Preocupante, muitos animais nas capas desta série estão ameaçados; todos eles são importantes para o mundo.

A ilustração da capa é de Karen Montgomery, baseada na gravura em preto e branco no livro *Royal Natural History* (sem publicação no Brasil), de Lydekker.

Este livro foi impresso nas oficinas gráficas da Editora Vozes Ltda.,
Rua Frei Luís, 100 – Petrópolis, RJ.